汲古叢書58

臼井佐知子 著

# 徽州商人の研究

汲古書院

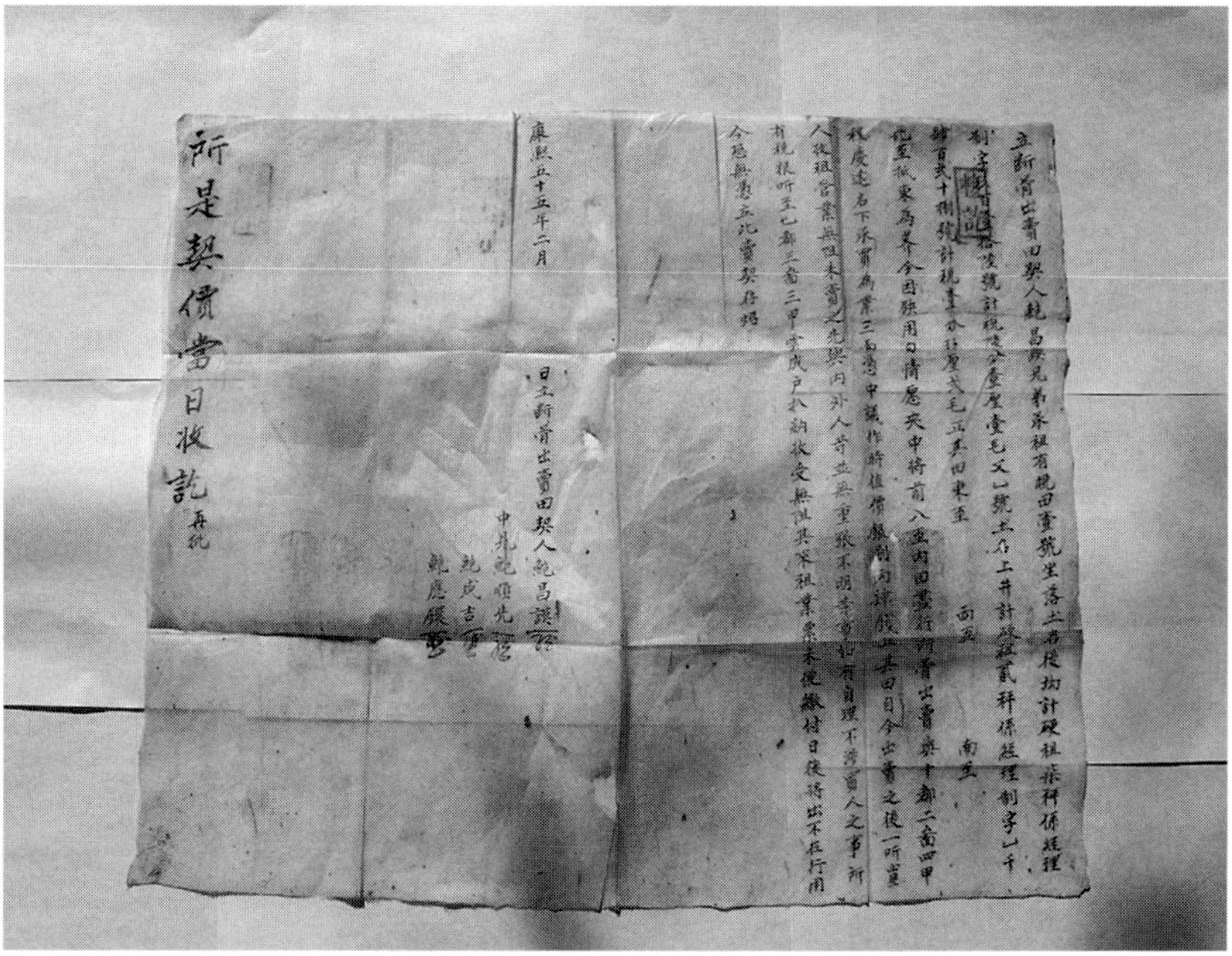

① 康熙五十五年鮑昌謨斷骨出賣田契

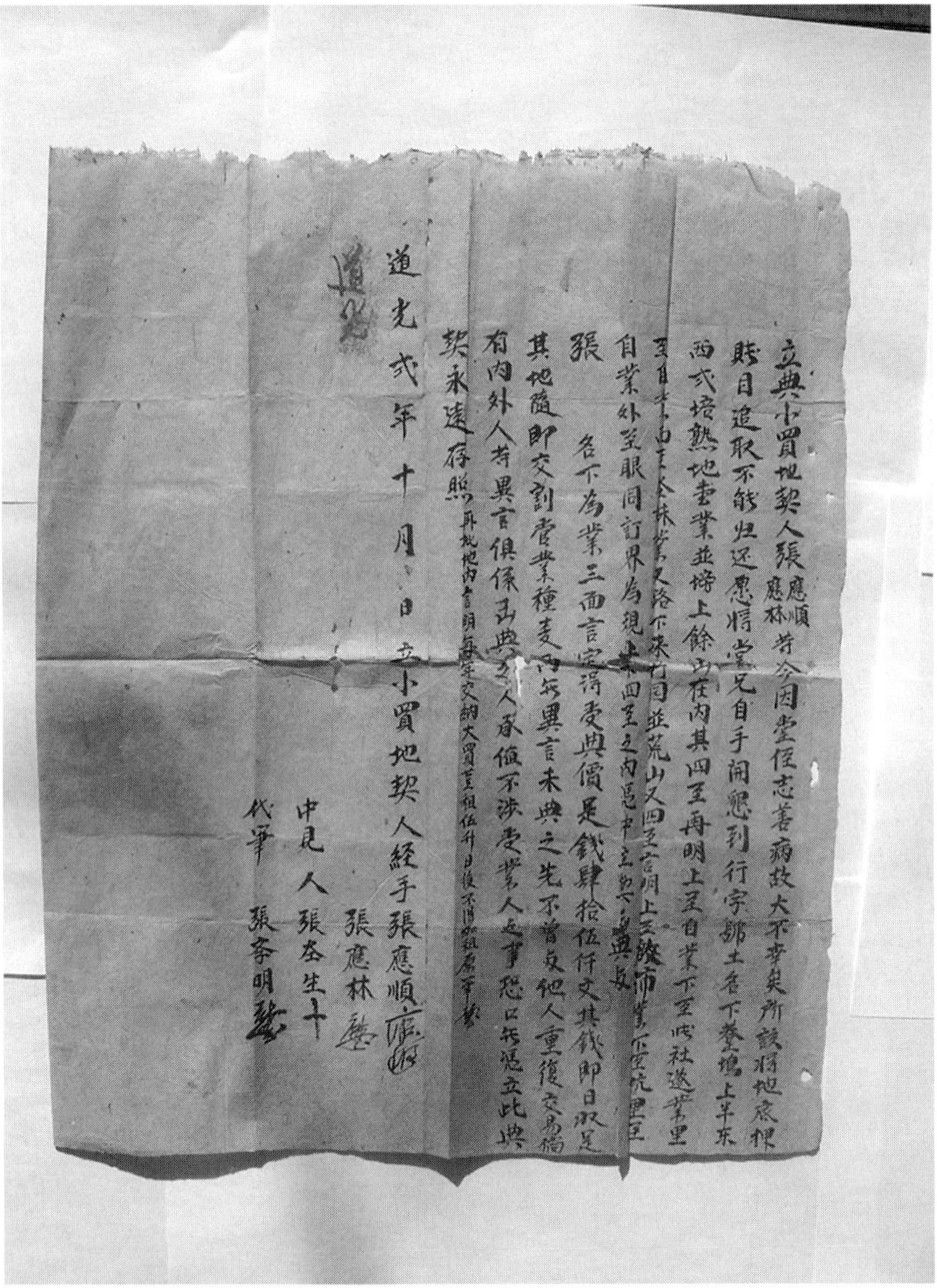

立典小買地契人張應順應林等今因堂侄志善病故大不安葬所缺將地底根
賠日追取不能歸還思將堂兄自手開墾到行字號土名下登塢上平東
西弍培熟地壹業並塝上餘山在內其四至再明上至自業下至成社遂業里
至自業外至林業又路下來有園並荒山又四至言明上至坡沛業下至坑里至
自業外至眼同訂界為規其四至之內憑中立契出典與
張　名下為業三面言定得受典價足錢肆拾伍仟文其錢即日收足
其地隨即交割管業種麥內無異言未典之先不曾與他人重復交易倘
有內外人等異言俱係出典之人承值不涉受業人之事恐口無憑立此典
契永遠存照　再批地內言明每年交納大買業租伍升日後不得短欠原筆批
道光弍年十月　日立小買地契人經手張應順（押）
張應林（押）
中見人張本生（十）
代筆張[illegible]明（押）

② 道光二年張應順・應林典小賣地契

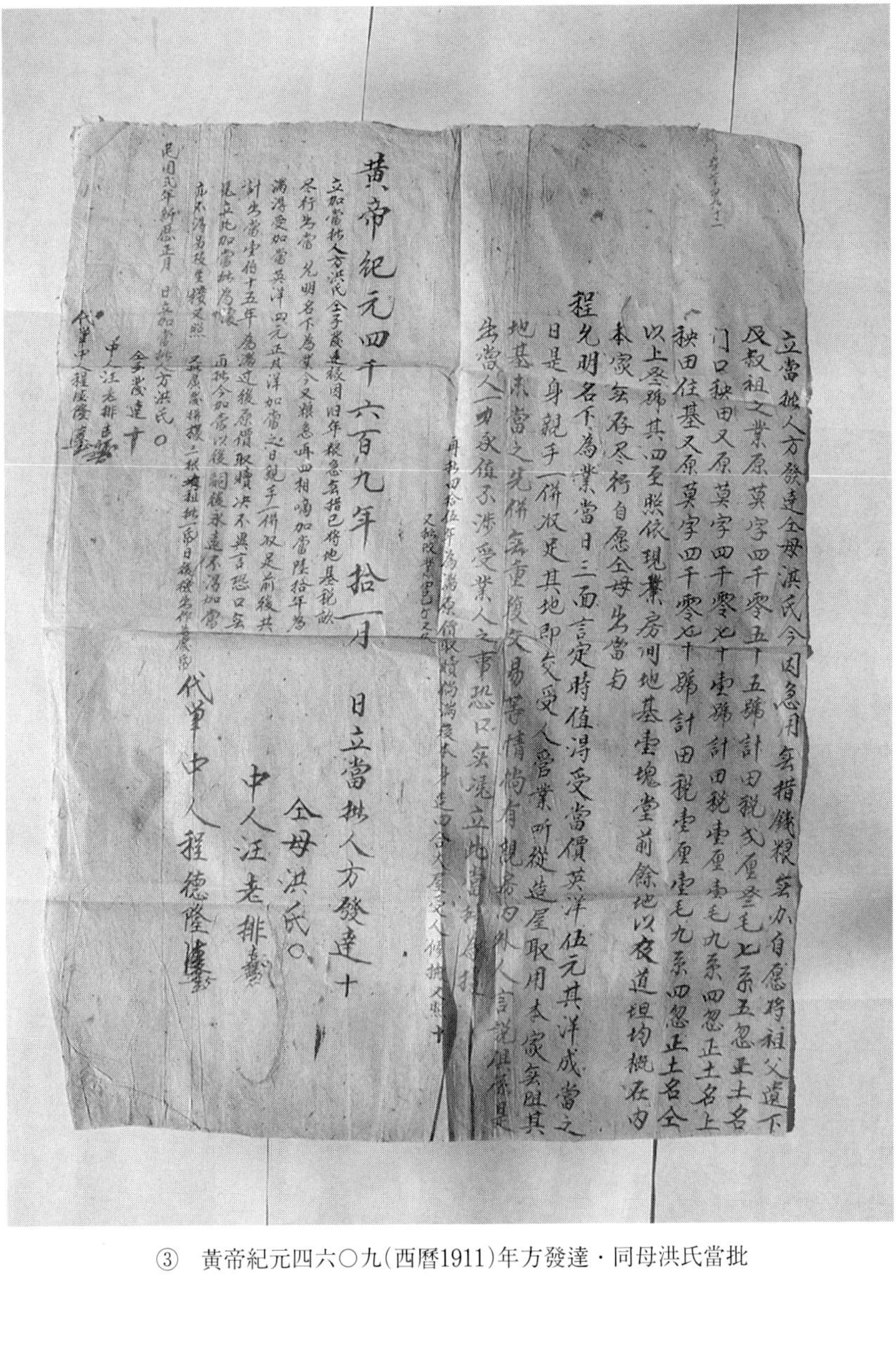
立當批人方發達仝母洪氏今因急用無措錢糧無办自愿將祖父遺下
及叔祖之業原莫字四千零五十五號計田稅弍厘叁毛七系五忽正土名
門口秋田又原莫字四千零七十壹號計田稅壹厘壹毛九系四忽正土名上
秋田住基又原莫字四千零七十號計田稅壹厘壹毛九系四忽正土名仝
以上叁號共四至照依現業房間地基壹塊堂前餘地以及道坦均概在内
本家無存尽行自愿仝母出當与
程允明名下為業當日三面言定時值得受當價英洋伍元其洋成當之
日是身親手一併收足其地即交受人管業听從造屋取用本家無阻其
地基未當之先併無重復交易等情倘有親房内外人言說俱係是
出當人一力承值不涉受業人之事恐口無憑立此當批存據
黃帝紀元四千六百九年拾一月　日立當批人方發達十
仝母洪氏〇
中人汪老排
代筆中人程德隆

③　黃帝紀元四六〇九(西曆1911)年方發達・同母洪氏當批

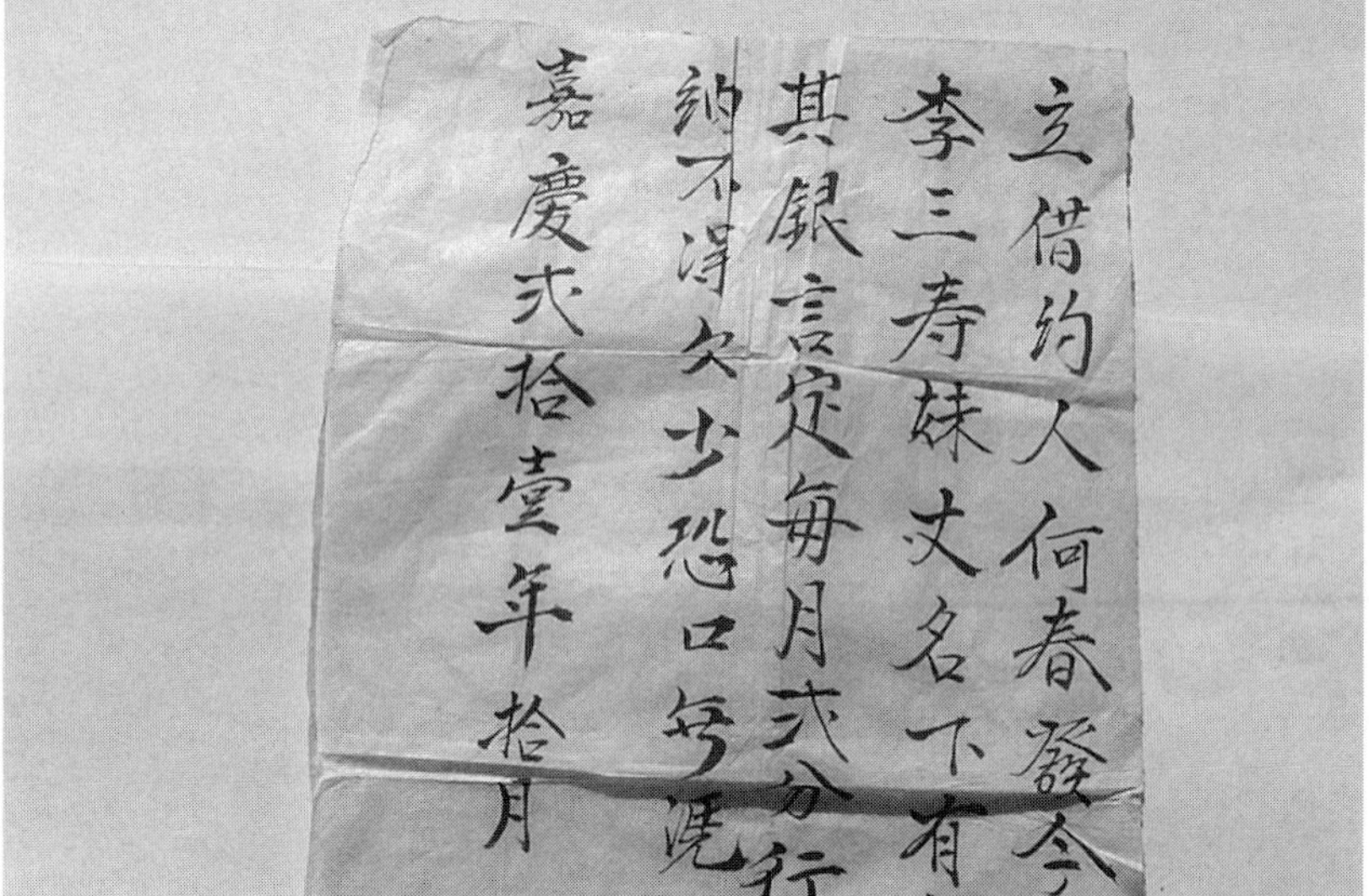

立借約人何春發今借到
李三寿妹丈名下有足銀貳拾肆两正
其銀言定每月弍分行息加利送门交
納不得欠少恐口無憑立此借約存照
嘉慶弍拾壹年拾月　日　立借約人何春發
中見　何春林

④　嘉慶二十一年何春發借約

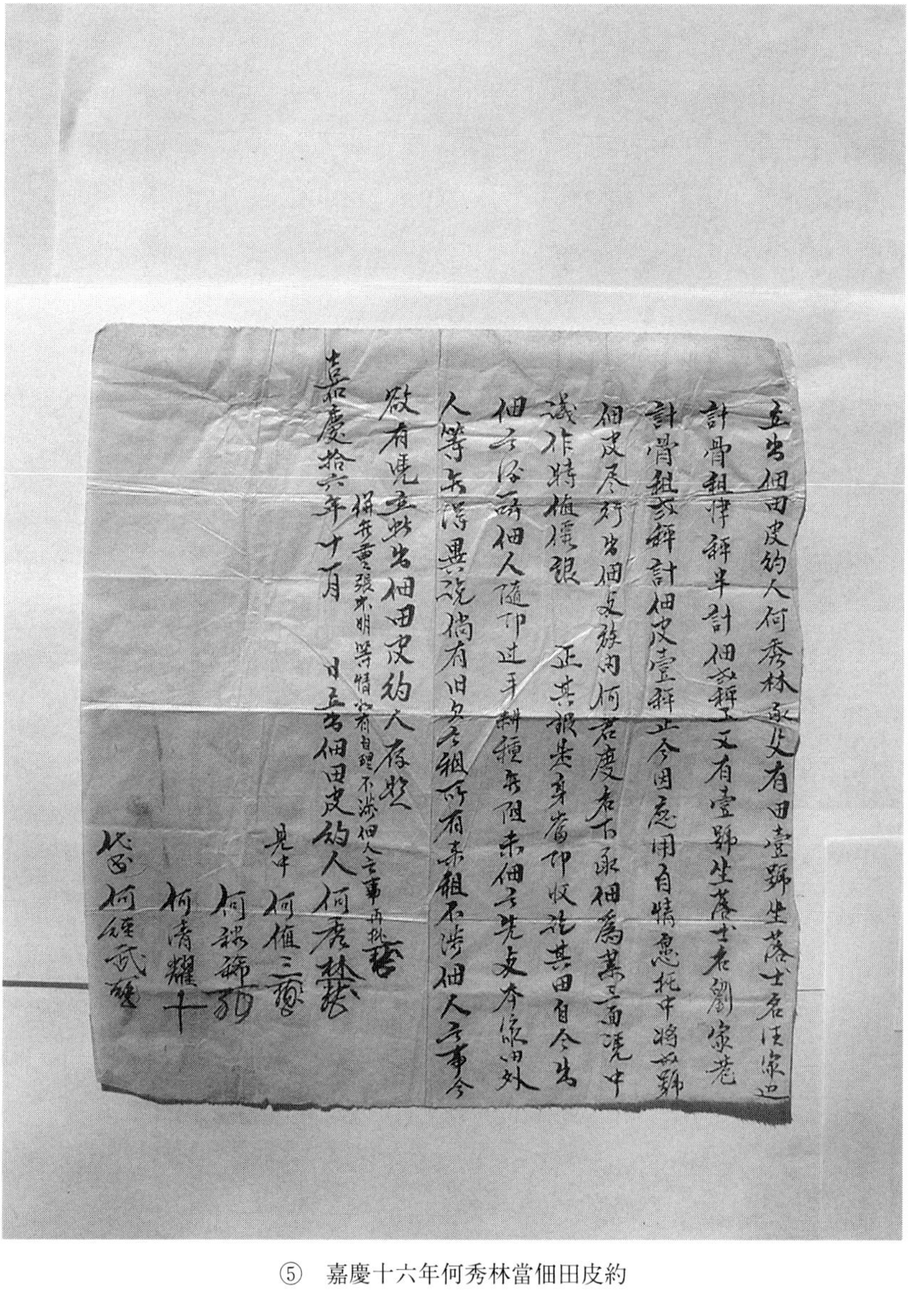
立當佃田皮約人何秀林承父有田壹坵坐落土名汪家凹
計骨租肆斛半計佃叁斛正又有壹坵坐落土名劉家巷
計骨租叁斛計佃皮壹斛正今因應用自情愿托中將叁坵
佃皮盡行當佃與族內何君慶名下承佃爲業三面憑中
議作時值價銀　正其銀是身當即收訖其田自今當
佃之後聽佃人隨即过手耕種無阻未佃之先並無家內外
人等交涉異說倘有旧欠本租所有本租不涉佃人之事今
欲有憑立此當佃田皮約人存照
將老契壹張未明　情如有自理不涉佃人之事再批
嘉慶拾六年十月　日立當佃田皮約人何秀林
見中　何値三
何誠錦
何清耀　十
代筆　何維武

⑤　嘉慶十六年何秀林當佃田皮約

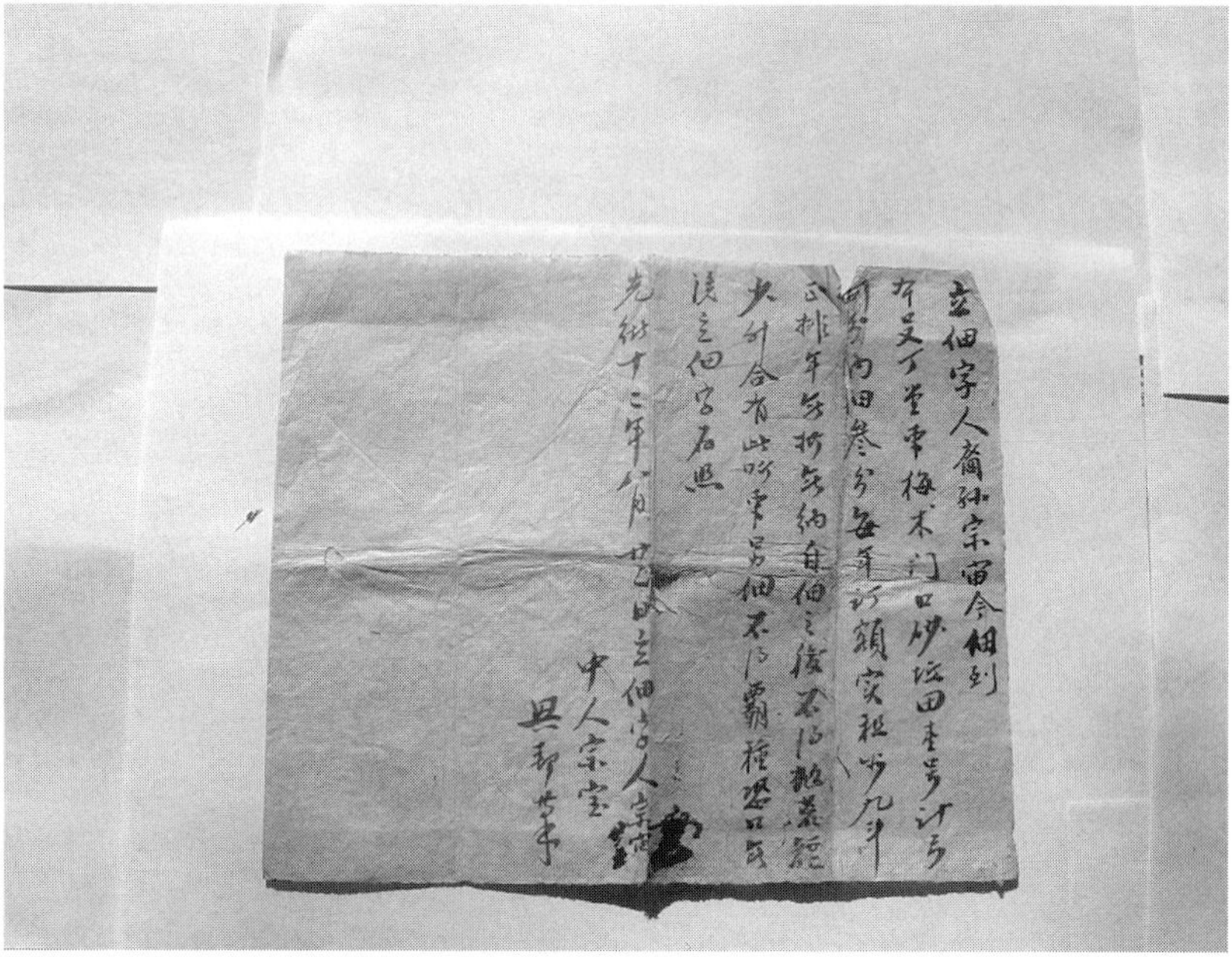

⑥　光緒十二年宗宙佃字

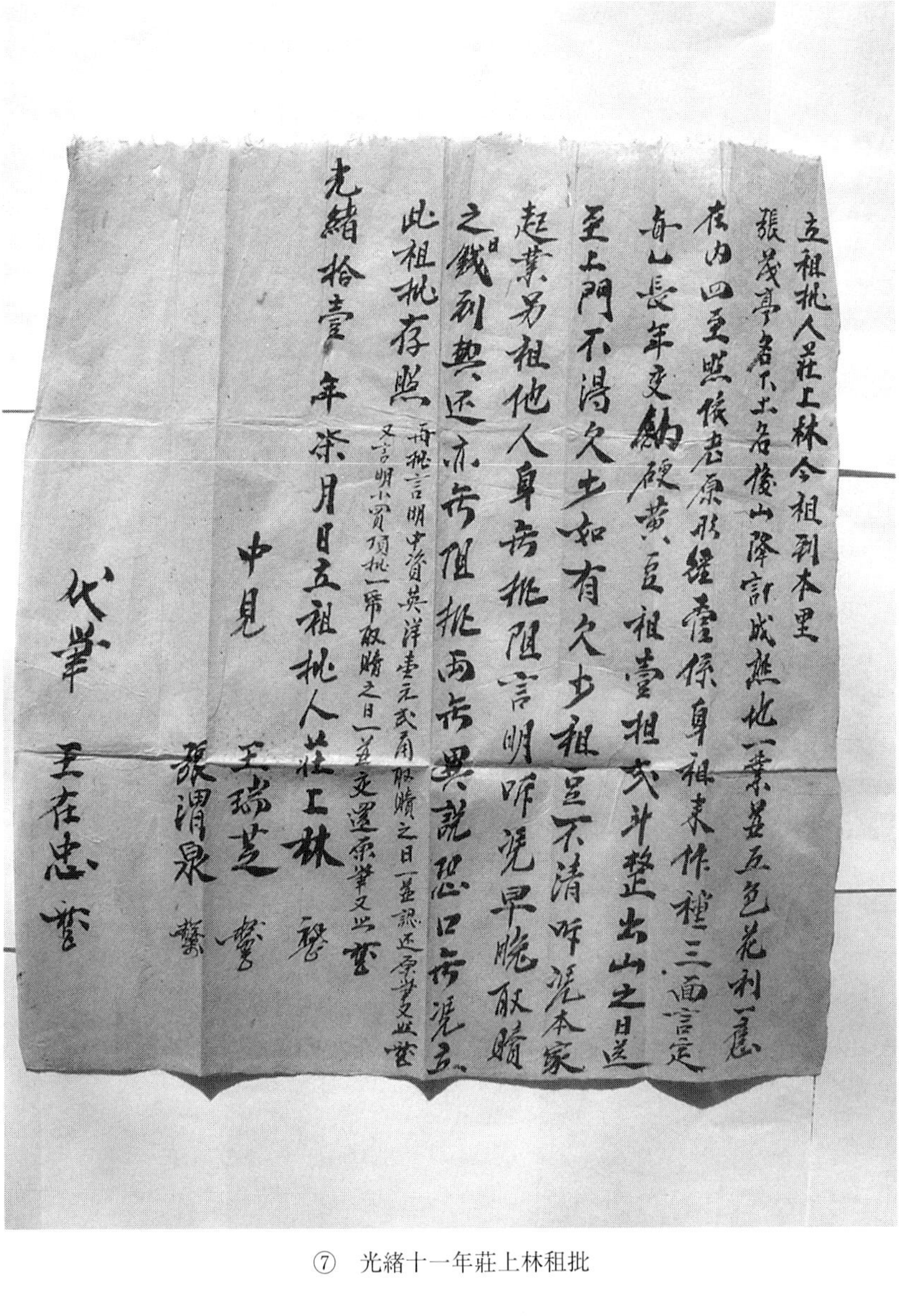
立祖批人莊上林今祖到本里
張茂亭名下山名後山洚許成熟地一業並瓦色花利一應
在内四至照依老原形經壹條身祖耒作種三面言定
每山長年交納硬黃豆祖壹担弍升整正出山之日送
至上門不得欠土如有欠少祖豆不清听泥本家
起業另祖他人身無挑阻言明听泥早晚取贖
之錢到與还亦無阻挑兩無異說恐口無泥立
此祖批存照　再批言明中資英洋壹元弍角取贖之日一並認还原手又照
又言明小買須批一帋取贖之日一並交還原筆又照
光緒拾壹年柒月日立祖批人莊上林
中見　王瑞芝
張渭泉
代筆　王在忠

⑦　光緒十一年莊上林租批

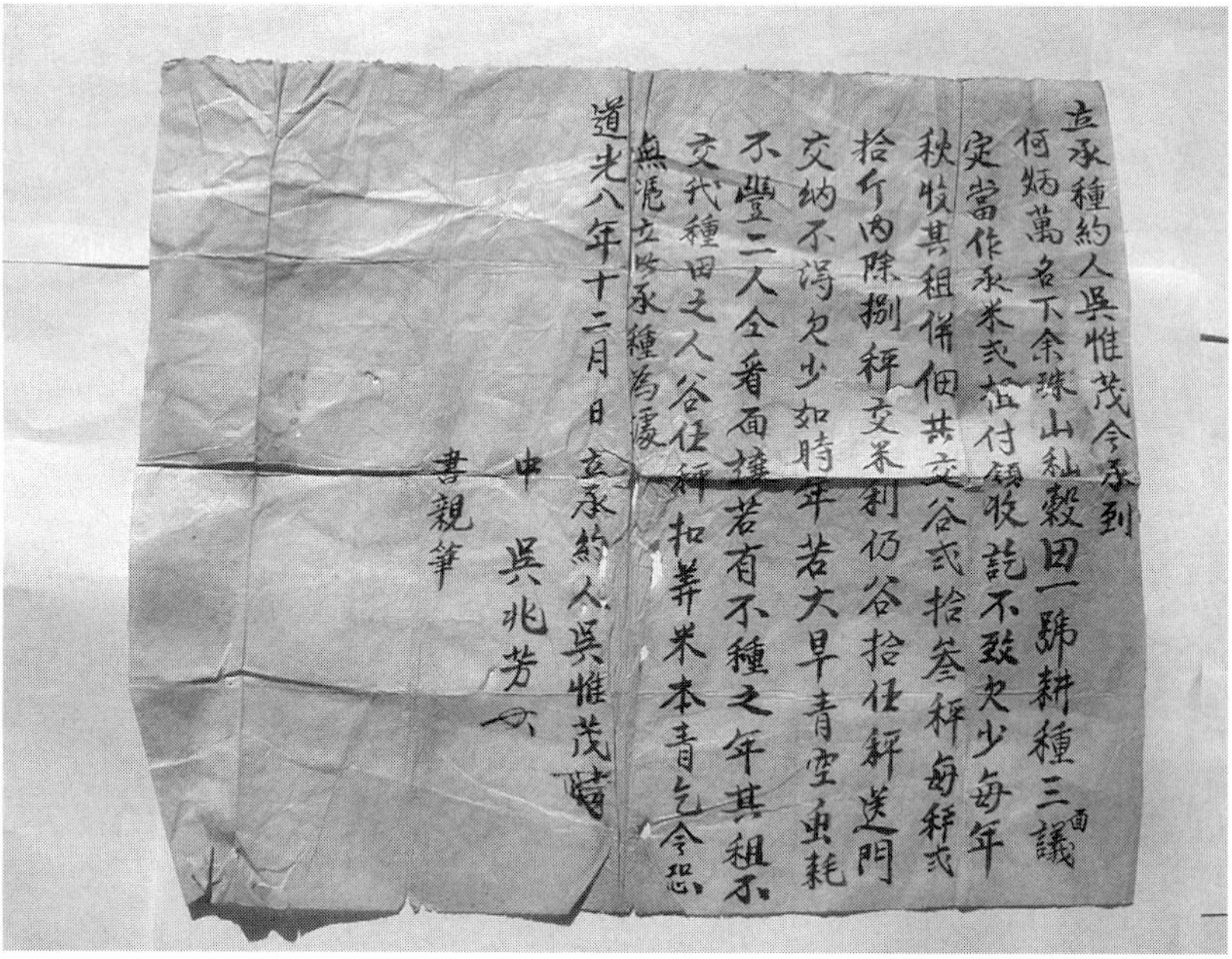

⑧　道光八年吳惟茂承種約

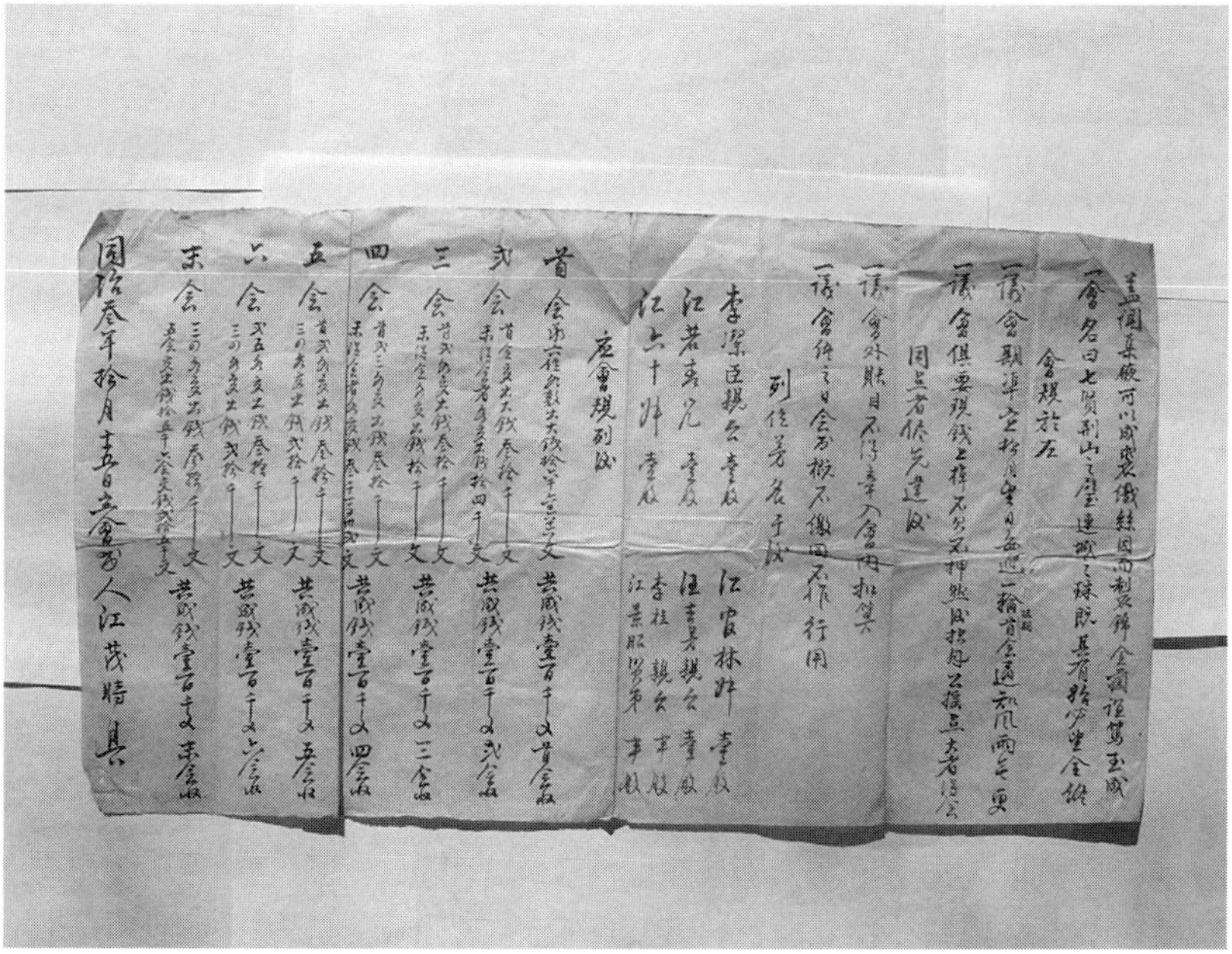

⑨ 同治三年江茂時會書

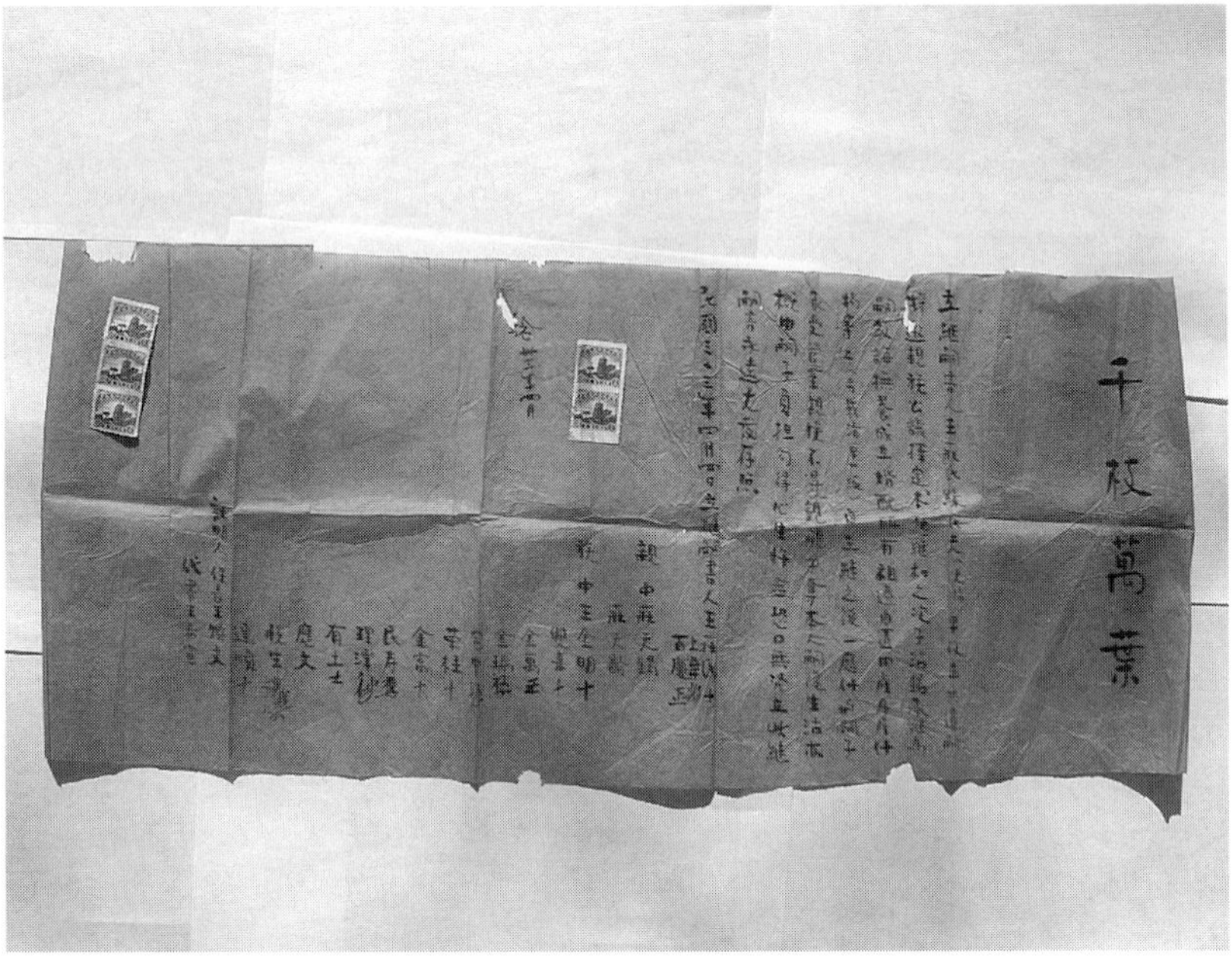


⑩　民國三十三年王莊氏繼嗣書

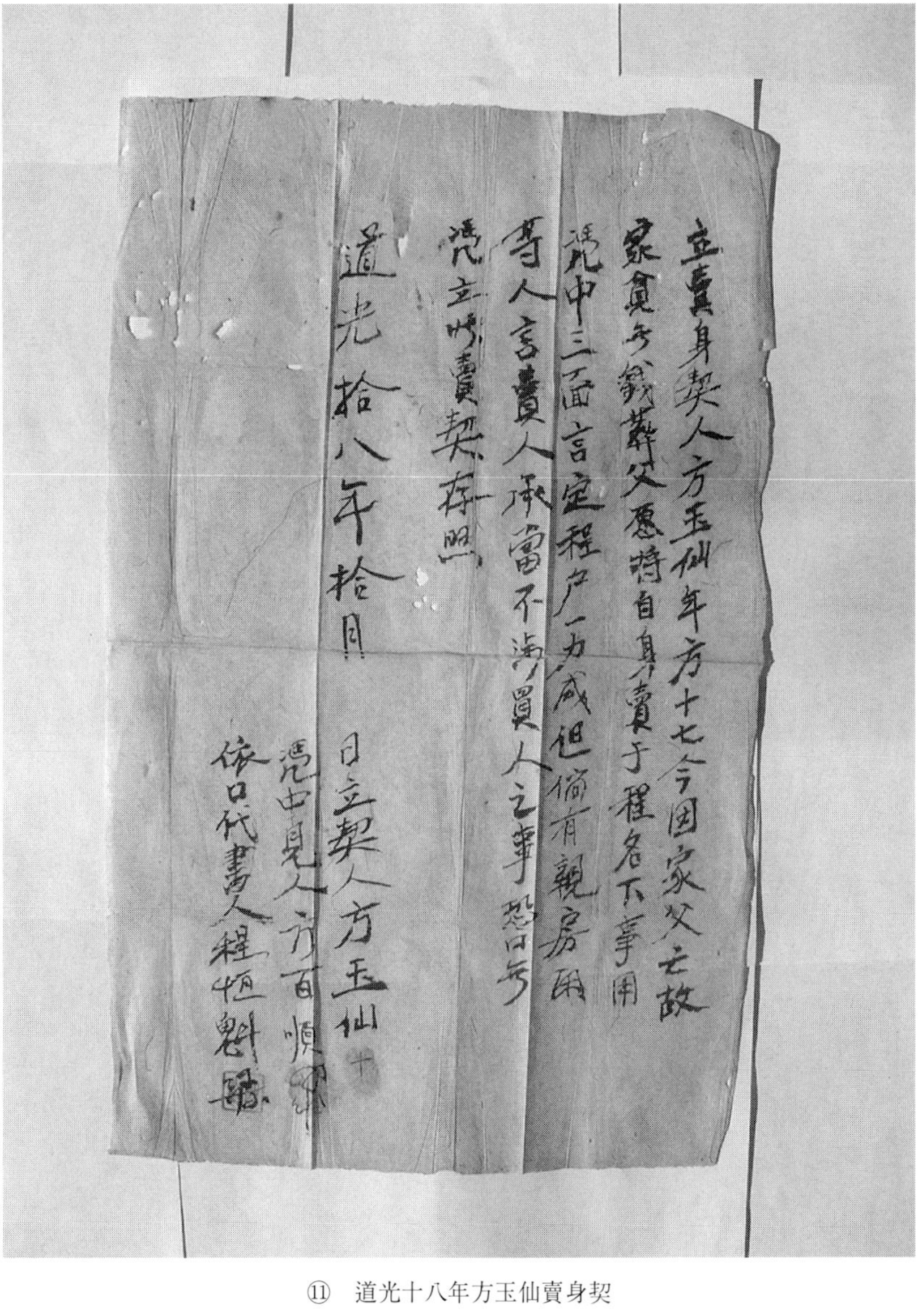

立賣身契人方玉仙年方十七今因家父亡故
家貧無錢葬父愿將自身賣于程名下享用
憑中三面言定程户一力成但倘有親房內
等人言賣人承當不涉買人之事恐口無
憑立此賣契存照
道光拾八年拾月
日立契人方玉仙 十
憑中見人方百順
依口代書人程恒魁

⑪　道光十八年方玉仙賣身契

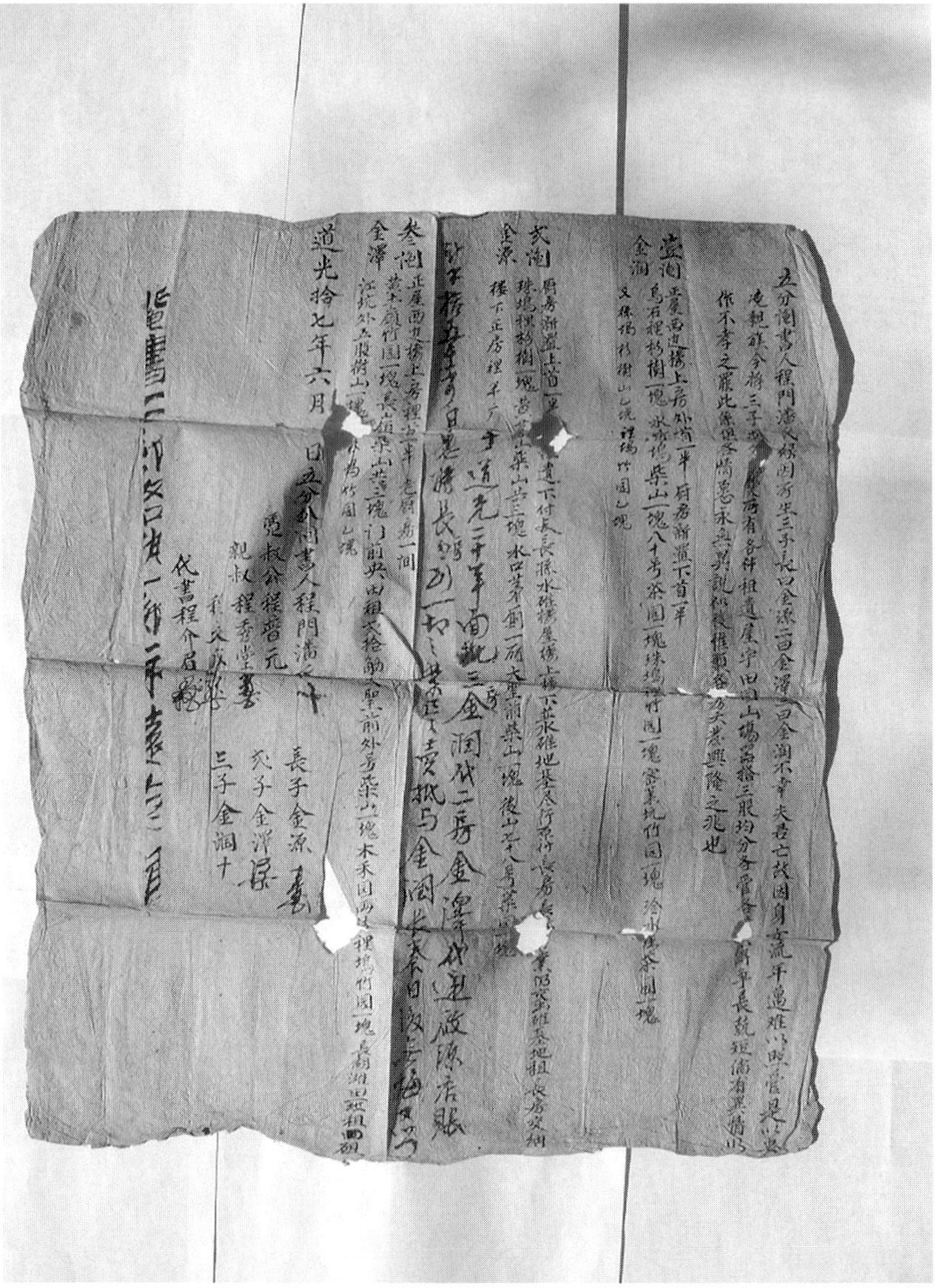

⑫　道光十七年程門潘氏分鬮書

# 目次

第二部　徽州における典當と典當業經營

[文書寫眞]（口絵）

①康熙五十五年鮑昌謨斷骨出賣田契　②道光二年張應順・應林典小賣地契　③黄帝紀元四六〇九（西暦一九一一）年方發達・同母洪氏當批　④嘉慶二十一年何春發借約　⑤嘉慶十六年何秀林當佃田皮約　⑥光緒十二年宗宙佃字　⑦光緒十一年莊上林租批　⑧道光八年呉惟茂承種約　⑨同治三年江茂時會書　⑩民國三十三年王莊氏繼嗣書　⑪道光十八年方玉仙賣身契　⑫道光十七年程門潘氏分鬮書

[地圖]

①江南地域およびその周邊圖　②長江下流域の都市と市鎮圖　③徽州地區およびその周邊圖　④歙縣地圖　⑤休寧縣地圖　⑥黟縣地圖　⑦祁門縣地圖　⑧績溪縣地圖　⑨婺源縣地圖　⑩徽州縣別概念圖（除婺源縣）

# 地圖凡例

Ⅰ，掲載した地圖のうち、⑴江南地域およびその周邊圖、⑵長江下流域の都市と市鎭圖、⑶徽州地區およびその周邊圖は、一般の中國地圖をもとに、若干の地名を書き加え著者が作成したものである。

Ⅱ，１，掲載した地圖のうち、⑷歙縣地圖、⑸休寧縣地圖、⑹黟縣地圖、⑺祁門縣地圖は、『安徽省地方志叢書』中の『歙縣志』（中華所局、1995年）、『休寧縣志』（安徽教育出版社、1990年）、『黟縣志』（光明日報出版社、1988年）、『祁門縣志』（安徽人民出版社、1999年）に添附されている地圖を、⑻績溪縣地圖は、績溪縣人民政府發行の「績溪縣地圖」（1994年）を、⑼婺源縣地圖は、『江西省地方志叢書』中の『婺源縣志』（檔案出版社、1993年）に添附されている地圖を、⑽徽州縣別概念圖（除婺源縣）は、『中華人民共和國地方志叢書』中の『徽州地區簡志』（黄山書社、1989年）に添附されている地圖を、それぞれもとにして著者が作成したものである。

２，明清期には現在の屯溪區は休寧縣に屬し、婺源縣は安徽省に屬していたため、⑷～⑼の地圖では、休寧縣には現在の屯溪區を加え、婺源縣は安徽省として各地圖に書き入れてあるが、そのほかの省境と縣境はすべて近年のものである。但し、縣境については、明清時代のものと基本的な變化はない。

３，⑷～⑼の地圖のもととした各地圖は、縣によって縮尺が異なり、記載されている集落などの數にも差異がある。縮尺については、可能な限り統一を圖ったが、技術上の限界から差異は殘されている。また、多くの集落名が確認できるものについては可能な限り記載し、印刷が不鮮明で地名が全く讀み取れない黟縣の場合はほかの資料などを用いて補足した。

４，⑷～⑼の地圖では、省境は……、縣境は－・・・－、河川は－、縣城は◉、鎭と集落は●で示してある。

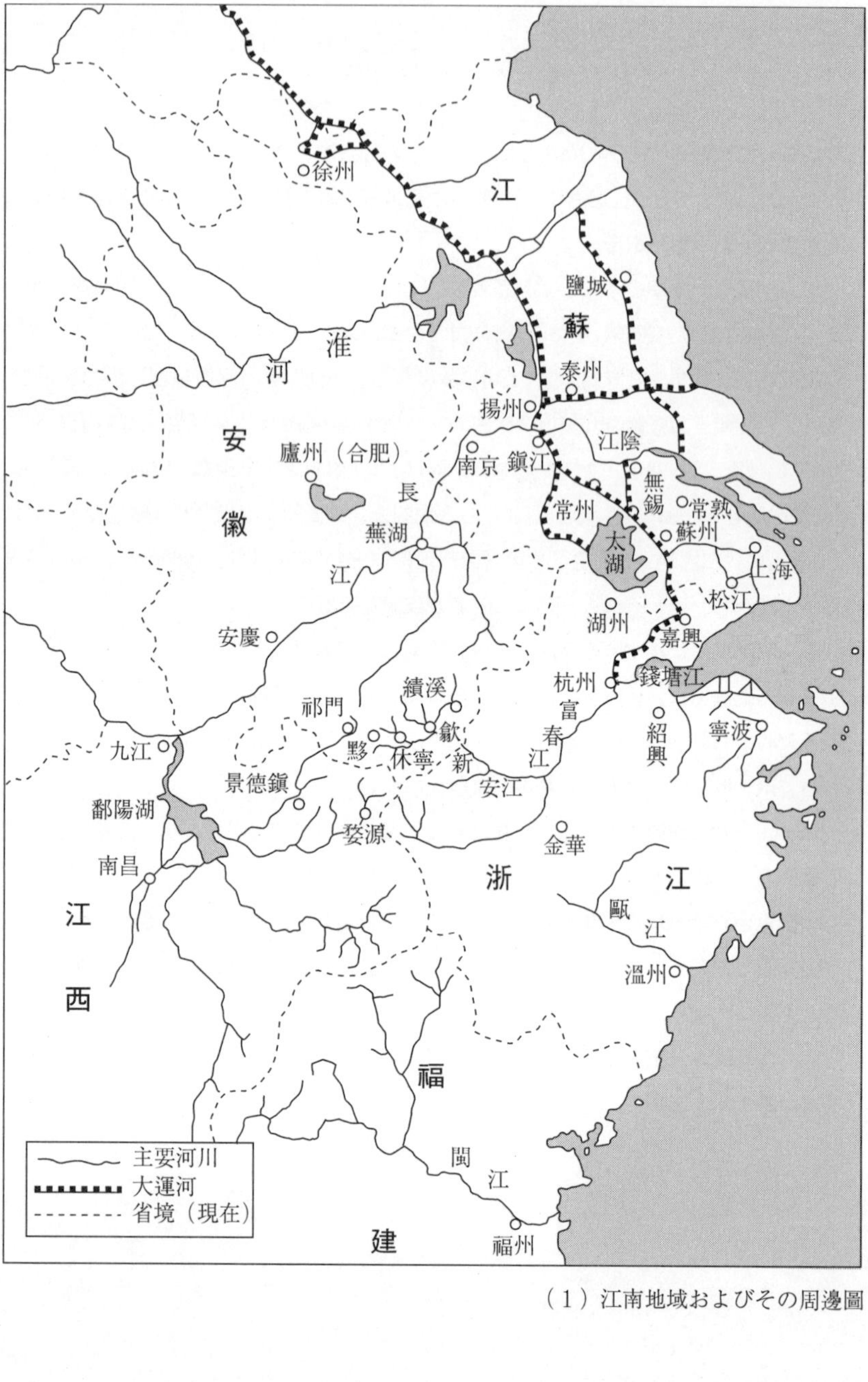


（1）江南地域およびその周邊圖

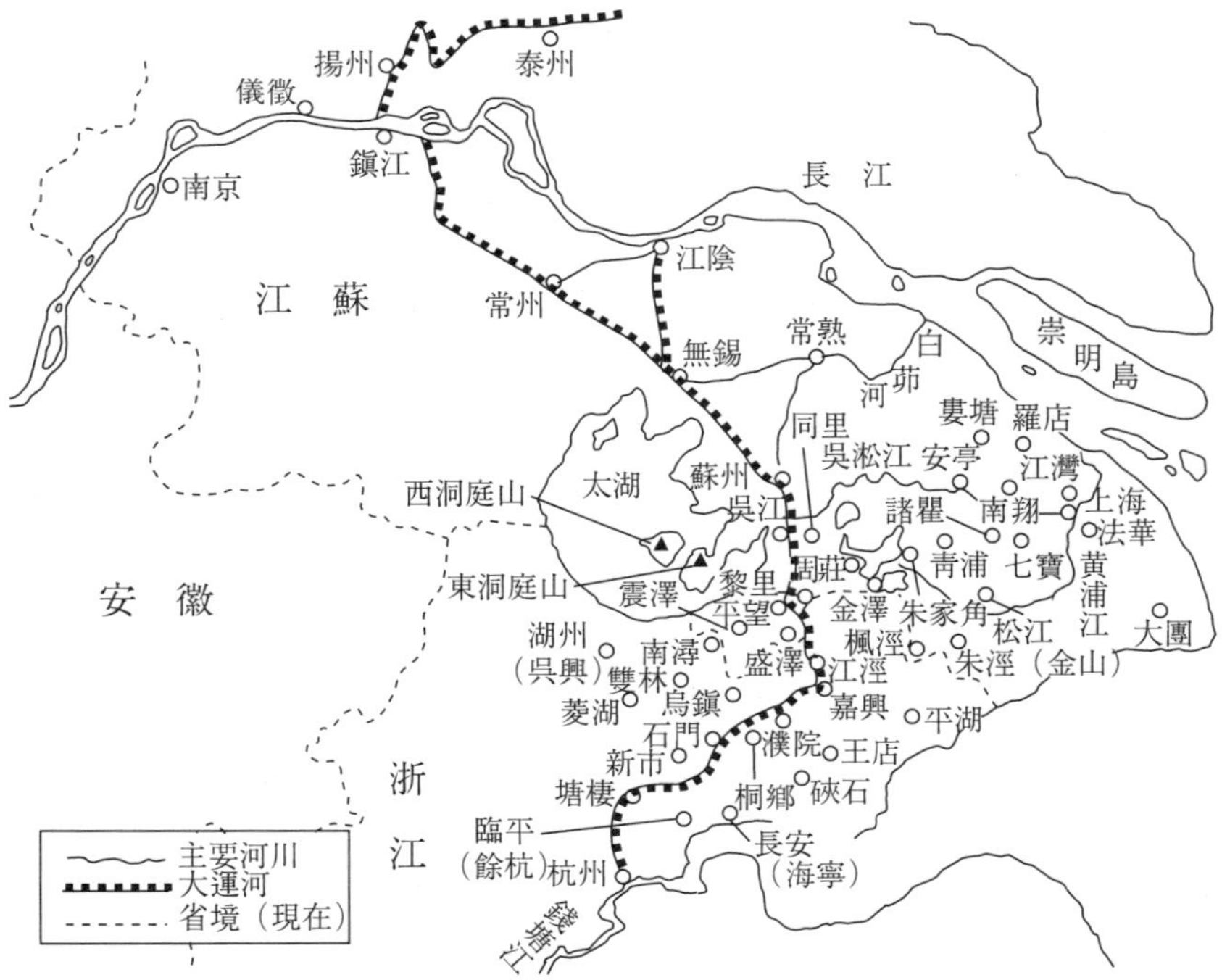


（2）長江下流域の都市と市鎮圖

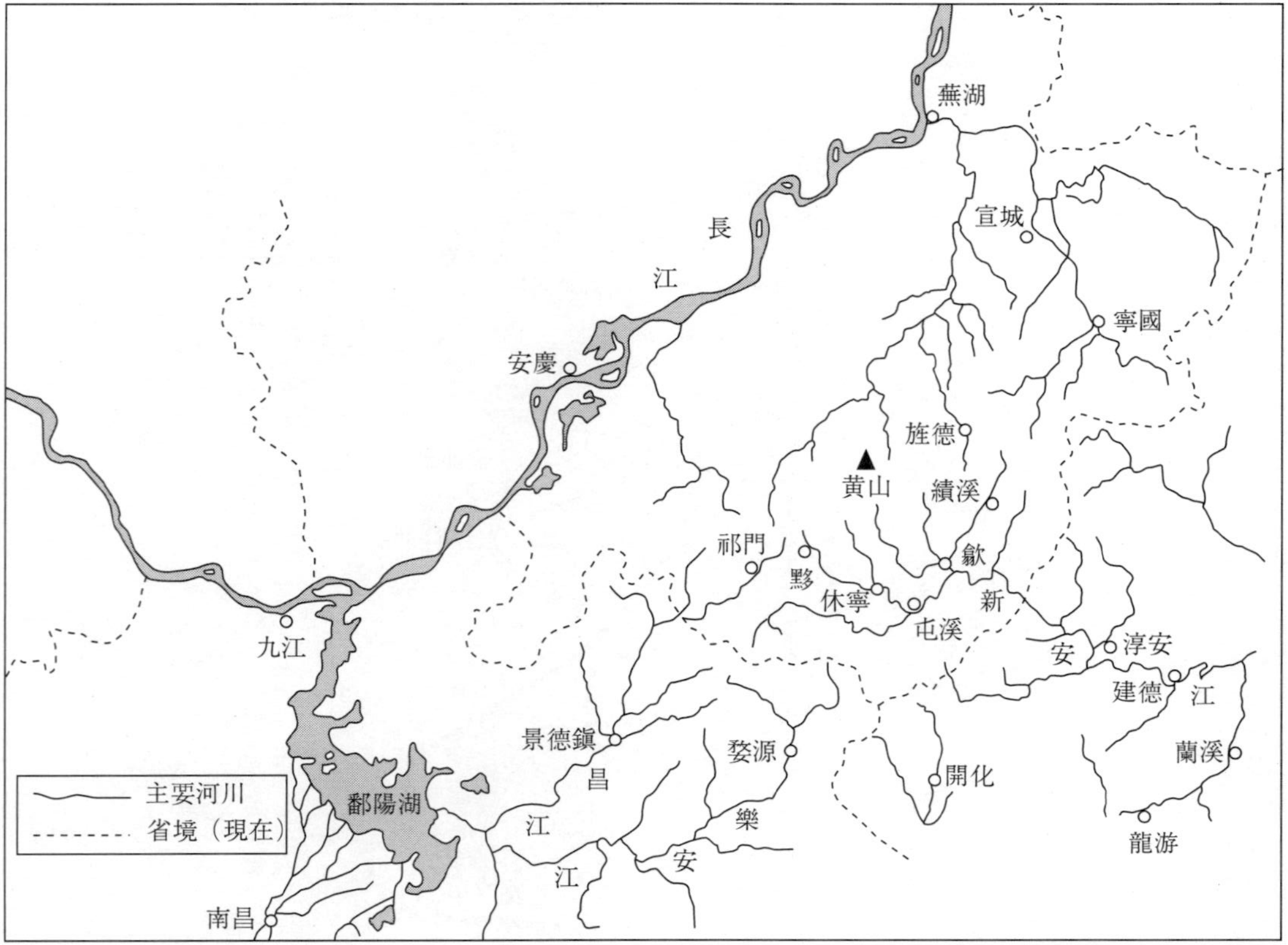


（３）徽州地區および周邊圖

黟縣
太平縣
績溪縣
休寧縣
浙江省
豐樂水庫
楊村
洽舍
富溪（漕溪）
許村鎮
汪村（上汪村）
塔山
呈坎
靈山
上豐（祁村）
三田（上浦田）
巖源（黄進舍）
大谷運
黄村
溪頭
竦坑
臨溪
顯川（山泉）
蜀源
富堨
稠墅
潛口
唐模
棠樾
鄭村
桂林
江村
歙縣縣城（徽城鎮）
西溪南
巖寺鎮
羅田
篁墩
雄村
朱村
王村鎮
坑口（大源）
森村
黄備
瞻淇
南源口
呈村降
北岸（大阜）
白楊（新橋頭）
棉溪
漳潭
小洲
小川
三港
定潭
昌溪
霞坑
石潭
唐里
井潭
岔口
周家村
洽河
武陽
新溪口（大坦口）
街口
瑱田
巨川
胡埠口（巨坑口）
長標
紹濂
長陔
小溪
橫關（旃田）
屯溪
榆村
石門
汊口
獅石（結竹營）
（下西村）西村
三陽
竹鋪
杞梓里
蘇村
金川（金竹頭）
英坑
新安江

（4）歙縣地圖

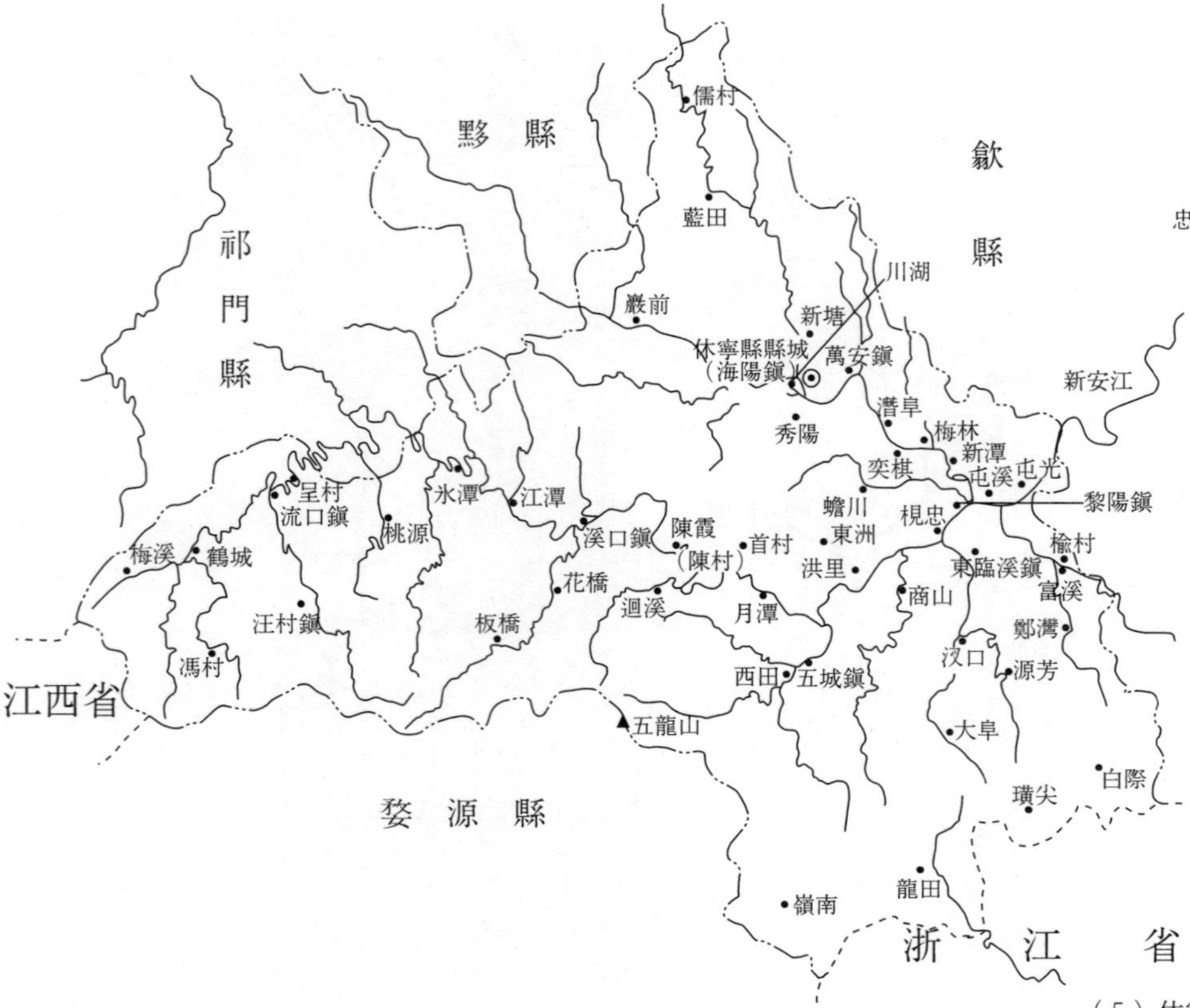
祁門縣
黟縣
歙縣
忠
江西省
婺源縣
浙江省
新安江
儒村
藍田
川湖
巖前
新塘
休寧縣縣城
(海陽鎮)
萬安鎮
秀陽
潛阜
梅林
新潭
奕棋
屯溪
屯光
黎陽鎮
蟾川
梘忠
東洲
陳霞
(陳村)
首村
洪里
東臨溪鎮
榆村
富溪
商山
鄭灣
汊口
源芳
大阜
白際
璜尖
龍田
嶺南
月潭
迴溪
西田
五城鎮
五龍山
花橋
板橋
溪口鎮
江潭
氷潭
桃源
呈村
流口鎮
汪村鎮
梅溪
鶴城
馮村

（5）休寧縣地圖

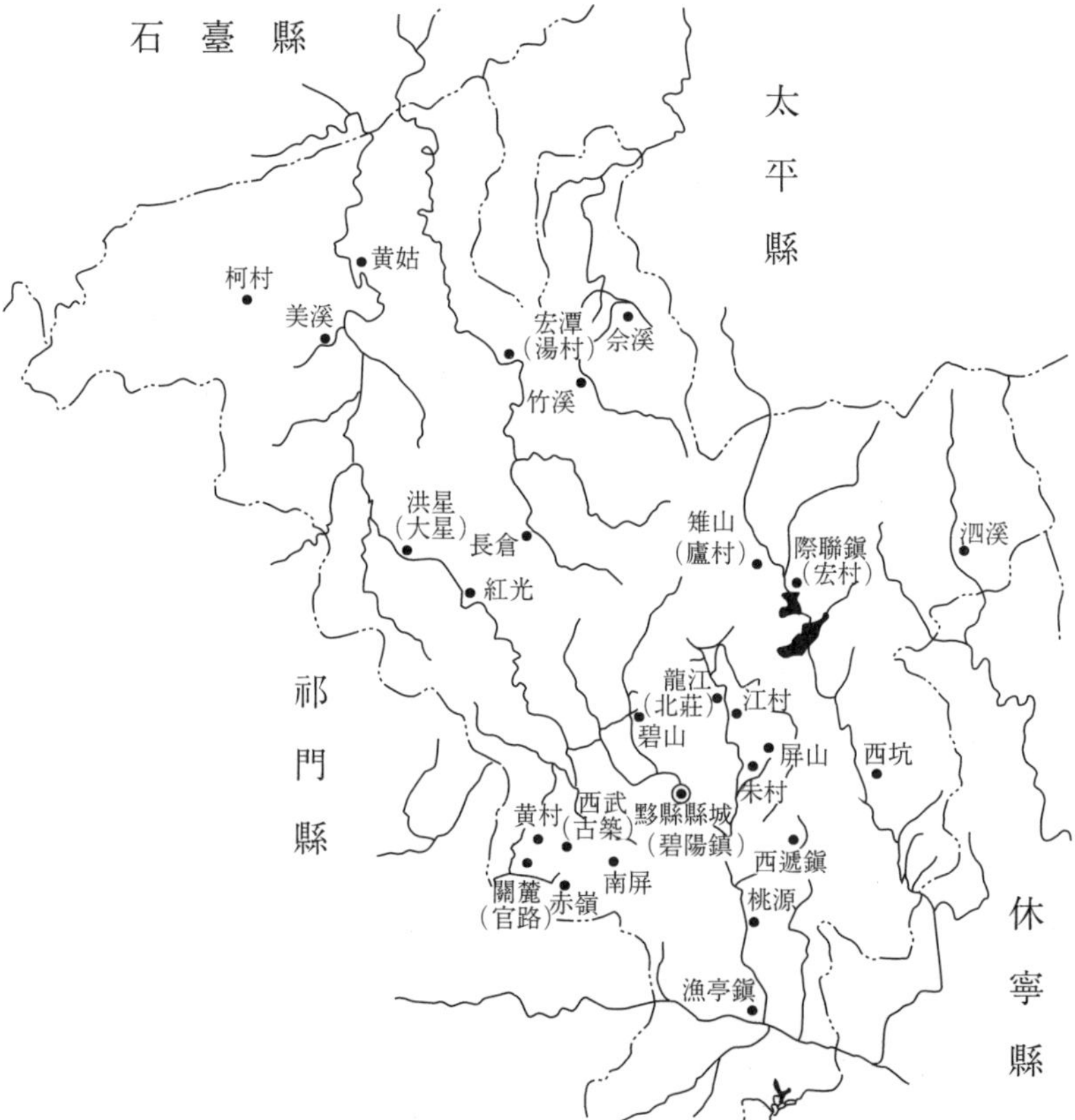
石 臺 縣
太平縣
祁門縣
休寧縣
黄姑
柯村
美溪
宏潭
(湯村)
佘溪
竹溪
洪星
(大星)
長倉
紅光
雉山
(盧村)
際聯鎮
(宏村)
泗溪
龍江
(北莊)
江村
碧山
屏山
西坑
朱村
黟縣縣城
(碧陽鎮)
西武
(古築)
黄村
南屏
西遞鎮
關麓
(官路)
赤嶺
桃源
漁亭鎮

（6）黟縣地圖

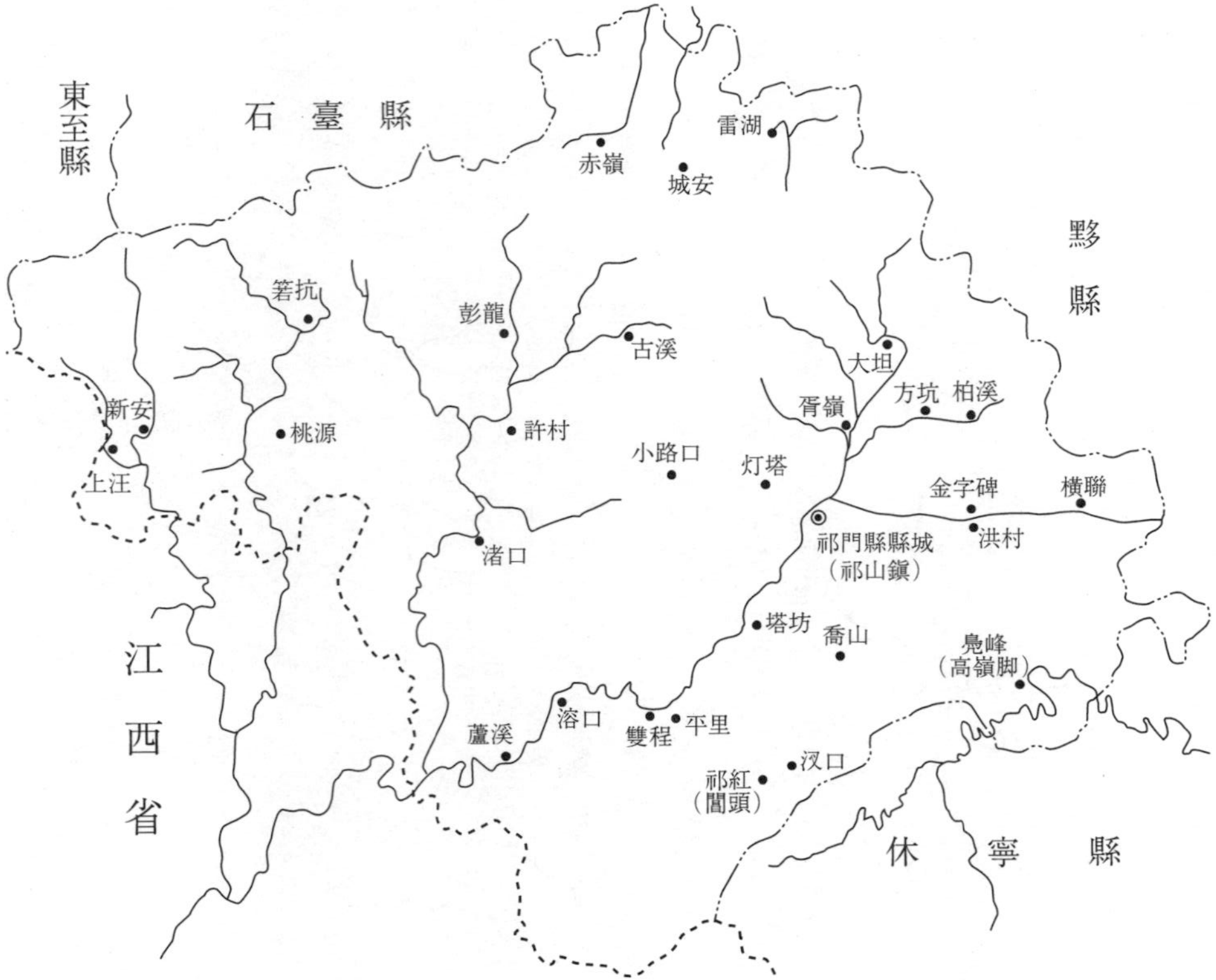
東至縣
石臺縣
黟縣
江西省
休寧縣
雷湖
赤嶺
城安
箬抗
彭龍
古溪
大坦
方坑
柏溪
胥嶺
新安
上汪
桃源
許村
小路口
灯塔
金字碑
横聯
洪村
祁門縣縣城
（祁山鎮）
渚口
塔坊
喬山
梟峰
（高嶺脚）
溶口
雙程
平里
蘆溪
汊口
祁紅
（閶頭）

（７）祁門縣地圖

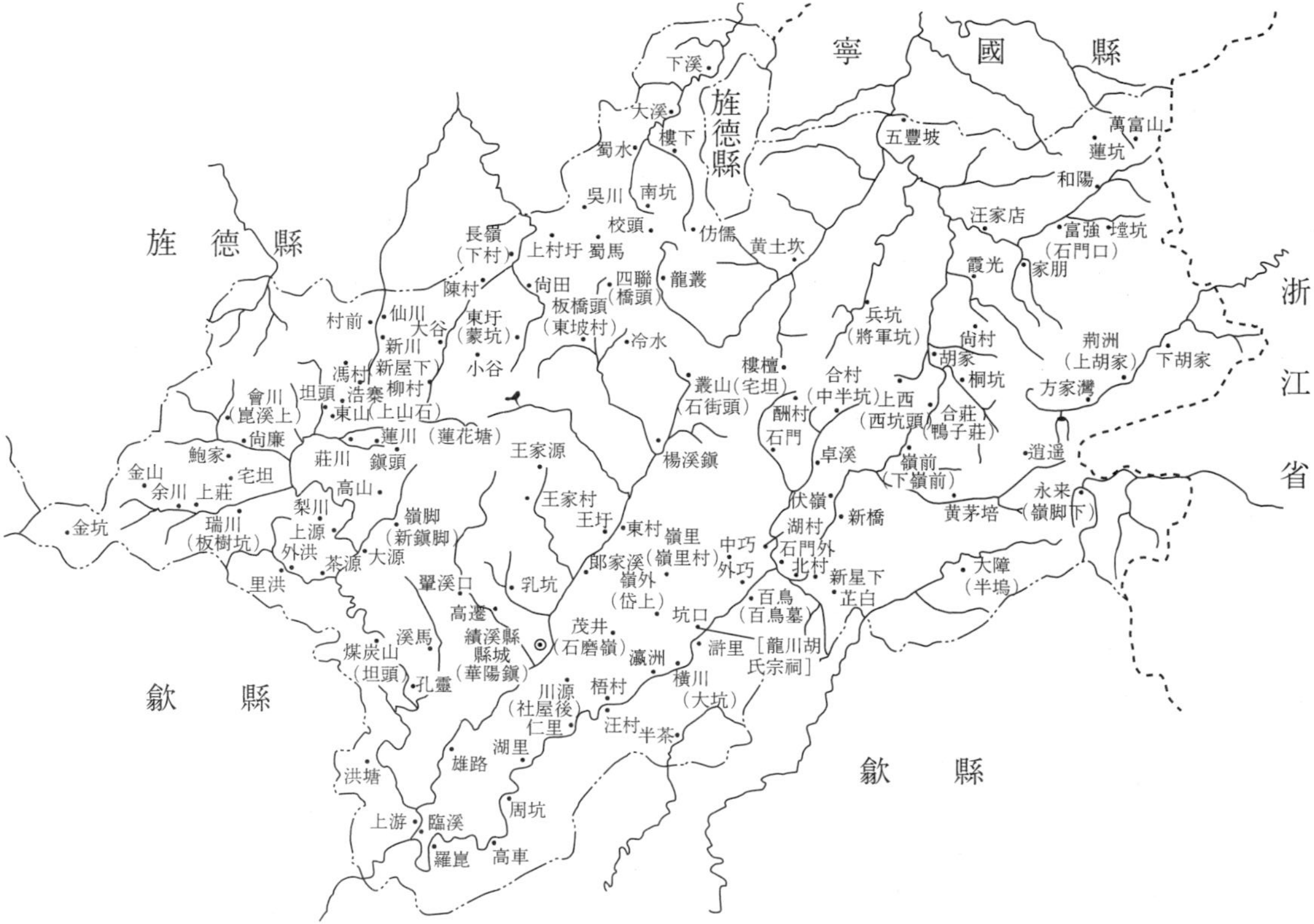
旌德縣
寧國縣
旌德縣
浙江省
歙縣
歙縣
下溪
大溪
樓下
蜀水
吳川
南坑
校頭
仿儒
黃土坎
五豐坡
萬富山
蓮坑
和陽
汪家店
富強
塏坑
（石門口）
霞光
家朋
長嶺
（下村）
上村圩
蜀馬
四聯
（橋頭）
龍叢
陳村
尚田
板橋頭
（東坡村）
冷水
村前
仙川
大谷
新川
東圩
（蒙坑）
小谷
馮村
新屋下
浩寨
柳村
坦頭
東山（上山石）
會川
（崑溪上）
尚廉
鮑家
宅坦
金山
余川
上莊
蓮川（蓮花塘）
莊川
鎮頭
高山
王家源
王家村
王圩
叢山（宅坦）
石街頭
楊溪鎮
樓檀
合村
（中半坑）
上西
（西坑頭）
兵坑
（將軍坑）
尚村
胡家
桐坑
荊洲
（上胡家）
下胡家
方家灣
酬村
石門
卓溪
合莊
（鴨子莊）
嶺前
（下嶺前）
逍遥
永来
（嶺脚下）
黃茅培
伏嶺
湖村
新橋
石門外
北村
新星下
芷白
大障
（半塢）
金坑
瑞川
（板樹坑）
梨川
上源
外洪
茶源
大源
嶺脚
（新鎮脚）
里洪
東村
嶺里
（嶺里村）
中巧
外巧
郎家溪
嶺外
（岱上）
坑口
百鳥
（百鳥墓）
翬溪口
乳坑
高遷
績溪縣
縣城
（華陽鎮）
茂井
（石磨嶺）
瀛洲
滸里
［龍川胡
氏宗祠］
溪馬
煤炭山
（坦頭）
孔靈
川源
（社屋後）
仁里
梧村
橫川
（大坑）
汪村
半茶
雄路
湖里
洪塘
上游
臨溪
周坑
羅崑
高車

（８）績溪縣地圖

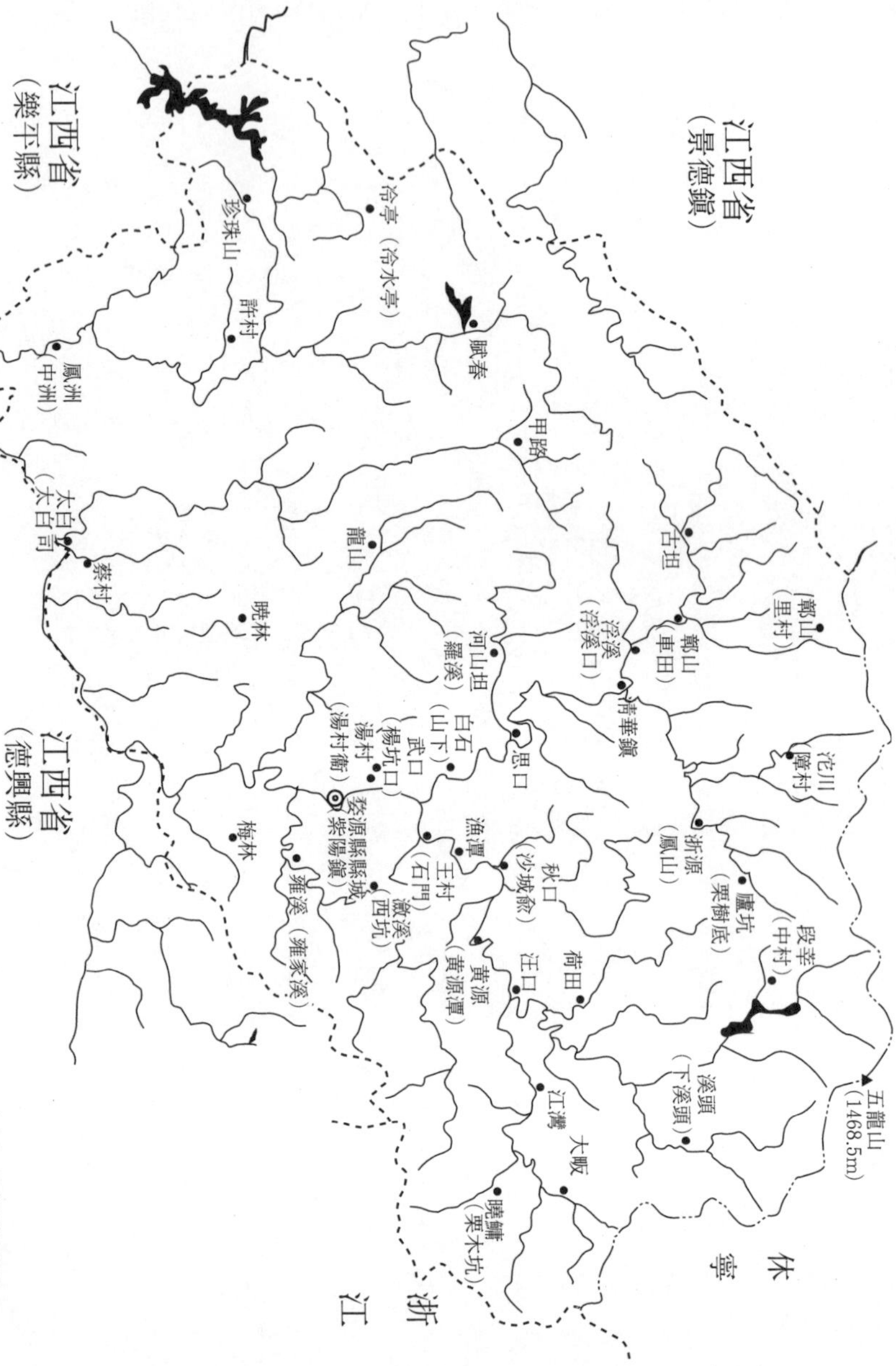
江西省（景德鎮）
江西省（樂平縣）
江西省（德興縣）
休寧
浙江
五龍山（1468.5m）
珍珠山
冷亭（冷水亭）
許村
賦春
鳳洲（中洲）
甲路
太白（太白司）
蔡村
龍山
古坦
鄣山（里村）
鄣山（車田）
浮溪（浮溪口）
河山坦（羅溪）
曉林
清華鎮
白石（山下）
思口
武口（楊坑口）
湯村（湯村衞）
沱川（篁村）
婺源縣縣城（紫陽鎮）
梅林
漁潭（石門）
王村
秋口（沙城兪）
浙源（鳳山）
激溪（西坑）
雍溪（雍家溪）
黃源（黃源潭）
汪口
荷田
廬坑（栗樹底）
段莘（中村）
溪頭（下溪頭）
江灣
大畈
曉鏞（栗木坑）

（9）婺源縣地圖

（10）徽州縣別概念圖（除婺源縣）

# 徽州商人の研究

# 序章　徽州と徽州研究

## はじめに

徽州は、安徽省の南部にある。明清時代、徽州府に屬していたのは、現在安徽省黄山市に屬する歙縣、休寧縣、黟縣、祁門縣、現在安徽省宣城市に屬する績溪縣、そして現在江西省に屬する婺源縣の六縣である。

中華人民共和國成立後、土地改革を契機として、この徽州地域で多くの文書資料が發見され收集された。これが、甲骨文、漢簡、敦煌文書、故宮明清檔案とともに近代中國における歴史文化の「五大發見」の一つとされる徽州文書である。この徽州文書の收集と整理とによって、中國では徽州の歴史と文化とを對象とする學問研究、すなわち「徽學」が形成され、一九八〇年代には重點研究の一つとされるに至った。ところで、「徽學」すなわち徽州研究は、單に徽州という一地方の歴史や社會、文化を明らかにするというにとどまらない意味をもつ。それは、明清時代、徽州出身の商人もしくはその後裔が全國規模で活躍し、とりわけ長江一帯で「無徽不成鎭「徽州商人なくして鎭成らず」」といわれたように、揚州、杭州、蘇州、南京、蕪湖、安慶、武昌、漢口など江南デルタ地帯を中心として長江沿岸、さらには全國各地に進出し、その地の經濟や社會、ひいては中國全體の經濟と社會のしくみとに大きな影響を與えたからである。本書は、その徽州商人（＝新安商人）が明清時代の社會において果たした役割と意味とについて考えようとするものである。第一部では、その商業活動の歴史的經緯と事業内容と特性とを論ずる。第二部では、典當という行爲と典當業について徽州文書を資料として検討する。さらに第三部において、彼等徽州商人の活動を特徴づけた宗族關係を分析検討する。

本論にさきだち、ここでは、第一節で徽州の歴史を概觀し、次いで第二節において、徽州研究および徽州文書をはじめとする資料について紹介したい。

## 第一節　徽州について

徽州は、湖南より東北へ走る江湖山地の東端が、福建西部を北上する閩浙山地と合流する地點にあり、黃山山麓と錢塘江の水源である新安江流域に小規模に開けた盆地となっている。西の山が自然の障壁となり、兵亂の際の避難地として、四世紀の永嘉の亂の時、唐代の安史の亂から末期の農民戰爭の時期、また北宋と南宋の轉換期を中心として、中原や戰場となった他の地域から多くの人々が逃げてきてここに住み着いた。六縣のうち歙縣から休寧縣にかけては、比較的開けた平地であり、明代には、半數以上がこの二縣に分布していた(1)。そのほかの四縣は山がちの地にあり、兵亂等に際して歙・休寧の二縣から移住したものがほとんどである(2)。

行政區の領域としては、秦代に歙、黝（漢の建安十三年に黝の字を黟に改めたとされるが、地方志などの沿革には南朝の宋まで黟縣は黝縣と表記されている）の二縣が最小の單位として設定されており、以後若干の地域としての增減はあるものの、この二縣から休寧縣、祁門縣、績溪縣、婺源縣が分離して徽州府六縣が成立した。以下、行政區の變遷と名稱の變更について、『徽州府志』などの記載に基づいて整理してみたい[3]。『禹貢』の記事によれば、これらの地域は、夏の時代には揚州に屬し、春秋時代には吳に屬し、吳の滅亡後は越に屬し、戰國時代には楚に屬したとされる。

秦代になると、始皇帝二十五（前二二二）年に王翦が江南を平定し、百越（百粤）を降すと、秦は揚州に鄣、會稽、九江の三郡を置き、歙、黝（黟）の二縣を會稽郡屬とした。次いで、前漢のはじめに、二縣は鄣郡屬とされた。項羽は揚州の地に九江國を置き、二縣はこれに屬した。前漢高祖十一（前一九六）年、揚州の地に淮南、吳の二國が置かれると、歙、黝（黟）二縣は吳國に屬した。さらに景帝四（前一五三）年、揚州に屬する鄣、會稽の地に江都國が置かれ、歙、黝（黟）二縣はこれに屬した。その後、武帝元狩二（前一二一）年、歙、黝（黟）二縣が屬する鄣郡は丹陽郡に名を改められ、元封五（前一〇六）年には揚州刺史の管轄下に置かれることとなった。後漢の建安十三（二〇八）年、孫權は賀齊を歙縣と黝（黟）縣に派遣し、これに抵抗する人々の殺戮を行った。そして、歙縣の東部を割いて新縣とし、南は新定縣、西は黎陽縣と休陽縣を置き、黎陽縣、休陽縣に歙縣と黝（黟）縣を加えた四縣を丹陽郡から分けて新都郡として吳の屬とした。

「新安」の地名が用いられるようになったのは、晉が吳を滅ぼした太康元（二八〇）年、揚州屬の新都郡が新安郡に改められたことに始まる。新安とは、黟縣にある新安山の名をとったともいわれる[4]。また、休陽縣は海寧縣に、新定縣は遂安縣に改められ、新安郡の政治の中心は、新都郡以來の地である始新すなわち現在の淳安に置かれた。

南朝時代になると、宋の大明八（四六四）年に、黎陽縣が海寧縣に組み入れられた。さらに、梁の普通三（五二二）年には吳郡の壽昌縣が新安郡に併合され、同じく大同元（五三五）年、歙縣の華陽鎭を割いて良（梁）安縣（後の績溪縣）が置かれた。また、新安郡も梁代に新寧郡と改められたが、陳代には再び新安郡に戻された。南朝時代、揚州は、一時會州、東揚州と名稱が變更されることがあった。なお、『徽州府志』など地方志の記載が黝縣から黟縣へと變わるのは、前述したように南朝の宋代からである。

隋代になると、開皇九（五八九）年、新安郡を廢して、東陽郡とし、歙縣と黟縣を海寧縣に組み入れた。同十一年には東陽郡を歙州とし、歙縣と黟縣を復活し、海寧縣とともにこれに屬せしめた。同十八年には海寧縣を休寧縣とし、これに遂安縣と壽昌縣を組み入れ、婺州（現在の浙江省金華附近）屬とした[5]。大業三（六〇七）年、婺州は歙州に改められ、さらに歙州は再び新安郡に改められた[6]。

唐代になると、揚州に換えて歙州總管が置かれ、歙、睦、衢の三州を管轄することとなった。歙州總管は、一時歙州都督と改稱されたが、貞觀元（六二七）年に、江南道に改められ、新安郡は歙州に再度改稱された。開元二十八（七四〇）年、休寧縣の西鄉と樂平縣の懷金鄉を併せて婺源縣が置かれ、歙州に屬した。この後、新たに縣が置かれたり廢されたりしたが、大曆二（七六七）年に黟縣から分かれて祁門縣が置かれ、また歙縣と休寧縣の一部を合わせて績溪縣が置かれて、婺源、休寧、黟、歙、績溪の六縣が歙州屬とされ五代を經て宋代に至った。

宋代、宣和二（一一二〇）年、歙縣の方臘が反亂を起こし、績溪、旌德、黟縣、祁門、休寧の五縣を占領した。翌年亂は鎭壓され、歙州は徽州と改められた。「徽州」の名稱が用いられるようになったのはこのときからである。また、それまで制度上はともかく實際において自立性が强かった徽州が中央の行政權力の統治下に名實ともに完全に組み込まれることとなったのもこのときからである。

元代になると、徽州は徽州路に改められ、江浙行中書省建康道に屬することになった。元末至正十三（一三五三）年、朱元璋麾下の胡大愈らが徽州に攻め入り、徽州路を興安府に改め、翌年には朱元璋が徽州に入った。さらに、同二十四年に興安府は徽州府に改められた。

明代、徽州府は中書省に屬し、次いで現江蘇省とともに南直隷に屬したが、淸初、南直隷は江南省に改められ、康熙六（一六六七）年、江南省が分割されるとともに安徽省に屬した。

以上、地方志の記載からわかるのは次のことである。すなわち、徽州地域の縣についていえば、秦代に歙縣と黝（黟）縣が置かれ、以後南朝の梁の時代に吳郡の壽昌縣が併合され、唐代の開元年間に休寧縣の西鄕と樂平縣の懷金鄕を併せて婺源縣が設けられたほかは、名稱の變更はあるものの、おおむね地域うちでの併合や分離が行われたのみで、基本的な變更はない。他方、州、郡、道、省など上部の行政區域についていえば、その領域や名稱の變更はしばしば行われている。しかし、唐の大曆二（七六七）年に黟縣から分かれて祁門縣が置かれ、また歙縣と休寧縣の一部を合わせて績溪縣が置かれて婺源、休寧、黟、歙、績溪の六縣が歙州屬とされて以降、縣の領域や名稱にほぼ變更はなく、上部の行政區も名稱の變更に止まっている。このことは、八世紀に「徽州」と稱される地域の各行政區が定まったことを示している。

次に、これらの行政區域がどれだけ實態を反映していたかについて考えてみたい。

從來、この地域に土着していたのは越（粵）または百越（百粵）と稱される人々であり、『禹貢』の記事とは異なり、秦代に入るまで中原の政府による統治は實際には及んでいなかったといわれる。前述したように、秦代に入り、歙、黝（黟）の二縣が置かれ會稽郡屬となり、その行政區域に組み込まれたが、漢代に至っても、そこに居住していた人々のほとんどは、中原の人々からは「南蠻夷」と認識されていた越人であった(7)。從って、果たして秦漢政府の統治が實效性をもって浸透していたかどうかは疑わしい。しかしながら、秦代の統一にともなう行政區域と地方官の設定が全くの机上の空論であったとも言い難い。少なくとも土着の人々の反亂や抵抗を抑え統治するため軍や官が派遣されたことは事實であろう。こうして派遣された將や兵がこの地に住み着いた例も少なくなかったと思われる(8)。さらには、統治を強化するために越人を同化する政策的處置として中原からの移民も行われた。このとき中原からこの地に最初に移ったのは吳、方、汪の三姓であったという説がある。(9)しかし、『新安名族志』、『新安大族志』(10)では、方氏の移住時期は新代、汪氏は後漢時代であるが、吳氏は唐代とされている。しかも、第三章で述べるように、汪氏が後漢時代に徽州に移住したことに始まるということもそれ自体極めて疑わしい。むしろ、徽州土着の越人のある一族がこの時期汪姓を稱する中原からの人物になんらかの關係をもつことがあり、後世に漢民族の文化に倣って姓を稱する必要が生じた際、汪姓をなのることとした、と考えるのが妥當である。

『新安名族志』の記述にのっとって、各姓の徽州への移住時期を整理したものが別表Aである。(11)この表を見ると、徽州への移住の第一の波は西晉末四世紀初頭の永嘉の亂のときである。このとき、程、鮑、俞、黃、胡など九姓が徽州に移住したとされる。最も早期の人口記錄は、西晉太康初（二八〇）年の新安郡五千戶という記錄である。(12)第二の波は、唐代、とくに唐末八世紀半ばの黃巣の亂のときである。陸、陳、李、朱、潘、江など二十四姓が徽州に入り定住したといわれる。第一の波については、新安太守の職について赴任したり、元帝などに従って徽州に至り、ここに住むことになったという記述が多い。また第二の波は、歙州刺史などに任官し、黃巣の亂で徽州内の他の地に移り住むことになったという記述が多い。しかし、この二つの波を並列して論じることはできない。なぜなら、この二つの時期の間に、徽州において重要な歷史的事件が起き、このときから徽州が中央の管轄下に基本的には入ったと考えられるからである。すなわち、汪華の起兵である。隋末、績溪縣汪村出身の豪族汪華が起兵し、新安郡の地および宣、杭、睦、婺、饒を占據し吳王と稱した。汪華は唐の武德四（六二一）年、唐朝から隋を滅ぼすことに功あったとして越國公の稱號を賜わり、歙州刺史に任命され、新安郡を歙州に改め、歙、宣、杭、睦、婺、饒の六州の統治を任された。(13)『新安名族志』や『新安大族志』において第一の宗族として記錄されている程氏の族譜にも、隋末、十七世富が汪華を助けて隋を滅ぼし、總管府司馬を授けられた[14]と記されている。

　このほか、宋代にも靖康の亂のときに、永嘉の亂や唐末の混亂期と同様、北方からの大量の移住がみられる。このときには柯、宋、張、周、劉など十五姓が徽州に入り定住したとされる[15]。さらに注目すべきは、地方志などの記載では、元代に八十二萬四千三百四人と記錄されている人口が明代洪武二十六（一三九三）年には五十九萬二千三百六十四人まで減少していることである[16]。婺源縣の聞き取り調査[17]によれば、別表Bのごとく、他地域からの移入ないし縣內の移動によってできた新しい集落の數は、明初にできたものが群を拔いている。もちろんこの數字は口承による證言に基づいており、そのまま信用することはできない。しかし、この時期人々の移動が著しく、掌握されない人口が增大したことは確かであろう。後述するように、元代末以降に廣く宗族の統合連携を圖ろうとする動きが始まり、その趣旨の下で「宗譜」の編纂が開始され、明代の成化年間以降、とりわけ嘉靖年間以降に刊行をみたのも、このような大量の人口移動が行われたことが一つの要因になっていると考えられる。

　そして、明代中期以降、人々は多く客商として外地に赴き、外地で財を貯めた者は、その後次第に新たな地に定住し、或いは籍を移すこととなった。また太平天國の反亂時には徽州も戰場となり、多くの人々が居住地を離れた。そのため、清代以降は、徽州の外への流出や徽州內の山間僻地への移動がむしろ多い。

［表A］

前漢……舒
新……方
後漢……汪

西晉……鮑・兪・余
東晉初年……黄・程
東晉……葉・戴
梁天監……任
梁大通……閔
梁中大通……徐
隋……謝・詹
唐初……姚
唐貞觀……蔣
唐……范・仰・呂・鄭・凌・洪・祝・吳・査・馮
唐末……周・夏・陳・朱・周・江・梅・華・羅・康・王・潘・顧・金・趙・施・齊・盧・張
五代……邵・項・許・胡・何・李
宋……韓・滕・蘇・馬・饒・臧
南宋……佘・莊・杜・葛・章・游
元……田・仇

以上66姓

［表B］　　（新設集落數）

隋……1
唐初期……4
中期……7

末期……31
單に唐とのみある……8
五代初期……4
南唐……14
北宋初期……39
中期……16
末期……31
單に北宋とのみある……1
南宋初期……50
中期……21
末期……38
單に南宋とのみある……1
單に宋とのみある……1
元初期……9
中期……4
末期……13
單に元とのみある……1
明初期……123
中期……56
末期……65
單に明とのみある……2

清初期……79
中期……48
末期……50
道光年間……7
合計……724集落

＊①隋以前については、記述がない。
②唐代は王朝末期、北宋は初期と末期、南宋は末期も多いが初期、元代はあまり變化なく、明初期に最も新しい集落が多く成立し、數値に表われた時期の約17％を占める。明代全體では約34％、清代全體で約25％、明末清初期は約19％である。これらの數字はあくまで新しくできた集落の數字であるから、人口それ自體を示すものではない。但し、新入人口の比率と一應比例していると考えられる。從って、明末清初期は出て行く者の方が多かったと考えられる。婺源縣の例を徽州一般、江南一般に普遍化することはできないが、ある程度は汎用性がある資料であろう。
③建國後は文革期が多い。

## 第二節　徽州文書と徽州研究

### 一、徽州研究について

#### （1）中國における徽州研究

徽州についての研究成果については、すでに中島樂章[18]と熊遠報[19]がその著書の中で詳細かつ適切な紹介を行っている。從って、ここでは簡單な紹介にとどめたい。（本章中敬稱略）

前述したように、中國においては「徽州文書」の收集整理によって、徽州の歴史と文化を研究する學問、すなわち「徽學」が形成され、一九八〇年代には重點研究とされるに至った。但し當然のことながら、重點研究とされる以前においても、徽州に關する研究は行われており、吳景賢「明清之際徽州奴變考」（『學風』第七卷第五期、一九三七年）、傅衣凌「明代徽州商人」（『明清時代商人及商業資本』人民出版社、一九五六年）、同「明代徽州莊僕文約輯存」（『文物參考資料』［2］一九六〇年）、同「明末南方的〈奴變〉」（『歴史研究』一九七五年第五期）、章有義「從吳保和堂莊僕條規看清代徽州莊僕制度」（『文物』一九七七年第一一期）、同「清代皖南休寧奴婢文約輯存」（『文物資料叢刊』一九七八年第二期）や葉顯恩の佃僕制に關する論文などがある。

しかし、徽州研究が重點研究と指定されるとともに組織的な徽州研究が始まった。まず、一九八三年に中國社會科學院歴史研究所明史研究室に徽州文書課題組（後、徽州文獻研究中心）が組織され、徽州文書研究を擔當することになった。そのメンバーは、故周紹泉、欒成顯、張雪慧、故陳柯雲、阿風である。ついで、蕪湖の安徽師範大學歴史系明清史研究室が徽州商人研究を擔當することになった。そのメンバーは、張海鵬、王廷元、唐力行（現上海師範大學）、王世華、李琳琦、周曉光である。さらに一九八九年、合肥の安徽大學歴史系に徽州宗族研究課題組が組織され、徽州の宗族研究を擔當することになった。そのメンバーは、安徽大學歴史系の趙華富、王光宇、卞利などのほか、安徽省博物館の劉和惠、彭超、張愛琴や安徽省圖書館の各氏が參加した。なお、例えば唐力行が徽州商人研究のほか宗族問題に關する論文を發表するなど、これら組織の課題は個別のメンバーの研究課題を制限するものではない。以上の三組織に屬する研究者以外にも歴史の分野で徽州に關する專著、專論を發表した研究者は少なくない。主な研究者としては、中國社會科學院經濟研究所の李文治、章有義、魏金玉、江太新、廣東省社會科學院歷史研究所の葉顯恩、汕頭大學の劉淼、復旦大學の王振忠、『江淮論壇』雜誌社の孫樹霖、鄭力民、『徽州社會科學』の主編劉伯山(現在安徽大學)、黄山市徽州學研究會の方满棠(筆名史鋒)、黄山市地方志公室の翟屯建などがいる。このほか、徽州商人やその後裔の浙江、江蘇での活動や影響に注目したものとして、浙江省社會科學院歷史研究所の陳學文、上海技術師範學院の吳仁安、南京大學の范金民および陳忠平などの研究がある。前出王振忠もまたその一人である。陳學文は浙江省の市鎮や商業を主要な研究對象としているが、同時に黄山市徽州學研究會杭州市分會の主要なメンバーでもある。陳學文のほか、吳仁安、范金民、陳忠平など、その研究對象地域が江蘇省や浙江省であるにもかかわらず、徽州商人や徽州から移住した人々について研究を行っているのは、冒頭で「無徽不成鎭」という言葉を示したように、鹽業を含めて江南デルタ地域の經濟や社會を研究するうえで、彼等徽州商人の活動や影響が無視できないからにほかならない。そして、これは徽州研究の特色を示すものであるといえる。また、近年安徽大學に「徽學研究中心」が設立され、安徽大學以外の多くの徽州研究者も兼任研究員として參加している。

徽州に關する研究論文を掲載する刊行物としては、一般の學術雜誌や各大學の學報のほかに、安徽省黄山市徽州學研究會編『徽學通訊』、同編『徽學』、『徽州學叢刊』編輯部編『徽州學叢刊』、『徽州社會科學』編輯部編『徽州社會科學』、さらに最近では安徽大學徽學研究中心編『徽學』など、安徽省もしくは黄山市において專ら徽州を對象とする論文を掲載する期刊雜誌が發行されている。また、黄山市徽州學研究會杭州分會・杭州黄賓虹學術研究會編『會務通訊』のように、他地域に移住した徽州出身者が現地で研究會を設立し、會報を發行している。これらの研究會は同鄉會という性格を併せもっている。論文集としては『江淮論壇』編集部編『徽商研究論文集』(安徽人民出版社、一九八五年)、劉淼輯譯『徽州社會經濟史譯文集』(黄山書社、一九八八年)のほか、一九九六年に、一九三七年から一九九五年の上半期までに發表された論文六百八編、題目のみ二百十四編を收錄した安徽大學圖書館編『徽學研究論著資料匯編』が出版された。『徽學研究論著資料匯編』には中國において中國語で發表された徽州關係論文が收錄され、「總論」二十一編、「徽商」九十九編、題目のみ二十九編、「農村社會與土地制度」八十七編、題目のみ五十一編、「文化藝術」百六十九編、題目のみ百八編、「其他」三十二編、題目のみ二十一編が收められている。このほか、徽州を對象とした專著としては、葉顯恩『明清徽州農村社會與佃僕制』（安徽人民出版社、一九八三年）、章有義『明清土地關係研究』（中國社會科學出版社、一九八四年）、同『近代徽州租佃關係案例研究』（中國社會科學出版社、一九八八年）、王振忠『明清徽商與淮揚社會變遷』（生活・讀書・新知三聯書店、一九九六年）などがある。さらに、唐力行『商人與中國近世社會』（浙江人民出版社、一九九三年）、張海鵬・張海瀛主編『中國十大商幇』（黃山書社、一九九三年）や傅衣凌の諸著作などは對象を徽州商人に限ったものではないとはいえ、徽州商人に論及した著作である。

### （2）日本における徽州研究

日本における徽州に論及した研究は他の研究に比べて多くはない。宋代の徽州に關する研究を含めると、戰前の著作としては、牧野巽「明代同族の社祭記錄の一例『休寧茗州吳氏家記・社會記』について」（原載『東方學報』二卷一號、一九四〇年、『牧野巽全集』第三卷『近世中國宗族研究』御茶ノ水書房、一九八〇年、所收）がほぼ唯一である。但し、鹽業に關わって徽州商人に論及した研究は戰後も含めて少なくない。[20] 戰後の著作としては、藤井宏「新安商人の研究㈠〜㈣」（『東洋學報』第三六卷、一〜四期、一八五三年、五四年）、多賀秋五郎「『新安名族志』について」（『中央大學文學部紀要』六期、一九五六年）、仁井田陞「明末徽州の莊僕制とくにその勞役婚について」（原載『和田淸博士古稀記念東洋史論叢』講談社、一九六一年、同『中國法制史研究―奴隸農奴法・家族村落法』東大出版會、一九六二年、所收）、斯波義信『宋代商業史研究』（風間書房、一九六八年）、同「宋代徽州の地域開發」（『山本達郎博士還曆記念東洋史論叢』山川出版社、一九七二年、所收）、同『宋代江南經濟史の研究』（汲古書院、一九八八年）、重田德「清代徽州商人の一面」（『清代社會經濟史研究』岩波書店、一九七五年、所收）、金井德幸「宋代の村社と宗族―休寧縣と白水縣における一例」（『歴史における民衆と文化』國書刊行會、一九八二年、所收）、小山正明「文書資料から見た明清時代徽州府下の奴婢・莊僕制」（『西嶋定生博士還曆記念　東アジアにおける國家と農民』山川出版社、一九八四年、所收）、松浦章「清代徽州商人と海上貿易」（『史泉』六〇號、一九八四年）などがある。

一九九〇年以降、中國で徽州文書の收集整理と研究が進むとともに、徽州の社會や經濟に注目した專門研究の發表が增えてきた。鈴木博之は宗祠を中心に研究を進め、澁谷裕子は聞き取り調査を主要な手段として會や棚民の研究を行っている。(21) さらに、中島樂章は紛爭處理など明代の鄉村社會のシステムについて、熊遠報は宗族を含めた社會秩序について研究を行い、それぞれ前揭の專著がある。徽州研究は、その資料の性格上、これまで明淸史研究の一環として行われてきた。しかし、小松恵子が「宋代以降の徽州地域發達と宗族社會」（『史學研究』二〇一號、一九九三年）を發表し、近年山根直生が「唐末五代の徽州における地域發達と政治的再編」（『東方學』第百三輯）を發表しているように、明淸時代の資料を用いて宋代以前の歴史研究も次第に始まってきている。

このほか、田仲一成「十五、六世紀を中心とする江南地方演劇の變質について」（一）（二）（三）（『東京大學東洋文化研究所紀要』六〇、六三、六五冊、一九七三～七五年）、同『中國祭祀演劇研究』（東大出版會、一九八一年）、同『中國の宗族と演戲』（東大出版會、一九八五年）、同『中國鄉村祭祀研究』（東大出版會、一九八九年）、同「明代江南における宗族の演劇統制について―新安商人と目連戲」（前揭『山根幸夫教授退休記念論叢』上、所收）、同『中國巫系演劇研究』（東大出版會、一九九三年）は徽州における演劇について論及している。

以上の研究を整理すると、その課題は概ね以下のように分類できる。①商人および商業活動について、②宗族・家族について、③村落および地域における郷約や會および祭礼について、④郷村の統治システムおよび官權力との關係について、⑤奴婢・莊僕などの社會身分や階級關係について、⑥演劇などの文化について、⑦その他、である。當然のことながら、これらの課題は重なりあう。日本の研究を中國の研究と比較した場合、中國では、①、②に加えて、土地所有關係、租佃關係、佃僕・莊僕などの社會身分や階級關係に關する研究および文化に關する研究が比較的多いのに對して、日本では②の宗族・家族研究や③の村落および地域における郷約や會などについての研究が比較的多い。これは、中國の研究がかつて階級關係を重視していたこと、徽州在住者などが徽州文化の紹介を活發に行っているのに對し、近年日本の歴史研究が歐米の社會史や社會人類學の方法論を取り入れるなど學際的研究を指向していることを示しているといえる。

### （3）その他各國における徽州研究

歐米の徽州研究及び關連研究には、居蜜「一六〇〇～一八〇〇年皖南的土地占有制與宗法制度」（『中國社會經濟史研究』一九八二年第二期）、同「明清徽州地區租佃文書介紹」（『漢學研究通訊』第四卷第一期、一九八五年）、Harniet T. Zurndorfer（宋漢理）・Chinese Merchants and Commerce in Sixteenth Century China: The Role of the State in Society (Leiden Studies in Sinology, 1981)、同・The Hsin-an ta-tsu chih and the Development of Chinese Gentry Society 800~1600（通報・T'oung Pao,vol.LXVⅢ,3-5,1981）[「『新安大族志』與中國士紳階層的發展（八〇〇～一六〇〇）」（『中國社會經濟史研究』一九八二年第二期、一九八三年第三期）]、同・Local Lineage and Local Development: A Case Study of the Fan 范 Lineages,Hsiu-ning hsien,Hui-chou 800~1500（通報・T'oung Pao,vol.LXX,1-3,1984）[「徽州地區

的發展與當地的宗族―徽州休寧范氏宗族的個案研究」（前掲『徽州社會經濟史譯文集』所收）」、同・Change and Continuity in Chinese Local History: The Development of Hui-chou Prefecture 800 To 1800 (Sinica Leidensia, vol.XX,1989)、Keith Hazelton（基恩・海澤頓）・Lineage and Local Elites in Hui—chou, 1500~1800 (University Microfilms International, A Bell & Howell Information Co. 1984)、基恩・海澤頓、唐力行共著「明清徽州地理、人口探微」（『中國社會經濟史研究』一九八九年第一期）、基恩・海澤頓「明清徽州社會的大族與社會流動性」（『安徽師範大學學報〔哲學社會科學版〕』一九八六年第一期）などがある。歐米の徽州研究に著しいのは、社會史としての分析視角である。

臺灣と韓國における徽州研究については、中島樂章と熊遠報の著書で紹介されており、筆者はそれに加えるだけの資料をほかに有していないため、ここでは省略する。なお、臺灣の中央研究院歷史語言研究所と中國社會科學院歷史研究所との間に協定が結ばれ、中央研究院歷史語言研究所圖書館には、中國社會科學院歷史研究所所藏の徽州文書のコピーが收藏されつつある。

### （4）中國、日本、その他各國の徽州研究の現狀と課題

中國、日本、歐米の研究の違いの原因として主要には次の二點があげられよう。第一に、方法論の違いである。それは、それぞれの國や地域が有する關心のあり方によって異なってくるものである。より具體的にいえば、中國や中國の人々に對する研究ないし明清史研究を行う人々により形成されている學界の「共通する問題關心」によって方法論が選擇され、そのことが研究課題を左右しているといえる。日本や歐米の研究に社會史や社會人類學の方法をとりいれたものが多く、中國の研究に土地所有關係や社會身分および階級關係を論じたものが多いのもその一つの現われであるといえる。第二は、中國の研究者にとっては所與のことであり、ときには看過される事柄が、日本やとりわけ

歐米の研究者にとっては極めて特殊な事柄と理解され注目される場合があることによる。一九九〇年以前の中國と日本における徽州研究は、徽州に關する資料によって、中國前近代社會の普遍的性格を求めようとするものであった。それに對し、歐米の研究および一九九〇年以降の日本と中國の研究には、徽州の特殊性を求める研究ないし徽州という地域に視點をあてた研究が相對的に多い。例えば、徽州を祖地とする者が客商として外地に赴き、そのことが江南デルタ地域を中心とした中國全土にどのような變化をもたらし、かつ彼等自身の變化をもたらしたかというような總體としての歴史狀況について考察するよりも、徽州文書をはじめとする膨大な徽州關係資料の存在によって、徽州社會それ自體を分析するという傾向が強くなっていると思われる。

## 二、資料について

### （1）徽州文書

#### イ．徽州文書について

徽州文書とは、徽州で歴史的に受け繼がれてきた散件および簿冊からなる官府文書と賣契、合同などの民間文書とを指す。また、徽州には明清時代以來の集落や建物などの文物が殘されている。例えば、牌坊やそこに彫られた文章がある。これらも徽州文書に加える場合が多い。中國では、一九八七年制定の「中華人民共和國檔案法」公布によって、從來の用法とは別に、I. C. A.（International Council of Archives）でいうArchivesを意味するものとして「檔案」を用いることが定められた。すなわち、從來の政府の政務に關わる官文書を「檔案」とする解釋を擴大して、民間の文書や定期刊行物、族譜、個人文集、さらには殷墟から發掘された甲骨文を甲骨檔案というように歴史文物や建造物なども「檔案」とされるようになった。(22) 他方、「文書」は舊來の用法では、書類、書き附け、書籍など「檔案」

を含めた文字資料を指す。今日「檔案法」では、Archives の意味で「檔案」を用いるのと對應して、Records に相當するものを正式には「文書」と稱している。しかし、現代中國において一般にこの意味で「文書」が用いられているとはいいがたい。例えば、整理されているか否かを問わず、敦煌地區、トルファン地區や徽州地區で發見された官民文書を敦煌文書、トルファン文書、徽州文書というが如くである。なお、本書で「徽州文書」という場合は、舊來の意味で用いている。

日本において徽州文書ないし徽學を紹介した文章としては、ジョゼフ・P・マクデモット（Joseph P.Mcdermott）"The Huichou Sources : A Key to the Social and Economic History China"（『アジア文化研究』一五、一九八五年）、劉重日「徽州文書の收藏・整理と研究の現狀について」（『東洋學報』第七〇巻、第三・四號、一九八九年）、臼井佐知子「徽州文書と徽州研究」（森正夫編『明清時代史の基本問題』汲古書院、一九九七年、所收）、鶴見尙弘「中國社會科學院歷史研究所收藏整理『徽州千年契約文書』」（『東洋學報』第七六巻、第一・二號、一九九四年）があるほか、徽州文書の內容を分類し解說を加えたものとして、周紹泉著、岸本美緒譯注「徽州文書の分類」（『史潮』新三二號、一九九三年）がある。また近年、徽州歷史檔案について解說し、安徽省の各檔案館および南京大學歷史資料室所藏の徽州歷史檔案の目錄を記した、嚴桂夫主編『徽州檔案總目提要』（黃山書社、一九九六年）が出版された。

現在、徽州文書を編んだ資料集としては、まず、中國社會科學院歷史研究所所藏の徽州文書を整理し寫眞版で印刷した王鈺欣・周紹泉主編『徽州千年契約文書』（花山文藝出版社）がある。本書には宋元明時代の文書として、散件（一枚ないし數枚で一件をなしているもの）千八百十一件、簿冊（裝丁して冊子となっているもの）五十八件、計千八百六十九件、淸民國時代の文書、散件千十件、簿冊七十八件、計千八十八件、總計二千九百五十七件が掲載されている。本書では、文書は年代をおって掲載され、前編二十巻は宋代二件、元代十三件のほか明代崇禎年間までの文書である。

後編二十卷は弘光元年から始まり、民國三十七年までの文書である。徽州文書の資料集としてはほかに、「鬮書」など家産分割關係文書を掲載した章有義「明清徽州地主分家書選輯」（『中國社會科學院經濟研究所集刊』第一一輯、中國社會科學出版社、一九八七年）、安徽省博物館およびその他の徽州地區の博物館所藏の徽州文書のうち、賣田契、賣田皮契、賣地契、賣山契、加價契、租田地文約、租山文約、莊僕還約文書、對換田地文書、賣屋契、賣地基契、典屋契、租屋文約、賣身契、借貸券、および分界合同、族産合同、出繼長子文書など九百五十件を掲載した安徽省博物館編『明清徽州社會經濟資料叢編』第一集（中國社會科學出版社、一九八八年）、中國社會科學院歴史研究所所藏の徽州文書のうち、宋元明代の賣田契、賣地契、賣屋基田地契、賣園契、賣塘契、賣山契六百九十七件を掲載した中國社會科學院歴史研究所編『明清徽州社會經濟資料叢編』第二集（中國社會科學出版社、一九九〇年）などがある。

ロ．徽州文書收集の經緯

一九八七年、中國社會科學院歴史研究所の故周紹泉が劉淼とともに徽州を訪れ、當時の安徽省博物館研究員石谷風、徽州地區博物館館長朱開霖、前屯溪製紙工場長呉錫加、同工場政治處主任徐光、徽州地區博物館員鄭寶榮、徽州地區博物館副館長韓小盧、元屯溪古籍書店店員汪羊、元古紙扱い業者江永興、元屯溪新華書店員余庭先などから、徽州文書收集についての聞き取り調査を行った。以下、周紹泉の手書きメモに殘された聞き取り内容にもとづき、筆者が知り得た若干の情報を加えて、徽州文書收集の經緯を記したい。(23)

一九五二年に始まる土地改革によって、地主の土地と餘剩財産とが沒收され分配が行われた。その際、多くの契約文書や古書が廢棄された。當時、上海で古書を取り扱っている者に韓世保という人物がいた。彼は早くからしばしば屯溪を訪れて多くの古書を購入し、上海の福州路に舊書店を開いた。韓世保は當時の文化部副部長鄭振鐸の知り合いであり、一九五五年、鄭振鐸に對し、屯溪には古書が大變多いが、それらの古書は新たに紙を製造するための原料とされたり、他に再利用されたりしている狀態にあると述べ、貴重な史料が失われることへの懸念を示した。そこで鄭振鐸は韓世保とともに屯溪を訪れ、情況を把握し、當時の安徽省黨委員會書記曾希聖に連絡した。事情を知った曾希聖は屯溪の古書を救うべく指示を出した。當時徽州地區では、一九五四年に古舊書店が設立され、民間の建物を借りて經營していたが、曾希聖の指示をうけて、一九五六年、屯溪に新たに新華書店に附屬する形で古籍書店が設立された。當初古籍書店に勤務したのは、屯溪の新華書店から派遣された余庭先、中華人民共和國成立以前に屯溪商會會長を務め、また英美煙草公司の駐東南代表でもあった章馨吾、屯溪で古書の販賣を行っていた王多梧、そして汪羊の四人であった。このとき屯溪の古籍書店は主に祁門縣で契約文書類を購入した。一九五七年には數萬件を購入し、全體では十數萬件にものぼった。このほか、古書や文書を小賣の商人や廢品業者から購入した。廢品の中から入手したものは休寧縣、黟縣、祁門縣、歙縣、旌德縣、涇縣の文書であったという。さらに、一九五九、六〇年には、淳安、金華、開化など外省の製紙工場まで行き、原料とされる廢紙の中から貴重な書籍や文書を入手した。但し、資金の限界ゆえに、製紙工場が原料として持っていた古書の中で重要なものの半分は購入しきれなかった。

また、徽州地區博物館の研究員石谷風の言によれば、一九五八年の大躍進のとき、徽州地區博物館は研究員石谷風に徽州の版畫と年畫を研究することを要請した。そのため、石谷風は黟縣廢品收購ステーションへ行き、廢紙の中に魚鱗冊や契約文書や古書を發見した。その廢紙は屯溪製紙工場へ送られるものであった。そこで屯溪製紙工場へ行き倉庫を調べると多くの貴重な古書や文書が見つかった。石谷風は屯溪の文物商店の余庭先に連絡し、余庭先が工場に連絡し、同量の古紙と交換した。このとき入手したものを調べ、章馨吾が目錄を作成し、北京や上海などにその寫しを送った。このときの文書は、休寧縣、黟縣、績溪縣、歙縣南鄉のものは屯溪に、淳安と歙縣東鄉のものは淳安に、祁門縣と婺源縣のものは祁門縣に賣却された。なお、屯溪の製紙工場には、北京の中國書店からも人が來て文書や古書を購入していったという。

これらの古書や文書類は、安徽省圖書館と安徽省博物館、北京の科學院第一、第二研究所、地理研究所、經濟研究所、北京の榮寶齋と中國書店、天津の南開大學のほか、廣州、厦門、南京、新疆、西安、蘭州、成都、重慶など各地の大學や圖書館、博物館に賣却された。なかでも最も多く購入したのは上海古籍書店であった。一九五〇年代から一九七八年までに上海古籍書店が購入した文物、古書、文書の類はトラックで五十臺分にも相當したといわれる。なおこのとき、徽州文書は中國全土に賣却されたが、その際分散して賣却されたために、各機關が收藏する文書で一家族の文書をまとめてすべて有している例は極めて少ない。

徽州地區博物館は一九五〇年に屯溪の古舊書店と同じ單位として發足したが、一九六三年、博物館籌備處が成立し、文物商店に併設されていた博物館を獨立した博物館とすべき準備を開始し、文書の收集を行った。しかし、まもなく「四清運動」が始まり、文物商店に併設されていた博物館を獨立した博物館とすべく各縣から送られて來た文書類は造紙工場に送られ、博物館籌備處も停止した。このとき廢棄された文書には歙縣と黟縣のものが最も多かったという。前屯溪製紙工場長呉錫加によれば、この工場は一九五八年三月に設立されたが、當初は電力不足のために回收した古紙を原料とせざるを得なかった。一九六三年以降は屯溪に火力發電所ができ、原料として古紙を回收しなくなったという。

一九六五年、文化大革命が始まると、博物館籌備處は殘されていた文書を文物と古書とともに安徽省博物館に送った。一九七三年、地區博物館は復活したが、このときはまだ博物館と文物商店は一つの單位であった。兩者が分かれたのは一九八〇年から八一年上半期にかけてである。一九八二年から建物に殘されていた徽州文書の整理が開始され、購入も進められた。現在、博物館が收藏する古書は約五萬冊あまり、徽州文書は三萬件にのぼるとされているが、二萬冊あまりの書籍とともに未整理の狀態にある。一九八七年現在、地區博物館と歙縣との收藏件數は徽州の文物の總量の五分の二、安徽省博物館や上海、江蘇、浙江など他地域が收藏件數は徽州の文物の總量の五分の一であり、依然として五分の二が民間に收藏されている。

ハ・徽州文書の分類

周紹泉は前揭「徽州文書の分類」において、分類の大きな柱として、一、土地文書、二、賦役文書、三、商業文書、四、宗族文書、五、科擧、官吏人事及び教育文書、六、團體文書、七、階級關係及び階級闘爭文書、八、官府の訴訟文書、行政文書、公文の八種をたてている。但し、『徽州千年契約文書』には、「借約・借據」すなわち借金の契約書、「入贅」すなわち婿入りに關する契約書のように、右に分類できない文書も少なくない。また、七、階級關係及び階級闘爭文書に分類されている「應役文書」には、主僕の身分關係を定めた契約と、單に家に居住する代償として一年間に數日家主の要求する勞働に應じるという身分關係に抵觸しない契約があり、區別して考える必要があると思われる。さらに、宋元明時代の文書を編纂した前編と清民國の文書を編纂した後編とを比べると次のことがいえる。前編の文書は、散件では田や山などの「賣契」、および「契尾」や「税票」など官文書を含めて田山の賣買に關わる文書がそのほとんどを占め、簿冊では後編に比べて「魚鱗圖冊」が多い。とくに田や山の「賣契」が多い。それに對し、後編所載の文書は次の點で顯著である。第一に、山に關するものは少ない。第二に、田地についても典當に關するものが多い。第三に、「合同」が多い。第四に、「加添字據（契約作成の後數年して、賣主がもとの賣價が低すぎるとして買主に價格の追加を要求し支拂われた場合に作成される文書）」が多い。第五に、「典契」、「當契」のほか、「佃田契」、「租契」、

「借據・借約」など前編に比して賣買よりも賃貸に關するものが多い。第六に、文書の文頭に書き込まれた文書名が多様である。但し、當然これらの特徴は文書の入手經路とも關係する。例えば、「借據」が多く、そこで金を貸している者のほとんどは陳氏である。しかし、これはたまたま社會科學院歴史研究所が購入した徽州文書の中に陳氏の一連の「借據」が含まれていたためにその比率が多くなったにすぎないともいえるのであって、清代は明代に比べて一般に借金契約が多かったとは必ずしもいえないということである。從って、量的な面から文書の傾向を卽斷することは誤りを生む可能性がある。但し、清代に典當契など賃貸に關するものが多いことは檢討する餘地がある。この點については、本書第四章で言及する。また例えば、順治年間まで賣子文書など文書内に賣身であることが明記されているものとほとんど同じ内容の文書が、道光年間以降には「出繼文書」ないし「繼書」とされ、あくまで買主の後繼者とする形式になっているなど、詳細に見ていくと興味深いことは少なくない。いずれにせよ、徽州文書を資料とした研究可能なテーマは幅廣い。土地關係問題、宗族や家族に關わる問題、莊僕制を含めた社會身分や階級問題、鄉約や會などに關する問題、地方行政や自治に關わる問題、商業問題など多岐にわたる。しかも重要なことは、徽州文書を通して、どのようなことがどのように行われているかを具體的に知ることができ、これらのテーマを關連させて分析理解することを可能にする手がかりがより得やすくなったことである。

### （2）族　譜

徽州研究を行ううえで注目すべき資料として族譜がある。徽州の族譜については、本書第六章で詳しく述べるため、ここでは簡單な紹介に止めたい。ここで族譜というのは古來「譜牒」と稱されるものである。從來、歴史資料として族譜はあまり重視されてこなかった。しかし、近年その歴史資料としての價値が見直され、一九八八年に「中國譜牒學會」が設立され、書目文獻出版社から『譜牒學研究』が不定期に刊行されている。歴史資料として重視されてこなかった主要な原因としては第一に、商業、商人研究が重視されてこなかったことと表裏して、族譜を編纂するような家は支配階級に屬しており大半を占める「小農民」の生活を反映する資料とはいえないという考え方が支配的であったこと、第二に、族譜は私的なものであり、しかも一族を飾る記述が多く眞實を傳えてはいないと考えられていたことがあげられよう。しかし、第一の原因についていえば、徽州の場合には、後述するように、「小農民」もまた族譜を有していたことは確認されており、第二の原因については十分に考慮する必要があるとはいえ、族譜が徽州研究のみならず明清史研究において極めて重要な資料であることは言うまでもない。例えば、前述した徽州文書には商業關係の文書は必ずしも多くはなく、地方志などにおいても商業に關する記述が少ないのに對し、これら族譜には商業に從事したことを示す記述が豐富であり、しかもその中には具體的活動を詳細に示したものもあるからである。

多賀秋五郎がその著『中國宗譜の研究』（日本學術振興會、一九八一年）の中で詳しく紹介しているように、族譜の名稱は、宗譜、通譜、統宗譜、世譜、族譜、譜、家譜、支譜、家乘、家記など多種にわたる。大別すれば以下の三種に分けられる。第一は、一つの宗族について始祖から始まり、枝を分けていく成員（一般に女子を除く）の總體を記した「總譜」、「統宗譜」、「通譜」である。第二は、ある宗族の支派について記した「支譜」である。ほとんどの「支譜」は、祖地から新たな地に移った支派が作成したものであり、始祖から最初に新たな地に移った者までの一列の系譜と、新たな地に移った後に枝を分けていく成員（一般に女子を除く）全員が記されている。第三は、一つの宗族もしくは複數の宗族の「支譜」を統合した「通譜」である。「總譜」、「統宗譜」、「通譜」にあたるものの名稱としては「宗譜」、「家譜」、「世譜」などが、「支譜」にあたるものの名稱としては「支譜」のほか「宗譜」、「家譜」などが用いられている。但し、「支譜」や「統宗譜」、「通譜」など若干のものを除けば、右の分類と名稱とは必ずしも整合關係にあるわけではない。現存する族譜は右の分類のうち「支譜」にあたるものが大部分である。また、徽州についていえば、陳櫟撰『新安大族志』［元延祐三（一三一六）年刊］、鄭佐等撰『實錄新安世家』［明嘉靖二十八（一五四九）年刊］、程尙寛等撰『新安名族志』［明嘉靖三十（一五五一）年刊］、曹嗣軒（叔明）撰『（新安）休寧名族志』［明天啓五（一六二五）年刊］のように、徽州の各族について始祖や徽州に移ってきた時期などを記したものもある。近年、この三種の影印本『徽州名族志』(24)が出版された。

多賀秋五郎は、日本に收藏されている族譜を時代別に分けて、明代十四種、淸代八百八十九種（内、順治三種、康熙二十一種、雍正四種、乾隆六十五種、嘉慶六十五種、道光百十八種、咸豐三十三種、同治九十七種、光緖四百三十四種、宣統四十九種）、民國三百十七種であるとし、このうち明代の族譜はほとんど徽州のものであると指摘している。さらに多賀は、日本に收藏されている族譜を省別に分け、江蘇四百三十三種、浙江三百八十四種、安徽百二十三種、江西および廣東各四十四種、山東四十種、河北三十四種、湖南二十二種、山西十九種、湖北十七種、河南十二種、福建十一種、廣西七種という數値をあげている。また、多賀はこの時代別、省別數量比はアメリカの公機關に收藏されている族譜についても同様であり、族譜の作成自體がこの三省に顯著であったといってよかろうとしている。それでは、時代別、省別數量比からどのようなことが考えられるであろうか。多賀氏が論及していることも含め、その特徵を述べておきたい。第一に、時代別には全體的傾向として殘存している族譜は時代がくだるほど多い。古いものほど當然散逸しやすいということは別として、その理由としては、まず時代がくだるにつれて外地に移住した支派が增え、彼等が新たに「支譜」を編纂したからと考えられる。次に地方志と同様、族譜というものは一定期間を經ると新たに編纂しなおされるということがある。新しい族譜には舊譜の內容に加えて、舊譜編纂後に生まれた成員の名前や傳記などが加えられる。その際、舊譜は多く廢棄ないし紛失された可能性がある。とりわけ族譜が多く殘されている江蘇、浙江、安徽の三省はいずれも太平天國の戰亂によって蹂躪された地であり、族譜も失われたと思われる。光緒年間に編纂されたものが壓倒的に多いのは、太平天國の戰亂によって故鄕を離れた人々が、この時期故鄕に戻り、あるいは新たな地での生活が安定し、失われた族譜を編纂した結果であるともいえる。第二に、省別數量比の問題について考えてみたい。さきに述べたように、族譜は江蘇、浙江、安徽三省が突出している。但し、注意すべきは、江蘇省や浙江省の族譜の中に、徽州からこれらの地に移り住んだ人々のものが少なくないということである。例えば、すべてその祖を徽州の豪族汪華に發する汪氏の族譜の場合、日本の東洋文庫などに收藏されている族譜は管見の限りでは十九種であり、そのうちほぼ半數が浙江省に居住する汪氏のものである。このほか、江蘇省と廣東省に居住する汪氏の族譜もあり、徽州に居住する汪氏の族譜はむしろ少數である。しかし、汪氏はすべてその祖を徽州の豪族汪華に發すると認識されていることから、徽州以外の地の汪氏も徽州から移り住んだと認識している人々であるといえる。

族譜の目錄については、中國では、國家檔案局二處・南京大學歷史系・中國社會科學院歷史研究所編『中國家譜總合目錄』（中華書局、一九九七年）、王鶴鳴主編・上海圖書館編『上海圖書館館藏家譜提要』（上海古籍出版社、二〇〇〇年）、中國山西省社會科學院家譜資料研究中心編『中國家譜目錄』（山西人民出版社、一九九二年）の族譜目錄が刊行されているほか、中國社會科學院歷史研究所、安徽省博物館所藏の族譜についても目錄臺帳があり、閱覽可能である。日本では、多賀秋五郎『中國宗譜の研究』に、東洋文庫、東京大學東洋文化研究所、國會圖書館など日本の各機關が收藏している族譜の目錄とアメリカの公的機關が收藏している族譜の目錄、中國が收藏している族譜の目錄が記載されている。但し、中國收藏の分は、本書が書かれた時期にはまだ十分な整理が行われていなかったため、今日ではほとんど有效性をもたない。臺灣では、趙振績著『臺灣區族譜目錄』（臺灣區姓譜研究社、一九八七年）、『美國家譜學會中國族譜目錄』（Chinese Genealogies at the Genealogical Society of Utah An Annotated Bibliography 成文出版社、一九八三年、

［日本版］『ユタ系圖協會　中國族譜目錄』近藤出版社、一九八八年）が刊行されている。これらの中でも上海圖書館編『上海圖書館館藏家譜提要』は、單なる目錄ではなく、その內容についての解說が記されており、目錄自體が資料としての價値を有している。

## （3）日用類書

日用類書とは、現代日本でいえば「時刻表」、「旅行ガイド」、「冠婚葬祭入門」、「家庭の醫學」、「〇〇易斷」、「方位學」、「〇〇便利帳」などの內容をすべて、あるいは一部を記した書である。勿論、現代中國においてもこうした類の書物は頻繁に出版されている。これらの日用類書のうち、商業や科擧受驗のために、或いは官僚として外地へ赴く者のためのいわばガイド・ブックの類、またそうした內容を含んだ類がある。これらを現在「商業書」と稱している。後述するように、これら「商業書」は徽州の人の編集によるものが少なくない。従って、徽州や徽州商人について研究するうえで重要な資料でもある(25)。

明代から中華民國にかけて出版されたこれらの書で、中國および日本で發見されているものは以下の如くである。

一、明・隆慶四（一五七〇年）刊、（新安休寧約山）黃汴纂、（姑蘇南壕）吳岫校正『一統路程圖記』（又名『圖注水陸路程圖』、『新刻水陸路程便覽』。『擇日便覽』二卷、『補錄』一卷、『占驗書』とともに、江湖散人『新刻士商必要』に收錄）八卷。

二、明・萬曆刊、周文煥・周文煒編纂『新刻天下四民便覽萬寶全書』三十二卷。

三、明・萬曆刊、（新喩縣丞）陶承慶增輯、（書林龍田）劉大易綉梓『新刻京本華夷風物商程一覽』二卷。

四、明・萬曆二十七（一五九九）年刊、（建陽）余象斗（又名余文臺、又名余仰止）『新刻天下四民便覽三台萬用正宗』

四十三卷。
五、明・萬曆刊、『商程一覽』。
六、明・萬曆刊、『商賈醒迷』。
七、明・萬曆四十五（一六一七）年刊、商凌『水陸路程』八卷。
八、明・天啓六（一六二六）年刊、（文林閣）唐錦池梓行、（新安）程春宇撰『新安原板士商必要』四卷。
九、明末刊、憺漪子『新刻士商要覽天下水陸行程圖』三卷。
一〇、明・崇禎八（一六三五）年刊、（閩）李晉德・（新安）黄汴編纂『新刻合併客商一覽醒迷水陸天下水陸路程』八卷。
一一、清・康熙刊、『士商要覽』。
一二、清・康熙刊、崔亭子『路程要覽』。
一三、清・康熙刊、『雜錄便覽』。
一四、清・乾隆六（一七四一）年刊、陳舟子『天下路程』。
一五、清・乾隆三十九（一七七四）年刊、（文川）賴盛遠輯『示我周行』。
一六、清・乾隆五十七（一七九二）年刊、（鳳岡）吳中孚『重訂商賈便覽』（重訂『商賈要覽』）十卷。
一七、清刊、（江蘇句容）王秉元『貿易須知』。
一八、（江蘇句容）王秉元『生意世事初階』。
一九、傳抄本、闕名『商賈指南』。
二〇、清抄本、（徽州）汪鳴時『商賈啓蒙』、『商賈格言』。

二一、(黄山)謝光遂著『商賈格言』。
二二、清・光緒三十三(一九〇七)年刊、『店商便覧』。
二三、民國八(一九一九)年、呉日法撰『徽商便覧』。
二四、民國刊、『商人寶覧』。
二五、民國九(一九二〇)年刊、『繪圖增補正續萬寶全書』。

以上の「商業書」の内容は、それ以前に刊行された書の内容を受け繼ぎ、その訂正や附加を行っているものも少なくない。これらの書には、ある地域からある地域への路程が示されている。これらの路程の系統は、①北京・南京を起點とするもの、②徽州を起點とするもの、③福建を起點とするものの三つに分類することができる。わかっているものでは、①には、一、五、七、一〇が、②には、八、九、一一、一二が、③には、一四、一五、一六が該當する。さらに、②は勿論のこと、①の一と一〇は徽州人の手によるものである。そのほかの書も内容の系統からみれば、多く徽州人が編纂に直接間接に關與していると思われる。

なお、これらの書の内容構成は一様ではない。例えば『一統路程圖記』は、水路・陸路の路程が示されているだけであるが、『新安原板士商類要』には、路程のほか、「客商規畧」、「雜糧統論」、「爲客十要」、「賣買機關」、「經營說」、「四時占候風雲」など商人のための合計十一項目が、「各省王府」、「諸夷國名」、「帝王源流」、「文官服色」、「武官服色」、「科擧成式」など官僚のための合計十四項目や「乾坤定位」、「人倫三教」、「喪禮古制」、「孝順父母」、「和睦宗族」、「歴科及第」など一般必要知識や道德合計三十三項目が記されている。『商賈便覧』には路程のほか、「江湖必讀原書」、「工商切要」、「經營粮食吉凶日期」、「神誕風暴日期」、「各省船名樣式」、「各省疆域風俗土產」、「異國口外土產」、「外國方向」、「各省賣買馬頭」、「各省關稅」、「各省鹽務出分銷地方」、「各銷茶引」、「筆法摘要」、「平秤市譜」、「辦銀要譜」、

「應酬書信」、「時令桂句」、「月令別名」、「族親稱呼」という、海外を含めた外地で商業に從事するための知識や心得や戒めなど十九項目が記されている。『新安原板士商類要』と『商賈便覽』との違いは書名にもあるように前者が商人と官僚もしくは科擧受驗者、さらには外地に遊學する士が共通して利用できるようになっているのに對し、後者はあくまで商人向けであることである。『新刻天下四民便覽萬寶全書』、『新刻天下四民便覽三台萬用正宗』『新刻士商要覽天下水陸行程圖』、『新刻合併客商一覽醒迷水陸天下水陸路程』なども同樣な内容から構成されている。これらの書は商人と官僚もしくは科擧受驗者、さらには外地に遊學する士が共通して利用できるようになっている。

### （5）その他の資料

このほか、徽州や徽州商人を研究するための文獻資料としては、『明實錄』や『大清會典事例』などの實錄、正史、奏摺、政典など、『兩淮鹽法史』、『兩浙鹽法史』など鹽務に關わる資料、地方志、文集、年譜、『五雜組』(26)などの筆記のほか、『三刻拍案驚奇』、『三異筆談』、『儒林外史』、『紅樓夢』などの小説や詩集がある。なお、徽州關係資料集としては、徽州文書を除いた、實錄、地方志、族譜、文集などあらゆる種類の文獻から徽州商人に關連する記述を千五百十三件を選び、拔粹して掲載した張海鵬・王廷元主編『明清徽商資料選編』（黃山書社、一九八五年）がある。

## おわりに

戰後、日本における中國明清時代の社會經濟史研究は、主に江南デルタ地域を對象として進められてきた。それは明清時代にこの地域がとくに經濟面で最も發展した地域であったことと、これらの地域に關する資料が壓倒的に多かったことによるといえる。そして、その他の地域を對象とした研究をも含めて、これら一定地域を對象とした研究は、その對象とする地域の社會ないし經濟構造の特性の探求、或いは地域それ自體の內在的發展ないし變化に關心を向け、他の地域との比較という視點から中國前近代社會を總體としてとらえ、その普遍的性格を追求することを目指すということが行われてきた。他方、近年通貨問題を含めた商業や流通に關する研究も多くの成果をあげてきている。こうした研究は對象たる通貨、商品、商人が一定の地域にとどまらないだけに、研究それ自體もまた鳥瞰圖を描くように廣域にわたることになる。徽州とりわけ徽州商人研究の特性は、地域研究であると同時に後者の要素をも併せもつ。すなわち、比較という分析する側が對象に距離を置く方法をとらなくても、對象それ自體が移動し變化して多様な中國社會の具體像を示してくれるのである。徽州商人は江南デルタ地帯を中心として中國各地に赴き、これらの地域に居住し內側からこれらの地域の社會と經濟構造を變えることになった。しかも彼等自身や彼等を送り出した地域を含めて總體としての變化をもたらしたのである。但し、こうした特徴は必ずしも徽州だけに限ったものではない。徽州研究の大きな特徴はやはりその豐富な資料にあるといえる。徽州文書を含めた膨大な資料の存在は、これまで個別に研究されてきた様々な課題、例えば土地所有關係、商工業、宗族と家族、地域社會、國家權力と地域行政システム、社會身分や階級、さらに思想、文化などを關連づけて總合的に研究することを可能にし、個別の課題に關する研究である限りにおいてもたらされやすい誤解を正し得る可能性をもつ。しかも、これらの資料は民國期に至る繼續的なものであり、前近代社會と近代社會に連續する中國社會の特性、或いはその變化について考察するための重要な手がかりを與えてくれるものでもあるといえよう。

注

（1）程尚寛『新安名族志』（東洋文庫所藏版）。
（2）洪偶「明以前徽州外來居民研究」（安徽省徽州地區徽學研究會編『徽學』第一期、一九八六年）。
（3）徽州の沿革について、ここでは弘治『徽州府志』卷十一、道光七年刊『徽州府志』卷一之二、輿地志、建置沿革表、の記述のほか、『嘉慶重修一統志』卷百十二「徽州府一」、安徽省『徽州地區簡志』編纂委員會編『徽州地區簡志』（黄山書社、一九八九年）、方光祿「淺探古徽土著的消亡」（『徽州師專學校』一九九四年第二期）の記述によった。資料によって若干の異同があるが、その場合より詳しく記述されているものから選擇した。
（4）呂子珏修・詹錫齡纂『黟縣續志』道光五年刻本。
（5）大業三（六〇七）年の説あり。
（6）仁壽三（六〇三）年には、新安縣から遂安縣を分け、新安縣とともに睦州屬としたという説あり。
（7）『漢書』卷二十八上、地理志（前掲方光祿「淺探古徽土著的消亡」）。葉顯恩は、この『漢書』の記事を引用し、この地域には越人以外の〝少數民族〟はいなかったとしている（『明清徽州農村社會與佃僕制』安徽人民出版社、一九八三年、八頁～九頁）。
（8）前掲程尚寛『新安名族志』。
（9）前傾方光祿「淺探古徽土著的消亡」。
（10）『新安大族志』は元代の陳櫟の編纂によるとされているが、現存するものは清代に刊行されたものである。『新安大族志』が元代に編纂されたとする根據の一つは、陳櫟による『新安大族志』の序が『休寧名族志』に記されていることが一つの根據となっている。しかし、『休寧名族志』に記載された陳櫟による『新安大族志』の序は僞作であるという説もある。『新安名族志』『新安大族志』『休寧名族志』については、第六章で詳しく言及する。
（11）葉顯恩も『新安名族志』や族譜を資料として、各姓の徽州への移住時期を示した表を作成している（前揭『明清徽州農村社會與佃僕制』一二頁－一九頁）。但し、葉が用いている『新安名族志』と日本の東洋文庫が所藏する『新安名族志』および同マイクロフィルムとに記載されている姓は同一ではない。詳細については、第六章參照。
（12）前揭『徽州地區簡志』四六四頁。
（13）熊遠報は『清代徽州地域社會史研究』（汲古書院、二〇〇三年、一一〇頁）の中で、この汪華について、「程靈洗、汪華、黃巢の事跡と傳説は、後の朱子等のように族譜・統宗譜の編纂（或いは祭祀）を通じて人々の精神構造の深層に浸透し、住民のアイデンティティと徽州地域文化の一部分になった。」としている。「精神」という意味でいうならば、熊の論は正鵠を射ている。但し、徽州という地域の歷史的經緯を見るならば、汪華の歸順によって徽州の地と人々が「中原」の政府に統合された時期と考える方が妥當であり、歷史的事跡としてみるならば、この程靈洗、汪華、黃巢の三つの事跡は徽州においてかなり異なる意味を有している。
（14）程敏政『新安程氏統宗世譜』卷一、譜圖一。
（15）前揭『新安名族志』。なお、『新安名族志』の記述を主な資料として、山根直生が唐宋間の徽州における移住と同族結合の形成について、二〇〇三年に中國社會史研究會において報告している。
（16）前揭『徽州地區簡志』四六四頁。
（17）婺源縣地名委員會辦公室編印『江西省婺源縣地名志』一九八五年八月。
（18）『明代鄉村の紛爭と秩序』汲古書院、二〇〇二年。
（19）前揭『清代徽州地域社會史研究』。
（20）中山八郎「開中法と占窩」（『池內宏博士還曆記念東洋史論叢』座右寶、一九四〇年）、後揭藤井宏「新安商人の研究㈠～㈣」、同「明代鹽商の一考察―邊商、內商、水商の研究」（『史學雜誌』第五四編第五～七號、一九四二年）、寺田隆信「開中法の展開」（原載『明代滿蒙史研究』一九六三年一〇月、『山西商人の研究』東洋史研究會、一九七二年、所收）、佐伯富『中國鹽政史の研究』第四章「近世における鹽政」（法律文化社、一九八七年）など。
（21）鈴木博之の研究としては、「明代徽州府の族產と戶名」（『東洋學報』第七一卷、第一・二號、一九八九年）、「清代における族產の展開―歙縣の許蔭祠を巡って」『山形大學史學論集』第一〇號、一九九〇年）、「明代徽州府の鄉約について」（『山根幸夫教授退休記念論叢』上、汲古書院、一九九〇年、所收）、「清代徽州府の宗族と村落―歙縣の江村」（『史學雜誌』第一〇一編第三號、一九九二年）、「明代における宗祠の形成」（『集刊東洋學』七一號、一九九四年）、「徽州の村落と祠堂―明清時代の婺源縣を中心として―」（『集刊東洋學』第七七號、一九九七年）、「徽州の『家』と相續慣行―瑞村胡氏をめぐって―」（『山形大學史學論集』第一九號、一九九九年）、「徽州商人の一系譜―溪南吳氏をめぐって―」（『東方學』九八、一九九九年）、『徽學』研究の現狀と課題」（『集刊東洋學』第八二號、二〇〇〇年）、澁谷裕子の研究としては、「明清時代徽州江南農村社會の祭祀組織について―『祝聖會簿』の紹介（一）（二）」（『史學』第五九卷第一號、第二・三合併號、一九九〇年）、「清代徽州農村社會における生員のコミュニティについて」（『史學』第六四卷第三・四號、一九九五年）、「清代徽州休寧縣における棚民像」（山本英史編『傳統中國の地域像』慶應大學出版社、二〇〇〇年、所收）がある。なおほかに山本英史、夫馬進にも徽州に論及した研究がある。

（22）「檔案」のうち歷史史料に相當するものをとくに「歷史檔案」という場合がある。なお、Archivesが何を指すか、すなわち文書以外の文物や建造物まで含むか否かについては、各說あり、必ずしも一致していないようである。安藤正人・青山英幸編著『記錄資料の管理と文書館』北海道大學圖書館刊行會、一九九六年、參照。

（23）周紹泉のメモに殘された各人の話の內容には矛盾も少なくない。推理によって整合性をもつように努めたが、固有名詞どの若干の食い違いは避けがたい。

（24）中國公共圖書館古籍文獻縮微複製中心、二〇〇三年。

（25）「日用類書」については、近年汲古書院から主に日本に所藏されている書籍の影印本が逐次刊行されている。また、「日用類書」について研究紹介した文章には、

1、李瑚「談《江湖必讀》和《貿易須知》」（『光明日報』一九六二年九月十七日）。

2、鞠世遠「清開關前後的三部商人著作」（『中國近代史論叢』二―二、一九六八年）。

3、寺田隆信「明清時代の商業書について」（原載『週刊東洋學』二〇號、一九六八年、前揭『山西商人の研究』所收）。

4、森田明「『商賈便覽』について―清代の商品流通に關する覺書」（『福岡大學研究所報』一六、一九七二年）。

5、酒井忠夫「明代的日用類書と庶民教育」（『中國善書の研究』國書刊行會、一九七二年）。
6、斯波義信「新刻客商一覽醒迷天下水陸路程』について」（『森三樹三郎博士頌壽記念東洋學論集』朋友書店、一九七九年、所收）。
7、水野正明「『新安原板士商類要』について」（『東方學』第六〇輯、一九八〇年）。
8、楊正泰「略論明清時期商編路程圖記」（『歷史地理』五、一九八七年）。
9、魏金玉「介紹一商業書抄本」（『安徽師範大學學報（哲學社會科學版）』一九九一年第一期）。
10、楊正泰校注『天下水陸路程・天下路程圖引・客商一覽醒迷』（山西人民出版社、一九九二年）。
11、楊正泰『明代驛站考』（上海古籍出版社、一九九四年）。
12、陳學文「明代日用類書中的商業用書研究」（『明史研究』第五輯、一九九五年）。
13、陳學文「明代一部商賈之教程、行旅之指南陶承慶《新刻京本華夷風物商程一覽》評述」（明清商書系列研究之七）（『中國社會經濟史研究』一九九六年第一期）、などがある。
14、陳學文『明清時期商業書及商人書之研究』中華發展基金管理委員會、洪葉文化事業有限公司、一九九七年。
15、吳蕙芳『萬寶全書：明清時期的民間生活實錄』國立政治大學歷史學系、二〇〇一年。

(26)　明謝肇淛。『五雜組』を『五雜俎』と記した書が多く見られる。例えば、日本東洋文庫所藏の「新安如韋館藏板」の『新刻謝在杭先生五雜組』の表題は『五雜組』とあるにもかかわらず、李維禎の序の表題は「五雜俎序」とあり、序の冒頭も「五雜俎詩三言……」と印刷されている。しかし、序文中の他の部分および本文はすべて「五雜組」と印刷されている。また、東洋文庫所藏の北平圖書館舊藏萬曆年間刊本影照および萬曆年間の刊本と同じ版を用いている日本で寛文元（一六六一）年に刊行され寛政七（一七九五）年に補刻された刊本は、すべて「五雜組」となっている。また、李維禎は『五雜組』の序文で、『五雜組』の「組」の出典は『爾雅』にあるとしていることからも「組」を「俎」としたのは後世に誤記したものであり、『五雜組』が正しいと考えられる。なお、清代の人魏際瑞に『五雜俎』という著作があるが、これは別の書物である。

# 第一部　徽州商人とその商業活動

# 緒　言

本部では、徽州商人に焦點をあて、その活動と特性とを分析檢討することを通して、近代にさきだつ時代における商業および商人について考える。まず、第一章において、中國における商業の發展が「重農輕商」、「農本工商末」思想と「抑商」政策に與えた影響について示し、近代以前の中國において最も商工業が發展した明清時代に焦點をあて、この時期商業に從事することに對して人々の認識がどのように變化したかを檢討する。さらに、「商籍」「占籍」の問題を通して、商人がどのように科擧に對應したかを檢討し、それを通して商人と權力との關係について考える。

第二章では、明清時代に徽州商人が全國的に擴大發展するに至った背景と經緯とを、この時期の商工業の發展の樣相を示しつつその中に位置づけ、彼等徽州商人の商業活動とはどのようなものであり、いかなる特性を持っていたかを檢討する。さらにはその過程でつくりだしたネットワークとはいかなるものであったのかに視點を置きつつ考える。また、乾隆末年以降、どのような變化が彼等に生じたか。そして、その變化をもたらした中國社會の變化とは、いかなるものであったか。更に、そうした變化によって再構成された中國社會は、中國の「近代」をいかに方向づけることになったのか。ここでは、これらの問題について考える。

第三章では、徽州に最も多い姓である汪氏の族譜の記事を資料として、彼等の商業活動とそれにともなう移動や移住、さらには新たな地での活動について檢討する。

そして補論として、中國商人の商業倫理がどのような特性をもっていたかを、家訓や家規などを通して、日本の近江商人の商業倫理やプロテスタンティズムの職業倫理と比較しつつ考察する。

これらの檢討にさきだち、中國前近代の商工業研究について簡單に示したい。第二次世界大戰以前における中國の歷史に對する觀點として代表的なもののひとつは、「中國社會停滯論」である。この「中國社會停滯論」の前提にあるのは、ヨーロッパが經驗した「近代化」は人類の進步であり、唯一進むべき歷史の方向であるという單線的發展論の考え方であった。中國についていえば、ヨーロッパなどの先進地域に比べて單に時間的に「近代化」が遲かったというのではない。ヨーロッパが進出するまで中國が「近代」に到達できなかったのは、中國社會が進步の條件をもたなかったからであるという認識である。他方、中國の歷史學者に一般的であった考え方は、中國は早くから商業時代に入ったにもかかわらず、中國の商業の進步は遲々たるものであり、後發國である歐米諸國や日本に凌駕され、その主導的地位を失ったというものであった(1)。また、日本における中國の商業史研究についていえば、中國に進出さらには侵略していく過程において、中國において商取引を行う必要から中國の樣々な商業習慣を含めた社會習慣が調査され研究された。これらの研究の中には、實際の中國社會における事象から、ヨーロッパが經驗した「近代化」は人類の進步であり、唯一進むべき歷史の方向であるという單線的發展論の考え方に批判的ないし疑問を提示するものもあった。しかし、「中國社會停滯論」に代表される考え方と十分に對峙するには至らなかった。

戰後になると、中華人民共和國の成立に觸發されて、「中國社會停滯論」に代表される歷史認識への批判が試みられた。中國においては、一九五〇年代に「資本主義萠芽」に關する論爭が盛んになった。これは、理論上、資本主義は必然的に中國史上に出現するはずであり、實際明末淸初にすでに萠芽があったとする意見と、これに反對する意見との間の論爭である。資本主義の萠芽があったとする者は、例えば資本主義成立の個別な構成要素である資本の蓄積、市場、雇用勞働などは中國の傳統社會にも存在したのであり、種々の要素に阻まれ十分發展できなかっただけであると主張した。これに反對する者は、構成と運用の全體が違えば資本主義萠芽とはいえないのであって、これらの萠芽はそうした全體構造をとらえたものであるとはいいがたいとした。他方、毛澤東は革命こそ「近代化」であり、中國においてその主體は農民であるとした。毛澤東の革命理論は、資本主義の發展を「近代化」の指標とすることはもとより、資本主義それ自體を否定するものであり、國民黨との政治的對立の下で示されたイデオロギー的歴史觀であった。そして、毛澤東の權力掌握とともに、中國における商業史ないし資本主義發展の歴史の研究は政治的に困難となり、ほとんどおこなわれなくなった。他方日本では、敗戰と中華人民共和國の成立という現實の下で、日清戰爭以來の中國認識すなわち中國蔑視にもとづく中國研究の清算を迫られることとなり、「中國社會停滯論」への批判が試みられた。しかし、日本の中國史研究においてもマルクス主義歴史學の觀點から生產關係が重視され、近代以前の中國における資本主義萠芽を求める研究は一部行われたものの、近代以降の工業の發展が重視され、前近代の商工業史研究はむしろ減少した。

こうした商業史研究の狀況を大きく轉換させたのは、中國における改革開放政策の實行と進展である。市場經濟を肯定するこの政策は、中國の歴史における商工業史研究を大いに促すと同時に、イデオロギーにとらわれることなく研究テーマを選び實證的研究を進めることが可能な狀況をもたらした。また、日本を始めとした國々でも、社會主義國を含めた歐米諸國の經濟發展のいきづまりとアジア諸國の經濟發展、さらには環境汚染が問題にされることによって「近代化」すなわち工業化こそ人類が選擇すべき唯一の正しい道であるという考え方への疑問から、「西歐中心史觀」から脱却して新しい歴史學を求めようとする模索が始まった。その一つが、中國を含めたアジア諸國の歴史を一國の歴史としてとらえるのではなく、世界史の中に位置づけようとする試みである。もう一つは、本來比較の一方の對象にすぎない西歐の資本主義萠芽や農村工業の發展が「近代化」の基準ないし目標とされたことへの批判から、アジアの歴史における事象をあるがままに見据えると同時に、アジアの「近代」を傳統的システムからどれだけ離れたかというその距離からとらえるのではなく、傳統社會との連續においてとらえようとする視點である。

ところで、從來前近代の商業と近代資本主義とは切り離されて論じられてきた。より具體的にいうならば、ヨーロッパにおける近代資本主義は前近代における商業資本とは來源を異にし、前近代の商業資本は近代資本主義をむしろ阻害する方向で作用したというものである。このヨーロッパにおける經濟發展に關する理解は、ほぼそのまま中國の歴史理解にも適用された。そのため中國近代の資本主義の發展についての研究は、どれだけ傳統的商業資本から脱した「近代的」なものであるかということに焦點があてられてきた。從って、近代における企業において前近代の商業資本や經營との共通性が見出だされると、それは後進性としてとらえられる傾向にあった。しかし、近年ヨーロッパの歴史認識においても傳統的商業資本と近代資本との連續性を見直そうという認識が強くなってきている。それは、これまでヨーロッパの歴史を解釋するうえでタブー視されてきたユダヤ人が果たした役割について客觀的にみなおそうという新たな傾向とむすびついているともきく。すなわち、ユダヤ系商人のヨーロッパの歴史における役割を認めることを否定する宗教上の感情が歴史解釋を偏向させてきたという認識である。當然のことながら、この感情は宗教にもとづくものであり、かつてマックス＝ウェーバーがヨーロッパの資本主義の發展の背景にプロテスタンティズムの精神を置いたのと表裏する。筆者はヨーロッパ史を專門にする者ではないから、このような解釋がどれだけ正當性をもつか判斷するだけの能力はない。但し、ヨーロッパの歴史から導き出された歴史發展の枠組みをそのまま中國を含めたアジア地域に適用することに疑問をもつ者として、この解釋は興味深い。

注

（1）　王孝通著・關未代策譯『支那商業史』大東出版社、一九四〇年、など。

# 第一章　商業と商人の歴史的位置

## はじめに

本章では、徽州商人とその商業活動について論ずる前に、中國において商業や商人がどのように認識され、商業や商人に對してどのような政策がとられてきたか、そして、それらがどのように變化したかを示したい。すなわち第一に、「重農輕商」、「農本商末」として表現される認識と「抑商」政策との關連を示し、第二に、近代以前の中國において、最も商工業が發展した明清時代に焦點をあて、この時期商業に從事することに對して人々の認識がどのように變化したかを示したい。さらには商人がどのように科擧に對應したかを通して商人と權力との關係を檢討する。なお、商人のなかには商品價値をより高めるために、加工工場を經營するようになった者、また、より大きな利潤を求めて鑛山採掘を行うようになり專業化した者も少なくない。職業が「工」であるとは、我々がいうところの職人ないし工場勞働者であり、現在の臺灣でも工場經營者が自らの職業を稱して「商」という者がいるように、從來鑛工業經營者は「商」であると認識されていた。以上のことを前提として、近代にさきだつ時代における商業および商人について考えてゆく。

## 第一節　明清時代における商業と商人への評價の變化

### 一、中國史における「重農輕商」・「農本商末」思想と「抑商」政策

明清時代における商業と商人への評價の變化について論じる前に、中國史における「重農輕商」・「農本商末」思想と「抑商」政策の經緯の概略を示しておきたい。

中國の商業ないし商人の歴史において、商業それ自體の客觀的な發展、商人の社會的、法的地位、商人と商業活動に對する考え方や思想、および國家ないし政府の商業政策はそれぞれ不可分の關係にある。しかし、それらはかならずしも歩を一にするものではなく、往々にして社會が安定し商工業が發展して商人の力量が高まるのに比例して「抑商」政策は强化される傾向がみられる。しかも、明代のように基本的政策方針としては「抑商」政策をとりながらも、個々の具體的法や政策においては商人に對して便宜をはかるというような政策上の矛盾をも現象させることもあった。ここでは、中國における「重農輕商」・「農本商末」思想と「抑商」政策との關係について示したい。

中國における商業活動に關する最も早い記述は『易經・系辭』にある「庖犧氏沒、神農氏作、列廛于國、日中爲市、致天下之民、聚天下之貨、交易而退、各得其所。〔庖犧氏が沒し、神農氏の時代になると國には店舗が並び、日中市を爲し、天下の民を招き寄せ、天下の物品を集め、交易して歸り、各々その所を得た。〕」である。また、『尙書・大傳』によれば、舜は商人出身であったという。商（殷）の時代についても商業について記したものが少なくない。商業を「商」というようになった由來は商朝の人が商業をよくしたことにあるという說もある。つづく西周の時代の商

人に關する記述は多くない。但し、商人の社會的地位について、『周禮』に「坐而論道、謂之王公。作而行之、謂之士大夫。審曲而執、以飾五材、以辨民器、謂之百工。通四方之珍異以資之、謂旅。飾力以長地材、謂之農夫。治絲麻以成之、謂婦功。［坐して道を論ずる者は王公である。作りてこれを行う者は士大夫である。用材地形等の曲直をしらべて、これに手を加え人々が用いる用具を作る者は百工である。様々な土地の珍しい物や特産物を流通させてこれを役立てる者は旅（＝商人）である。勞働によって土地が生み出す物を育てる者は農夫である。絹や麻を織ってこれを（布に）成すのは女性の働きである。］」とあることから、商人の地位は農民より上に置かれていたとする見方もある。(1)

商業が著しい發展をみせたのは春秋戰國時代である。それは社會的分業が進む一方で、國内が分裂し、統治者が自らの力の强化のために資金を必要としたため、資金をもつ者すなわち商人を優遇したことによる。實際この時期の人物の傳記には商業に從事し富を蓄積したことを示す記述が少なくない。以下いくつかの例を擧げてみよう。春秋後期の楚の國の人であり、越王句踐の臣として、越王を助けて越を天下の覇者とした范蠡は、その後齊に行き財を蓄え相となった。しかし、まもなく官を辭し、財を散じて知友鄕黨に分け與え、當時の交易の中心であった陶へ行って陶朱公と稱して商業に從事し、ふたたび巨萬の富を築いて貧困者に分與したといわれる。(2)また、孔子の弟子であった子貢は營利に長けており、官となることを願わず商人となった。このことは『論語・先進篇』にもあるように師たる孔子の贊同を得た。子貢は、孔子が列國を周遊した際に財力でこれを支援した。孔子が名をあげたのは子貢の經濟的支援によるところが大きいといわれる。(3)さらに、戰國時代の趙の人物郭縱は邯鄲の大製鐵工業經營者であった。(4)

他方、春秋戰國時代は、衣食、富國、富家の源泉であるとして農業が重視され、商業を抑制しようとする思想や政策とが唱えられるようになった時期でもあった。農を重んじ、商を抑制しようという思想の代表的人物としては、魏の文侯の宰相であった李悝（前四五五―前三九五）、魏で李悝らとともに政治革新を行い、前三六一年に秦の孝公に仕えた商鞅（前三九〇―前三三八）、齊を經て前二六六年に秦の昭王に招かれ政治改革の政策を提議した荀況（前三一三―前二三〇）、そして、荀況の弟子であり、農業と工商業を「本」と「末」という觀念と明確に結びつけ「農本工商末」を說いた韓非子（前二八〇―前二三三）がいる。(5) そして、これらの思想ないし政策の提議は、政府による農商工業に對する管理の强化を伴っていた。すなわち、農業を重視するという政策は、農業の生産と勞働の管理を政府が强化するというものであり、農業を重視し、商業を抑制するというのは、漠然とした價値觀念ではなく、政府の管理强化政策を意味していたといえる。

中國においてはじめて「重農抑商」が政策として實行されたのは、商鞅の建策が秦の孝公に容れられたことによる。しかし、それはあくまでも複數の國の一つの政策であり、複數の思想の一つであった。この「重農抑商」が國家の基本政策としてうちだされたのは、秦の始皇帝が中國を統一してからである。始皇帝は商人とその子孫を罪人とみなし僻地に送って兵卒とした。また、六國の富商大賈（本來、「商」とは經商すなわち行商人、「賈」とは坐賈すなわち店舗をもつ商人を意味する。但し、時代がくだるにつれて、「賈」を意味する場合に「商」を用いたり、「商」と「賈」をあわせて「商」と稱するような兩者の混用が頻繁に見られるようになる）を秦の都咸陽と巴蜀（現在の四川省）の地に移らせた。この「抑商」政策が法制化されたのは漢の時代である。漢の高祖劉邦は商人が絹の衣服を着ることと車に乘ることを禁じ、商人の子孫は官や吏にはなれないとした。(6) しかし、漢のはじめは國力回復のために商人に對する規律を緩めざるをえず、文帝のときには關稅を廢止した。このことによって漢の基本的國策とは別に、商業はおおいに發展した。爵位はもたないが封建君主を超える資產をもつという意味で大商人が「素封」といわれるようになったのはこの頃である。しかし、武帝の時代になると國力も回復し、統一も强化されるとともに「抑商」政策は再び强化され、商工業者の營業資產に對する特別課稅である「算緡錢」の制度や鹽鐵の政府による專賣制度などが導入され、王室や政府が必要とする各種工業製品の生產と流通も政府獨占とされた。それでは、なぜこうした「抑商」政策がとられるようになったのか。唐力行氏はその背景として次の點を指摘している。第一に、秦漢以來土地賣買が自由化され、商人が土地を兼併することが重大な社會問題となったことである。すなわち、農民が土地を奪われて流亡するようになったことで田租（土地稅）や口賦（人頭稅）が減り、國家の財政收入が減少し、さらには社會秩序の混亂がもたらされ容易に動亂が起こりかねない状況になったことである。第二に、商人勢力の膨脹が專制政權にとって脅威となったことである。(7) これは商人それ自體の勢力の膨脹への脅威というよりはむしろ他の勢力がこれら商人と結び附き、彼等の資力や情報收集能力を利用して勢力を强化することを懸念したものであるといえるであろう。

以後、漢初や唐初のように統一王朝が成立した初期には衰退した國力の回復のために一時的には重商政策がとられることもあった。また、三國時代や兩晉南北朝や宋代にも、國力の强化と北方民族に對抗するための軍事力强化を目的として、經濟力の强化を圖って關稅の免除や輕減など商業流通に有利な政策がとられた。しかし基本的には、「抑商」政策は歷代の王朝によって少なくとも理念として維持され續けたといってよい。最初の統一帝國たる秦の始皇帝から毛澤東に至るまで、中國における基本的政策は、「農」を「本」とし「商」を「末」とする「重農抑商」であったといえるであろう。勿論近代以降の中國の經濟政策は國際政治と經濟の中においてとらえるべきであり、中國一國の歷史からだけ考えたのでは正しい理解を得られるわけはない。また、前近代とりわけ統一帝國の時代においては、國家の財政收入の基盤は國民の大部分である農民からの農業稅であり、體制の維持のために「重農抑商」政策を用いたのに對して、毛澤東のそれは革命のためにその主體を國民の大部分である農民に置いたという點で大いに異なる。しかし、中國の人々が商工業に對して、あるいは利を追及することに對してどのような認識と倫理觀をもち、政府はどのような政策をとり、そのことが中國の社會や經濟ひいては政治にどのような影響を與えてきたかという歴史をたどることは、今日の中國を知るうえでも無意味なことではないであろう。

## 二、明清時代における商業と商人への評價の變化

前述したように、中國の商業史、流通史研究およびそれに關連する研究は近年盛んになってきており、とりわけ明清時代の研究は質量ともに膨大なものである。そこで、明清時代の商業流通および產業の發展について檢討することはこれらの研究に讓り、ここでは人々の營みに視點をあて、この時期の商工業發展の中で重要な役割を果たした彼等商人がどのような動機で商業（鑛工業經營を含む）を選擇し、「抑商」政策およびそれと表裏する「重農輕商」思想に對してどのように反應し、新たな價値意識を形成していったかについて檢討したい。

中國の歴史において、四民すなわち士、農、工、商を職業とする者の社會的序列は、讀書人たる士が最も尊ばれ、農は「本」として「末」たる工・商の上位に置かれてきた。しかし、商工業の發展を背景として、明清時代にはこの價値觀に變化がみられるようになる。まず、「本」たる農と「末」たる工・商との關係についてみてみよう。『清世宗實錄』には、「農爲天下之本務、而工賈皆其末也。［農こそ天下の本務であり、工や賈は皆末である。(8)］」とある。前述したように、財政收入の根幹を農業稅に依據する統治者の側からみれば、農を「本」とし、工・商を「末」とすることは當然であろう。しかし、これはあくまで統治者側の論理である。それでは民間の側ではどのように認識されていたのであろうか。元末明初に徽州から浙江省鎭海縣に移った汪氏の宗譜の「祠規」には「崇勤儉以立業也、農工商賈各執一業、克勤克儉、不孏不奢、自然業日益精、用日益足、而家道隆隆興起矣。［勤儉を崇び業を營むこと、農、工、商、賈の中から一つの業を選び、勤勉にして儉約し怠けず贅澤をしなければ、自ずから業に日增しに精通して優れた

ものになり、(必要な)費用は日増しに滿ち足り、家の暮らし向きは盛んになって豊かになる。」[9]とあり、農と工・商とはあくまで對等な職業と認識されている。それどころか、徽州においては、明の嘉靖年間(一五二二年~六六年)には商業ないし商人の地位が「(商業は)昔爲末富、今爲本富。[(商業は)昔は末富とされたが、今は本富とされている。]」[10]といわれるまでに至った。また、山西省でも、「晉俗以商賈重。[山西省では商賈を重んじる。]」[11]とあり、清の雍正年間(一七二三年~三五年)の諭旨に「山右大約商賈居首、其次者猶肯力農、再次者謀入營伍、最下者方令讀書。[山西省では、おおむね商人が最も上であり、農民がこれに次ぎ、その次が兵隊であり、最下層が學問を行う者である。]」[12]とあるように、庶民の間では商の方が農や士より望ましい職業であると認識されるようになっていた。

次に、「士」と「商」および他の業との關係をみてみよう。南北朝時代の貴族の理想を説いた『顏氏家訓』には、「積財萬千、無過讀書。[いくら多くの財を蓄積しても勉學にすぐるものはない。]」[13]とある。また、清末に編纂された『淝南汪氏宗譜』の「家規」には、「立身以讀書爲上、次則農工商賈以及醫卜技藝之屬皆可治生、若隸卒優俳辱身己甚下、至爲竊爲資犯法。[身を立てるには學問(すなわち士となること)が最も上である。次に農、工、商、賈および醫師、占師や技藝を用いることで生計を營んでもよい。しかし、役所の下吏や役者や人形使いになることは我が身を辱めることになり甚だしく下である。まして盗みによって(生活の)資を得るに至っては法を犯すことになる。]」[14]とあり、學問を業とする「士」が已然として他よりも上位の職業として認識されていたことを示している。[15]しかし、すでに明代嘉靖年間、江蘇省崑山縣の人歸有光は「新安程君少而客於吳、吳之士大夫皆與之游。……古者四民異業、至於後世而士與農商常相混。今新安多大族而其地在山谷之間、無平原曠野可爲耕田、故雖士大夫之家皆以畜賈遊於四方。[新安(徽州)の程君は幼少の頃から吳(江蘇南部と浙江北部一帶)に客商として赴いたが、吳の士大夫は皆彼と交際した。……昔は四民は業を異にしていた(從って、士大夫と商人というように異なる職業に從事する者が交際することはなかった）が、後世に至って士と農、商とは互いに混りあうようになった。今新安には大族が多いがその地は山谷の間にあり、田として耕すことが可能な廣々とした土地がなく、そのために士大夫の家といえども皆商業に従事し四方に客商として赴く。[16]」と記しており、徽州では代々士大夫の家でも近年皆商業に從事していること、そして江南デルタでは士と農、工、商という職業によって人それ自體を分け隔てることなく、人々が交際していることを示している。また、明代萬曆年間（一五七三年～一六二〇年）、陝西商人の王來聘は子孫に對して「四民之業、惟士爲尊、然而無成、不若農賈。吾所謂成非科名富貴、爲人子孝、爲人弟弟（＝悌）而已。［四民の業としては、ただ士が尊いとされるが、成すところがないよりは農業や商業に從事した方がよい。私が成すところといっているのは、科擧に合格することや富貴になることをいっているのではなく、人の子であれば孝、人の弟であれば悌を盡くすことをいっているのである。[17]］」と戒めている。さらに清初、歸有光の曾孫歸莊も太湖洞庭山の士商である巖舜工について、「四民之業、商居强半、而學士大夫、自王文恪公之後、幾二百頭、可指數者寥寥。士之子恆爲士、商之子恆爲商。巖氏之先、則士商相雜、舜工又一人而兼之者也。然吾爲舜工計、宜專力於商、而戒子弟勿爲士。蓋今之世、士之賤也、甚矣。［（洞庭では）士農工商の業の中では商業に從事する者が過半數を占め、學問に從事して士大夫となった者は、王文恪公以後、二百人ばかりであり極めて少ない。（以前は）士の子は必ず士になり、商の子は必ず商になった。しかし、巖氏の先祖には士もいれば商もいる。さらに舜工に至っては一人で（士と商を）兼ねている。そこで私は舜工のことから思うに、商業に從事すべきであり、子弟に士になってはいけないと戒める。けだし今の世の中では甚だしく士が賤しまれるのである。[18]］」と記している。王來聘の戒めは、それまで「士」が孝悌という倫理の實現者として認識され、それ故に「士」が最も尊ばれてきたことに對して、「商」や「農」もまた倫理の實現者たり得、從って商業に從事することになんら躊躇する必要はないという考え方を示すものであると解釋できる。但し、この時點では利を追求し富を蓄積することそれ自體に價値を置くところまではいってはいない。他方、歸莊は當時甚だしく「士」が賤しまれるといっているが、その理由については言及していない。昨今の「士」が倫理の實現者たり得なくなっているから賤しまれるとも解釋できるし、ただ勉學にのみいそしむ「士」は社會にとってなんら役にたたない存在であるから賤しまれるとも解釋できる。しかし、歸莊が自己の認識ではなく、今の世の風潮として「士」が賤しまれると述べていること、また一般的に倫理の頽廢を問題とするのではなく、商業に從事することを子弟に奬勵している文脈において述べていることからすれば、後者の可能性が強いといえよう。前述した雍正年間の山西省に關する諭旨は、これらの狀況を憂えたものであるといえる。

ところで徽州では、學業或いは學問を捨てて商業に從事した例は枚擧に暇がない。その多くは經濟的困窮のために學問を捨てて商業に從事せざるを得なくなった場合である。しかし、「君諱燾、字字周、一號式溪、世籍徽歙。……自高祖鑣始僑居維(淮?)揚、以鹺業起家。……君年穎異、頗知讀書。顧見鹺務繁重、不欲祖父殫其勞瘁、遂棄擧子業、偕伯兄熙分任焉、奉宸公倚爲左右手。……庚辰資政公捐館、……逾月奉宸公繼歿、君哀毀備至。苦塊之餘、卽與伯兄強起經理鹺務。……因時制宜、公私交濟、同業者君擘畫往往稱爲杰出焉。……君體素羸、比年以來出治鹺務、入理家政、持籌握算、皆出一手、精力爲之日耗。乾隆三十四年十一月疾作、遂不起、年儘三十有六。」(汪)君の諱は燾、字は字周、式溪とも號す。代々の籍は徽州府歙縣である。……高祖汪鑣のときから淮揚に居留し、鹽業によって家を起こした。……汪燾は幼いときからとくに聰明であり、よく勉學した。しかし、(家業の)鹽業が繁雜で重いことを顧み、祖父が疲勞困憊することを欲せず、遂に科擧を受驗するための學業を捨て、長兄の熙とともに仕事を分擔して父奉宸公の左右の手となった。……乾隆二十五(一七六〇)年、祖父資政公は亡くなり、……翌月には父の奉宸公がつづいて亡くなったが、汪燾の悲哀は極まりなかった。(しかし)苦しみの後、ただちに確固として長兄と鹽業の經營に乗り出した。……臨機應變に事を適宜處理し、公私ともに（金錢などを）提供して（人々の）役にたち、同業者は汪熹の工夫が往々にして傑出していると賞贊した。……汪熹の體はもともと痩せていたが、近年來外では鹽業に從事し、内では家政を管理し、數字を掌握し、すべて自分で運營し、精力は日每に消耗した。乾隆三十四（一七六九）年十一月に病いに倒れ、遂に亡くなった。享年三十六歳であった。[19]」とあるように、家業が盛んになり忙しくなったために、科擧受驗を放棄した者もいた。

以上から次のことがいえよう。すなわち、商業に從事する者が多い徽州や山西、陝西、さらには江南デルタ地域では、明清時代商工業が發展し商業に從事する者が増大するとともに、「農」を「本」とし「工・商」を「末」とするといういわば統治者の側の論理に對して異論が唱えられるようになったということである。また、「士」に對しても「商」は職業として同位ないし優位であるという主張がみられ、勉學によって「士」となることを放棄して商業に從事したり、子弟が「士」となることよりも商業に從事することを奬勵する例が多く現われてくる。そして、時代によって違いこそあれ、そこには利を追求し富を得ること自體にはなんら倫理的問題はないという確信がみられる。ところで、ここで注意すべきは、あくまで「士」や「農」に對して「商」の同位ないし優位が主張されたのであって、「官」たることに對してではないということである。しかも、商人とりわけ徽州や江南デルタの商人は子弟の科擧受驗に對しては一般に極めて積極的であった。以下、商人の子弟が科擧を受驗するにあたってどのような問題があり、その問題を解決するためにどのような手段をとり、そのことがどのような影響をもたらしたかについて、「商籍」および新たな地に本籍を移し置く「入籍」・「占籍」問題[20]に焦點をあてて檢討し、さらには彼等が科擧受驗にかくも執心したのは何故かについて考えたい。

## 第二節　「商籍」と「入籍」・「占籍」について

最初に、明清時代の戸籍制度について概説する。戸籍の類別については、『大明律集解附例』巻之四、「戸律　戸役」に「人戸以籍爲定。凡軍、民、驛、竈（鹽場で使役に當たる者）、醫、卜、工、樂諸色人戸並以籍爲定。」と八種が示されている。この八種は清代順治三（一六四六）年の戸籍編成に關する詔でも變化はない。[21]また、乾隆年間に編纂された『大淸會典』には戸籍の類別について記されていない。しかし、嘉慶年間に編纂された『大淸會典』（以下、『嘉慶會典』と略稱）巻一一には、戸と籍とを分け、戸の類別として、民、軍、匠、竈、漁、回、番、羌、苗、猺、黎、夷の「異民族」七種を含んだ十二種、籍として、軍、民、商、竈の四種があると記されている。ここで問題となるのは、第一に明律などの戸籍の類別と『嘉慶會典』の戸や籍の類別に變化があることである。第二に『嘉慶會典』では戸と籍とが區別されていることである。第一の點については、明律にある驛、醫、卜、樂の四種の戸は『嘉慶會典』には記されていない。これらは民戸ないし民籍に編入されたと考えられる。また、『嘉慶會典』の戸にある異民族と匠すなわち工と漁は民籍に編入されていると考えられる。それでは、第二の問題、戸と籍の違いは何を意味するのであろうか。そして軍、民、商、竈の四種の籍はどのように類別されていたのであろうか。まず、軍籍には、從來は屯衛の兵が編入されたが、後には衞所の官に隷屬された者が編入された。また、竈籍には、鹽場で使役に應じる者が編入された。そして、民籍には、匠戸や漁戸のほか八旗籍を離れた者や流寓者（本籍を有する他地域から移住してきて定住した者）を含めて、基本的には軍籍や竈籍以外の者が編入された。[22]さらに、商籍については、『嘉慶會典』巻一一「商籍」の項の注に、「商人子弟、准附于行商省分、是爲商籍。［商人の子弟は、行商先の省に戸籍を附すことを許し、これを商籍とする。」」とある。清末徽州府歙縣の許承堯は『歙事閑譚』の中で、この籍の問題をよりわかりやすく説明し、「明制設科之法、士自起家應童子試、必有籍、籍有儒、官、民、軍、醫、匠之屬、分別流品、以試于郡、卽不得他郡試。［明代に制定された科擧受驗の法では、士として家を起こし童子試を受驗するには、戶籍が必要であった。戶籍には儒、官、民、軍、醫、匠があり、その戶籍の違いによって郡で受驗し、他の郡で受驗してはならなかった。(23)］」と述べている。さらに右の文に續いて、「而邊鎭則設旗籍、校籍、都會則設富戶籍、鹽或曰商籍、山海則灶籍。士或從其父兄遠役、歲歲歸都郡試不便、則令各以家所業聞、著爲籍、而試于是郡。［しかし、邊境の鎭には旗籍や校籍が（別に）設けられ、都市では富戶籍、鹽籍ないし商籍が（別に）設けられ、山海では灶籍が（別に）設けられた。これは、士や邊境の地の役に從事している父や兄に從ってそれらの地に居留する者にとって試驗の年ごとに（本籍がある）土地に歸って受驗することは不便であるから、それらの家の業によって戶籍を作成し、（居留する）郡で受驗できることとしたものである。］」とある。ここでいう旗籍と校籍とは『嘉慶會典』にある軍籍を示し、灶籍とは竈籍のことである。すなわち、『嘉慶會典』にある四つの籍のうち、民籍を除いた軍籍、竈籍、商籍とは、本籍とは別に居留地での科擧受驗を認めていた者ということになる。國家のために邊境の地で軍役につく者のための便宜をはかることは、國家防衛の兵を募る政府としては利害に合致することである。また、鹽が國家の專賣であった明代において、鹽の生產や運搬販賣に從事する者が不利益を被らないように配慮したと考えられる。すなわち、國家のために邊境の地で軍役につく者や鹽生產に從事する者は、もともと民戶とは別に軍戶や竈戶とされ、民籍とは別に各々軍籍と竈籍に編成され、科擧受驗に際してはその子弟に優遇措置がとられたのである。但し、「商籍」は軍籍や竈籍のように民籍とは別に編成されるものではなく、民籍に編成されている者で、父兄が鹽の運搬販賣業務のために本籍を離れ、その父兄とともに外地に居留する者に對して認められた措置であり、居留地の省に「商籍」として附籍して登錄し、その地で縣學などへの入學試驗である童試を含めた科擧を受驗することを可能にするものであった。すなわち、戶と籍との違いは、戶が從來の戶籍に倣ったものであるのに對し、籍は科擧受驗に關わってもたらされた分類であったと考えられる。

次に、「商籍」が具體的にいつ、どのような商人に認められたのか、認められなかった者は子弟の科擧受驗に際してどのような手段をとったかについて檢討したい。「商籍」が設けられたのは明代であり、『歙事閑譚』にあるように、當初はあくまで本籍のある省とは別の省に居留する鹽商に認められたものであった。光緒『大淸會典事例』巻三八一の記述によれば、淸代には明代の制度が踏襲され、順治十一（一六五四）年に「商籍」によって、直隸、山東、江南、浙江四省においては「大學」考試に照らして府學、縣學などへの受驗が認められ、山西、陝西二省では「小學」考試に照らしてこれらの學校への受驗が認められた。その後、康熙六十（一七二一）年には、廣東省で鹽業に從事する商人の子弟の「商籍」による受驗が認められたほか、各地で彼等商人の子弟のための「商學」や「運學」が設立され、これら商人の子弟の居留地での入學の便宜が圖られたとある。[24] ところで、鹽の主要な生産地や集散地であり、兩淮鹽を管轄する鹽運司が置かれた揚州など現江蘇省の地において「商籍」による入學が認められたのは陝西、山西商人などの子弟であり、徽州商人の子弟は認められなかった。なぜなら、當時活躍した徽州商人の所屬する現安徽省は現江蘇省とともに明代には南直隸に、淸初には江南省に屬していたからである。但し、明の萬曆年間、鹽政を巡視するために浙江省を訪れた徽州出身の御史葉永盛に徽州歙縣の人吳憲と汪文演が陳情し、鹽業に從事する徽州商人の子弟の「商籍」による杭州府學と錢塘、仁和の縣學への入學が認められることになった。[25] それでは、淮北、揚州、蘇州、南京などの現江蘇省に居留する徽州商人は科擧受驗に際してどのような手段をとったであろうか。推測できるのは次の二つの方法である。第一は、徽州から蘇州や揚州などの地への途上にあり、より蘇州などの地に近い隣接する浙江省杭州府において「商籍」を得て受験するか、もしくは「商學」への入學である。第二は、「入籍」ないし「占籍」、すなわち本籍地を移し、居留地に新たに籍を得るという方法である。しかし、戶籍を移すためには一定の條件があった。『鹽法通志』卷九九「雜記三、兩淮商灶籍學額」には、「（僑寓商民）其實有田戶、墳墓在江南、與入籍之例相符者、准其于居住之州縣入籍。〔（兩淮に居留する商民で）田地を實際に所有しており、江南に墳墓があり、入籍規定に合致している者については、居住する州縣に入籍することを許す。〕」とある。また、道光『重修儀徵縣志』卷二「食貨志一、戶口」に、「其客戶、外戶有田地、墳墓二十年者、准其入籍。〔外地から來て居留している者で田地と墳墓を所有して二十年になる者は入籍することを許す。〕」とある。さらに、光緒『大清會典』卷一一には、「凡官入籍者、辨其祖父寄寓之歲與其業而聽爲土着。〔凡そ官で入籍する者は、その祖父が（その地に）居留した歲月とその有する土地とを確認し、その地を本籍地とすることを許す。〕」とあり、その注に「先因祖父貿易、游幕、及出仕、於寄居地方置有產業、在二十年以上者、准其入籍。〔先に祖父が貿易や幕友になるために、あるいは出仕のために、（外地に）居留し、そこに土地を有して二十年以上たつ者については、入籍することを許す。〕」とある。すなわち、戶籍を移す場合は、居留地に土地と墳墓を入手してから二十年以上居住する必要があった。從來、山西商人に比べて徽州商人に、商業活動を行った揚州、蘇州などの長江デルタ地域で土地を購入する者、戶籍を移す者が多かったことが指摘されてきた。しかし、その原因については必ずしも明らかにされてこなかった。しかし、以上のことを考慮にいれると、兩淮や揚州、南京、蘇州で「商籍」を得られなかった徽州商人の子弟がこれら居留地で科擧受驗するために原籍すなわち本籍地を移すことにより積極的であったと考えれば、その戶籍の移動は理解できる。少なくとも、本籍地の移動や居留地における土地所有の原因の一つに科擧受驗の問題があったと考えられる。

さらに、この「商籍」問題は、康熙六（一六六七）年に江蘇省と安徽省分離の後の徽州商人の狀況についても興味ある問題を提示してくれる。康熙五十七年の蘇州織造李煦の上奏には「竊兩淮商人原籍、或系山西、陝西、或屬江南之徽州。其西商子姪、或隨父兄在兩淮、不能回籍考試、因另立商籍、毎逢歳考、童生取入揚州府學、定額十四名。徽商子姪、因原籍在本省、不得應商籍之試。但徽商行鹽年久、大半家于揚州、故徽州反無住居、且自揚至徽、道途千里、回籍考試、甚屬艱難。今徽商求將子姪照西商例、亦於揚州府學額取十四名、免回籍應考。」兩淮の商人の本籍は山西省、陝西省、或いは江南省の徽州である。このうち山西省と陝西省の商人の子や姪（おい）で父や兄とともに兩淮に居留する者は本籍地に戻って受驗することができないため、別に商籍を編成して試驗のときには童生として揚州府學に入學することを認め、その定員は十四名としている。他方、徽州商人の子や姪は本籍地が（兩淮が屬する）本省（＝江南省）であったことから商籍によって受驗することができない。しかし、徽州商人は長年鹽業に從事し、大半は揚州に住んでおり徽州には住居はすでにない。しかも揚州から徽州までは遠く、本籍地に戻って受驗することは困難である。そこで今、徽州商人は、山西省や陝西省の商人の例にならって子や姪が揚州府學に入學できるようにすること、その定員を十四名とし、本籍地に戻って受驗しなくてもよいようにして欲しいと要求している。[27]」とあり、すでに江蘇省と安徽省とが分離していた康熙五十七年の段階で、まだ徽州商人の子弟が揚州では「商籍」で受驗できなかったことがわかる。この上奏に對して、康熙帝は右の上奏中に書きこまれた朱批で「此事甚關稱爾聲名、不可輕忽、須同運使商量妥當、再具題可也。「この事はあなたの評判に甚だしく關わることであり、輕視すべきことではない。鹽運使と適當な方法について相談すべきであり、それから再び上奏するのがよい。[28]」と、前向きに檢討することを指示し、李煦は同年再び上奏している。[29] しかし、『欽定學政全書』に「乾隆二十三年議准、寄籍下江之徽商、與本籍不遠、其子弟既得回籍應試、而行銷浙鹽、在浙江杭州復設有商學、准其考試、不便重占揚州商籍、以滋冒考之弊、嗣後除徽郡之人挈家入籍、地方官遵照入籍定例遙理外、其應考商籍者、應令該學政及鹽運使、遵奉定例、嚴加察核、不得徇從。

［乾隆二十三（一七五八）年に次のことが議准された。長江下流域に住む徽州商人は、本籍地から遠くないことから、その子弟は本籍地に戻って受驗することができる。また、浙江省で鹽業を營む者は、杭州に商學を設け受驗することが許されている。從って揚州でも重ねて商籍を得ることは好ましくなく、みだりにどこででも受驗できるという弊害をもたらすこととなる。今後は徽州出身の者が家族をあげて（本籍を移して）入籍し、地方官が入籍の規定にもとづいて處理するほか、商籍によって受驗しようとする者については、該當地域の學政と鹽運使が規定にもとづいて嚴しく調査し、情實にとらわれて許可したりしてはいけない。］とあるように、結局徽州商人の子弟の揚州での「商籍」受驗は認められなかったようである。從って、江蘇省に居留する徽州商人は、あいかわらず徽州に戻って受驗するか、前述したように、より近い杭州において「商籍」を得て受驗するか、居留地に土地と墓を所有し二十年以上居住し、本籍を移すことによって受驗するほかにとる方法はなかった。徽州から蘇州などに移住した徽州商人が蘇州周邊などに土地を購入し義莊などを設けて地主となった原因の一つとしてこの科擧受驗に關わる籍の問題は看過できない。なお、蘇州在住の徽州商人の子弟の中には、杭州では「商籍」受驗が可能であるにもかかわらず、杭州へ徽州から敢えて籍を移した者も少なくない。これは、第一に、杭州での「商籍」取得のために必要な「鹽引（公認の鹽の販賣許可證）」の數に限りがあったためであること、第二に、蘇州に比べて杭州の方がやや競爭率が緩く、徽州商人の場合、多く杭州に在住する親族がいたことが考えられる。勿論、商人が土地を購入した理由としては、第一に、好況期においては、米の消費者である商工業者や商工業に從事する勞働者の增大とともに米の需要も增え、土地所有すなわち米穀の供給が利益をもたらしたことがあったであろう。第二に、乾隆年間、「世豐出納米穀時轉化資、家業漸昌。［當時米が豐作であったためこれを資金に轉じ、家業は次第に盛んになった。］(30)」とあるように、市場經濟が發展していた當時においては、小作料として得た米を賣却して資金を得ることは困難ではなく、土地を商賣の安定した資金源と考えていたこ

とがあげられる。そして第三に、好況期、不況期いずれの場合も、土地への投資は少なくとも元本を失わない堅實な資産の貯蓄手段となったであろう。とりわけ、墓地の維持や祭祀のための費用、および一族の子弟の教育費や一族の中の困窮者の生活費[31]のための資金は、元本を減らさずに繼續して確保される必要があり、そのためには變動する現金や他の資産よりも土地が最も安全であると認識されていたであろう。これらのことは商人の土地所有を促した要因であったと考えられる。しかし、この「商籍」、「入籍」の問題も商人が土地を所有する重要な動機の一つとなったことは疑いない。また、彼等商人は居留地で建設や福祉などの事業に對して寄附するなど「善擧」を積極的に行った。それも「商籍」を圓滑に得るために、あるいは「入籍」を圓滑にするために、居留地で良い評判を得る必要があったことが重要な動機となっていると考えられる。

ここで、「商籍」、「入籍」による科擧受驗の例として、徽州黟縣宏（弘）村[32]から杭州に居を移した汪氏の場合についてみてみよう。明代萬曆年間、八十二世元臺は鹽業を營み、浙江省杭州府錢塘縣普寧里に住んだ[33]。その長子宗縉は國學生となり、宗縉の子肇衍は錢塘縣學に入學し、康熙三（一六六四）年に進士になった[34]。元臺の次子宗紳はあとを繼いで杭州府錢塘縣普寧里に住んだが、毎年徽州と杭州との間を往復していた。しかし淸代になり、その子如珍と時英が「同入錢塘學、遂隸籍。［ともに錢塘縣學に入學したことを機に籍を杭州に移した[35]。］」そして、時英については、「承先人業、以鹽筴轉輸于浙、遂家錢塘。［先人の業（である鹽業）を受け繼いで鹽を浙江に運び（販賣し）、ついに錢塘に家を移した[36]。］」とある。また元臺について、「己卯展墓歸里門、遂遘疾卒。［崇禎十二（一六三九）年、墓參りのために故鄕に歸り、病氣になり亡くなった。］」とあり、「再傳育靑公、覓地于湖山、得吉壤、奉公柩、暨配孺人葉氏柩來杭、合葬于靈隱之龍門山。［また傳に、時英は（祖父を葬る）土地を（杭州に）探し、よい土地をみつけ、（元臺）公の柩とその夫人葉氏の柩を杭州に移して靈隱の龍門山に葬った。］」とある[37]。以上から次のことを推し量ることができる。元臺は杭州府錢塘縣に住んだ。その子宗緖と宗紳については確認できないが、少なくとも孫の時英らは商籍によって錢塘縣學に入學したのち、本籍を杭州に移し、さらには祖父母の柩もまた杭州に移し墓を建てたということである。時英はこの後、曾祖父母らの柩も杭州に移している(38)。ここに擧げた汪氏は科擧受驗のために杭州に居住したというよりも、鹽業に従事して杭州に居住していたために、そこで「商籍」を得て受驗し、本籍を移したという場合である。

次に、科擧の主考官として林則徐、曾國藩、李鴻章など中國近代史に重要な位置を占めた人々を選んだ軍機大臣潘世恩の一族と、潘氏と婚姻を重ねた蘇州吳趨坊の汪氏の一族とについてみてみよう。潘氏は清初、世恩の六代前に蘇州に移住した徽州商人の後裔である。『潘文恭公自訂年譜』には、世恩の六代前の祖仲蘭のとき「落籍吳縣」、すなわち吳縣に籍を置いたとあるが、世恩の伯父奕雋の長子遵祁によれば、仲蘭の孫の兆鼎までは兆鼎の母の實家がある蘇州に寄寓していたのであり、兆鼎はその後徽州に歸り、康熙二十八（一六八九）年になって蘇州に居を移したとある(39)。潘世恩の父奕基と奕基の長兄奕雋は「商籍」によって杭州で受驗し(40)、奕雋は乾隆三十四（一七六九）年に科擧に合格し進士となったが、その籍は浙江省杭州府錢塘縣と記錄されている(41)。また、奕基は科擧に合格はしなかったが、杭州に「寄籍」していた(42)。他方、奕基の次兄奕藻は乾隆四十九年に江南省吳縣籍すなわち蘇州で科擧を受驗し進士となっている(43)。奕雋と奕藻の本籍地が異なっているのは、潘氏が乾隆三十四年から四十九年の間に江南省徽州府歙縣から蘇州府吳縣へ本籍を移動したことによるのか、あるいは、すでに本籍は吳縣にあったが杭州に「商籍」を持っていたことによるのかは明らかでない。

他方、吳趨汪氏は清初に徽州から蘇州閶門の近く吳趨坊に居を移した一族である。潘世恩の妻の兄弟である祥芝は父爲仁と同じく吳縣の監生となり、鹽運司運同の任に着いた。そして、乾隆二十六（一七六一）年の進士である伯父爲善と父爲仁の遺命を受け、祥芝は道光十六（一八三六）年に兄とともに江蘇省蘇州府の長洲縣と元和縣に田千餘畝を購入し耕蔭義莊を設けた[44]。潘世恩の末子曾瑋の妻の兄弟である祥芝の子錫珪は、「（江蘇省蘇州府）長洲縣附貢生」となり、その後江蘇省蘇州府呉縣に籍を戻して官職に就いた[45]。さらに、錫珪の弟藻は道光二十一年に浙江省杭州府錢塘縣で「商籍」で進士に合格している[46]。ここで注目すべきは、爲仁とその息子の祥芝、孫の錫珪が呉縣籍であったことは確認できるから、藻も本籍地は蘇州府呉縣であった可能性が強い。しかし、彼はあえて浙江省の杭州府錢塘縣で「商籍」で科擧受驗を行っているのである。そもそも「商籍」とは、鹽業に從事するために本籍地を離れて外地に居留している者の子弟の科擧受驗の便宜をはかるために設けられた制度である。しかし、前述したように、この制度を利用すれば、競爭率の低い土地へ行って受驗できる。そのため、彼等は、移住し籍を移し客商たることをやめても、この「商籍」の權利をなかなか放棄しなかったのではないだろうか。そして、蘇州の潘氏や汪氏の例にみられるように、鹽商以外の商人が、それどころか商業に從事していない者も、この「商籍」を利用して受驗を行っていたと考えられる。光緒『會典事例』卷三八一には、乾隆四十三（一七七八）年に「近來商學、商人子弟日少、外省假冒日多、既未便令實係商人子弟。一體勒回原籍應試亦不便、因淸釐冒考、將眞商子弟學額概行刪除、嗣後由各督撫學政、通查各省眞商親子弟姪應試者、覈計人數多寡、另行酌減學額具奏、……［近來商學には商人の子弟が日毎に少なくなり、外省の者で（その省で商業に從事している者の子弟であると）僞って入學する者が日毎に增えており、すでに實際に商人の子弟である者のための便宜がはかられなくなっている。すべて本籍地に戻って受驗させることも不便である。（そこでまず）僞って受驗する者を整理し改めることによって本當の商人の子弟の定員を概ね削除し、その後に各省の總督、巡撫、學政が各省の本當の商人の子弟と姪の受驗する者の人數を調べ、定員削減を行って上奏することにする……］」とある。また續いて、浙江省の「商籍」による童生（學生）は多いときで六、七百人、少ないときで五、六百人いるが、「至引已售賣、並非現在充商、……自可赴原籍應試、如因在杭居年久、安土重遷、亦可援寄籍人等二十年准其入籍之例辦理。［(公認の鹽業を營むにあたっての權利である) 引をすでに賣却し、現在は商業に從事していない者に至っては、……自から原籍地で受驗させる。(但し) 杭州に長年居住した者は住み慣れた土地は離れがたいであろうから、寄籍している者等で二十年以上住んでいる者は入籍 (=占籍) を許すという例に照して處理することとする。］」とあり、清代には商人以外の者が「鹽引」を買って「商籍」によって受驗したり、越境入學を行っていたことがわかる。

それでは、何故彼等は實際には鹽業に從事していないにもかかわらず公認の鹽商たる權利を買い、或いは越境してまで受驗しようとしたのであろうか。また、彼等は何故かくも科擧受驗に執着したのであろうか。汪氏のように本籍を蘇州に移し官職を得ていながら、あえてその子弟に杭州での「商籍」を得させ受驗させたのは何故なのであろうか。越境の理由として考えられることの一つに、前述した科擧の實質競爭率が江蘇省より浙江省の方が低いことがあげられる。ちなみに、清代の科擧合格第一位である狀元の省別人數をいえば、總數百十四名中、第一位の江蘇省は四十九名、浙江省は二十名、第三位の安徽省は九名である(47)。このことは江蘇省の受驗者が極めて優秀であることを示している。しかも、科擧受驗の條件である太學、府學、縣學などの學校の卒業者の鄕試受驗有資格者の數の上限は學校別に定められていたから、假に江蘇省に生まれ育った者であってもより實質競爭率の低い浙江省で受驗するという手段をとったとも考えられる。ところで、子弟の科擧受驗と合格に熱心だったのは徽州商人に著しいとはいえ、彼等に限ったわけではない。しかし、「商籍」について記述している光緒『大清會典事例』巻三百八十一には、徽州商人に關わるものが多い。徽州では外地に居住する者も含めて子弟の教育と科擧受驗に熱心であったとされる。徽州は土地が狹く、商業と教育とを重視せざるを得ず、また、朱熹や程顥、程頤兄弟の祖地であり、彼等を鄕土の誇りとして教育を重視したともいわれる。しかし、果たしてそれだけであろうか。あくまで推測の域を出ないが次のことが考えられよう。官僚となることの目的としては、まず、徭役の免除や奴僕の保持などの特権を得ることが考えられる。また、王朝の滅亡を考えなければ、官僚はより安定した職業と認識されたであろう。そして直接的には、江南デルタの市鎮や都市に商業のために居住する彼等が新たな地で名士としての地位を得、信用と權威とを高める目的があったのではないかと思われる。しかし、より巨視的にみれば、次のことがいえるであろう。商業と國家による統制とは一般に利害が相反する。明代、張居正の改革を批判した東林黨は商工業が最も發展していた江南デルタ地域を基盤としていた。そして、東林黨の流れを汲む復社に屬していた前出の歸莊のように、江南デルタの紳士には徽州商人を擁護するものが多い。すなわち、明末以降、國家と商人との利害對立は、北京中央對江南デルタ地域との對立と權力闘爭へと具現することとなったと思われる。徽州商人および江南デルタ地域の人々が科擧に熱心であった背景には、官僚になることで、税務政策や商工業政策など諸政策において、自己の理念あるいは自己を含めた地域や社會に有利な政策を實現するということがあったと考えられる。

從來、中國前近代社會の特性として官僚、地主、商人の「三位一體」がいわれてきた。しかし、それは單に、官僚、地主、商人という個別な三者が中國前近代社會において、個々の利益を求めて癒着して支配階級を構成していたのではなく、現實社會の變動と種々の規制の下で、人々が自己にとって有利な生き方を追い求めるという具體的な選擇がもたらした結果であったといえよう。

そして十九世紀太平天國の亂を契機として、科擧による正統な官僚機構とは別に自己の利益を實現する方途を求め、その結果が辛亥革命時における江蘇省の獨立宣言であったといえるであろう。(48)

## おわりに

「重農抑商」政策とそれと表裏する「農本商末」思想は、秦の始皇帝以來中國政府の基本政策であり、基本的價値意識でもあった。しかし、明清時代の商工業の發展にともなって商人の力量が高まるとともに、徽州や山西など有力な商人を輩出した地や商工業が最も發展していた江南デルタ地域では、子弟が商業に從事することを奬勵し、同時に「農」や「士」に對して「商」が同等もしくはより高く評價されるようになった。他方、客商として江南デルタをはじめとした各地に赴き、新たな地に居住するようになった彼等は、その地での地位を高め信用を得るためにも、また自己の利益を國家の政策に反映させるためにも子弟のうち學業に優れた者が科擧を受驗し合格することを望んだ。そして、政府公認の鹽業に從事することによって力を伸ばしたこれら徽州、山西および陜西の商人の子弟は、「商籍」によって居留地に「附籍」して科擧を受驗することが認められることになった。しかし、徽州府が屬する現安徽省は兩淮や揚州、蘇州、南京がある現江蘇省と同じく、明代には南直隷に、清初には江南省に屬していたため、山西商人や、陜西商人とは異なり、徽州に本籍を置く商人は、徽州に歸るか、浙江省杭州で「商籍」を得るか、さもなければ本籍地を移すほかに受驗の方法がなかった。そして、居留地に本籍を移すには、土地や墓を所有し二十年以上居住することが條件であった。そのため、彼等は居留地で土地を購入し地主となった。彼等が居住地で土地を入手した理由としては、米穀の供給が利をもたらし商賣の資金ともなったこと、また、土地への投資は少なくとも元本を失わない堅實な資産の貯蓄であったことが考えられるが、この本籍地を移すということも重要な動機であったと思われる。そして、江南デルタの各市鎭や都市に居住し、商業に從事しつつ土地を所有する彼等は「無徽不成鎭［徽州商人なくして（江南の）鎭は成らず」」といわれるように、江南デルタの各市鎭の發展を促し、この地の商業を發展させ、元來ここに居住している人々をも市場經濟に組み込み社會構造を變えていったのである。

注

（1）以上は、唐力行著『商人與中國近世社會』浙江人民出版社、一九九四年、一頁～二頁にもとづく。

（2）司馬遷『史記』巻四一「越王勾踐世家」、巻一二九「貨殖列傳」。

（3）前掲『史記』巻一二九「貨殖列傳」（唐力行前掲書、四頁、參照）。

（4）前掲『史記』巻一二九「貨殖列傳」（唐力行前掲書、四頁、參照）。

（5）曹天生『中國商人』安徽大學出版社、二〇〇一年、七二頁～七四頁、八五～八七頁、張岱年主編『中華思想大辭典』吉林人民出版社、一九九一年、九二九頁。

（6）前掲『史記』巻一二九「貨殖列傳」。

（7）唐力行前掲書、七頁。

（8）『清世宗實錄』巻五七。

（9）汪炳生等修『鎭邑汪氏宗譜』巻四「祠規」　民國四年刊。

（10）萬曆『歙志』、萬曆三十七年刊（唐力行前掲書、四一頁、參照）。

（11）『五代新志』巻二「生計」（唐力行前掲書、四一頁、參照）。

（12）『雍正朱批諭旨』第四七冊。

（13）顏之推『顏氏家訓』「勉學」。

（14）汪業奎編『澠南汪氏宗譜』巻八「家規」、光緒二十一年。

（15）徽州において家族の中の「士」すなわち學問に從事する者を特別に厚遇した例として、徽州祁門縣の汪伯薦の例を紹介したい。本文は汪宗豫編『汪氏三先生集』「士倩先生傳」（現在北京大學善本部所藏）による。この傳記の末尾には、「康熙己未季夏之吉、同里後學陳希昌撰」とあり、康熙十八（一六七九）年に祁門縣の陳希昌という人物がこの傳記を書いたことがわかる。

「先生故越國公裔也。姓汪氏、諱伯薦、字士倩。先世自祁之十四都武山鄕徙於邑西門遂家焉。高祖德育廩於庠蚤卒、曾祖子祜以詩名於時、祖廷品、父世成、咸世其家學。世成公既娶黃氏、連擧二子、長先生、次伯茂。卽出游學於荊楚、旋聞入蜀。未幾母孺人黃氏病卒、遺先生僅十齡、弟八齡。堂上唯有王父母、年高、不能撫二孫、二孫因往揚州、依舅氏黃公德。舅氏家故饒、視二甥如子教。先生以業儒教、其弟以服賈。先生既冠、有文名明大義、日念王父母不去懷。於是辭舅氏歸、代世成公奉養王父母。王母故程出、因令先生娶程氏女爲室、以供其甘旨。先生藉甚文場中試、輒高等補邑學生、歲得廩銀俱奉王父母、無私畜、王父母喜曰、吾孫讀書成名、能代吾子以養吾二老人也。先生色養之餘、鄕邑問祁之才俊、子弟多從游經其指授、皆售以去、遂爲時名。師年三十九、應崇禎戊辰恩貢之選。庚午入南雍肄業、………時世成公出游三十年、無隻字、歸省人或語先生曰、爾父已歿矣。………王父母年皆踰八十、先後以壽終。………先生蚤誕二子、長君宗豫、次君宗觀。宗觀出爲先生之弟伯茂後。獨長君迎養先生於邸舍。始猶拮据、漸乃光大。長君善心計操奇贏、以游江淮。不十年而資埒程鄭爲高堂華屋、鮮衣美食奉先生、凡有可以娛心意悅耳目者、無有一而不備。………（先生）每遇春秋佳日、則出游市中、攜錢數千於杖頭以施貧窮子、錢盡而歸。………」（汪士倩）先生は越國（公汪華）の末裔である。姓は汪氏、諱は伯薦、字は士倩という。先祖が祁門縣十四都武山鄕から祁門縣西門に移りついにそこを家とした。高祖父德育は庠生となったが若くして亡くなった。曾祖父子祜は詩で有名であった。祖父廷品と父世成は代々家傳の學問を受け繼いだ。世成公は黃氏を娶り長男である先生と次男の伯茂をもうけた。父が荊楚（湖北・湖南）に遊學しついで蜀（四川）に入ったということを聞いてまもなく、母黃氏が病沒した。そのとき、先生はわずか十歳、弟は八歳であり、家には祖父母しかいなかった。祖父母はすでに高齢であり、二人の孫を育てることができなかったため、二人は揚州の母の兄黃公德にひきとられた。伯父の家はもともと富裕であり、二人の甥を實の子のように教育した。先生は儒教を「業」とし、弟は商業に從事した。先生は成人すると文名が知れわたり、大義に明るく、一日として祖父母のことを思わない日はなかった。そこで、父に代わって孝養を盡くすため、伯父の家を離れ、祖父母の下に歸った。その後、祖母が程氏の出であったため、程氏の娘を娶り、祖父母を滿足させた。先生は試驗に合格して高等補邑學生となったが、給與の銀はすべて祖父母に捧げ、自分のものとすることはなかった。祖父母は喜んで「私たちの孫は勉學（讀書）して名を成し、よくわが子に代わって我々老人に孝養を盡くしてくれている。」と語った。先生は祖父母に笑顔で孝養を盡くすほか、祁門縣の俊才のために塾を設けた。多くの子弟がその教えを請い、皆學問をよく修めて去り、先生は名師とされた。先生は三十九歳のとき、崇禎元（一六二八）年の恩貢の選に浴し、三年に南へ行き修學した。………ときに父世成公が遊學に出て三十年が過ぎたが全く便りがなかった。その時ある人が先生に「あなたの父はすでに亡くなりました。」と告げた。………祖父母は年八十を越え、前後してついに亡くなった。………先生は早くに二人の息子をもうけた。長男は宗豫、次男は宗觀といった。次男の宗觀は先生の弟の伯茂の跡取りとなり、長男が一人先生とともに暮らし仕え、始めは困窮していたが、次第に豊かになった。長男の宗豫は、よく機轉がきき、商業に從事し、客商として江淮に赴き、十年もしないうちに富を得て程鄭のように立派で豪華な家屋を建て、新しい衣服や美味なる食事を先生に奉じ、およそ心を樂しませ耳目を悅ばせることで（先生のために）整えないものはなかった。………（先生は）毎年春秋の佳日に錢數千文を杖の頭に携えて市中にでかけ、貧しい者に施し、錢が盡きて始めて歸宅した。………」

以上、三十九歳に至るまで科擧を受驗し、生涯「儒」を業とした汪伯薦の傳記である。高祖汪德育は庠生となり、曾祖父子祜は詩で有名であったとあり、祖父と父もともに家傳の學問を傳え、父は荊楚に遊學し故鄉を離れたとあるから、皆「儒」を業としていたと思われる。他方、汪伯薦とその弟伯茂を引き取った揚州居住の母の兄である黃公德に關する記述は「舅氏家故饒」、すなわち單に富裕であるとしか記されていない。しかし、弟伯茂が商業に從事し伯父の下に殘ったということから、揚州で商業を營んでいたと推測される。この弟伯茂は後に伯薦の次子宗觀を繼嗣としているが、おそらく宗觀も商業に從事したことであろう。汪伯薦がその生涯において、少しでも金を稼いだのは、高等補邑學生のときと塾を開いて祁門縣の俊才を教えたときのみである。おそらくそれらの金は日々の生活をなんとか維持できるかどうかという程度であったであろう。結局、彼の生活を支えたのは、商人たる母の兄と、その下で商業に從事した弟と、父とともに生活しながら商業に從事した長男の宗豫であった。當初伯薦は宗豫に儒を業とすることを期待したであろう。しかし、三十九歳になるまで科擧を受驗し士人であることに執着した父とは異なり、清初に生まれたと思われる宗豫は計數に明るく商才があり商人となっている。おそらくは父子の間に葛藤があったと推測されるが、それについては何も記されていない。但、伯薦が晩年に宗豫が稼いだと思われる金を貧しい者に施したという「善行」の記述があるのみである。

(16) 前掲『淝南汪氏宗譜』卷八「家規」。
(17) 李維禎『大泌山房集』卷一〇六「鄕祭酒王公墓表」。
(18) 歸莊『歸莊集』卷六「傳碩齋記」。
(19) 歙縣『汪氏譜乘』「式溪汪君傳」、乾隆年間抄本（張海鵬・王廷元主編『明清徽商資料選編』黃山書社、一九八五年、一二五頁、所收）。
(20) 「商籍」問題については、早くに藤井宏氏が『新安商人の研究』において、言及されている。しかし藤井氏を除いて、近年に至るまで「商籍」問題に注目した研究は、日本はもとより中國でもこれまでほとんど行われてこなかった。近年、王振忠氏がこの問題に注目され、「兩淮『商籍』何以無徽商」（『鹽業史研究』一九九四年第一期）、「從祖籍地緣到新的社會圈—關于明清時期僑寓徽商土著化的三個問題」（『原學』第二輯、一九九五年一月）で論じられている。
(21) 席裕福等輯『皇朝政典類纂』卷三十、光緒二十九年。
(22) 臨時臺灣舊慣調査會第一部報告『清國行政法』汲古書院、一九七二年版、第二卷、二七頁。
(23) 許承堯撰『歙事閑譚』第二九冊。
(24) 鹽の集散地の詳細については、第二章第一節參照。
(25) 康熙『浙江通志』卷二六「葉永盛傳」康熙二十三年刊、吳吉祜撰　歙縣『豐南志』第一〇冊　民國刊、兪樾撰『九九銷夏錄』卷一〇「浙江商籍」、嘉慶『兩浙鹽法志』卷二五「商籍二」　嘉慶六年刊、前掲歙縣『豐南志』第三冊「人物・義行」、前掲『兩浙鹽法志』卷二五「汪文演傳」、民國『歙縣志』卷九「人物志・義行」（以上、前掲『明清徽商資料選編』、四八五頁～四八七頁、所載）。
(26) この條文に續いて、「寄籍官察而達於部以定議、復籍者、辨其墳廬。［寄留先に籍を置いている官については詳しく調べて吏部に報告し、それによって決定する。籍を原籍地に戻す者は、その墳墓や家屋（を原籍地に有しているか否か）について明らかにする。」」とあり、注には「先因寄籍外省、後願改歸原籍者、應査明原籍果有墳墓廬舍、准其改歸原籍。［先に外省の寄留先に籍を置き、後に改めて原籍地に帰ることを願う者については、原籍地に墳墓や家屋を有しているかを調べて明らかにし、しかる後に原籍地に帰ることを許す。］」とある。これは、上記のように「原籍」を移すのではなく、居留地に「寄籍」すなわち臨時に附籍していた官が、本來の原籍地に歸る場合であり、民間にも適用されたと思われる。その場合にも、原籍地に墳墓などを有していることが必要であったことがわかる。長年寄留地に住み、原籍地の家屋や墳墓をすでに原籍地に住む同族などに讓渡してしまった者は、寄留地に土地などを所有していなくとも寄留地にとどまらざるをえなかったということになる。この規定がどのような背景の下で設けられたかは不明であるが、少なくとも長年外地に居住していた者の歸鄉の障害になったであろうことは想像がつく。

(27) 故宮博物院明清檔案部編『李煦奏摺』三二七「徽商子姪請准在揚考試并鄉試另編商籍字號摺」中華書局、一九七六年、所收。

(28) 前揭『李煦奏摺』三二七「徽商子姪請准在揚考試并鄉試另編商籍字號摺」。

(29) 前揭『李煦奏摺』三三八「兩淮商籍童生進學及鄉試事已與運使商妥摺」。

(30) 汪秋潭等修『海寧汪氏支譜』卷一、行述「汪雲海府君行述」同治六年序。

(31) これら一族が共有する財産については、本書第八章「徽州における家産分割」參照。

(32) 乾隆帝の名が「弘曆」であったために、乾隆帝の卽位にともない、村名の「弘」を「宏」にあらためた。なお、黟縣弘村汪氏については、本書第三章「徽州汪氏の移動と商業活動」參照。

(33) 汪大燮編『杭州汪氏振綺堂宗譜』卷一、世系　民國十四年刊。

(34)『弘村汪氏家譜』世傳、卷五。

(35) 前揭『杭州汪氏振綺堂宗譜』卷三志乘「武林詞堂記」。

(36) 前揭『弘村汪氏家譜』事實、前揭『杭州汪氏振綺堂宗譜』卷三、志乘「育靑公傳略」。

(37) 前掲『弘村汪氏家譜』事實、前掲『杭州汪氏振綺堂宗譜』巻三、志乘「文宇公傳略」。
(38) 前掲『杭州汪氏振綺堂宗譜』巻三、志乘「育青公傳略」。
(39) 潘遵祁『西圃集』巻三。
(40) 潘承謀等重修『大阜潘氏支譜』巻一八、志銘傳述二、「誥授光祿大夫戶部尙書雲浦潘府君墓誌銘」光緒三十四年序。
(41) 哈佛燕京學社引得特別一九『增校清朝進士題名碑錄附引得』臺北、一九六六年。
(42) 『潘文恭公自訂年譜』。
(43) 前掲『增校清朝進士題名碑錄附引得』。
(44) 汪體椿等修（光緒二十三年）『吳趨汪氏支譜』巻首「吳趨汪氏支譜序」、世系述、巻五。
(45) 前掲『吳趨汪氏支譜』世系述巻七。汪錫珪は「長洲縣附貢生」とある。もとより吳・長洲・元和三縣は蘇州府の府郭であるが、錫珪の本籍は吳縣であったから、長洲縣學に入學する場合には「附」すという形式をとったと思われる。この場合、本籍地から遠いが故に「商籍」によって他の省に「附籍」ないし「寄籍」するのとは意味が異なっていると思われる。但し、法的にどのような條件や資格あるいは手續きが必要であったのかは不明である。
(46) 前掲『吳趨汪氏支譜』世系述、巻七。
(47) 周臘生『清代狀元譜・清狀元奇談』紫禁城出版社、一九九四年、一八八頁。
(48) 拙稿「太平天國末期における李鴻章の軍事費對策」（『東洋學報』第六五巻第三・四號、一九八四年）、同「太平天國期における蘇州紳士と地方政治」（『中國—社會と文化』第四〇號、一九八九年）、參照。

# 第二章　商業活動とそのネットワーク

## はじめに

宋代以降、とくに明代中期以降、中國では商工業の發展にともなって外地に赴き商業に從事する者が增大した。なかでも最も活躍したのが徽州商人と山西商人である。

徽州の人々が行商人として外地に赴くようになったのは東晉の時代からであるといわれる。徽州は山がちである。そのことは同時に耕地が少ないことを意味する。他方、交通の便は悪くない。練江、浙江、豊樂水の水を集めて歙縣、休寧縣、黟縣、績溪縣を流れる新安江は、下る途中で富春江と名を變え、下流では錢塘江となって海に入る。南宋の都であった臨安すなわち杭州はその沿岸にある。また杭州は大運河の出發點でもある。大運河は蘇州を經て長江に出、さらに長江北岸の揚州や最大の鹽の生產地である兩淮地區を經て、北京近郊の通縣に至る。他方、祁門縣を流れる閶江は景德鎭を經て、婺源縣を流れる星江（樂安江）とともに鄱陽湖に流れ込む。鄱陽湖は長江につながる。そのため、彼等は多くこれらの水運を利用して、あるいは陸路によって行商人として外地に赴いた。但し、明代中期以前は、彼等は竹、木、瓦、生漆、硯、墨、筆、紙、茶など山が多い徽州の特產物を扱う個別零細な行商人に過ぎなかった。大きく變わるのは、明代中期以降である。江南デルタ地域における手工業生産の擴大にともなう、流通商品の多様化および增加と、商品流通地域の擴大とのもとで、農業では生計を維持し得ないがゆえに、彼等はあらゆる商品を扱い、あらゆる地域、例えば江蘇、浙江、安徽はもとより、九割が徽州商人であったといわれる臨靑をはじめとした山東、また北京を中心とした河北、河南、甘肅、山西、陝西、江西、米の集散地漢口を中心とした湖北、湖南、福建、廣東、廣西、四川、雲南、貴州、東北、さらには海外にまで進出していった。(1) そして、その遠隔地商取引の經驗によって得た技術や知識、ネットワークを利用して、後述するところの鹽の販運制度の變化を契機として、その力を大いに伸ばした。馮夢龍の小説「三言」すなわち『喩世明言』、『警世通言』、『醒世恆言』と凌濛初の小説「二拍」すなわち『初刻拍案驚奇』、『二刻拍案驚奇』の二十餘編の内容中、七編が徽州商人を描いたものであることも、徽州商人の活躍が背景にあるといえる。明末から清初にかけて徽州商人は、山西商人とともに明清期に全國的に擴大發展し、山西商人をも壓する力を見せたが、その活動を示す記述は、一般に清代乾隆末年以降減少する。しかし、十九世紀半ば以降の中國の歴史において、重要な役割を果たした人々の中に、これら徽州商人の後裔や、徽州商人となんらかの關係があった人々を多く見出す。近代以降活躍した山西票號の經營に携わる人々の中にも徽州商人の名前を見出すことができるのである。それでは、彼らの經營の内容とはいかなるものであり、彼らが全國的に擴大發展する過程でつくりだしたネットワークとは、いかなるものであったのであろうか。また、乾隆末年以降、どのような變化が彼等に生じたのであろうか。そして、その變化をもたらした中國社會の變化とは、いかなるものであったのであろうか。更に、そうした變化によって再構成された中國社會は、中國の「近代」をいかに方向づけることになったのであろうか。本章では、これらの問題について、中國社會を階級關係を含めて類型的に見るのではなく、個と個、この個と個とを連結する線の特質といったものによって考えてみたい。

# 第一節　明清時代の商幇と會館、會所・公所

## 一、明清時代の商幇と徽州商人の臺頭

前述したように、徽州の人々の多くが、商業に従事するに至った原因、あるいは背景については、一般には次のように説明されている。第一に、地形の關係から耕作可能の土地が少なかったこと、第二に、近くに木材や石材などを供給する山地を控え、早くから木材はもとより紙、筆、硯、墨、陶土などの特產品があったこと、第三に、それら特產品を販運することにより得た富に對して、土地が少なかったにもかかわらず重い税がかけられ、そのことが更に商業從事者を增やしたこと、そして發展しつつあった江南デルタ地帯が近く、新安江など交通の便がよかったことなどである。こうしたことにより、徽州では、明代後半には、七割から九割の人が商業で生計を立てていたといわれている。(2) しかし、これら徽州商人も、明代萬曆年間末までは、他の地域の客商と大きな差異はなく、むしろ山西商人と陝西商人が抜きんでていた。それが、明末に、ほかの商人はもとより、山西商人と陝西商人を凌駕するに至ったのは、それよりさき成化年間から弘治年間にかけて、鹽の專賣方法が產地で銀兩を納めるという方式に改められたことが、最大の契機であったとされる。以下、徽州商人が他の商人を壓するに至った經緯をみてゆきたい。

本章冒頭で述べたように、明代、とりわけ中期以降における商工業の發展は商品流通範圍の擴大と流通商品の量と品目の擴大をもたらし、商業に從事する者の數を增大させた。そしてそのことは、商業、商人觀のみならず、商人の具體的活動のあり方にも變化をもたらした。すなわち、それまでの商業活動が基本的には個人による分散的なもので

あったのに對し、彼等が「商幇」、すなわち商人による團體組織を形成するようになったことである。外地に赴き活躍した商人の出身地に共通することは、その故郷は耕地が狹く、それに比して人口が稠密なことである。生活のために彼等は外地に行商に出、その出身地名を冠して「晉（＝山西）商」、「陝（＝陝西）商」、「徽（＝徽州）商」、「粤（＝廣東）商」などと呼ばれた。また、例えば徽州府の特定の縣の商人が多く訪れる地では、「歙商」、「休寧商」など縣名を冠して呼ばれることもあり、徽州商人とともに徽州府に隣接する安徽省寧國府の商人が多く訪れる地では、ともに「徽寧商」または「安徽商」などと稱されることもあった(3)。

これらの「商幇」のうち代表的な者は次の三種に分けられる。第一は、明代以降政府專賣の鹽の運搬、販賣に從事して富を蓄積した山西商幇、陝西商幇、徽州商幇である。第二は、沿海地域にあり海外貿易で活躍した廣州、潮州、嘉應などの廣東商幇、福州、建寧、福寧などの福建商幇、寧波商幇らである。第三は、その他、山東商幇、洞庭（江蘇省）商幇、龍游（浙江省）商幇、江右（＝江西省）商幇、河南商幇らである(4)。

第一の「商幇」のうち、鹽業に從事して最初に頭角を現わしたのは、山西商人と陝西商人である。明初、政府は軍需物資たる糧草を邊境の地に運ぶ代償として商人に鹽の販賣權を與えた。これを「開中法」という。「開中法」とは、まず、軍需物資たる穀物を邊境の所定の倉に運んだ商人が「倉鈔（證明書）」を受け取る。次に、指定された鹽運司と鹽課提擧司という鹽を扱う役所に赴き、「倉鈔」と引き換えに「鹽引（鹽の販賣許可證）」を受け取る。さらに、「鹽引」と引き換えに指定の鹽の生産場で鹽を受け取り、一定の行鹽地（販賣地）へ鹽を運搬し販賣するという方法である。この糧草を邊境に運搬納入して鹽引を受領する權利を「窩」といった。ここにおいてまず頭角を現わしたのは邊境の地により近い山西商人や陝西商人であった。しかし、天順（一四五七年～六四年）、成化（一四六五年～八七年）年間、舊來の方法とともに銀を納めることが認められるようになり、さらに成化末年、各鹽運司において銀を納めることで鹽の運搬・販賣權を入手することができるようになった(5)。すなわち、各鹽運司が受領した銀が戶部の太倉庫に運ばれ、ここから邊境地に支出されるようになったのである。鹽運司と鹽課提擧司は、鹽の生產地である兩淮、兩浙、山東、廣東、海北、四川、福建、陝西靈州、長蘆、雲南、河東の各地區ごとに置かれ、それぞれの地區を管轄した。例えば、兩淮鹽を扱う鹽運司は揚州に置かれていた。そして、これらの生產地の鹽の販賣地區は、兩淮鹽は揚州府、應天府(南京)など三十三府五州、兩浙鹽は杭州府、蘇州府、徽州府など十七府一州、山東鹽は濟南府など八府三州、廣東鹽は廣州府など七府、海北鹽は十七府五州、四川鹽は九府一州、福建鹽は八府、陝西靈州鹽は二府二州二縣、長蘆鹽は順天府(北京)など十四府二州にそれぞれ限定されていた(6)。

こうした制度の變化によって頭角を現わしてきたのが徽州商人であった。彼等は大きな販賣地を有する兩淮地區や兩浙地區に近いという地の利を有していた。さらに、萬曆四十五(一六一七)年、明朝政府は納銀しながら鹽を受領していない鹽引を消化するために、「綱法」を實行した。「綱法」とは、淮南の鹽場の商人が所持する舊來の鹽引を十綱に分け、綱冊という名簿を作成し、名簿上に名前が印刷して記入されている商人にそれを與えて「窩本」とさせ、以後この綱冊に記入された商人の舊引を基準として新引を割り當てるという方法である。この改革によって、綱冊に名前がない者は鹽の運搬、販賣に參加することができなくなった。また、この「窩本」は子孫に受け繼がれ、鹽販賣の獨占が確立した。この方法は他の鹽場の鹽についても行われた。しかし、最も廣く消費人口が多い販賣地區をもつ兩淮と兩浙の鹽は、綱冊が作成された當時すでに徽州商人が優勢を占めていたから、以後道光十(一八三〇)年の鹽法の改革まで徽州商人が優位を保つことになった。その結果、山西商人は主要には長蘆および河東地區の鹽を扱うようになり、陝西商人は四川の鹽を扱うようになった。このときから、兩淮鹽の基地ともいうべき揚州はあたかも徽州商人の植民地の觀を呈するようになったといわれる。客商、および地方官として赴任する者への、ガイドブックというべき内容も併せ持つ前出の日用類書の中で、明代隆慶年間に出版された『一統路程圖記』が現存する最も古いものとされるが、この類の書物も天啓年間の『士商類要』以降は、それまでの北京ないし南京を基點としたものから、徽州を基點としたものが多くなる。それも徽州商人の力が大きくなったことの現われであるといえよう。

そして明代中期以降、これらの商幇は獨占的な鹽の運搬、販賣で得た富を他の事業に投資し、廣範な分野で活躍するようになった。徽州商幇は、鹽、米を中心とした糧食、綿布、生絲、絹織物、木材、茶、墨、筆、紙などの文具、磁器、薬、金屬、煙草、顏料、酒、書籍、食材などの購入、運搬、販賣のほか、木材伐採、染色などの加工業、製鐵業、さらには典當業などの金融業や食堂經營を各地で行った。(7) 彼等が得意とする商品は、出身縣によって異なり、例えば、休寧縣出身者には典當業を營む者が多かった。彼等休寧縣出身の典當業者の場合、豊かな資金を背景として金利を低く抑え、かつ南京などの地で、他の省の典當業者を壓していた。(8) 概していえば、資本の大きな者は、揚州、杭州、蘇州、南京を根據地として鹽を中心として扱い、資本の小さな者は、周邊の市鎭を根據地としていたといわれる。(9)

他方、山西商幇は鹽のほか、糧食、生絲および絹織物、綿布、木材、茶、金屬、煙草などを扱ったほか、製鐵業や典當業などの金融業に從事した。とくに清の道光年間（一八二一年～五〇年）には經濟の發展にともなって爲替を扱う票號を開設し、近代以降一層發展した。陝西商幇は四川の鹽の販賣のほか、綿布、茶、毛皮、藥劑、水煙草などを扱った。

第二の沿海地域の商幇中、廣東商幇、福建商幇、寧波商幇は明代の海禁政策の後、內地貿易に資本を投資するようになるが、近代以降は多く再び對外貿易に從事して力を伸ばした。廣東商幇は茶、桑と蠶、海産物、果物など國産品も扱ったが、福建商幇、寧波商幇と同じく、重要なものは外國商品である。

第三の商幇である山東商幇は沿海地域に位置し、陸路や河運のほか海運を利用して南方に商品を運んだ。しかし、主に扱ったのは海産物のほか綿花、煙草などであり、とくに外國商品を扱っていたという史料はみられない。洞庭は蘇州の西南、太湖に突き出した半島にあり、水運の便がよいところに位置する。洞庭商幇はこの交通の便を利用して、茶、桑、煙草、太湖でとれる魚などを扱った。洞庭商幇は近代以前にはそれほど大きな力をもっていたわけではなく零細な行商人がほとんどであった。しかし、上海で商業に從事していたこともあり、近代以降、席氏一族が英國の匯豐銀行の買辦となるなど大いに活躍した。龍游商幇とは、浙江省衢州府治下の西安、常山、開化、江山、龍游五縣出身の商人の總稱である。この地域は内陸部の交通の要衝にあった。彼等が扱ったのは主に竹、木材、墨、漆、煙草など農産物であった。日本の商人と交易した浙江や福建の貿易商のなかには龍游商人が少なくなかったといわれる。江右商幇も内陸部の水運交通の便が良い地の出身であり、北方各省へも進出し活動した。龍游商幇や江右商幇は近代以降、交通條件の變化とともに衰退した。

これらの商幇の活動で注目すべきは彼等が扱った商品が奢侈品ではなくほとんどすべて生活必需品であったということである。とくに山西商幇と徽州商幇さらには陝西商幇は外地に赴いてその地の特産品を購入し、外地の市場へ運搬し販賣した。全國規模で生活必需品を中心とした生產物の商品化が進んだのは、彼等の活動に負うところが大きい。

彼ら客商による買附は、多く土地の牙行を通して行われていた。他方、販賣についていえば、客商は坐賈、すなわち消費地に店舗を構えて小賣りを行うことが少なくなかった。そして、次第に綿布のしわのばし＝踹布などの工場を、店舗に附設する者も現われてきた(10)。こうした商業資本の產業への投資は、彼等商人の客商地への移住と定住化とをもたらす一つの要因となったと考えられる。なお、商業資本の產業への投資について注目すべきことは、流通の確保を條件として、より利回りが大きいことによって、それが選擇されたということである。すなわち、產業資本と商業資本とは、成立條件を異にするものではなく、産業に對する投資は、商業に對する投資の一環として行われていたといえる。

ところで、明代に海外貿易に從事したのは、必ずしも廣東商幇、福建商幇、寧波商幇に限らない。注目すべきは、徽州出身の商人たちである。徽州府歙縣出身の王（汪）直は、當初鹽業を營んでいたが、後に日本や呂宋、安南、シャム、マラッカなどの東南アジア地域に赴き、ヨーロッパの商人とも貿易を行い巨富を築いた。王直は、日本の五島福江に邸宅を拜領し、日本人を部下に加え、ここを根據地として日中貿易の仲介として重要な役割を果たした。しかし、朱紈が浙江巡撫となると取締りが嚴しくなり、彼ら商人たちも防衛のために武力を用いることも辭さぬようになった。所謂後期「倭寇」である。王直は五島福江次いで平戸を據點として、徽王と號して中國沿岸を襲い、明朝軍としばしば戰った。しかし、嘉靖三十六（一五五七）年、歸國したところを徽州府績溪縣出身の浙江總督胡宗憲によって逮捕され處刑された。[11] このとき、王直が中國に歸國したのは、母や妻が人質として捕らえられたことと、互市すなわち外國との交易が認められることを願っていた王直が、それを認めるかのような胡宗憲の言動にひきずられたためである。[12] 但し、史料からは、胡宗憲が策を弄して王直を逮捕し自身の功績としようとしたのではなく、胡宗憲自身互市の實現を可能と考えて王直の出頭を圖ったものの、中央の權力爭いに敗れたために事が瓦解したと讀めないことはない。[13] 少なくとも、『明史』などの史料のそのほとんどが王直を政府の政策方針に從わず抵抗する犯罪者であるという前提で記されていることを念頭に置いて史料を讀めば、王直が目指していたことがあくまで外國との貿易の擴大と合法化と、そのための港を設けることを政府に認めさせることにあったことは確かである。徽州出身の商人で海外貿易に從事したのは王直だけではない。彼等徽州商人の海外貿易における活躍を支えていたのは、最も經濟が發展していた江南地域で工業や店舗を營む同鄉出身者や、全國規模の流通を擔う同鄉出身者とのネットワークであったといわれる。[14]

## 二、明清時代の會館、會所・公所

商業に従事する者が多勢を占めるなかで資本が大きい富裕な商人は一部の成功者にすぎない。多くは零細な行商人であり、また成功者の多くも零細な行商人から身を興した者であった。彼等は故鄉を離れて行商の旅に出、三年前後で歸鄉するのが常であったが、商賣に失敗して行方不明となる者も少なくなかった。言葉も十分に通じない外地で行商を營むにあたって彼等が賴ったのは同族の者や同鄉の者であった。逆に外地で商業を營む者にとって、同族の者や同鄉の者こそ信賴できる存在であり、彼等を商賣の協力者として歡迎した。また、外地で商賣に成功すると、彼等は同族の者や同鄉の者を積極的に迎え入れさらに商賣を擴大した。これら外地へ行商に赴きあるいは外地に居住して商業に従事する者が增え、競争が激化してくると、嘉靖・隆慶年間（一五六七年~七二年）にかけて、鄉里を同じくする者のための據點として、會館や會所（または公所）がこれらの地に設けられた。同鄉會に相當する組織は宋代から存在したが、これらの會館や會所・公所は一種の商業組織でもあり、定期的に祭禮を擧行したり會員の親睦をはかったほか、鄉里から來る者のための宿泊施設を設けたり、その地で亡くなった者の遺體を鄉里に送り返すなど商賣や生活のための便宜をはかった。すなわち、それまではあくまで個人的な地緣、血緣によっていた援助、協力關係が擴大組織化されたといえる。

商工業者の團體組織それ自體についていえば、唐の時代にすでに都市に「行會」と稱されるものが形成されていた。それらは、白米行、絹行、布行など業種別に組織された。この時期民間に流行した宗教團體である「社邑」の多くは「行會」の會員によって組織されたといわれる。宋代になると商工業の發展にともなって、さらに多くの同業組合が組織された。これらの商業團體は「團」、「行」、「市」などと稱され、店鋪は政府によって徭役を負わされた。また、手工業の職人は「作分」、「行」などと稱される團體を組織し、これらも徭役を負擔した。しかし明代以降、「行會」は官府の徭役を擔當する單純な同業組織から商工業者自身の利益を守る商人團體に變化する。そして、蘇州など重要な商業地點に設立されるようになったのが會館や會所・公所である。(15)

ところで、これら會館や會所・公所は都市などの商品荷揚げ場と市場に近い場所に設けられ、その會員は故鄕を同じくするという強い親近感によって結ばれているとはいえ、會員を限定するものではなく、同鄕者であれば基本的に誰でも會員になれた。例えば、蘇州では城壁の北西にある閶門外一帶に各地の會館や公所が林立していたといわれるが、乾隆十一（一七四六）年作成、咸豐四（一八五四）年再版の蘇州閶門外一帶の地圖(16)からは、閶門から西北の虎丘にかけてと閶門から南の胥門にかけて山東、嶺南、新安、山西、寧波、宣州、金華、潮州、泉州など多くの會館が蝟集していたことがみてとれる。さらに明末になると、これら商業組織としての會館に加え、北京や省都などに科擧受驗を行う者のための會館（試館）も設けられた。それまでは、科擧を受驗するためには本籍地の學校に入學し、本籍地で科擧を受驗しなければならなかった。しかし、明末の萬曆年間は、鹽業に從事する商人の子弟が父兄が商業を營んでいる地で入學したり受驗することが政府によって認められたときでもある。すなわち、これらの會館は商人の會館と性質が異なるが、商人の子弟で科擧を受驗し官僚となる者が增えている當時において、會館の機能が擴大したとみなすべきであろう。

## 第二節　徽州商人の商業活動

すでに述べてきたように、長江流域には「無徽不成鎭(17)」、すなわち「徽州商人なくして鎭成らず」という言葉がある。長江流域、とくに浙江省の北部から江蘇省にかけての長江下流域一帯はクリークが縦横に走り物資を運ぶことが容易である。このクリークに沿って多くの市鎮が明代以降生まれた。これらの市鎮の成立は、この地域での徽州商人の商業活動に負うところが大きい。江南とは今日江蘇省と安徽省の長江より南の地域および浙江省の北部を指す場合が多いが、明清時代には現在の江蘇省、安徽省、浙江省、江西省を主として指していた。いずれにせよ長江下流域は、明清時代に商工業が最も發展した地域である。その長江下流域と長江中流域の物資の集散地漢口とにおいて最も活躍し、これらの地域の經濟發展の原動力となったとされるのが「徽商」すなわち徽州商人である。但し、「徽州商人なくしては鎮成らず」といわれた江南デルタ太湖周邊の市鎮は、すでに明末以前に概ね成立していることから、明末の徽州商人の活躍は、質的な變化というより、むしろ量的な擴大をもたらしたと考える方が妥當であろう。

## 一、江南地域の都市と市鎮

徽州商人の活動領域は廣く、雲南、貴州、福建、廣東、河南、山西、陝西、河北、東北、臺灣、チベット、モンゴルにまで及んだといわれる。しかし、その主要な活動領域は長江中下流域である。前述したように、明代中期以降、徽州商人は兩淮、兩浙地區で生産された鹽の販賣權の多くを握り、最も經濟が發展していた長江下流域や米の集散地漢口に近いという地の利によって、さらにはこれら居留地に根據地や本籍を移すことによって、これらの地域において山西商人や陝西商人を凌駕した。全國的に見れば、明清時代、山西商人は少數民族を介してロシアなどへ商品を輸出するルートである西北地方や華北を中心に、漢口、南京、蘇州、廣州など全國規模で活動し、陝西商人もまた華北や四川、甘肅、青海など西方を中心に江淮、南京、蘇州などでも活動し、中國經濟において重要な役割を擔っていた。しかし、江南地域についていえば、彼等山西商人や陝西商人なども商業活動を行っていたとはいえ、戶籍を移したり永住する者は相對的に少なく、徽州商人と比べて影響が小さかったといわれる。

明清時代の都市や町に相當する地區は、その歴史的成立過程と規模や機能から「城」、「鎭」、「市」に分類される。「城」とは古代において君主が政治統治を行う據點として築かれたものであり、人々が集まって住み、周圍には防衛のための城壁が築かれていた。秦の始皇帝の統一の後、郡縣制を敷くが、その行政區畫の單位になった縣はおおむねこれらの「城」を基準にしたものであり、明清時代の省、府、州、縣の役所すなわち行政府は多く「城」に置かれた。「市」とは、古代には商品取り引きが行われる地域を指し、國都やその他の「城」すなわち都市の中には、定期的に市が開かれる場所や時間が定められていた。これを坊市制という。また鄕村にも「市」が設けられるようになり、これら都市の外に常設される「市」は「草市」と稱され、唐代から五代にかけて發展し、「草市」の中には次第にその規模を擴大して縣城に改められるものも現われた。

宋代になると都市内部の「市」への規制が緩むと同時に、「草市」のほかに「鎭市」といわれる商業の中心が出現した。「鎭」とは從來は軍事基地として建設されたものであり、北魏の時代に遡ることができる。軍事基地への物資供給のために次第にここに物資や人が集まるようになった。宋代建隆三（九六二）年、「鎭」に監鎭官が置かれ、「鎭」の機能は軍事から經濟へと變化する。これによって、「鎭」、「市」は州、縣の下にある行政區畫として機能するようになった。但し、「市」についていえば、その呼稱は地域によって市、店、歩、埠、墟、集、場、行など異なる。「鎭」と「市」との區別については、錢大昕が「東南の風俗として、鄕の大なるものを鎭といい、その次を市といい、小さいものを村または行という。」と述べ、人口五萬以上を鎭というとしているほか、商業貿易額の多寡によるとする說、官府が置かれているか否かを基準とする說など各說ある。但し、官府が置かれていない「市」であったものが、のちに規模が擴大して「鎭」と稱されるようになる例も少なくなく、官府の設置を基準とすることは必ずしもできない。

従って、「鎭」より大規模な「市」がないとはいえないものの、「鎭」と「市」の違いはおおむね人口などを要素とする規模の違いによるとするのが妥當である。[18] 但し、清代の江南の地方志では、「市鎭」と「鎭市」という語句が一般の商業集落を指す語として用いられている。[19] なお、これらの「鎭」や「市」は大規模のものは都市に、小規模のものは日本の町に相當するものであり、農村地域である鄕村と區別される。しかし、鄕村地區においても多く人々は集落を形成しており、「鎭」、「市」と鄕村集落との違いは構造の違いではなく規模の違いによるといえる。

## 二、徽州商人と各業

### (1) 徽州商人と糧食業

徽州商人と鹽業および揚州における活躍についてはすでに述べた。ここで述べる糧食業はその鹽業と密接に關係する。宋代以來明代中期以前において、中國では「蘇湖熟すれば天下足る。[20]」といわれてきた。それは中國において江蘇、浙江兩省が米の最も主要な生産地であるとともに、税糧として米を最も多く供出する地であったからにほかならない。しかし明代中期以降、とくに末以降、この俗言は「湖廣(=湖南・湖北)熟すれば天下足る。[21]」に變わる。それは江蘇、浙江兩省が占める長江下流域で商工業が發展し、それにともなって糧食すなわち米の消費人口が增大し、これら江蘇、浙江地域が米の生産地から消費地に變わり、不足分を明初の水利開發と勞働人口の流入によって生産量を增した湖廣地域から輸入することになったからである。さらに清代になると江蘇、浙江、福建の米の需要が增大し、四川もまたこれらの地域への米の供給地になった。この湖北、湖南や四川の米を江浙地域へ運搬し利益を得たのは主に湖廣地域を販賣地區に含めた兩淮産の鹽の販賣權をもつ徽州商人であった。兩淮産の鹽は、場商によって鹽場から兩淮轉運司がある揚州に運ばれ、運商に賣却される。運商はこれをまず長江沿岸にあり揚州に近い儀徵に運び、次いでここから湖北省漢口まで船で運び荷をおろす。漢口は鹽の集散地であると同時に湖廣地域や四川で生産される米の集散地でもあり、ここで鹽に替えて米が積み込まれた。そして、長江を下って運ばれた米は、南京、無錫、蘇州、杭州の都市や蘇州府の楓橋、平望、黄埭、滸墅、周莊、同里、杭州府の長安、湖州府の唐棲、新市、嘉興府の皂林など米市場がある市鎮に持ち込まれ販賣された(22)。

米の運搬は多くの勞働力と輸送力を必要とし、資本が大きな者に有利であった。徽州商人は蘇州や杭州の米商の大部分を占めたが、飢饉のときには機に乘じて利を得る者がいる一方、劉淮のようにその土地の人々が飢餓から蘇ってこそ利益が大きいとして飢饉の際に粥を配る者もいた(23)。

### （2）徽州商人と茶業

宋元以降、徽州の人々は茶を生産し外地に販賣していたが、それは不足する米を入手するためであった。茶葉取引きが飛躍的に擴大するのは明代からであり、正統（一四三六年～四九年）年間には、徽州商人はすでに居庸關まで赴き茶葉の販賣を行っていたという記事もある(24)。その後、茶葉を北方に輸送、販賣する者は增大し巨富を蓄える商人も現われた。さらに、徽州における茶葉の生產地は主に婺源縣と祁門縣であったが、徽州の茶商は徽州產の茶葉のみならず、茶葉の生產地である四川、陝西、甘肅などの地へも赴き茶葉を買い附け、消費地への輸送、販賣をも行うようになった。清代乾隆年間には、徽州商人が北京に開設した茶行（商社、卸問屋）は七行、字號（販賣會社、販賣店）は百六十六店、小さな茶の販賣店に至っては數千にものぼったとされる(25)。長江流域についていえば、漢口、九江、蘇州、上海などの各都市や市鎭の至るところで徽州商人は茶商として活躍し、浙江省の烏靑鎭の茶葉の店はほとんどすべて徽州商人によるものであったといわれている(26)。なお、イギリスで喫茶の習慣が廣がり、茶葉が最も重要な輸出商品とな

ると、徽州商人には貿易港たる廣州へ赴き、茶行を開設する者も増大した。(27)

## （3）徽州商人と木材業

木材の運搬・販賣もまた糧食と同様大きな資本を必要とした。長江下流域は平坦な地であり農地としての開發が古くから進み樹木が少ない一方、人口が多く經濟が發展していたから、住宅や店舗および工業用資材としての木材への需要は多かった。江南への木材の運搬、販賣を獨占したのは徽州商人であった。彼等は湖北、湖南や四川、貴州、江西の木材を長江によってその集散地である南京へ運び、さらに長江下流域の各地に運び販賣した。木材業については、第三章でも述べるように、黟縣宏（弘）村の汪氏の族譜に、その先祖である仁雅がすでに南宋の時代に歙縣から金陵（南京）に出て木材業に從事していたことが記してある。仁雅は火災に遭ったことから黟縣宏村に移り、その後裔はのちに鹽業に從事し徽州と杭州とを往復して富を蓄積した。ところで、明淸時代に木材業に從事した徽州商人の多くは婺源縣の出身であり、南京、揚州、鎭江、無錫、蘇州、上海など江蘇省各地や杭州で木材業を營んだ。(28)婺源縣は祁門縣に次ぐ茶葉の生產地でもある。徽州の中でも山がちであり、木材も產出し、江蘇、浙江地域や北方の各地に運搬した。(29)また、徽州商人の中には、良木を求めて湖南から沅江を遡り、貴州の深山にまで赴いた者もいたという。(30)あるいは時代が降るにつれて茶の需要が增え、成長に時間がかかる木材から成長の速い茶の栽培に轉換するようになり、湖廣や四川の木材を扱うようになったとも考えられる。

## （4）徽州商人と綿布業

明代中期以降、農家の副業產品である江蘇、浙江地域の綿布の商品化が進んだ。なかでも江蘇省松江府はその中心であったが、松江の綿布は、北は運河を通って北京、山東、遼東へと運ばれた。沿線の淮安や臨清は綿布の集散地であった。また西は長江を通って湖北、四川へ運ばれ、このほか福建、廣東、山西、陝西、貴州、雲南へも運ばれた。この松江の綿布の商品化を推進したのが徽州商人である。『雲間雜識』に明代成化年間すでに「松江の民の財（綿布）は多く徽州商人によって搬出される。」[31]といわれていたことが記されているように、明代、江蘇、浙江地域の綿布の購入、輸送、販賣のかなりの部分はすでに徽州商人の手に握られていた。但し、明代後期まで、江南の綿布のうち最も大量に需要があったのは厚手の「標布」であり、これらは山西商人や陝西商人によって西北地域や華北地域に運搬販賣されていた。しかし、清朝になると華北地域で綿紡織業が發展し、「標布」の生產はそちらに移り、江蘇、浙江地域では「中機布」の需要が伸び、江蘇、浙江地域の綿布の主要な販路は湖北、湖南、廣東、廣西へと移った。このことが、これらの地域の商人集團の構成に變化をもたらし、山西商人、陝西商人に替わって、徽州商人が主要な存在となった、ともいわれる。[32]これら江蘇、浙江の地域における主要な綿布の集散地は、金澤、朱涇、楓涇、法華、朱家角、諸瞿、唯亭、外岡、羅店、南翔、江灣、月浦、婁塘、錢門塘、大團、同里、黎里、章練塘、周莊、紀王廟など江蘇省松江府、太倉州、蘇州府などの市鎭や浙江省嘉興府の王店、湖州府の南潯などの諸市鎭である。なかでも徽州商人が活躍したのは南翔鎭、外岡鎭、錢門塘市、羅店鎭、諸瞿鎭である。[33]太倉州嘉定縣南翔鎭では明代からすでに徽州歙縣の商人が多かったことを前出の歸有光が嘉靖年間に記しているが、[34]清代にも「多くの徽州商人が居住し、多くの商品が集まること諸鎭の中で第一である。」[35]と記されている。このほか、蘇州、松江、常州、上海、無錫などの都市にも徽州商人の店鋪が開設された。彼等は、牙行という現地の仲介業者を通して上記の市鎭で綿布を購入したほか、自身が牙行や布莊（綿布商店）を開設して購入したり、直接農家から綿布を購入する者もいた。[36]綿布は染色され艶だし皺伸ばしの加工が行われて完成品となる。これらの工場は南翔、朱涇、楓涇などの綿布業市鎮のほか、松江、無錫などの都市に設けられ、その中心は蘇州であった。[37]とくに清代になると松江の多くの布商は蘇州に移り、さらに盛んになった。前述したように、蘇州の閶門の城壁外の一帯には各地の會館が設立されていたが、綿布加工工場も閶門附近に多く設けられた。そして、蘇州の綿布加工業の大部分は徽州商人の經營によるものであったといわれる。徽州商人は信用と販路擴大のために、加工した綿布の織り出し部分に商標を入れ僞造を防いだ。許元仲は『三異筆談』の中で、康熙（一六六二年～一七二二年）年間、徽州商人汪姓は閶門附近に益美字號を開設し、益美字號の布の織り出し部分にある商標を集めた仕立て人には銀二分を與えるという方法をとった。それによって市場を擴大し、事業を盛んにして、益美字號の布は一年間で百萬匹消費され、二百年にわたり、全國にその布の美しさで名を馳せた、と書いている。[38]

（5）徽州商人と生絲・絹織物業

絹織物の最大の消費地である長江下流域の都市や市鎮では、明代中期以降の商工業の發展によって、人々は富を蓄え、明末には身分によって定められていた服裝の規定が守られなくなり、絹を常用する人々も增え、絹織物の消費は增大した。他方、生絲と絹織物業が最も盛んな地は湖州府、杭州府、嘉興府一帶と蘇州西部および太湖一帶である。これらの地區にある南潯、烏靑、菱湖、崇德、石門、塘棲、臨平、新市、震澤などは生絲の取り引きによって、黃溪、盛澤、吳江、黃溼、濮院、王江溼、王店、雙林、長安、硤石などは絹織物の取り引きによって發展した都市や市鎮である。[39]これらの地域における徽州商人の活躍を示すものとして、馮夢龍の『石點頭』に、徽州商人の王姓が蘇州、杭州で銀數千兩で絹織物を購入し四川に運んで販賣したという記述がある。[40]また、『龍圖公案』には徽州商人の寧龍が蘇州で千兩あまりの絹織物を購入し南京で販賣したことが記されている。[41]

生絲や絹織物の生産地の中で徽州商人が最も活躍した地は、蘇州と並び稱された江蘇省蘇州府吳江縣盛澤鎭であった。盛澤は、明のはじめまで五、六十軒の家がある村落にすぎなかったが、明代成化年間になると人口が增えて商人も訪れるようになった。そして、嘉靖年間に盛澤市となり、萬曆、天啓（一六二一年〜二七年）年間に至って鎭となった(42)。徽州商人は、康熙三十八（一六九九）年、ここに新安義學という徽州人の子弟のための私立學校を建設した(43)。他方、徽州府に隣接する寧國府の旌德縣の商人も盛澤に會館を有しており、嘉慶十四（一八〇九）年には徽州と寧國を併せた徽寧會館が設立された。『徽寧會館碑記(44)』には、盛澤はとりわけ安徽省の徽州府と寧國府の商人が集まる地であると記されている。また當時、盛澤鎭と徽州商人との關係を知るうえで興味深いのは、十九世紀後半に始まる太平天國期の事象である。『盛川稗乘(45)』はこの間のことを次のように記している。

太平天國が江南の各地に進出した後、盛澤鎭では孫七、朱法度らが太平天國軍から盛澤鎭を防衛する團練という民間戰鬭集團を形成していた。孫七死後、その子孫金彪が太平天國軍に通じていた富裕な王永義の命により朱法度を殺した。次いで、太平天國軍の先鋒汪耕心が入鎭し、盛澤鎭はその占領下に入った。汪は太平天國軍のための資金を調達する一方で、清朝統治下にあった上海に絹織物業の店舗を開き、密かに通商を行った。また、王永義の一族沈枝珊も、王永義の推薦で太平天國軍の軍師となる一方、彼の兄は上海に店舗を開き富を築いた。太平天國鎭壓後、汪心耕は汪錫珪が自分の甥と稱して姉妹の夫で李鴻章の幕友の一人であった蘇州紳士潘曾瑋に推薦したため潘の門下生となり罪を免れた、というものである。このように、太平天國占領下において、太平天國の官となる一方、商賣を行って富を築いた者は少なくなかった。太平天國占領地域に居住する商人は太平天國から通行許可證を得て、上海を中心にして自由に往來し商賣を行った。清朝側もまたこれを默認した。このことは太平天國にとっては財源確保を目的としたものであるが、清朝側、より正確には李鴻章を支えて蘇州や盛澤鎭などの地を太平天國から奪還しようとするこの地の紳士や商人には、太平天國占領地域に殘った人々から情報を入手し、これらの人々に働きかけて作戰を成功させようという意圖があったと思われる。そして、この作戰を實質的に擔ったのは盛澤鎭の商人らとネットワークをもつ潘氏や汪氏ら徽州商人の後裔たちであった。盛澤鎭の絹織物業は太平天國鎭壓後、さらに一層發展したとある。(46)

## (6) 徽州商人と典當業

典當業については、第二部第四章において詳しく論ずるため、ここでは簡單に説明しておきたい。金融業には、擔保をとらない場合もあるが、「典」と「當」とは、ともに擔保をとって金を貸す金融業である。その方法は二つある。第一は、擔保物件の收益權が金を貸した者に移るばかりでなく、所有權も實質的に移るかわりに金利はとらないものである。第二は、擔保物件の收益權は舊來の所有者に殘され、金利または擔保物件が耕作地の場合には「租(賃貸料ないし小作料)」が借り入れた金に應じて設定されるものである。「典」は多く前者であり、實質的には不動產賣買といっても過言ではない。他方、「當」は多く後者であり、金利や租が支拂われている限り、借り手は多くの場合擔保物件を使用ないし收租し續けることが可能な場合が少なくない。また、貸し附けられる金額は擔保物件の賣買價格を上限として多樣である。當業が發生したのは、明代に稅を銀で納めることが決められ、農民をはじめとする一般の人々が現金を必要とするようになったからであるといわれている。しかも、金利は一般の人が貸し附ける場合よりも專門業者の方が低かったとされ、商品流通が盛んになるにつれて、「當」は一般庶民の日常生活にとって缺かせない存在となったと考えられる。

徽州商人は全國に典舖、當舖を開設した。明末、河南省の徽州商人の典舖、當舖は二百十一にのぼり、北京では數十店舖あったという。とくに南京、揚州、蘇州、泰興、常熟、鎭洋、金壇、上海、嘉興、秀水、平湖など江蘇、浙江の地の典舗、當舖のほとんどは徽州商人によるものであったといわれる。(47) 小説『二刻拍案驚奇』の中に登場する蘇州の當舖は「徽州當」と稱されているが、これも蘇州に徽州商人による當舖が多く有名であったことを示しているといえよう。このほか、蘇州府常熟縣では清代順治（一六四四年～六一年）年間、十八の典舖があったが、その多くは徽州商人によるものであり、康熙二十（一六八一）年には徽州商人が經營する典舖は三十七家にも達したとある。(48) 乾隆（一七三六年～九五年）末年、常熟に住む徽州商人は存仁堂を建設し、嘉慶（一七九六年～一八二〇年）初年梅園公所を建て貧困者の救濟を計っている。(49) また、太倉州鎭洋縣の典當業者はすべて徽州商人であったといわれる。(50)

徽州商人の典當舖が成功した理由について、『金陵瑣事剩錄』は次のように記している。明末、南京の典當舖は五百あり、そのほとんどは福建商人と徽州商人の店舖であった。福建の典當舖は小資本で利息が重く、利息は三分から四分であったが、徽州商人は資力が大きかったため、利息を下げ、一分から二分とし、多くとも三分を超えなかった。その結果徽州商人は貧民にとって利益をもたらしたという評判を廣く得た、(51) というものである。徽州商人が金利を低くおさえられた主要な要因が、彼等の資本力の强さにあったことがわかる。

## 第三節　徽州商人の事業經營

本節では、徽州商人の經營の特性について檢討する。まず、徽州商人の資本と經營について述べ、次いで、彼等の經營と宗族關係とがどのように結びついているかを考えたい。

### 一、資本と經營

藤井宏氏は、徽州商人の資本の形態として、共同資本、委託資本、婚姻資本、援助資本、官僚資本、勞働資本をあげられている。[52]また汪士信氏は、このうち共同資本、委託資本を、官僚資本も含めるかたちで更に細分化され、消費のためではない商業經營のための融資を、それに加えられている。[53]明清時代の資本および經營形態については、「獨資」、「合資」、「商伙」または「領本」、資金借り入れの四種に大別できる。「獨資」とは個人が蓄積した資金または家產を資本とし、個人または一家や一族のメンバーが經營にあたる方式である。「合資」とは數人の者が共同出資し、共同で經營にあたり、利益・損失は出資額に比例して配分し負擔する方式である。「商伙」とは、經營を行う者が資金が不足している場合に、他の者に出資を依賴し、利益や損失は出資者と經營者が適宜配分し負擔する方式である。「商伙」は山西商人や徽州商人に多くみられるが、出資者は概ね複數であり、從って資本の額も大きくなる。この方式では出資者は經營に關與しない。「領本」とは洞庭商人に見られる方式であり、出資者と經營者の利益ないし損失の配分比率が七對三ないし折半と規定されている點に特徵がある。[54]資金を借り入れる場合は、資金を貸す者が金融業者であれ親族であれ、營業によってもたらされた利益や損失とは關係なく、資金を借りて經營する者は定められた金利を貸與した者に支拂い、期限までに元金を返濟する義務を負う。

それでは資金を借り入れる場合に、擔保の有無、金利、返濟期限などは當時どのように行われていたのであろうか。融資の條件としては、一般的には、第一に、擔保がしっかりしており、しかも融資者がその擔保を保管、維持できる、あるいは借手が擔保物件をうけだせない場合には、それを容易に處理できるということが、ひとつの條件となる。第二に、そのような擔保がない場合、貸し附ける相手を「信用」できるということが條件となる。また第一の場合も第二の場合も、逆に借手にとって融資者が「信用」できるかということも必要である。第一の場合は、少なくとも明代後期から清初にかけては、一般に土地市場は狹く、地價は廉價で、土地を保有することは、商業に從事することよりも利益が少なかったといわれる(55)。従って、土地を擔保にすることには困難がともなうことになる。それにもかかわらず、土地などの不動産を擔保として金を借りることは廣く日常的に行われていた。第四章でも述べるように、借り入れられた金の多くは納税や生活資金に向けられたものであった。そうであれば、「典」「當」や田皮（土地の耕作權ないし土地の耕作權の處分權、田面とほぼ同じ）の賣却によって耕作する土地を失った者は、その後生計を維持するために雇工すなわち農業勞働者、工場勞働者や店員として雇われ給與を得るか、典入もしくは賣却して得た金を資金として行商人になるかいずれかの道を選擇せざるを得なかったであろう。商業に從事することによって大きな利益が期待できるだけに、安價であってもあえて土地を賣却したり擔保に入れて資金を得、起死回生を圖ったとも考えられる。

次に、明清時代の商業を運營するにあたっての構成員について、徽州商人の場合を例にとってみてみよう。江蘇、浙江各地で典舖を經營していた徽州歙縣の許姓は四十あまりの店舖を有し、そこに働く者は二千人を下らなかったという記述(56)がある。このように、營業規模の擴大によって各地から商品を仕入れ、市場に運搬し販賣するために多くの人員を必要とした。また、各地に多くの支店を有していた徽州商人がいたことを示す資料も少なくない(57)。給與を得て業務に從事した人員を大別すれば、「代理人」、「副手」、「掌計」、「店伙」ないし「雇工」の四層に分けられる。「代理人」とは經營者から經營を委託された者である。彼等は缺損を出し資本を減らすようなことがあれば、自己の資産によってそれを償った(58)。「副手」の役割は大別して三つある。第一は、經營者と「掌計」との間で、經營者を補佐すると同時に「掌計」を監督する。第二は、情報の收集である。第三は、官府すなわち行政機關との連絡や手續きを行い、官僚をもてなす役割を擔う(59)。「掌計」とは、各店舖の管理者であり、仕入れや販賣を擔當する。このほか、「店伙」、「雇工」など店舖であれば店員、工場であれば工員に相當する者がいる。そして、これらの任に當たる者は基本的には族人や同鄉の者および「家僕」や「佃僕」であったといわれる(60)。但し、彼等商人の雇用者に對する選擇基準は、單に同族、同鄕であるということにあったのではなく、帳簿づけなどの技術能力こそ、最も重要であったことを示す資料は少なくない[61]。しかしその場合も、彼等有能な人間を同族にとりこむことで、信賴關係の維持、强化を圖った。その例證として、佃僕の問題がある。徽州においては、身賣りして僕となり主人の姓を名のり、その結果、同族となるという例がみられる[62]。とくに商業擔當の佃僕の場合、こうした事例はかなり一般的なことであったのではないかと思われる。そしてこのことは、同族關係の擴大强化の特質の一端を示すものでもあるといえよう。

## 二、商業經營と宗族關係

明淸時代の商人とりわけ徽州商人の經營方式の特徵として注目すべきは、彼等が宗族關係を尊重、重視し、これを利用したことである。第六章で述べるように、宋代以後、一般に庶民の間でも族譜の編纂と宗祠の建設が行われるようになるが、盛んになったのは明代以降である。これは明朝政府が秩序維持のために宗族關係の强化をはかり族譜編纂と宗祠建設を奬勵したことによる。しかし、この時期の宗族關係の强化の原因を上からの强制のみに歸することはできない。

例えば族譜の編纂についてみた場合、官側の宗族關係强化という要請に應えるためだけではなく、彼等自身の能動的な動機ないし目的として大きく分けて二つあったと考えられる。第一は、祖先や祖地を同じくするだけではなく、祖先の中に官職につくなど社會的に高く評價される人物がいたということによる「誇り」ともいうべきものを共有することを通して、彼等の自己同一性（アイデンティティ）および「共同性」を確認することである。第二は、彼等の商業活動にとって必要な情報收集のためのネットワーク擴大の手段とすることである。

まず第一の目的について考えてみたい。明代以降、庶民の間で族譜の編纂と宗祠の建設が行われるようになったことの原因について、李文治氏は次のように説明されている。すなわち、宋代以降、尊卑、長幼を主要な内容とする宗法關係は弛緩し、この變化に對して危機感をもった地主階級封建文人が、封建統治の安定と繼續を圖るために、宗族制を延長繼續せんとして族譜の編纂、宗祠の建設を推進した、というものである。(63) この李文治氏の説明は、族譜の編纂、宗祠の建設を、社會の變化に對するいわば反動的對應とする解釋である。しかし、明清にわたってこの族譜編纂は擴がり、庶民の家でも作成するようになったという事實を、舊來の支配關係の弛緩とそれに對する反動的對應としてのみ説明することには必ずしも同意できない。人々の地理的、社會的流動が著しく、舊來の社會關係、支配關係が變化していくなかで、人々が新たに求めたのが、宗族あるいは同族意識の顯在化、ないし强化であったのではないかということである。すなわち、變動する社會にあって、個々が自己同一性（アイデンティティ）および「共同性」を確認することを必要とし、そのために、祖先を同じくするということを契機とした同宗意識の顯在化、ないし强化を圖ろうとした。族譜の編纂、宗祠の建設の盛行は、そうした動きによってもたらされたと考えられよう。

次に、第二の情報收集という目的について考えてみよう。この族譜の編纂、宗祠の建設の盛行は、中國における商工業の發展、商人の全國的活躍と軌を一にする。徽州商人は、その發展にともない、積極的に族譜編纂を行った。そのより具體的な目的として、人材確保も含めた情報收集のための、そして商業網擴張のための據點を確保することがあったと考えられる。族譜は何年かおきに更新されるが、その際、各族人に情況の變化を問合わせる。それもまた、情報收集のひとつの手段となっていたであろう。同じ祖先をもつという意識が交信を圓滑にし、情報内容の信頼性を高めるうえで、重要な役割を果したと思われる。また、宗祠の建設修理、徽州の本籍地での祖先の祭祀も、族人が集まり、或いは交信する機會の擴充という意味があったであろう。しかも明清時代、全國規模で商品取り引きが行われるようになり、他地域の商人との競爭が激化すると、各地の情報を得ることが重要な意味をもってくる。市場の需要を正確に判斷豫測し、氣候やそれが商品の生産狀況や物價に與える影響、輸送勞働者の賃金、供給地から市場に至る水路や陸路の交通事情や安全などの情報を得ることがより多くの利益をあげるために必要となる。これらの情報は各地に行商する同族の者や鄕里を同じくする者から入手する。そして、族譜編纂や宗祠建設は、こうした情報收集のために同族の存在を確認し、その連携を强化する一つの手段でもあったと考えられる。

さらに、彼等が官僚を輩出することをめざしたことの背景の一つに、この情報收集のための據點づくりがあったと考えられる。徽州商人には、前述したように、學業を捨て商業に從事した事例、商業に從事していたが官僚になったため一族の人間に事業を委ねた事例、また、同じく學業を捨てて商業に從事した例でも、乾隆年間には、家族が從事していた鹽業が忙しくなったため學業をやめて家業を手傳い、今言う所の過勞死した事例(64)などがみられる。一般的にいえば、彼等は一族の者が官僚になることを積極的に支援した。あるいは自身官僚になることに積極的であった。一族から官僚を出すことに積極的であったことの理由として、官僚特權による稅役負擔の輕減、一定程度政策に商人の利益を反映させること、あるいは權威を高めて「信用」を增す、というようなこともあったであろう。しかし、官僚を出すことの理由として、より信賴性の高い情報收集のための據點づくりがあったのではないかという點も、見逃せない。

こうして收集された情報の內容は、需要と供給の狀況、商品の回轉率、市場での價格變動、輸送費用の相場など、直接に商業にかかわることは勿論、そうしたことを判斷し豫測するための樣々な情報、すなわち、現代の企業が行っている治安狀態および輸送經路の狀況から、政治情勢、人々のものの考え方、嗜好といった調查、あるいは需要擴大、人材確保のための知識や情報まで、多岐にわたっていたと思われる。そして、これらの情報を、より多く確度の高いものにするためには、據點を增やすこと、すなわち人間關係の擴大こそ最も重要であり、當時においては、この人間關係を信賴に足るものとする主要な契機は同鄕關係とともに同宗關係であった。換言するならば、信賴度の高いより多くの情報を得るために、宗族關係の擴大强化が求められたといえよう。徽州商人が積極的に族譜を編纂し宗祠の建設修理を行ったことの重要で具體的な目的の一つが、そこにあったことは十分に考えられる。

この族譜の編纂の目的の一つが、情報據點としての宗族關係の擴大强化にあったこと、從って、族人を可能な限り掌握していこうとする姿勢は、当時の族譜からも讀み取れる。例えば、第六章で詳述するが、汪氏の族譜の場合、萬曆年間の『靈山院汪氏十六族譜』(65)には、六十世以降に歙縣府城から同縣の他地域に移住した十六の支派が、すべて記錄されており、乾隆年間の『汪氏通宗世譜』(66)には、他省を含めて他地域に移住したほぼすべての支派が記錄されている。

また、前述したように、徽州商人は共同經營者や支配人、店員などに多く同宗の者を用いたほか、店員などとして「僕」を用いた。そして、この「僕」に對する管理にも宗法制度を利用した。前述したように、主に賣買契約によって「僕」となった者が主人の戶籍に「僕」として加えられ家族の擬制的一員とされた場合も少なくない。すなわち、同宗であるという一體感によって信賴關係を緊密にすると同時に、宗法道德によって彼等を縛ったといえよう。

以上のように、徽州商人の事業經營とそのためのネットワークの形成として、宗族關係が最も基本に置かれ、この時期その强化が目指された。しかし、それでは何故、宗族關係がネットワークの基盤となったのであろうか。それは、當時の中國に限らず、經濟、とくに商業取引、營業に關わる法が整備されておらず、また法を執行するシステムがそうした經濟面を含めて十分に、あるいは普遍性をもって機能しにくい社會においては、結局のところ血緣、地緣というものが、關係の基盤とならざるをえなかったからである。しかも、當時の中國のような流動的社會では、地緣とは同じ土地に居住し生活をともにするという意を超えて、あくまでも自己もしくは祖先の出身地を同じくするという意味での同鄕であって、血緣もまた、ともに居住し生活するという意を超えた、祖先を同じくする關係であるといえる。

すなわち、いずれにせよ特定の空間、時間を超えた縁であり、生活をともにすることによって、縁が生じるというよりは、共通の祖先をもつという認識を共有することにより、機能していくものなのである。だからこそ當時の中國において、同族關係であるところの宗族關係が、内への收縮ではなく、外への擴大という方向性をもって再編され、機能することになったといえよう。そして、この宗族關係の强化は、人々の地理的、社會的流動が著しい當時において、個々の自己同一性（アイデンティティ）および「共同性」の確認が必要とされたことによって目指されたものであり、内に向かって收縮するものとしての關係强化ではなく、外に向かって擴大するという方向性をもっていたといえよう。前述した佃僕の同族への取り込みも、そうした方向性の現われとみることができる。姻戚關係は勿論、所謂「義」による關係も、擬似的父子・兄弟關係を内實としていることからして、宗族關係こそ、人間關係擴大の基盤であったといえよう。

この時期、多くのネットワークのあり方を規定する規範たる家規、家典が整備されたことも、この宗族關係の擴大强化を示しているといえる。規範の形成は、ネットワークが外へ向かって擴大されていったからこそ、より必要になったと考えられる。すなわち、それは、例えば、夫が三年間商賣のため家に歸ってこないという現實の狀況の下で、貞節が强調されたように、少なくとも家規、家典がつくられた始めの時點では、現實の狀況を基盤として現實生活の必要から、生み出されたものであったであろう。しかし、これらの家規、家典編纂のより重要な目的は、流動し變化する社會において、まさしく彼等の自己同一性（アイデンティティ）を確認することにあったといえるのではないだろうか。朱熹が徽州商人の先祖であるがゆえに、これら家規、家典が「朱子家禮」にもとづいて編纂されたことも、この自己同一性（アイデンティティ）の確認という目的をより明確に示しているといえよう。

## 第四節　乾隆末年以降の徽州商人

前述したように、乾隆末年以降、徽州商人の活躍を示す記述は減少し、この頃から徽州商人は「衰微」したといわれている。確かに、變化があったことは事實である。しかし、この變化は單なる「衰微」というものではなく、むしろ彼等徽州商人のあり方それ自體の變化であった(67)。それは、明末徽州が戰亂にまきこまれたことにより、彼等徽州商人が、江蘇、浙江などを中心にそれぞれの客商地に移住し、ここに根據地を移して定住化したことによる。この移住と定住化とは、いうまでもなく、一族郎黨だけでなく、富と、商業における技術や知識、情報源、そして文化の移動もともなっていた。從ってそれは、彼等の商業活動や土地所有のあり方などに變化をもたらすと同時に、その自己同一性（アイデンティティ）および「共同性」にも變化をもたらすこととなったのである。以下、これらの側面から、この變化がいかなるものであったのかを檢討してゆきたい。

### 一、鹽業およびその他の事業における變化

從來、徽州商人が乾隆年間以降「衰微」したといわれる直接の原因は、政府公認による鹽業の衰退にあるといわれている。鹽業に關する研究にもとづけば、次のように整理できよう。すなわちこの時期、インフレーションとそれにともなう財政難から、清朝公認の鹽流通に對する税が重くなり、しかもそれにともなって、土地税の場合と同樣に、擔當官による不法な收奪が強まり、公認の鹽の販賣コストが增大し、價格が上昇することとなった。他方、人口の增加によって鹽の需要はむしろ增大した。このため、私鹽の販賣すなわち鹽の密賣が盛んとなり、公認の鹽の價格と私

鹽との價格差は擴大した。その結果、公認の鹽が私鹽に市場を奪われ、また供給の經路も變化し、コストの增大とあいまって、政府公認の鹽業は經營難に陷った、というものである。[68] 徽州商人についてみると、例えば鹽業に從事して明末に黟縣から浙江省杭州に移った汪氏の場合、この時期に鹽業から手をひいている。[69] その理由として、たてまえは子弟が奢侈にはしるのを防ぐためとなっているが、鹽を扱うことが從來のような利益を生まなくなったことが、その決斷をもたらした基本にあったと考えられる。徽州商人の隆盛が、鹽業によってもたらされたことを示す史料が多いだけに、この鹽業の不振は、徽州商人の沒落を強く印象づけることとなったと考えられる。

しかしながら、その他の事業については、鹽業ほどには急激な變化はなかったと推測させる記述も少なくない。それどころか、前述したように、江南の市鎭における棉業の販賣を徽州商人が獨占する傾向さえみられる。清初に蘇州縣城内吳趨坊に移った汪氏の場合も、その族譜に、この時期家業が榮えたという記事がみられる。[70] ここ吳趨坊は、蘇州城内でも綿業關係の店舗、作坊が集中していた閶門に近い。

ところで、注目すべきことは、かつての公認の鹽商で私鹽販賣に從事した者が出るなど、[71] この時期から彼等徽州商人が、非合法の組織や人々に關わりをもちはじめたことである。客商であれば、運輸勞働者とは從來から當然關係があったであろう。しかし、後述する市場構造の變化にともなう商業流通システムの變化が、彼等商人と運輸勞働者との間に新たな關係を生じさせたことも考えられる。このことが、太平天國期の情報收集など、清末における徽州商人と運輸勞働者の組織、ひいては祕密結社、會黨との關係をもたらしたといえよう。

なお、徽州商人による鹽業を徹底的に破綻させたのは、道光年間の兩江總督陶澍による兩淮地區の鹽政改革である。これにより徽州商人は長江流域および江南地區におけるその獨占的地位を完全に失うこととなった。

## 二、商業活動における變化

明末清初以降、新たな地に定住する徽州商人は少なくなかったが、乾隆末年以降に著しい。乾隆末年以降の徽州商人の移住による根據地の變更の原因としては、この時期からの商業圏の變化によることが考えられる。山本進氏は、清代中期頃から一部の地域で、地域市場圏＝省市場圏の自立化が開始されたと指摘されている。[72] 徽州商人の移住と定住化とを、山本氏のこの指摘との關係で考えてみれば、次のようにいえよう。すなわち、地域市場圏の自立化によって徽州商人の商業圏が縮小したため、遠隔地商業での利益が低下し、特定の地域における利益獲得策に轉換せざるを得なくなり、そのために、商品の生産や流通が盛んな江南デルタや漢口に移住したということである。

いずれにせよ、この彼等の移住と、それにともなう根據地の變化は、彼等の商業活動それ自體にも變化を生じさせた。その第一は、一つの企業が複數の種類の商品を扱うようになったことである。[73] 第二は、商人自身が牙行の業務を兼ねることが增えてきたことである。[74] 新しくできた市鎭では牙行の勢力が弱かったということも、こうした變化の結果であるといえよう。[75] そして第三は、前述した店舗への工場附設などの產業への投資を一層促進すると同時に、次第に商人が請負業者である包頭の業務をも兼ねる場合もでてきたということである。[76] また、同鄉會館にかわって、同業會館が多く設立されるようになったことも、その變化のひとつであるといえる。ここでは、同業會館に視點をあて、この變化の意味するところを考えてみたい。

第一節でも述べたように、同鄉會館設立の趣旨は、客商としてその地を訪れる同鄉の者に、宿舍や情報を提供して、その地での彼等の商業活動の便宜を圖ると同時に、他の地域からの客商に對して同鄉出身者の結束を圖り、同鄉出身者の商業活動を守り推し進めることにあった。從って、同鄉であれば、誰でも加入と利用とを認めていた。徽州商人も蘇州などをはじめとした各城市、市鎮に、徽州あるいはそれぞれの縣の同鄉會館を設けている。しかし、乾隆末年頃から、すなわち彼等がそうした客商地に移住し、そこを根據地として活動しはじめる頃から、同鄉會館よりも、營業種目を同じくする者のための同業會館が新たに設立されるようになってくる。(77) その原因としては、次のことが考えられよう。すなわち、同鄉會館についていえば、故鄉から遠路やってくる所謂客商の數が相對的に減少し、客商が行っていた商取引をその地に移住した客商の子孫が行うようになったことにより、その機能の有效性が薄れたことである。同業會館の新設についていえば、第一に、從來牙行や包頭が行っていた業務を商人自身が行うようになったことを含めて、營業種目と內容が多様化し、業務が複雜化したこと、第二に、後述するように、國家ないし官との關係が變化し、商人間とくに同業者間の結束が必要とされるようになったこと、第三に、第一の點とも關わって、勞働者との關係が複雜化し、商人間とくに同業者間の結束が必要とされるようになったこと、第四に、移住して根據地を移したことにより、現地の人間との關係を强化することが求められたことなどである。これらのことは、商業圈の變化にともなって、必要とする情報が變化したことをも意味しているといえよう。

但し、同業會館の場合も、ヨーロッパのギルドとは異なり、同業であれば參加を認めるという點において、排他より包攝を志向するものであった。それは、さきに述べたことから考えれば、次のようにいえるであろう。すなわち、同業會館設立の主要な目的が、シェアの配分などよりも、同業者間のネットワークの確保と强化にあったということである。そしてそれは、國家ないし官權力と彼等との關係、および勞働者などとの關係における緊張が高まるなかで、より重要な意味をもったと考えられる。從って、ネットワークを切ることによる短期的利益の獲得よりも、コストを支拂ってでも、ネットワークの强化による長期的利益の方が大きいと、彼等が考えたからであろう。

## 三、土地所有における變化

乾隆末年以降における、徽州商人の江蘇、浙江などへの移住と、そこでの定住化がもたらしたもう一つの變化として、注目しなければならないのは、土地との關係の變化である。すなわち、土地への投資の増大と、土地投資對象地域の變化をともなう、投資目的の變化とである。前述したように、乾隆末年までは、土地を保有することによる利益が商業利益よりも少なかったがゆえに、一般に徽州商人は、その利益を土地投資に向ける志向は弱かったといわれる。その理由の第一は、農產物物價が低く、(78)しかも庶民地主にとって土地税が重く、利益率のうえからも土地投資は不利であったことである。第二は、購入可能な土地が少なかったことである。その原因としては、二つのことが考えられる。その一つは、徽州の土地が狹かったことがある。山西商人との違いとしてとりあげられることであるが、彼等は、結局のところ本籍を徽州においており、家族を殘していく場合が多く、比較的短いサイクルで故鄉に歸った。從って、利益を土地投資に向ける場合、故鄉に土地を求めた。しかし、その土地は、地理條件ゆえに限られたものであったということである。その二は、土地所有が、一般に利益よりも一族の厚生福利を目的としており、しかもその土地は、一族の土地、すなわち族產であったことである。從って、營利目的で個人的に族人以外の者に賣却處分することは基本的に困難であり、市場に出る土地が少なかったことがいえる。

しかし、こうした傾向にこの頃から變化が現われる。それが徽州以外の土地への投資の増大である。その理由の第一は、それまで土地投資志向が弱かった第一の理由に對應する。すなわち、農產物價格が上昇したことを背景として、農產物をより有利に入手できるがゆえに、土地所有志向が強まったこと、(79)また、優免特權の廢止など清朝の一連の税制改革の結果、土地投資の利益率が上昇し、更には安定した投資對象として、土地投資が見直されるようになったことである。勿論ここでいう土地投資が、收租による利益を求めるものであり、農業經營それ自體を意味するものでないことはいうまでもない。なお、こうした彼等の積極的土地投資が、結果として、農產物價格の上昇を一層促進した可能性も考えられよう。第二は、同じく第二の理由に對應する。すなわち、客商地への移住と、そこでの定住化とが、彼等徽州出身者をして徽州に土地を求める動機を薄れさせたことである。そのことは同時に、新たな居住地での土地の購入動機が強まったことを意味していた。新天地での土地の購入は、第一に、新たな居住地で死去した場合、第一代の墓は徽州に造營したとしても、居住期間が長くなれば當然のことながら居住地に墓地を求めることになる。[80]第二に、徽州での土地購入と同樣に族的結合を强化安定させるために、物的基盤を强めることを目的としたことによる。この頃義莊の設立が增えたという指摘もあり、[81]この時期以降の彼等の土地取得も、やはり族產のかたちをとることが多かった。第三に、第一章第二節で述べたように、科擧受驗との關連である。すなわち、「商籍」を容易に入手できないが故に、籍を居住地に移す必要が生じ、そのために居住地で土地を購入する必要があった。そして、自己の理念あるいは自己を含めた地域や社會に有利な政策を實現するためにも彼等は官僚になることを目指したといえる。

## 四、ネットワーク形成における變化

徽州商人の名が歴史の表面にあまり出てこなくなった一つの實際的理由として、前述したように、彼等徽州商人が客商地に移住し、しかも、それによって彼等が新しい土地に戶籍を移したことがあげられる。このことは重要な意味をもつが、近年までほとんど注目されてこなかった。移住にともなう戶籍の移動によって、彼等は表むきは新たに移り住んだ地域の出身者として記錄され、その履歴から出身地としての「徽州」の名は消えることとなった。しかし、彼等と徽州とのつながり、より正確には、自身ないし祖先が徽州出身であるということによるつながりは、以後も存在し續けたのである。それは、徽州府の地方志の科擧の及第者を記した欄に、これら外地に籍を移した者またはその子孫名が記載されていることからわかる。また、北京の歙縣會館觀光堂の題名榜にも、歙縣出身者として彼等移籍者の子孫の名が記載されている(82)。例えば前述したように、蘇州吳趨坊の汪氏の一員汪藻は、徽州から蘇州に移り住んだ者の子孫であり、父や兄と同様に本籍は蘇州に置いていたと思われるが、あえて浙江省の杭州府錢塘縣で「商籍」で科擧受驗を行い合格している(83)。その場合正式の記錄では、彼は浙江出身者となっているが(84)、徽州出身者としての記錄も北京の歙縣會館に殘っている。ちなみに、順治四（一六四七）年から光緒六（一八八〇）年まで歙縣の進士合格者二百九十六人中徽州以外の籍のものは百六十二人、約五十五パーセントとなっている。また、徽州の資料に彼等祖地を徽州とする外地の者の名が記されることは、今日の徽州にも嚴然としてある(85)。徽州商人および自分たちの文化の高さに對する誇りによるものでもあろう(86)。

ところで、彼等徽州商人の客商地への移住と、そこでの定住化とは、ネットワークの形成という點においても、變化をもたらすこととなった。彼等徽州商人出身者は、移住後、一族を含めた徽州出身者どうしのつながりを强化しただけでなく、新たな土地の新參者として、彼等にとって價値のあるその土地の人々との間に關係を廣げていった。その手段は、婚姻と、資金の提供すなわち後援者になることがある。例えば、浙江省杭州に移った汪氏は、龔自珍の息子に娘を嫁がせている(87)。また、新たな土地での地位を獲得するための權威づけとして、より積極的に官僚となり、あるいはそれを支援した。例えば、前出の潘世恩の一族は、淸初蘇州に移住した後、科擧合格者を輩出している。潘氏は、汪氏と移住後婚姻を重ねてその結びつきを强め、この結びつきを後楯として、蘇州における地位を固めたといえる。

さらに、彼等は移住後も、祖先の祭祀のための土地を含めて、徽州にある祖先の墓地を維持し、その管理を徽州に殘った同族に委託し、定期的に墓參を行っていた。しかし、時代が下るにつれ、歸鄕が間遠になったこともまた事實である。[88] 移住當初は、墓參のための歸鄕が情報交換を含めて意味を持っていたであろう。しかし歸鄕すれば、同族の利益を圖るための投資を求められる。そのことが、彼等を故鄕から遠ざける原因となった。[89] すなわち、徽州出身者であることによるつながりは以後も存在し續けたが、それは實在する徽州という土地を媒介にするものではなくなり、徽州という土地から切り離されたうえで、徽州出身であるという認識を共有することを媒介とするものへと變化していったといえる。換言するならば、彼等の自己同一性（アイデンティティ）および「共同性」の一定の變化を、そこから讀み取ることができる。

## 第五節　近代以降における徽州商人

最後に、徽州商人の子孫の近代以降の行動について、言及しておきたい。

乾隆末年以降、清朝國家財政の逼迫にともない、鹽政の變化にもみられるように、徽州商人を含めた江南デルタ地域を中心として活動する商業資本と、清朝政府との間には、政策のうえでの對立が明らかになってくる。この時期までの清朝國家と徽州商人との關係は、清朝國家の方針として重農抑商が基本にあったとはいえ、商人による商業活動による收入は有力な財源であり、政府にとっては財政擴充のうえからも、商人が活動するために有利な政策を多くとっていた。また、全國的に移動する徽州商人にとっても、中央政府の力が強いことは、基本的には望ましいことであったはずである。しかし、乾隆末年から財政は逼迫し、そのことから、さきの鹽政の變化にもみられるように、商人が營業していくうえで、清朝國家が障壁としてたちあらわれてくるようになる。しかも、地域市場圏の自立化ということがいえるとすれば、中央政府の權力が强いことは、むしろ地域の不利益につながりかねないことになる。この變化によって、彼等は政府の政策の決定に積極的に關與していく、という志向を強く持ち始めたと思われる。すなわち、彼等の中から官僚を出すということは、時代が下るにつれ、情報據點づくりや「信用」のための權威づけだけでなく、政策決定に積極的に參加し、自己に有利な方向に政府を動かしていくという動機を持ち始めたといえよう。それと並行して、移住先の土地の人々との間の關係や所謂學緣、すなわち師弟關係も、ネットワークの一つとして擴大、强化されていったといえる。このことは、また清朝政府内部での、政策を含めた政治的對立を結果することになったといえよう。

とくに十九世紀中葉以降、この對立は顯在化しはじめる。例えば、咸豐年間に鈔法問題について提議した王茂蔭もまた、徽州府歙縣出身である。彼の提議は商人の利を圖り、國家を害するものとして批判されたが(90)、このことは、彼等と清朝國家との利害對立の事例といえるであろう。また、前出の潘世恩は、科擧の試驗官として、林則徐、曾國藩、李鴻章、馮桂芬等を推薦するが、そこにも彼等の志向するところが讀み取れる。更に、潘世恩の息子たちは、林則徐、龔自珍、魏源等が加わっていた宣南詩社に參加している。宣南詩社の性格には不明な點が多いが、政治結社としての性格をもっていたとされ、このことは、この時期彼等が、政治集團としての存在になりつつあったことを示しているといえよう。また、太平天國軍に對して李鴻章が勝利し得た背景に、槍船集團すなわち輸送勞働者など祕密結社に通じる存在と關係をもち、軍需資金を豐富に提供した潘氏、汪氏など、徽州商人に關わる人々の存在があったことも看過できない。こうした動きが、清末の自治運動に結びついていったといえるであろう。

以下、十九世紀末以降民國期に至る、徽州商人の子孫の活動について若干記しておく。變法運動の際、上海において發刊された機關紙『時務報』の責任者となった汪康年は、黟縣から浙江省杭州に移った汪氏の一族である。彼の一族の子女の多くは、清末に近代式學校に學び、ケンブリッジ大學などにも留學している。更に、辛亥革命後、一時中華民國の國務總理の任に就いた汪大燮もこの一族である。汪大燮は、清末に總理各國事務衙門章京を經て、外務部設立とともに員外郎となり、イギリス、日本へ派遣された。義和團の亂の後、汪は憲法制定、地方自治、言論出版に關する法律の制定を清朝に提議し、光緒新政への道を開いた。辛亥革命がおきたとき、彼は日本に派遣されていたが、革命後歸國し、教育總長、外交總長そして國務總理と、中華民國の要職を歷任した。ついで一九二八年に國民黨軍が北京に入城した際、北京の各團體が臨時治安委員會を組織し、その委員に推されている(91)。更に、汪兆銘も、父の代に浙江省から廣東番禺縣に移った徽州商人の子孫であり、以上の汪氏とは、祖先を同じくする一族である(92)。また、胡適が徽州績溪縣商人出身であることは周知の如くである。

乾隆年間以降、徽州商人の活躍を示す記述は減少する。彼等をして他の商人を凌駕させた政府公認の鹽業が衰退したことに、その主要な原因があったことは否めない。しかしまた、彼等が江蘇、浙江などの客商地に本據地と戶籍を移し、そのことが徽州商人の活躍を示す記述を減少させた原因でもあった。そして、この客商地への移住とそこでの定住化は、彼等の活動內容の變化を促進した。また、土地投資の增大も、移住とそこでの定住化がもたらした變化の一つでもあったと考えられる。更にそれは、彼等の自己同一性（アイデンティティ）および「共同性」にも變化を生じさせると同時に、彼等のネットワークのあり方を變化させた。そして、經濟的目的によってつくられた徽州商人のネットワークは、乾隆末年以降、國家ないし清朝中央政府との緊張關係が強まるなかで、政治的意味合いを強めてゆき、清末には、國家システム自體の改變を求める動きを、人材、資金の面を含めて支えるに至ったと考えられる。

## おわりに

徽州商人は、明末以降、他の地域の商人を凌駕し、全國にその力を伸ばした。彼等が最も活躍したこの明末から清初の時期は、とりわけ人々の地理的、社會的流動が著しい時期であった。そうしたなかで、人々は、自己同一性（アイデンティティ）および「共同性」の確認を必要とし、それを主に同族關係に求めた。この時期、族譜の編纂と宗祠の修建が盛んに行われたのは、同族關係の强化にその目的があったと考えられる。そして、當時の同郷關係が、同じ地に生活するというよりは、自己もしくは祖先が出身地を同じくするという認識にもとづく關係であったように、ここでの同族關係は、ともに生活することによるというよりは、祖先を同じくすることをともに認識することによって機能していくものであった。従って、この同族關係は、内への收縮ではなく、外への擴大という方向性を持つネットワークとして、再編され、機能することになったのである。

徽州商人についていえば、彼等は商業活動のための資金融資、人材の確保、そして情報收集という目的のためにも、この同族關係を基盤とするネットワークを擴大、强化していった。それは、單に情報據點を増やすというような具體的意味だけではなく、商業活動に必要な「信用」と信賴關係を創り出し確保するための、自己同一性（アイデンティティ）および「共同性」の確認のための意味もあったといえよう。

ところで、この徽州商人の活動およびネットワークのあり方は、乾隆末年以降變化する。徽州商人の活動を示す記述は、このころから減少する。従來それは、政府公認の鹽業の衰退によって彼等が「衰微」したためと理解されてきた。しかし、近代の歴史において、重要な役割を果たした人々のなかに、徽州商人となんらかの關係があった人々を多く見出すこともまた事實である。このことについては、以下の如く考えられよう。

彼等徽州商人に變化をもたらした最大の契機は、彼等の江蘇、浙江など客商地への移住と、そこでの定住化である。彼等が移住するに至った直接の原因は、故鄕徽州が明末清初の戰亂に遭ったことであった。しかし、彼等をして、移住地に定住せしめた背景に、乾隆末年以降の商業圈の變化、すなわち地域市場圈の自立化があったことは、十分に考えられる。彼等のこの江蘇、浙江などへの移住とそこでの定住化は、まず第一に、產業への投資を中心とする活動の多様化にみられるような、生產、流通面における活動の變化を推し進めた。同鄕會館にかわって、同業會館がこの時期多く設立されるようになったのは、この變化の結果でもあると考えられる。第二に、彼等をして、積極的に新たな地での土地投資へ向かわせることとなった。それは、當時農產物價格が上昇し、營利の對象として土地が見直されるようになったこと、そして、面積が狹く、同族による所有であるために、營利の對象にすることが困難な徽州の土地から、彼等が切り離されたことによる。第三に、彼等のネットワークのあり方に變化をもたらした。すでに徽州との直接の關係はうすれつつあったが、婚姻や資金の供與などを通して、新たな土地に住む徽州出身者は、徽州出身であるという認識を共有することを媒介にして、その關係を强化していった。すなわちそれは、婚姻などによって同族的結びつきを擴大、强化するという方法であり、そして自己あるいは祖先の出身地が同じであるという認識を共有することを媒介としてそれが機能するということからすれば、從來のネットワークのあり方と共通するものであったといえる。しかし、この時期のネットワークは、從來とは異なり、實在する徽州という土地から切り離され、より具體的な利害にもとづいたものとなっていった。婚姻や資金供與を通して、彼等は徽州出身者以外のその土地の人々との關係をも廣げていったのもその現われといえよう。そして、この時期のネットワークが、このようにより具體的な利害にもとづいたものになっていった背景には、彼等の活動のあり方の變化に加えて、勞働者等との對立、更には清朝の財政悪化と市場圏の自立化とにともなう、國家權力との對立が顯在化したことがあった。そのことが、彼等のネットワークの機能に、新たな要素を加えることとなったといえよう。そして、清朝政府との緊張關係が強まるなかで、經濟的目的によってつくられた彼等のネットワークには政治的機能が加わり、清末における、自治運動をはじめとする改革の動きのなかで、それを支える力となったと考えられる。

注

（1）康熙『徽州府志』卷二、風俗、謝肇淛撰『五雜組』卷一二、事部一、民國『歙縣志』卷一、風土、同卷八、人物・孝友、「程世鐸」、嘉慶『黟縣志』卷一五、「汪烈婦傳」、許承堯『歙事閑譚』第一一冊、「程仁義行」、など（『五雜組』以下、張海鵬・王廷元主編『明清徽商資料選編』、第四章「商業的活動範圍和經營方式」、第一節「活動範圍」、黃山書社、一九八五年、所載）。

（2）嘉靖『徽州府志』卷八、食貨志、顧炎武『天下郡國利弊書』卷三二、江南二〇、康熙『休寧縣志』卷七、「汪偉奏疏」。

（3）傅衣凌「明清時代徽州婺商資料類輯」（『安徽史學通訊』一九五八年第一期）など。

（4）以下、山西商人については、張正明『晉商興衰史』（山西人民出版社、一九九五年）、李希曾主編『晉商史料與研究』（山西人民出版社、一九九六年）、中國近現代史史料科學會編『晉商史料研究』（山西人民出版社、二〇〇一年）の記述と張海鵬・張海瀛主編『中國十大商幫』（黃山書社、一九九三年）の記述にもとづき、山西商幇と徽州商幇を除く他の商幇については、主に『中國十大商幫』の記述にもとづく。

（5）前揭中山八郎「開中法と占窩」、前揭藤井宏「新安商人の研究（二）」、前揭同「明代鹽商の一考察―邊商、內商、水商の研究」、前揭寺田隆信「開中法の展開」、前揭佐伯富「近世における鹽政」、劉淼『明代鹽業研究』（汕頭大學出版社、一九九六年）、王振忠『明清徽商與淮揚社會變遷』（生活・讀書・新知三聯書店、一九九六年）など。

（6）前揭劉淼『明代鹽業研究』。

（7）范金民「明清時期活躍於蘇州的外地商人」（『中國社會經濟史研究』、一九八九年、第四期）。
（8）『金陵瑣事剩錄』巻三（前掲『明清徽商資料選編』所收、一五六頁）。
（9）陳學文「徽商與嘉定縣經濟的發展」（『中國封建晩期的商品經濟』、湖南人民出版社、一九八九年、所收）。
（10）陳學文「蘇州的商業」（前掲『中國封建晩期的商品經濟』所收）、王廷元「略論徽州商人與吳楚貿易」（『中國經濟史研究』一九八七年、第四期）。
（11）『明史』巻二〇五「胡宗憲傳」、『明世宗實錄』巻四五三、傅維麟撰『明書』巻一六二「汪直傳」。なお、胡宗憲は績溪縣龍川胡氏の一族であるが、中華人民共和國胡錦濤主席も龍川胡氏の一員である。
（12）（乾隆四年）張廷玉纂修『明史』巻二〇五「胡宗憲傳」、邵芳「擒獲王直本末」（胡煜編纂『忠敬堂彙錄』「平倭錄」所收）。
（13）嘉靖年間は禮制改革などの改革が推し進められ、それが權力闘爭と結びついた時代である。そうした中で胡宗憲は、浙江總督としての自らの役割と、ときの權力者嚴嵩、趙文華の派に連なるという人間關係と、彼自身の考えとのねじれを修正できないままに状況に流されていったといえる。
（14）なお、江戸時代に長崎の出島で行われた交易のために來日した中國商船の中國國内の出帆地は、正徳五（一七一五）年から享保五（一七二〇）年では南京二十、寧波二十三、厦門四、廣東四、臺灣二、シャムなど東南アジア十八、享保十八（一七三三）年から元文三（一七三八）年は、南京三十、寧波二十九、厦門五、廣東六、臺灣五、シャムなど東南アジア十九となっている。（『唐船主出帆地割一覽』長崎圖書館藏）この數字はあくまで出帆地である。他方、歸化した中國人や日本滯在中に死亡した中國人を埋葬した興福寺など長崎の寺院の墓碑の記錄には福建出身者が多い。崇福寺には明暦二（一六五六）年に來日したことと徽州歙縣の出身であることを記した方德光の墓碑のほか、汪、程など徽州を祖地とする人々の名前が見られる（『投下唐人墓碑錄』長崎圖書館藏）。
（15）陳寶良『中國的社與會』浙江人民出版社　一九九六年。
（16）天理大學圖書館所藏。
（17）民國『歙縣志』巻一、風土など。

(18) 江南の市鎭研究は、日本、中國、臺灣、歐米とも數多い。ここでは、宋代以前の市鎭については、加藤繁氏、周藤吉之氏、斯波義信氏の研究を主に參考にし、明清時代以降については、費孝通、韓大成、陳忠平、劉石吉、樊樹志、森正夫、陳學文、吳仁安、范金民各氏らの研究を參考にした。なお、市鎭についての研究史としては、任放著『明清長江中游市鎭經濟研究』(武漢大學出版社、二〇〇三年)が詳しい。
(19) 樊樹志『明清江南市鎭探微』(復旦大學出版社、一九九〇年)四一頁~五七頁參照。
(20) 宋・范成大纂『吳郡志』卷五〇。
(21) 明・朱紹本等撰『地圖總要』內卷。
(22) 樊樹志『明清江南市鎭探微』(復旦大學出版社、一九九〇年)二四六頁~二四八頁。
(23) 『休寧碎事』卷二引『大鄣山人集』(前揭『明清徽商資料選編』所收、一九八頁)。
(24) 前揭『歙事閑譚』一冊。
(25) 同右。
(26) 民國『烏青鎭志』卷二一。
(27) 『棨園文鈔』卷下(前揭『中國十大商幇』所收、四五八頁)。
(28) 『弘村汪氏家譜』世傳・卷之四、汪曾立編『平陽汪氏九十一世支譜』卷一・世系。
(29) 前揭『歙事閑譚』一八冊、婺源縣の木材業については、傅衣凌「明代徽州商人」(『明清時代商人及商業資本』人民出版社、一九五六年、一四頁~一五頁)が早くに言及している。
(30) 『駱文忠公奏議』卷一四、「婺源縣采輯義行」(前揭『中國十大商幇』所收、四五九頁)。
(31) 李紹文撰(前揭『中國十大商幇』所收、四五六頁)。なお、徽州商人による松江綿布の販賣については、王廷元「明清徽商與江南棉織業」(『安徽師範大學學報』第一九卷、一九九一年第一期)參照。
(32) 張海英『明清江南商品流通與市場體系』華東師範大學出版社、二〇〇二年、一三五頁~一三六頁。
(33) 前揭劉石吉『明清時代江南市鎭研究』一〇頁~三〇頁、前揭樊樹志『明清江南市鎭探微』一四九頁~一六〇頁、および范金民『明清江南商業的發展』（南京大學出版社、一九九八年）一九二頁。

(34) 『震川先生集』巻一八「白庵程翁八十壽序」。

(35) 萬暦『嘉定縣志』巻一「市鎮　南翔鎮」（前掲『明清徽商資料選編』所收、二二九頁）。

(36) 前掲樊樹志『明清江南市鎮探微』、一六四頁。

(37) 前掲樊樹志『明清江南市鎮探微』、一七一頁。

(38) 許元仲『三異筆談』巻三（前掲『明清徽商資料選編』所收、一九九頁）。

(39) 前掲樊樹志『明清江南市鎮探微』所收、二〇〇頁〜二〇七頁。

(40) 天然地叟撰、第八回（前掲范金民『明清江南商業的發展』南京大學出版社、一九九八年、一九三頁）。

(41) 巻三（前掲范金民『明清江南商業的發展』、一九三頁）。

(42) 乾隆『盛湖志』巻上沿革。

(43) 前掲范金民『明清江南商業的發展』、一八九頁。

(44) 『明清蘇州工商業碑刻集』（江蘇人民出版社、一九八一年）、三五五頁〜三五七頁。

(45) 鶴樵居士輯（太平天國博物館編『太平天國史料叢編簡輯』第二冊、中華所局、一九六三年、所收）。

(46) 前掲鶴樵居士輯『盛川稗乘』。前掲拙稿「太平天國期における蘇州紳士」參照。

(47) 前掲『中國十大商幇』四六〇頁。

(48) 前掲『明清蘇州工商業碑刻集』一八六頁〜一八七頁。

(49) 同右、三四九頁。

(50) 乾隆『鎮洋縣志』巻一、風俗。

(51) 巻三（張海鵬・王廷元主編『明清徽商資料選編』黄山書社、一九八五年、一五六頁）。

(52) 藤井宏「新安商人の研究（三）」。

(53) 汪士信「明清時期商業經營方式的變化」（『中國經濟史研究』、一九八八年、第二期）。

(54)『林屋民風』巻七「領本」、「扶持」（前掲『中國十大商幇』所收、三五一頁～三五二頁）。
(55)姚從斌「試論徽商資本土地化問題」（『安徽大學學報〈哲學社會科學版〉』、一九八八年、第三期）、李文治「論清代鴉片戰前地價和購買年」（『中國社會經濟史研究』、一九八九年、第二期）。
(56)前掲許承堯撰『歙事閑譚』第一七冊。
(57)汪道昆撰『太函副墨』巻四など。
(58)江登雲輯、江紹蓮續輯『橙陽散志』巻三「人物・隱德」など。
(59)吳敬梓撰『儒林外史』第二三回。
(60)前掲汪士信「明清時期商業經營方式的變化」。
(61)劉敏「再論清代商業資本的增殖」（『中國社會經濟史研究』、一九八五年、第三期）。
(62)居蜜「明清時期徽州的宗法制度與土地占有制」（『江淮論壇』、一九八五年、第一期）。
(63)李文治「論明清時代的宗族制」（『中國社會科學院經濟研究所集刊』四、一九八三年）。
(64)歙縣『汪氏譜乘』「式溪汪君傳」（前掲『明清徽商資料選編』所收、一二五頁）。
(65)汪道昆撰（萬暦二十二年刻本）。
(66)汪璣等撰（乾隆五十九年刻本）。
(67)重田徳氏は前掲「清代徽州商人の一側面」（『人文研究』一九巻八分冊、一九六八年。のち『清代社會經濟史研究』、岩波書店、一九七五年、所收）のなかで、この時期以降の徽州商人について、單純な衰退ではなく新たな段階へはいったとされている。但し氏の論點は、婺源縣の徽州商人に視點をあて、この時期以來茶を商品として扱うようになったことで、彼等が客商として一層發展したというものである。從って、本稿とは論點を異にする。
(68)前掲佐伯富『中國鹽政史の研究』、第四章「近世における鹽政」。
(69)前掲汪會立修『平陽汪氏九十一世支譜』巻上、傳略、「育青公傳略」。
(70)汪彤宣等修『吳趨汪氏支譜』（宣統二年刻本）誥敕錄、巻下、「道員職銜加三級汪淦祖父母誥命」。

(71) 前掲佐伯富『中國鹽政史の研究』、第四章「近世における鹽政」。
(72) 山本進「清代市場論に關する一考察」(『歷史學研究』第六〇三號、一九九〇年)。
(73) 前掲汪士信「明清時期商業經營方式的變化」。
(74) 前掲汪士信「明清時期商業經營方式的變化」。
(75) 吳仁安「從上海地方志看清代上海地區城鎭經濟遷變」(『華東師範大學學報〈哲學社會科學版〉』、一九九八年、第二期)。
(76) 方行「清代前期商人支配生產的形式及其歷史作用」(『經濟研究』、一九八二年、第九期)。
(77) 洪煥椿「論明清蘇州地區會館的性格及其作用」(『中國史研究』、一九八〇年、第二期)。
(78) 中山(岸本)美緒「清代前期江南の米價動向」(『史學雜誌』八七編九號、一九七八年)、同「清代前期江南の物價動向」(『東洋史研究』三七卷四號、一九七九年)、(ともにのち『清代中國の物價と經濟變動』研文出版、一九九七年所收)參照。
(79) 前掲中山(岸本)美緒「清代前期江南の米價動向」、同「清代前期江南の物價動向」參照。
(80) 本書第一章第二節參照。
(81) 前掲李文治「論明清時代的宗族制」。
(82) 前掲『歙事閑譚』第一一冊。
(83) 前掲汪體椿等修『吳趨汪氏支譜』世系述、卷三、「汪藻」。
(84) 前掲哈佛燕京學社引得特別一九房兆楹等編『增校淸朝題名碑錄附引得』。
(85) 例えば、績溪縣のホームページには、鄉里の著名人として、胡錦濤、胡適、胡雪巖、胡宗憲が擧げられている。
(86) 清中葉の思想家戴震もまた徽州商人の家の出で、徽州の歙縣在住していた汪氏がその後援者となっている(『癸巳存稿』卷一五、前掲『明淸徽商資料選編』所收、四六二頁)。このほか、徽州出身者で學者、藝術家となった者、あるいはその後援者となっている者は數多い。
(87) 前掲汪曾立修『平陽汪氏九十一世支譜』卷上、世系、「汪遠孫」。
(88) 汪怡等編『平陽汪氏遷杭支譜』(民國二十一年刻本)卷五、志乘。

(89) この點については、英國ケンブリッジ大學のジョセフ・P・マクデモット氏の御教示による。
(90) 『東華續錄』、咸豐卷二六。
(91) 前揭汪怡等編『平陽汪氏遷杭支譜』(民國二十一年刻本) 卷五、志乘。
(92) 『汪精衛先生行實錄』、汪精衛先生年譜。

# 第三章　徽州汪氏の移動と商業活動

## はじめに

本章は、徽州汪氏の六世紀以降民國期に至るまでの移動および移住とその商業活動とを、族譜における記述を主要な資料として詳細に検討する。そして、それによって、徽州の人々が、どのような時期にどのような理由で移動もしくは移住したか。移動もしくは移住のあり方はどのようなものであったのか、商業活動は具體的にどのようなものであったのかを示し、徽州の人々の具體的な姿を描き出そうとするものである。(1)

汪氏をとりあげるのは、次の理由による。第一に、汪姓は徽州において、最も多い姓であるからである。ほかに徽州には程、方などの姓も多い。しかし、徽州全體で見るならば、その人口割合において汪姓が最も多い。しかも、李汝梅編『姓氏族譜合編』によれば、これらの諸姓の多くは傳説にまで遡ればともかく、實際上はその祖地が複數である。その中で汪氏の各系は、すべてその祖を隋末四十四世の汪華ないしその一族とする。從って他姓とは異なり、汪氏は系譜を辿りやすく移動および移住状況を明確にしやすいことによる。第二に、汪氏と同じくその祖を一人物ないし一地域にしぼることができる姓は、極めて少數ではあるがほかにもある。しかし、それらの姓の族譜で現存するものは多くはない。それに對し、汪氏には多くの族譜（本章では、固有の書名を除き、族譜、宗譜、世譜、家譜の類をすべて族譜と記す）が現存し、従ってその移動および移住と活動状況とについての情報量も多いことによる。

## 第一節　汪氏の起源について

まず隋末四十四世汪華に至る汪氏の歴史について記しておきたい。汪氏の起源と江南、徽州への移住に關しては、次のような様々な記述がみられる。

始祖については、（一）魯の成公の次男に名を汪という人物がおり、この人物が汪氏の始祖であり、汪という姓の始まりとなった。(2) （二）汪氏は夏の時代の汪芒から出ており、汪芒は今の（浙江省）湖州である。(3) なお（二）の記述は、すべて（一）と併記されている。

汪氏が江南に移った時期ないしその經過については、（三）三十一世文和が漢代に龍驤將軍として始めて江南に渡り、會稽令の任に當たった。これが江南の始祖である。(4) また文和が會稽の山水を愛し、(5) 南渡したあと「巖州すなわち現在の（浙江省）淳安」に住んだという記述もある。(6)

徽州移住については、（四）三十一世文和は南渡して後、「歙州遂安」に住んだ、(7) （五）三十一世文和が「歙州黃墩」に住んだ、(8) （六）三十六世の道獻のとき「徽州府歙邑」に移り、さらに四十世叔擧のとき「績溪邑登源」に移った、(9) （七）四十世叔擧のとき、齊の軍司馬となり「新安（＝徽州）」の地に移った、(10) との各説がある。

そして、四十四世の華のとき、隋を滅ぼすことに功あったとして、唐より越國公の稱號を賜わり、歙、宣、杭、睦、婺、饒の六州の統治を任された。これが新安宗祀の始祖とされている。(11) これらの記述のうち、（二）が正しいとすれば、（一）と（三）は誤りということになる。漢代には龍驤將軍という職稱はなく、龍驤將軍という職は晉代に置かれたものである。從っていずれにせよ、（三）は誤りということになる。

しかし、ここで考察すべきは「事實」にあるのではない。明清以降汪氏に屬する人々が自らのアイデンティティをどこに求めたか、そして族譜が何を求めて編纂されたかにある。これらの問題については、以上の族譜の記述から次のことが類推できる。第一に、始めに族譜を編纂した者が「汪」という字を歷代の史書に求め、魯の成公の次男に名を汪という人物がいたことから、この人物を汪氏の始祖とした。第二に、汪氏は江北から江南に移ったのではなく、もともと江南、おそらくは現在の浙江省の北部に居住していた越人の子孫ではないかということである。すなわち、隋末新安の豪族に汪華という人物がおり、隋を滅ぼすことに功があったとして、唐より越國公の稱號を賜わり、六州の統治を任された。これが汪氏一族の實質的な起點である。この後、華に至る系譜と祖先の事跡が、近い過去についてはある程度事實を踏まえながら創られたのではないだろうか。例えば、會稽に派遣された汪文和に相當する人物が存在していたこと、汪華の祖先が會稽から新安に移ったことは事實かもしれない。また、隋末汪華に從屬し、後にその一族を名乘った者の中に、江北から移って來た者の子孫がいた可能性を否定することはできない。しかしながら（三）の記事が誤りであることから推しても、汪氏は前述したように本來江南に居住していたとするのが妥當と思われる。

ところで、後世に族譜を編纂した者の中には、漢代の文和が龍驤將軍であったという記述の誤りに氣附いた者は當然なことながらいたはずである。それにもかかわらず訂正が行われなかったのは何故であろうか。また（一）と（二）のようにあきらかに矛盾する内容を併記しているのは何故であろうか。その理由はおそらく族譜編纂の目的が事實を正確に記すことではなく、一族の結束のための「現在」における自分たちのアイデンティティの確認にあったからであろう。そして、族人もまた、そのことを理解していた。そう考えれば後代の族譜の編纂者が、これら矛盾した言い傳えもしくは初期の族譜の記述をそのまま踏襲し訂正しなかったことにも納得がいく。

## 第二節　各族譜よりみた汪氏の移動狀況と商業活動

ここでは移動についての検討を進める前に、汪氏の族譜について簡單な紹介を行いたい。

汪氏の族譜は、序章第二節で述べた如く、大別して二種類に分けることができる。第一は、始祖から始まり、主に移住によって枝を分けていく、その經過を總體として記したものである。中國、日本に現存する汪氏の族譜の中でこの類のものは第六章で述べるように、明代から民國期に及び、他姓に比べてその數は多い。第二は、始祖からその地に移住した新たな祖までの系譜が一通り辿られているとはいえ、その内容の中心が、ある時期、ある一定の地域に居住する一族が、いつ、いかなる理由でその地に移ってきたかということと、移住後の事績と活動とにあるものである。この類は更に數が多い。

### 一、『汪氏通宗世譜』

『汪氏通宗世譜』は、乾隆五十二（一七八七）年またはその後數年以内に編纂されたものであり、四十四世汪華の長子建、次子璨、三子達、四子廣、七子爽、八子俊および汪華の弟開國公の子孫の分枝と移住について記されている。

長子の系は、四十八世士美、その子琦は進士となり(12)、唐代黃巣の亂のときには、五十一世王璹と質が各々祁門縣樸墅と旌德縣新建に移っている。祁門縣樸墅に移った系は、六十五世德が祁門縣大坦へ、八十世應逵が東流縣抄機へと更に移住している。旌德縣新建に移った系は、五十五世のとき思立が歙縣唐模へ、思明が江西省貴溪縣へ、思聰が績溪縣坦頭へ、五十九世二が歙縣泉へと移住し、更にそのあとも新たな移住がみられる。これらの中で最も移住が多く詳しく記されているのが歙縣唐模派である。若干の例外を含むとはいえ、概ね六十三世から六十九世のときに縣内二十一カ所のほか、休寧縣四カ所、黟、寧國、太平各縣二カ所、績溪、石埭、銅陵、江西省萬年、貴溪各縣一カ所へと移住している。若干のものはこれらの地區へ移住して後の更なる移住も記されている。歙縣唐模からの大量移住は、建炎の戰亂すなわち宋朝が金の侵入により南へ移った時期に戰亂を避けて行われたものであり(13)、脱出ともいうべきものであったと思われる。

次子の系は、四十六世處崇のとき、重慶府唐爲州から浙江省龍游縣團石に移ったという記述があるのみである。

三子の系は、四十九世明が績溪縣西坑へ、五十世泰が績溪縣尙田へ移り、これらの地區から安徽省内の績溪、歙、太平、旌德各縣十一カ所への移住と更なる移住とが記載されているほか、四十六世處惠のとき甘肅省隴西に移った派が七十五世洋のときに安徽省六安縣に戻ったことが記されているのみである。

四子の系も記載は少なく、五十一世賢常のとき、歙縣篁墩（＝黄墩）へ移り、その後の歙縣内での若干の移住が記されているだけである。五子、六子の系についての記載はない。

七子の系の記載は、最も多く詳しい。まず四十九世の鳳思と景瑞が歙縣慈菰と祁門縣赤山とに各々移り、祁門縣赤山の派は、その後五十六世雅のとき祁門縣井亭に移っている。歙縣慈菰の派は、五十世から六十四世にかけて、縣内二カ所、江西省浮梁縣五カ所、績溪縣二カ所、安徽省の婺源、石埭、浙江省開化、建德各縣一カ所に移動し、そのうち婺源へ移住した派は、當初は唐の天夏元（九〇二）年まで婺源縣縣城であった清華鎭の武口に居を定め、更に縣内の大田環珠、大畈（＝大坂）、回嶺へと各々五十七世源、五十八世中元、六十一世高のときに移っている。このときの清華鎭武口への移住については、唐代大中年間（八四七年～八六〇年）に兵馬使五十六世汪道安が程湘とともに兵を率いて攻め入り鎭壓したのが契機であったとされる[14]。また大田環珠派は、更に縣内六カ所、休寧縣二カ所、銅陵縣一カ所、江西省德興縣六カ所に、大畈派は、縣内九カ所、歙縣および郡城五カ所、休寧縣四カ所、銅陵、石埭各縣二カ所、浙江省開化縣五カ所、黟、桐城、潛山、霍山、江蘇省高淳、浙江省淳安および湖北省崇陽各縣一カ所に、回嶺派は、縣内七カ所、休寧縣六カ所、歙、貴池、宣城および江蘇省蘇州府吳の各縣一カ所に移住している。七子の系については、その後についてもかなり詳しく追跡しているほか、系譜が不明なものも若干記してある。

八子の系は、四十七世太徵のとき、同じ績溪縣登源の汪村へ移住したほか、五十一世漸が旌德縣新建へ、七十一世廙が歙縣篁墩へ移ったことが記されている。この三派の移住後の更なる移住については、旌德縣新建の派のみ詳しく、縣内十八カ所、涇縣八カ所、績溪、太平各縣三カ所、歙、宣城各縣二カ所、寧國府一カ所が記され、これらの地區へ移住した後の更なる移住についても記されている。これらの更なる移住も多くは六十世から六十七世の間に行われている。

汪華の弟開國公の系は、四十九世榮積のとき歙縣東關へ移り、更に六十七世思德のとき績溪縣雄路へ、七十一世大敬のとき縣内楊溪坦へと移っているほか、系譜は不明確であるが、婺源縣鳳亭への移住も記されている。この婺源縣鳳亭へ移った派は、その後休寧縣七カ所、黟縣一カ所に移り、更に貴溪縣や江蘇省の松江、丹徒、嘉定の各縣に移住している。

以上の移住は、一族全員が移住する場合と一部が移住し一部がもとの地に殘る場合とがある。一族をあげて移る場合は、多くは戰亂からの避難をその理由とする。前述したように、長子系の歙縣唐模から他地域への移動は、建炎の戰亂を避けるためのものと思われ、ほとんど一族をあげて各地に移住している。しかし、七十五世、八十八世のときにも唐模から他地域に移っている者がいるところから、若干の者が殘っていたか、あるいは戰亂が落ち着いてのち、一部が居留先から再び戻り、更にその一部が再び移住したものと思われる。

『汪氏通宗世譜』の記載は詳しいとはいえ、記載漏れもあり、また遠隔地へ移住した者の追跡調査は極めて少ない。例えば後述する六十一世仁雅のとき歙縣唐模から金陵に移った宏村汪氏のように、建炎の戰亂によるのではなく商業に從事したために唐模を出た者の系譜は拔け落ちている。また、遠隔地（ここでは、安徽省內各地、安徽省南部に隣接する浙江省、江西省は含まない）に移住した者で『汪氏通宗世譜』に記載されているのは、次子系のほか、長子系では、（一）六十七世勃のとき唐模から銅山に移り、浙江省環山、歙縣坦川を經て、八十二世尙禮のとき江蘇省蘇州府城吳趨坊に移った派、（二）六十六世叔敖のとき唐模から歙縣潛口下市へ移り、信行を經て、八十三世文通のとき揚州に移った派がある。七子系では、婺源縣大畈から出た派としては、（三）休寧縣を經て六十七世昱のとき浙江省鄞縣に移った派、（四）六十八世載九のとき湖北省崇陽縣に移った派、（五）畲田を經て六十八世注のとき江蘇省常州毘陵に移り、更に七十三世士恭のとき江蘇省丹陽縣に移った派、（六）八十一世憲明、憲暘のとき江蘇省江陰縣に移った派、（七）七十九世文鳳のとき江蘇省句容縣に移った派、（八）七十三世良士のとき直隸省永定府灤州に移った派があり、また回嶺から出た派としては、（九）休寧縣を經て七十五世申のとき陝西省臨潼縣に移った派、（十）八十一世時春のとき江蘇省吳縣に移った派、更に祁門縣井亭から出た派としては、（十一）黟縣黃陂を經て八十三世正河のとき揚州近くの新城に移った派、（十二）同じく黃陂を經て八十六世憲明のとき浙江省歸安縣雙林鎭に移った派がある。開國公系では、婺源縣鳳亭から休寧縣を經て、（十三）八十三世滋生のとき江蘇省丹徒縣に移った派、（十四）八十四世應嘉のとき江蘇省松江府に移った派、（十五）八十四世必□のとき江蘇省嘉定縣南翔鎭に移った派があり、以上で總計十五派に過ぎない。『汪氏通宗世譜』には全部で七百五十の移住が記されており、これらはその數パーセントである。

また徽州の外の地域へ出て更に他の地域に移った派は（一）と（五）の二派のみである。しかも（一）が移住したさきは浙江省とはいえ徽州に近い環山であり、一度歙縣坦川に戻っている。これは調査の對象が徽州ないしその周邊に限られており、その調査の際に得られた情報の範圍内で遠隔地移住者を記したからであると考えられる。例えば宏村の汪氏の場合、光緒二十二年編纂の『汪氏登源藏稿』には、績溪縣登源にある汪華の父僧瑩の墓の修復のために、黄陂派について多額の寄附をしているとあり、汪氏の一員としての連絡は絶えていなかったにもかかわらず、『汪氏通宗世譜』には記載されていない。

次に、『汪氏通宗世譜』以外の族譜を資料として、汪氏の主に遠隔地への移動と移住狀況を調べてみたい。

## 二、『弘村汪氏家譜』、『平陽汪氏九十一世支譜』、『杭州汪氏振綺堂宗譜』『汪氏統宗正脈』

黟縣宏村汪氏は、長子系歙縣唐模派に屬す。南宋の時代、六十一世仁雅は金陵で木材業を營んでいたが、火災に遭いその資產をすべて失ってしまった。彼自身は意に介さなかったが、妻方氏が精神的に打擊をうけて病氣になり、故鄉に歸ることを強く願った。そこで仁雅は家族を連れて故鄉へ戻ることにした。しかし、その途中、黟縣北祁墅を通り、杉や松の木が生い茂り、また水路の便も良いことを見て、木材業を再び營むことに決め、ここに居を定めたが、まもなく血を吐いて死んだ(15)。その曾孫のうち、必進と必達は科擧に合格し、必進は陝西に必達は旌德に居を移した。六十七世になると仁雅の子孫も四十人に增え、儒を業とし、あるいは木材業などの商業に從事し豊かになっていった。黟縣に殘った者のうち六十六世彥濟は、建炎の戰亂に際し、これを避けて一族は宏村に居を移した(16)。その後二十餘世にわたって、ある者は客商として他省へ赴き、ある者は浙江省へ行き鹽業を營み、ある者は他の地で學校に入り、またある者は官僚となった。例えば彥濟のすぐ下の弟の子四人は揚州に、三弟は淮安へ移っており、鹽業に從事したものと思われる。他方、彦濟の子孫である七十四世玄卿は、元代木材業に従事し、家業が榮えたとある。玄卿の孫辛になると、明代永樂年間、稅を納めて官職を得、三十畝の土地を災害の救濟に備えて寄附し、また宗祠を建造し先祖の墓地を購入している[17]。

『弘村汪氏家譜』にみられる一族の移動ないし移住さきは、安徽省内および浙江省、江西省の徽州に隣接する地域以外では、江蘇省の揚州、淮安、松江、金壇、溧陽、太倉、徐州、宿遷、嘉定の各府縣、浙江省の杭州、仁和、金華の各府縣のほか、漢口などの湖廣地域、山西省太原、河南、山東省德州、陝西省西安、福建省、四川省、そして北京と他地域にわたる。このうち多いのは、江蘇省の松江府、浙江省の杭州、仁和、および湖廣地域である[18]。このようにして一族は各地に分散したが、宏村に殘った汪氏も鹽業で繁榮し、一九九二年現在も宏村の中心には清代に建てられた汪氏の大邸宅と祠堂が殘っている。なお前述したように『汪氏登源藏稿』には、績溪縣登源にある汪華の父僧瑩の墓の再建のため宏村の汪氏が多額の寄附をしている記述があり、他の汪氏との連絡は密であったと思われる。

次に明代萬曆年間、八十二世元臺のときに浙江省杭州に移った系を追跡してみよう。元臺は鹽業を營み、浙江省杭州府錢塘縣普寧里に住み、杭州に葬られた。その長子宗縉は、錢塘に籍を移し、その子八十四世肇衍は進士となった。元臺の次子宗紳は每年徽州と杭州の間を往復し、籍はそのまま宏村に置いていた。しかし、宗紳の子で明代崇禎八（一六三五）年生まれの八十四世汝珍と崇禎十年生まれの時英は、錢塘縣學に入學したのを機に籍を杭州に移した。汝珍は若くして死んだが、時英は鹽業を續けた。その後、時英は鹽業は金の出入りが多いため子弟が奢侈に流れることを恐れてこれを廢業した[19]。しかし、元臺の直系ではないが、仁雅の系のうち、杭州や他の地に移った一族で清初以後も鹽業に從事した者も少なくない。宏村の八十四世兆璿は、若いときから四十年以上も鹽の行商に從事し、雍正二（一七二四）年には宏村派一族の中で鹽業を營む者とともに鹽運使に對して鹽業志を編むべく提言し敕旨を奉じている。

また八十五世蘭培は、江蘇省松江府に住み鹽業に從事し、雍正七（一七二九）年堤防と船着き場の工事のために百餘兩を寄附した。八十五世高は、家が貧しかったために儒業を棄て客商となり、經營が成り立つようになると自己の支派の祠がないことから、一族の各派の者のうち鹽業を營んでいる者に寄附を募り、乾隆十二（一七四七）年に支祠の完成をみている。そのほか、學問好きな八十六世弘運が父の命で學業を棄て鹽業の行商に從事したこと、八十六世士雅が幼時より父とともに浙江へ赴き鹽業を營んだこと、[20]八十五世士達の妻が夫と協力して鹽業を營み錢塘に移住したことなどが記されている。[21]

以上宏村派の特徴としては、南宋から明初にかけて木材業など商業に從事して財を成し、嘉靖年間頃から鹽業に從事して更に財を增やしていること、明末杭州などに移住した者が多いこと、官僚になった者が多いことが擧げられる。また科擧に合格しなくても國學生など學校に入學している者が壓倒的多數を占めている。[22]ところで、清末および民國期に編纂された『平陽汪氏九十一世支譜』、『平陽汪氏遷杭支譜』[23]、『杭州汪氏振綺堂宗譜』は、あくまで八十二世元臺の系についてのみ記している。なかでも『杭州汪氏振綺堂宗譜』は、清末駐日公使となり、民國のとき國務總理となった汪大燮の事跡を記すことに主眼があったと思われる。しかし『弘村汪氏家譜』の八十四世兆璿や八十五世高の例にもみられるように、清初は勿論清末に至っても一族の連絡が行われていたことは確かである。例えば、『汪氏登源藏稿』の寄附の名簿には黟縣宏村派を越えて各派が掲載されているほか、光緒三十二（一九〇六）年杭州に汪氏の廟を建設した際に編纂された『杭州汪王廟志略』には裔孫として杭州に在住する各派各系の汪氏が參與しているのみならず、杭州から他の地に移った者も參與しているのである。また乾隆年間の編纂と推測される『弘村汪氏家譜』は、黟縣宏村に移った六十一世仁雅以降について詳細に記している。しかも「事實」の項では杭州など各地に分散した者を系ごとに分けて記すのではなく、すべて併せて世代順に記しており、宏村派の結束を強めるということに編纂目的があったと推測できる。こうしたことから族譜それ自體は、清末には清代乾隆年間までと比較してより各支派に分化しているとはいえ、現實の一族の關係はより廣い範圍へと擴大しているといえよう。換言するならば、清初までは日常的實際的であった一族の繋がりが、前述したように「現在」における自分たちのアイデンティティの確認というより觀念的なものへと變化していると理解できる。

なお唐模派で黟縣北祁墅に移った六十一世仁雅の系には、(24)八十三世禮孫のとき浙江省開陽游川に居を移したという記述のある支派がある。客商として各地を旅していた禮孫は游川の風景が氣に入り、ここに居を定めたと『汪氏統宗正脈』にはある。(25)

## 三、『武進汪氏家乘』

武進汪氏は唐模派六十一世仁雅の兄仁高の系であり、『武進汪氏家乘』は、仁高の長子延芳と次子延璋を祖とする二支派の族譜である。

長子延芳を祖とする支派は、六十八世浚のとき歙縣鄣岐に居を移した。その理由としては、兩親が早くに亡くなり、浚が弱いことに親族がつけこみ彼を侮ったため、兩親を葬ると鄣岐に居を移したとある。(26)但し、この時期唐模在住の汪氏が大量に他の地に移住していることからして、前述した建炎の戰亂の影響を無視できない。浚は鄣岐に移って後、田産を增やし豊かになった。この派からは黟縣黄陂に移り住んだ者がおり、その子孫七十五世丙は戶部尚書の地位についている。(27)鄣岐に殘った者のなかで、歙縣潛口に移り住んだ六十五世震の子孫八十四世尙廉は幼時から父に從い、鹽を扱う客商として淮安、揚州に赴いていたが、崇禎三（一六三〇）年父の命令で鹽稅滯納を處理するため無錫に赴き、處理した後江陰縣靑暘鎭に住んだ。これが江陰縣靑暘汪氏の始祖である。尙廉は勤儉にして德を積み、親戚の子も實の子のように教育し、また學問にむかない者には會計を學ばせて商業經營で生活できるようにはからった。なお尚廉の長子の妻は江陰の人、次子の妻は歙縣の人であるが、孫以下の妻には蘇州の南にある同里鎭の人が壓倒的に多い(28)。おそらくは蘇州および同里鎭との關係も密であったのであろう。

他方、仁高の次子廷璋は、唐模から黟縣黃陂に居を移し、その子孫七十六世安定は休寧縣黎陽に住んだ(29)。その後、八十二世錫が常州に移り、その子孫には吳の風土が優れていることから蘇州に移る者が多く、その一部は甪直鎭に住み、更に江蘇省武進縣毘陵に移った(30)。この系からは、乾隆十二（一七四七）年に生まれ嘉慶十九（一八一四）年に死んだ八十九世蔭墀、乾隆五十三（一七八八）年生まれの九十世瑩など、家が貧しく弱冠にして學業を棄て商業に從事し、ともに後年家業が盛え子弟を教育し、地域の貧しい者や病人などに施しをおこなった者の記述がある(31)。なおこの族譜の末尾には汪華の長子建の派の移動地が記載されている(32)。これは『汪氏通宗世譜』をより簡略化したものである。

この『武進汪氏家乘』の特色は、宋代六十二世のときに枝分かれした系に屬する毘陵と靑暘鎭の二支を併記していることである。その點で『汪氏通宗世譜』はもちろんのこと他の族譜とも異なった特色を持つ。なぜこのような族譜が編纂されたのか。唐模から黟縣黃陂に居を移した仁高の次子延璋の子孫瑞益による「修譜自述序」には次のように記されている。

瑞益の一族は毘陵に住んでいた。しかし、咸豐十一（一八六一）年、太平天國の亂に遭って家を棄てて身ひとつで逃げすべての財產を失い、資金を借りて以前の商賣を續けた。同治三（一八六四）年夏、鄕里が太平天國から奪回されたため、鄕里に歸り、先祖の墓地や家屋、不動產をいささか回復して管理し、以後注意して情報收集に努めた。また程、方二君が徽州に歸るということを知り、黎陽に住んでいる汪氏の族長汪壽民を訪れて、八十二世汪錫以前の本支を書き寫してくるよう依賴した。更に先日、靑暘の同宗の人汪壽康という者が訪れて一緒に合譜を編纂しようともちかけてきた。なぜなら我が支については、八十二世の汪錫以前についてもすべて明らかになっていたからである。そこで會議を開いて各々草稿をもちより照合し、同族を集めて合譜を編纂することに決め、寄附を募り同治十二（一八六四）年印刷に入り、翌年完成したというものである。

すなわち、毘陵と靑暘の二支は太平天國後、ともに族譜を編纂しようとした。兩支は同族としてはかなり遠縁にあたるが、居住地が近かったためか、後者が前者の族譜編纂のための情報收集活動を知り合譜を編纂することをもちかけたことがわかる。また、同じ地域に住む他姓の徽州出身者の子孫との關係が密であること、十世も前に分かれた同族との關係が維持されていることがわかる。

## 四、『鎭邑汪氏宗譜』、『黃岡汪氏宗譜』、『海寧汪氏支譜』

『鎭邑汪氏宗譜』の鎭邑とは、浙江省鎭海縣であり、所謂「四明」地域である。鎭邑淸水浦の汪氏も、唐模派に屬し、六十二世仁高の長子延芳の系である。洪武四（一三七一）年、七十六世思顏が軍役に服し浙江省定海衞に派遣され、鎭海縣淸水浦に居を構えた(33)。これが鎭邑汪氏の始祖である。その後、慈溪縣、鄞縣、奉化縣、寧海縣、定縣、象縣、溫州府城など四明地域およびその周邊の浙江省各所に分散し(34)、更には客商として杭州、湖州、嘉興、蘇州、松江、揚州、鎭江へ赴き、その城郭や周邊の鄕村に住んだ(35)。淸水浦の汪氏は嘉慶・道光年間に八十六世秉謨が汪永茂南北雜貨鋪を開設し大いに發展した(36)。咸豐三（一八五三）年生まれの秉謨の孫顯述は、幼くして父を喪い、上海へ行き葉澄衷觀察に見出だされて漢口の順記司の出納業務を任された。その後漢口の友人と合資會社をつくり、ついに泰記號という會社を設立して隆盛となった。更に日本資本の大阪公司の經營を任せられて兼務し、漢口の開港とともに天龍丸・

大井丸の二隻の汽船による長江における輸送を開始して、次第に船舶を増やし、宜昌などに代理店を置き、また蕪湖、九江、鎮江、南京、上海に土地を買い、船着き場を設けて事業を發展させた。(37) このほか、石油會社や綿布工場も設立した。(38) 彼はまた光緒二十五（一八九九）年、宗祠を建て、光緒三十三（一九〇七）年には近隣の貧しい同族の子弟のために、後の清水浦學校の前身である義塾を創立した。(39) 顯述の弟鍌述も兄に從って汽船による運送業に従事し、商業學校を設立し、商團體育會を運營した。(40) このほか、一族の中には、清末株を募集して貴金屬店を營んだ者もいる。(41) 清水浦の汪氏の族譜は、それまでのものが散逸したため、同治九（一八七〇）年に新たに編纂され、民國四（一九一五）年、顯述の業績を主要な内容として編纂されている。

唐模派六十二世仁高の長子延芳の支派としては、『黃岡汪氏宗譜』の汪氏がいる。この支派は、明代永樂年間の末に歙縣から湖北省の漢口の東に位置する黃岡に移った。黃岡に移って後、省内の漢口、襄陽のほか山西省太原、四川省重慶に移った者がいる。(42) 咸豐年間に河南に赴き商業を營んだ者がいたことを示す記事もあるが(43)、この支派の特徴は、一族の祭祠のための土地のみならず、農耕に從事して土地を集積したことである。黃岡移住後十四世懋動は學業を棄てて一族とともに農耕に努め、嘉慶年間の末には數千畝の土地を得て富裕になり、更にその子たちは十數年を經ずして數百畝の土地を增やし巨萬の資產を得たとある。(44) その後、太平天國の亂により故鄉を離れ一時窮乏したが、以後次第に豊かになり、肥料費と食費は佃戸負擔で、收穫の二分の一であった佃租を減じたという記事もある。(45)

『海寧汪氏支譜』の汪氏も六十二世仁高の系であり、六十六世のとき戰亂を避けて歙縣の南に位置する巖鎭に移った支派である。八十三世拱星は鹽業を營んでおり、清初浙江省海寧縣許村の四カ所に鹽倉を建てここに移った。その後代々鹽業を營んでいたが、八十七世懷綸のとき鹽業が次第にうまくいかなくなり家も窮乏した。懷綸の子で乾隆二十六（一七六一）年生まれの鉞虔は學業にいそしんでいたが、父が病氣になったため、會計を學んで商業に從事し、長安鎮に二つの倉を建てた。ときに米穀が豊作であり、これを資金に轉化し、家業は榮え裕福となった。その後倉の場所が遠かったため、長安鎮に家を建てここに移った。なお拱星の三男は揚州に移っているが、これも鹽業に従事したと思われる。鉞虔の子と孫は擧人となって官職に就き、曾孫は太平天國軍が長安鎮を攻撃した際に殺害されている。(46)海寧縣に移って後、この一族は宗祠を建て族譜を編纂したが、太平天國の亂のときにこれらは灰塵に歸したという。(47)

## 五、『呉趨汪氏支譜』、『潁川汪氏大宗歴朝績錄』、『汪氏文獻考』、『環山汪氏宗譜』、『績東汪氏重修宗譜』、『山陰汪氏譜』

『汪氏通宗世譜』について検討した項で述べたように、呉趨汪氏は、汪華長子系唐模派であり、これも六十一世仁高の支派である。紹興三（一一三三）年進士の六十七世勃のとき銅山に移り、七十一世縉が環山の方氏に婿入りし、その長子成道が坦川に居を移した。唐模から環山、坦川と移って來た一族は、明末八十二世尙禮が若くして呉（蘇州）へ遊學し、呉の人や文物がすぐれているのを愛し、清朝に入るとついに閶門に近い蘇州縣城内の呉趨坊に居を構えることとなった。第一章でも言及したこの呉趨坊に住んだ汪氏は或いは官職に就き、或いは商工業に従事し大いに榮えたと族譜にはある。(48)また、尙禮の妻は同じく清初に徽州から蘇州に移住した潘氏であり、進士を輩出した潘氏と呉趨汪氏は以後も婚姻を重ね、道光十六（一八三六）年に耕蔭義莊を設けている。耕蔭義莊は、乾隆十六（一七五一）年進士となった八十六世爲善の遺命により、世錫などの孫が資金八千兩を出して設立したものである。その後咸豐元（一八五一）年、經費が不足したために爲善の甥祥芝の呼びかけで孫や曾孫が田千三百六十六畝、制錢三万二千五百千文を出し祠を造り、經費の不足に當てた。(49)この蘇州の汪氏の耕陰義莊の建物は現在も修理復元され公園とされており壯大なものである。この呉趨坊の汪氏一族は潘氏ひいては李鴻章のスポンサー的役割を果たしていたとも思われ、商工業ないし金融業に關與する存在でもあった。(50)

唐模から銅山に移った勃の子孫は以上に述べた環山に移住した者のほか、婺源縣城、同縣大畈、歙縣、宣城縣、黟縣黄陂、桐城縣、江蘇省蘇州、浙江省遂安、慶源（慶元）、歸安縣雙林鎭、山東省泰安縣、湖廣地域などにも移っている。このうち黟縣黄陂派については、清代商業に從事していた記述が少なくない。八十三世中恩は、平世知謀に優れ、經營經理を業とし、數年を經ずして富み、商業を營むことを樂しんだとある。八十五世有濟は弟たちを連れて商業取り引きのため、江蘇、湖北、山西を遍歷し、八十五世士最の兄弟もみな商業に從事し、江蘇、浙江、廣東、湖北へ赴いている。但し士最の兄弟は必ずしも成功したとはいい難いようである。また八十六世憲明は客商として雙林鎭に行き、ついにここに住んだ。(51)更に清代中期の人廷榜は、幼いときは勉強し聰明であったが、家が貧しかったために父の命令で十七歳のときから商業に從事し漢口などに赴いた。乾隆三十六（一七七一）年擧人となったが、このときの試驗官が蘇州の大族彭元瑞であり、廷榜は蘇州へも赴き當時の名士と交流をもったようである。なお當時資金がなくて商賣を始める場合、黟縣では大戶から資金を借り、大戶は返濟に際し重く取り立てていた。廷榜はこれを改めるべく指摘し、以後大戶資本の習慣はなくなったとある。(52)

『汪氏文獻考』にその族譜の序文がある山東省泰安府へ移った支派も六十一世仁高の系で唐模から銅山に移った六十七世勃の子孫である。(53)勃の後、この支派は、婺源縣、江西省饒州を經て、洪武二（一三六九）年七十三世のとき、山東省泰安府泰安縣に移った。(54)その後、山東縣泰安府肥城縣、兗州府寧陽縣、滋陽縣、濟南府章邱縣、魚臺縣、江蘇省淮安府桃源縣、河南省などへ移る者がいたことが記載されているが、その理由などの記載はない。(55)なお、『汪氏文獻考』には、この六十七世勃の支派で山東省泰安府へ移った支派のほか、後述するところの汪華七子系五十六世道安の支派で浙江省蕭山に移った、全くその系譜を異にする支派の族譜の序文、および史書や地方志に記載された汪氏の傳、汪氏の著作目錄などが記載されている。

ところで、環山と坦川には、汪華七子系の五十六世道安の子孫であり婺源縣大畈に移った派が數代の後にこれらの地に移り住んでいる(56)。環山は浙江省衢州府江山縣にある。衢江が分かれて江港となる川沿いにあり、風水上勝れた土地である。『環山汪氏宗譜』には、一族が環山周邊で商業に從事した記事が多くみられる。同治六（一八六七）年の杰の傳には次のようにある。杰は父が早世したため、兄とともに江山縣縣城に一割の金利の「錢肆」を開き、次第に裕福になった。しかし、鍾愛するおいの結婚費用として店の金を多額に費やしたため、經營が行きづまるところとなった。兄や一族に累が及ぶことを恐れた杰は、借金を一切背負い、陝西省に官として赴く一族の者が彼に幕下に入ることを要請したため、それに應じることにした。このとき、江山縣の北の開化縣で典業を營んでいた一族の嶽中が、杰の置かれた狀況を見るに見兼ねて彼にその經營を委ねた。杰はその典業の經營で利益をあげ、利益の一部を資金として農業を始め、幸い豐作であったため更に利益を得、次にはその利益で開化縣に食料と酒の店を開き、貧しい者を援助して暮したとある。ここでいう農業が、地主となったことを意味するのか、農業經營に直接たずさわることを意味するのかは明らかではない。このほか、嶽中の子は親の營んでいた開化縣の典業を受け繼ぎ、更に油坊を創立し、土地を購入したとある。また、同治年間から民國年間に及ぶ記事によって、ほかにも開化縣で典業を營んでいた者、開化縣と江山縣の中間にある常山縣で雜貨店を營んでいた者がいたことがわかる。多くは金融業や商業で利益を得ると土地を購入しているが、ほとんどの場合、實際に農業經營に從事したわけではない。他方、常山縣で雜貨店を營んでいた丙鎔については、土地をほとんど所有せず雇人らの給料などすべてを店の收益から出していたと特筆されている(57)。以上のことから、この地の汪氏の活動形態として次の三類型があったことがわかる。すなわち、（一）商業のみ、

（一）商業と地主的土地所有による農業との兼業、（三）商業、農業間における状況に應じた轉換である。この中で（二）が最も一般的であり、（一）はむしろ例外的であったと思われる。なお『環山汪氏宗譜』には、汪華長子系唐模派のうち、銅山へと移った一族がいたことを記しているが、その記述は乾隆年間の編纂と思われる『汪氏統宗正脈』の引用である。(58)

歙縣坦川（坦頭）は土地が廣く平であり、これも優れた土地である。(59)六十世輗のとき婺源縣大畈から巖坑に移り、歙縣鍾奇を經て、六十三世逢春のとき歙縣坦川に移った。『績東汪氏重修宗譜』は、歙縣坦川から七十六世廷傳のとき績溪縣東作門に移り住んだ支派の族譜である。(60)この支派には明代以降商業に從事し、他地域に寄寓しあるいは籍を移している者が少なくない。安徽省内およびその周邊を除き、すでに六十九世のときに淮安へ行っているが、主要には七十八世から八十七世にかけて、すなわち明中期から清中期にかけて、江蘇省淮安、揚州、南京、鎮洋、江陰、無錫、蘇州、太倉、上海、嘉定縣南翔鎭の各府縣鎭、浙江省湖州、嘉興、楓涇鎭を含めた嘉善、平湖、杭州、蕭山の各府縣のほか、北京、河南、福建などへの移住が顯著である。とくに蘇州への移住が目立つ。(61)この一族は清末および民國期に至るまで活發に商業活動を行い、清末には一族の中から歙縣商會副會長など公的な重要ポストに就く者が出ている。(62)

『汪氏文獻考』にその族譜の序文がある浙江省蕭山に移った支派も、五十六世道安の子孫である。道安の後、六十二世惟謹のとき浙江省鄞縣に移った。(63)その後蕭山に移ったと推測できるが、太平天國のときに古い族譜は消失したとあり、その經緯は不明である。この支派の子孫には清代の學者汪輝祖がいる。(64)なお、前述した績東汪氏も道安の系でありその一族の中に浙江省蕭山に移った支派があるが、これとは別系である。

このほか道安の系で浙江省に移った支派として山陰汪氏がある。『山陰汪氏譜』によれば、この支派は婺源縣縣城から大畈に移り、元末に浙江省山陰（紹興）に移った。(65)更に山陰に移って後の十八世琡のとき太平天國の亂に遭遇し、彼は堂弟らとともに廣東省番禺縣に移居したとある。[66]この琡の子が民國の政治家汪兆銘である。[67]族譜の記事は多く族人が官職に就いたことと學問や文學の業績が記されているのみで商業についての記事はない。但し、元中國社會科學院研究員の汪向榮氏が汪兆銘本人から生前聞いた話では、實際に婺源から紹興に移ったのは太平天國のときであり、紹興では典業を營んでいたとのことである。

## 六、『休寧西門汪氏宗譜』

休寧西門汪氏も、五十六世道安の派であり、宋代休寧に移っている。『休寧西門汪氏宗譜』の世系表は、南宋隆興元（一一六三）年生まれの六十七世汝鎔から始まり清初まで百五十人弱が記載されている。淳祐五（一二四五）年生まれの七十世士通のとき「殖財積產」とあるものの、南宋時代は官職に就いたり儒を業とする者がほとんどである。他地域へは七十一世から七十四世の間、黟、歙兩縣のほか、江西省、浙江省石門、福建省福州、陝西省西安、山東省光州への移動や移住がみられる。

明代以降、彼等一族の多くは商業に從事し、その移動は頻繁にして多地域にわたる。明代以降の彼等の活動と移動については以下の如くである。（一）終生儒を業とした者は少なく、「業儒」と記載があるのはわずか六人であり、彼等は移動していない。官や吏の職に就いたのはわずか四人である。[68]（二）永樂年間生まれの三人および嘉靖年間生まれの一人については、「創業」によって裕福になったという記述がみられる。その一人七十五世耆祐の子は「鄕飮大賓」[69]となり、その孫は「業過勞而歿」とある。また同じくその一人八十一世鐵の次弟と三弟は淮安に寄寓しあるいはそこに移り住み、彼等の子は蕪湖に移ったとある。[70]ここでいう「創業」または「創業起家」が商業であったと斷定することはできないが、前後の記事から商業と考えるのが妥當であろう。（三）嘉靖年間から清初にかけて、鐵工業や鹽業を中心とした商業に携わり財を成したという記述は少なくない(71)。正德十三（一五一八）年生まれ、萬曆二十五（一五九七）年沒の七十九世昱は、はじめ儒を業としていたが、商業に從事し、ついで鐵工業（鐵冶）に進出し百人以上の勞働者を雇用していたとある。その後、鐵工業が地脈を痛めることを憂慮してこの事業をやめ、鹽業に轉じて子々孫々これに從事し百年以上も榮えた。昱が鐵工業をやめてまもなく、政府もこれを禁止し、族譜はその先見の明を稱えている(72)。ここでいう地脈を痛めるという考え方は風水の思想に基づく表現であるが、現代風にいえば公害の發生を憂慮したともいえよう。また彼は宗祠を建立している。なお昱による鐵工業の事業には、一族の他の者も參加していたことが族譜には記されている(73)。（四）商業、とくに鹽業に從事することにより、彼等の大部分は他地域に寄寓し、あるいは籍を移している。移動ないし移住さきは淮安、杭州、揚州に近い儀徵（儀眞）がとくに多く、ほかに金陵、松江、蘇州、無錫、崑山、徽州に隣接する浙江省と江西省の各縣、蕪湖など安徽省各縣、武昌など湖廣地域も少なくない。更には湖南省の長沙、湘潭、四川省、貴州省にも及んでいる(74)。この移動は、七十九世以降にとくに集中している。

## 七、『休寧汪氏支譜』

汪原渠編纂の『休寧汪氏支譜』も、五十六世道安の派であり、道安の子源が婺源縣珠里に移り、六十世璣のときに休寧縣西鄉資村に、更に七十二世元一のとき休寧縣汪村に移った支派を記載したものである。元一は越蔭堂の始祖とされ、その子孫は、江蘇省では蘇州城内や閶門外、常州、江寧、通州、金山、安東、宿遷、六合などの各府州縣、浙江省では杭州、楓涇鎭を含めた嘉善、新城、永嘉、開化、王山、建德などの各府州縣、蕪湖などの安徽各縣、鉛山などの江西省各縣のほか、湖北省漢口、福建省へも移り住んでいる(75)。

その中で比較的詳しい記述があるのは、『休寧汪氏支譜』の編纂者の祖八十六世本秩の支派である。彼は乾隆から嘉慶へと年號が替わる際、鹽を扱う客商として蘇州に赴き、ここに居を移した。本秩の長子、次子、三子はそのまま休寧に住み、四子、五子、六子、七子は蘇州に住んだ(76)。このうち、長子、三子は貢生に、次子、四子、五子、六子は候補選府同知などの官職を得ている(77)。休寧に殘った者と蘇州に移った者との連絡は絶えず、道光初年には休寧越蔭堂宗祠を建て族譜を編纂した(78)。

本秩の曾孫丙照は、長兄が家業を繼ぎ常州に移った後の道光十六（一八三六）年、商籍で杭州府學に入學し、咸豐元（一八五一）年擧人となった。咸豐五年、休寧が太平天國軍によって陷落すると安慶の曾國藩のもとへ行き、李鴻章が上海へ赴くのに同道した。その後、丙照は李鴻章によって安徽省南部における茶局の業務を擔當することを命ぜられ、軍餉を集めることに功あったとされている(79)。このほか、光緒二十一（一八九五）年に吏部侍郎になった鳴鑾も本秩の曾孫である(80)。なお、これら本秩の子孫の原籍は休寧であるが、杭州府學・縣學に入學した者が多く、彼等の公式の籍は浙江省杭州府錢塘縣となっている。蘇州に居住しながら杭州の府學・縣學に商籍で入學し、公式の籍が浙江省杭州府錢塘縣となっているのは、前述の唐模派呉趨汪氏にもみられる(81)。

## 八、『汪氏義門世譜』

『汪氏義門世譜』に掲載されている汪氏は汪華の八子系であり、巻末には、五代末、黄墩から旌德縣新建に移った六十一世廣の子の漸の系、百七十九族の系圖が示されている。しかし、涇（縣）東龍溪派の記事には、南宋の紹興年間に六十世邃が新建から石川松木坊に移り、その子念九が浙江省涇縣の東龍溪に移ったとある(82)。なお「義門」というのは、北宋の咸平四（一〇〇一）年、義門を詔賜されたことに基づく(83)。

義門汪氏の移動ないし移住地域は、當然のことながら安徽省内が最も多く、浙江省がこれに次ぎ、江蘇省も少なくない。江蘇省の中では、金陵、揚州、江寧が比較的多い。このほか、湖廣、江西省、廣東省潮州、山東省濟寧、陝西省延安、河南省汝寧、北京に移動ないし移住したことが記されている。これらの移動ないし移住した者の世代は、六十一世、六十三世、六十八世と六十代の世代が若干いるほか、七十世代の後半から八十世代の初めまでに集中している。安徽省、浙江省への移住が比較的分散的に行われているのに對し、江蘇省はこの七十世代後半以降に集中している。移住年代については記されていないが、官職に就いた者についてはその時期が記されているため、類推することは可能である。それから推せば、六十一世は五代末に當たり、六十八世前後に明朝が始まり、七十世代後半からは明末清初となる。從っておおざっぱではあるが、五代末に旌徳に移った義門汪氏の移動ないし移住は次のようにいえる。すなわち、南宋と明の初めに若干の移動や移住があり、明末から清の乾隆年間にかけてかなりの移動ないし移住があったということである。この族譜の編纂年代は明確にはできないが、記事の内容から乾隆年間と推測され、明末清初期に一族が分散したため確認作業として行われたと思われる。なお、族譜中に商業に從事したという記述はあまり多くはない。むしろ「鄉飲大賓」になったり官職に就いたことの記載が目立つ。但し、清初金陵で銀器の制作技術を習得し、西安で店を開き、その技術が優れていたために繁盛して資産を殘した者についての記述がある。(84)

## 九、『休西雙溪汪氏家譜』

『休西雙溪汪氏家譜』に記載されている汪氏は、汪華の堂弟鐵佛の系である。『休西雙溪汪氏家譜』には五十三世から系圖が示されているが、七十二世景のとき浙江省杭州に住み、顧氏に入り婿した後、元末の七十三世德甫を經て、七十四世以後八十世にかけて分枝した二十八支派が記されている。分枝が行われた世代と年代とについては、次のことがみてとれる。分枝が行われたのは、七十四世の五支、七十五世の四支、七十六世の二支、七十八世の十支、八十世の六支である。年代が記されたものから類推すれば、七十四世は元末から明初、七十八世は明代の正徳年間以降、八十世は明代の嘉靖年間以降萬暦年間に生まれた者がほとんどである。

この一族の移動および移住地域については、とくに蘇州が壓倒的に多い。そのほか、江蘇省では、松江、江寧、常州、無錫、毘陵、如皋、金壇、上海、宜興、海州、泰州の各州縣、浙江省では、烏鎮を含めた湖州、濮院鎮を含めた嘉興、平湖、淳安、龍游、秀水、石門、紹興の各府縣、更に數は少ないが、北京、陝西、湖北、廣東、廣西と各地に廣がっている。また、江西省では景德鎮が多く、安徽省内の移住もあるが、杭州に移って後の記載であるためか他の汪氏に比べて比較的少ない。

商業に從事した者の記述は、この族譜には多くはなく、そのほとんどは明代である。弘治九（一四九六）年生まれの七十七世曒、嘉靖十五（一五三六）年生まれの七十九世鉦、萬曆三十七（一六〇九）年生まれの八十世若淳、萬曆四十八（一六二〇）年生まれの八十一世愼機、崇禎十三（一六四〇）年生まれの八十二世時薫が客商となり毘陵や湖北に赴いたこと、八十三世鶴佳が小商賣を營んだことのほかは、雍正五（一七二七）年生まれの八十五世德洪が若いときは清貧にして中年になって「經營により裕福となった」とあり、商業を營んでいたことを推測させるのみである。この休西雙溪汪氏は、明末から清初にかけて進士となり官職についた者が比較的多い。例えば、清初に進士となり翰林院庶吉士となった八十四世由敦の子と孫とは「蔭」によって官職を得、曾孫は「捐」によって官職を得ている。ほかの例でも長子が進士となり官職を得た場合、その兄弟と進士となった者の孫までは官職を得られたようである。また、兄弟の子も比較的優秀であれば太學生となり官職を得、よほどできが惡くない限り庠生になり何らかか職を得ることができ、あえて他の生計の道を求めなくてもよかったとも考えられる。(85)

## 第三節　移動と商業活動の特性

ここでは以上の族譜の内容に基づき、移動ないし移住の全體的様相をとらえてみたい。

まず移動ないし移住の時期、原因、地域について考えてみよう。移動と移住は常時行われていたとはいえ、汪氏の場合、唐の黃巢の亂のときに績溪から旌德縣新建に移って後、建炎の戰亂すなわち南宋成立の時期と明代とくに末と清初に移住が顯著である。また太平天國の時期にも移動と移住が行われた。移動の原因は、第一に戰亂であり、第二に商業上の利便であり、第三に差遣である。そして、いずれの場合も移動さきの風水が良かったり、生活上都合が良いなどの條件によってそこに住み着くこと、すなわち移住が行われた。戰亂を移動の原因とした場合、鄉里を離れ、鄉里の家が破壞されたような場合には、秩序が回復すると條件の良い地を求めてそこに移住し、或いは逃亡さきの地の條件が良ければそこに住み着いたこともあった。例えば婺源縣の各集落が新たにできたのは、王朝交替期とくに成立期に多い(86)のもそのためと思われる。移動の時期と移動の原因との關係についてみれば、差遣は時代を問わず、平時は商業上の利便を、王朝交替期には主に戰亂を原因としている。但し、同じ王朝交替期であっても、南宋成立の時期は多く戰亂それ自體を原因とし、明末清初と太平天國期には戰亂と商業上の利便とを合わせた複合的な原因によるものが多い。また移動ないし移住地域は、『汪氏通宗世譜』の記述に基づけば、當初は安徽省内や安徽省に隣接する浙江省、江西省がほとんどである。他方、明代以降は、商業の全國的規模での發展を背景とし、業務上の利便を原因とした場合が多いだけに長江下流域を中心とした遠隔地が少なくない。とくに鹽業に從事している場合は、淮安、揚州、杭州などの地が多い。また明清の王朝交替期や太平天國期における戰亂を原因とする移動も明代の商業發展にともなう移動という經驗を經た後であり、最終的居住地としては長江下流地域を中心に遠隔地を含むことになる。

次に、商業上の利便を原因とした明代以降の移動ないし移住の狀況について、より詳しく檢討してみよう。族譜の記述にもあるように、客商となり外地に出る者は、宏村汪氏のように宋代からいたとはいえ、明代とりわけ明中期以降に著しい。しかし、客商としての移動は數年後に鄉里に歸ることが前提である。彼等は外地で財を得て鄉里に戻ることが目的なのである。例えば、婺源縣汪口には、淸代佃戶であった者が客商として外地に出て財を得て歸った後建てたという家が現在も存在している。その家は周圍の他の佃戶の家に比べて大きいとはいえ、著しい差異があるわけではない。換言すれば、こうした成功者の存在は周圍の者に自分も成功し得るという希望を與え、そして人々は親族などから借りた資金を手に次々に鄉里を離れたのである。しかし、當然のことながら成功する者はその一部にすぎない。多くの者は二度と鄉里に歸ることはなかったであろう。族譜に外地に移ったことだけが記されていたり行方不明とあるのは多くこういう者であったと思われる。汪氏以外の者の族譜にも家が貧しく學業を棄てて商業に從事したという記述は少なくない。佃戶を含めて農民としての生活を棄て、あるいは學業を棄て外地へ出ていくという狀況は少なくとも太平天國の時期まで、あるいは中華人民共和國成立前後まで續いていたといえる。この場合の商業とは商店の店員になったことも含めている(87)。

しかし、明代に客商など商業に從事し成功した一族の家は、婺源縣汪口の元佃戶の家とは樣相を異にしている。例えば宏村汪氏の家は宏村の中で他を壓している。宏村汪氏は鹽を扱い財を得た。また本章でとりあげた外地に移住した後に編纂された數編の族譜には、鹽業に從事し財を得た家のものが多い。しかもその移住の多くは明末であり、移住さきは淮安、揚州、杭州、蘇州、漢口など鹽業やその他の商業にとって重要な都市あるいはその周邊の市鎭などである。彼等は主に明末、業務上の利便から杭州などの地に移り住んだ。そして、一族の中から官職となる者を出すなど、新たな地での信用を得るために、あるいは祖地に殘った者に自らの成功を印象づけるために、子弟の教育も重視した。更に明から淸への戰亂と王朝交替によって、彼等は安全などの面で大都市に住む利を認識したと思われ、以後その地に定住するようになった。乾隆年間の政府公認鹽業の經營不振を含めたインフレとそれに續く經濟不況、そして土地投資利益の相對的安定增大は、資產をもつ者をして危險のともなう商業からの撤退を選擇させる要因ともなった。このこともまた移動の減少という結果をもたらしたと思われる。しかし、第一章で述べたように、商業から撤退した後も商籍のままでいた者は少なくない。それは科擧のとき有利であったことにもよるが、商業からの撤退はあくまで狀況に應じた「業」の選擇であり、狀況が變われば選擇も變わると考えていたともとれなくはない。但し、こうした選擇は、それが可能な者に限られていたのであり、前述したように底邊では外地へ客商として出ていく者は續いていたのである。

最後に移動から定住への經緯がいかなるものであったかを、資料中の移動を示す語句「遷」、「遷居」、「(卜)居」、「寓」更には「葬(地名)」、「沒於(地名)」などを通して考えてみる。例えば、七で示した休寧汪氏の場合、父本秩は蘇州へ商業のために赴いて後ここに「遷居」し、長子、次子、三子は休寧に「居」住し、四子以下は蘇州に「寓」したとある。また『汪氏義門世譜』も「遷」「居」、「寓」を細かく分けている。もちろん同一事象をある部分では「遷」と記し、ある部分では「居」と記している族譜も少なくない。從ってあまり語句にこだわることは適當ではないが、しかし次のことはいえるであろう。すなわち「遷」とは、移動したさきの土地で「遷」の記述がある族譜が編纂されているならば、完全に生活の場を移した場合であり、もとの場所に殘った族人によってそれが編纂されているならば、移動した者が歸って來ない場合である。科擧のときの出身地(=籍)がどこかということも問題になるが、商籍ということがあるので、これは實質的な移動の意味をなさない。これに對して「居」と「寓」は、客商となって赴いているというようにあくまでもそこに住んだという意味である。とくに「寓」は族譜編纂者の側に一時的なものと認識されている場合であろう。當然のことながらこれらの表現は、族譜編纂のときの編纂者の主觀に關わる問題であるが、移動や移住と族譜編纂との時間が隔たれば隔たるほど客觀性をもってくるといえよう。また「沒於（地名）」は、單にその地で死んだことにすぎないが、外地に「葬」られたということは祭祀を行う子孫もまたそこに住み生活している可能性を示す。例えば、明末杭州に移った宏村汪氏の場合、康熙二十九年に一族の夫婦が死んだときには徽州に葬っていたのが、三十四年にその孫の夫婦が死んだときは杭州に葬り、更に二年後には徽州に葬ってあった子の夫婦を杭州の南に葬りなおしている。(88) そして移動の最終段階が新たな定住地での宗祠の建立と、自分たちの族譜の編纂である。杭州の宏村汪氏の場合、まず初めて杭州に居を構えた元臺以下四世が杭州に葬られ、その後宗祠が建てられている。(89) 宗祠の建立は、新たな地の住人としての社會的認知を求めまた確認するための事業であるともいえる。このほか、官職に就くことは新たな地での社會的認知をもたらし、徽州などの地では「鄉飲大賓」に選ばれることも新たな地での社會的認知を示したものであるといえよう。これらはともに資力と教育を必要とする。「鄉飲大賓」に選ばれるためには、「德」すなわち橋や道路を造るための寄附とその地の人々の相談にのるといった、資力とある程度の教養とが必要であるからである。新たな地への移住は、單に人間が移動し居住するというだけではなく、こうした諸段階を經て完了するといえよう。

族譜の編纂についていえば、宗祠の建立もしくは修理再建とほぼときを同じくする。新たな地に移り、その地に住む一族の系譜と移住後の活動とを示した族譜の編纂が目指されることになる。この新たな族譜を編纂する目的は、新たな地に住む一族の連携と鄉里や他の地に住む同族との連係とを確認し、新たな地における信用を確保することにあったといえよう。また『武進汪氏家乘』のように、太平天國後においては、離散した一族の者の所在や狀況を調査し、太平天國のときに散逸した族譜を編纂しなおそうというものである。更に『汪氏振綺堂宗譜』、『鎭邑汪氏宗譜』、『山陰汪氏譜』のように一族の中から出世する者が出て、その一族の境遇が大きく變化した場合も族譜編纂の契機となっている。いずれにせよ、族譜編纂の目的はルーツ探しにあるのではなく、「現在」における自分たちのアイデンティティの確認とネットワークづくりにあったといえるであろう。

## おわりに

本章では族譜に現われた、六世紀以降の汪氏の移動および移住とその商業活動とを整理し、それらを歴史的に辿り検討することによって、それらの實態を示した。この汪氏の動きをあえて例えれば「液體」の動きということができよう。力を加えなければそれは動かないが、一定の力が加わればそれは流れていく。しかしこの「液體」はそれ特有の密度や色彩をもち、他と混ざり合いつつ獨自の世界をもつ。この彼等のアイデンティティの基盤にあるのが、祖先と祖地とを同じくするという認識であったのではないだろうか。そして現實の社會において、生命財産と利益とを守るために機能したのはこの認識に基づくところのネットワークであり、その構築と維持のためのひとつの營みが祖先を祀ることすなわち宗祠の建立であり、族譜の編纂であったといえる。この汪氏の特性は、徽州を祖地にもつ他姓にとってもほぼ共通するものであったであろう。

注

（1）　本章では表題を除き、「遷」すなわち數代にわたって生活の基盤を他地に移し籍を移した場合を「移住」、籍を移していない「寓」と稱される場合は「移動」または「寄留」と記した。
(2) 汪大燮編『杭州汪氏振綺堂宗譜』(民國十九年)巻一・世系など。なお以下の注において編者、編年がないものは、族譜の中に編者および編年が記されていないものである。
(3)『武進汪氏家乘』巻二「汪芒辨」など。
(4)『汪氏統宗正脈』「歴代修譜名氏」。
(5)『重建呉淸山汪氏墓祠徵信錄』(民國十四年)巻之一「淸道光六年安徽巡撫鄧公碑文」。
(6)『汪氏通宗世譜』巻首「派遷淵源」。
(7)『潁川汪氏大宗歴朝續錄』。
(8)『汪氏義門世譜』巻十三上「繁村譜序」。
(9)『汪氏通宗世譜』巻首「派遷淵源」。
(10) 汪曾立編『平陽汪氏九十一世支譜』凡例一・世系摽。
(11) 汪體椿編『呉趨汪氏支譜』(宣統二年)など。
(12)『弘村汪氏家譜』世傳・巻之四。
(13)『平陽汪氏九十一世支譜』巻上・世系。
(14) 汪者賓『環山汪氏宗譜』(道光十三年)。
(15)『弘村汪氏家譜』巻之首、『平陽汪氏九十一世支譜』凡例一・世系摽、『杭州汪氏振綺堂宗譜』巻一・世系。第一章でも述べたように、「宏村」はもとは「弘村」であった。しかし、乾隆帝の名が「弘曆」であったため、「宏村」に改められた。本稿では、族譜の固有名詞として以外は「宏」の字を用いた。
(16)『弘村汪氏家譜』世傳・巻之四、『平陽汪氏九十一世支譜』巻一・世系。
(17)『弘村汪氏家譜』世系、世傳・巻之四。
(18)『弘村汪氏家譜』世系、世傳。

(19)『杭州汪氏振綺堂宗譜』巻三・志乘「育青公傳略」。
(20)『弘村汪氏家譜』事實。
(21)『弘村汪氏家譜』邱墓。
(22)『弘村汪氏家譜』世系、世傳。
(23)汪怡・汪詒年編、(民國二十一年)。
(24)『汪氏統宗正脈』「黟北石鼓山德修統宗譜序」。
(25)『汪氏統宗正脈』「開陽游川派汪氏世系譜序」。
(26)『武進汪氏家乘』巻十四「建公派延芳公支世圖」。
(27)『武進汪氏家乘』巻十四「建公派延芳公支世圖」。
(28)『武進汪氏家乘』巻十五「建公派江陰青暘支世圖」。
(29)『武進汪氏家乘』巻十六「建公派延璋公支世圖」。
(30)『武進汪氏家乘』巻十六「建公派陽湖白家橋支世圖」、巻十九「海雲公傳」。
(31)『武進汪氏家乘』巻十九「廷楠汪公傳」、「藍田公暨德配胡孺人傳」。
(32)『武進汪氏家乘』巻三十一・分遷。
(33)汪炳生『鎭邑汪氏宗譜』(民國四年)巻一・世系圖考。
(34)『鎭邑汪氏宗譜』巻一「新安遷居四明各派分支紀略」。
(35)『鎭邑汪氏宗譜』巻一「大雷丹山氏重修宗譜序」。
(36)『鎭邑汪氏宗譜』巻四「遷鎭后世系總圖」。
(37)『鎭邑汪氏宗譜』巻四「炳生先生五十壽序」。
(38)『鎭邑汪氏宗譜』巻四「炳生君傳」。
(39)『鎭邑汪氏宗譜』巻四「遷鎭后世系總圖」。

（40）『鎮邑汪氏宗譜』巻四「遷鎮后世系總圖」。
（41）『鎮邑汪氏宗譜』巻四「祖品先生六十壽序」。
（42）『黄岡汪氏宗譜』巻四、巻七。
（43）『黄岡汪氏宗譜』巻四「銘相公傳」。
（44）『黄岡汪氏宗譜』巻四「功臣公傳」、「達夫公傳」。
（45）『黄岡汪氏宗譜』巻四「有齋公傳」。
（46）汪秋潭『海寧汪氏支譜』（同治六年）巻一・行述「汪雲海府君行術」。
（47）『海寧汪氏支譜』世系圖。
（48）『呉趨汪氏支譜』巻首「呉趨宗譜序」、「呉趨汪氏支譜序」、「重修汪王廟後殿碑記」。なお、『汪氏通宗世譜』では六十七世となっている勃は、『呉趨汪氏支譜』では六十六世となっている。
（49）『呉趨汪氏支譜』世系述巻五。
（50）第二章第二節「徽州商人の商業活動」参照。
（51）『潁川汪氏大宗歴朝續錄』「尙義堂」。
（52）『潁川汪氏大宗歴朝續錄』「孝廉方正前訓導汪君廷榜墓誌銘」、「汪先生事輯逸」。
（53）『汪氏文獻考』傳。
（54）『汪氏文獻考』「景徵堂汪氏世系年代表」。
（55）『汪氏文獻考』「景徵堂汪氏里居」。
（56）『環山汪氏宗譜』「元婺源大阪修譜序」、『績東汪氏重修宗譜』（民國十四年）「汪氏坦川遷祖南軒先生傳」。
（57）『環山汪氏宗譜』「汪氏統宗正脈遷派目錄」。
（58）『環山汪氏宗譜』傳「俊亭公傳」。
（59）『績東汪氏重修宗譜』「汪氏坦川遷祖南軒先生傳」。

(60)『汪氏通宗世譜』巻首「派遷淵源」。
(61)『績東汪氏重修宗譜』「錄舊譜癸南巖溪晥公下遷徙錄」。
(62)『績東汪氏重修宗譜』「竹溪公傳」、「惟昇汪公傳」、「飲賓寧靜翁傳」、「歙東龍溪坦川裔□楊木坑派」、「上舍派」。
(63)『汪氏文獻考』「浙江蕭山大義村汪氏譜序節錄」。
(64)『汪氏文獻考』「龍莊公大義譜序」。
(65)汪兆鏞著『山陰汪氏譜』（民國三十六年）序。
(66)『山陰汪氏譜』錄・第二。
(67)『山陰汪氏譜』譜表。
(68)汪澍修『休寧西門汪氏宗譜』（順治十年）承奉公支世系・世系表。
(69)知府、知縣などの地方官は、毎年一月十五日と十月一日に鄉里の年高有德の人を招いて宴を催す。これを鄉飲酒禮といい、招待された年高有德の賓客のうち第一の賓客を大賓という。（『大淸會典事例』禮部・風敎・鄉飲酒禮）
(70)『休寧西門汪氏宗譜』承奉公支世系・世系表。
(71)『休寧西門汪氏宗譜』承奉公支世系・世系表、巻十二・承奉支文「處士以振公墓誌銘」、「處士賞公行狀」、巻十四・承奉支文「處士鼎公行狀」。
(72)『休寧西門汪氏宗譜』承奉公支世系・世系表。巻十四・承奉支文「太醫院吏目公昱行狀」。
(73)『休寧西門汪氏宗譜』巻十四・承奉支文「處士鼎公行狀」。
(74)『休寧西門汪氏宗譜』承奉公支世系・世系表。
(75)汪原渠編『休寧汪氏支譜』（民國二十六年）正編下「元一公支派分遷地域表」。
(76)『休寧汪氏支譜』敍。
(77)『休寧汪氏支譜』正編・小傳。
(78)『休寧汪氏支譜』敍。

(79)『休寧汪氏支譜』正編下「汪炳照傳」。
(80)『休寧汪氏支譜』正編下「清誥授光祿大夫前吏部右侍郎柳門公墓誌銘」。
(81)『吳趨汪氏支譜』世系述卷七。
(82)『汪氏義門世譜』卷九。
(83)『汪氏義門世譜』卷十三上「繁村譜序」。
(84)『汪氏義門世譜』卷十五中「于海公傳」。
(85)『休西雙溪汪氏家譜』「休西雙溪汪氏代表」。『休西雙溪汪氏家譜』に記載されている最も若い族人は嘉慶年間の生まれである。
(86)前掲婺源縣地名委員會辦公室編印『江西省婺源縣地名志』。
(87)龔麗正編『浙江杭州龔氏家乘』(嘉慶年間)また、(杭州)徽州學研究會での聞き取り調査による。
(88)『杭州汪氏振綺堂宗譜』卷三・志乘。
(89)『杭州汪氏振綺堂宗譜』卷三・志乘。

# 補論　徽州商人と近江商人の商業倫理比較

## はじめに

かつてマックス=ウェーバーは禁欲的プロテスタンティズムの立場によって職業倫理に資本主義成立の契機を求め、中國では倫理的人格への努力がなされず、資本主義の精神を出現させることは不可能であったとし、これに加えて資本主義を出現させる政治・經濟・社會體制が中國にはなかったとした。後者の資本主義を出現させる體制が中國にはなかったとする論點については、これまで多く議論の對象とされ、中國では、一九五〇年代に「資本主義萌芽論爭」が展開された。他方、前者の中國における職業倫理の問題については、これまで論じられることが少なかったが、近年余英時氏が『中國近世宗教倫理與商人精神』(1)の中で、ウェーバーの論を批判した。余英時氏のウェーバー批判は興味深いものであるが、氏の論をまつまでもなく、その道德や倫理を西歐のプロテスタンティズムの職業倫理と比較してどう評價するかはともかくとして、明清時代の商人が儒家倫理を中心とした佛教や道教倫理と結びついた商業道德や倫理(2)を有していたことはいうまでもない。他方、日本の江戸時代の商人もまた彼等の商業道德や倫理を有していた。日本社會には、中國から直接あるいは朝鮮半島經由で、佛教、道教、儒學が導入されていたから、當然のことながら兩者には共通する部分が少なくない。さらに、商業道德が形を整えた背景には商業の發展と現實の商行爲があったからであり、西歐における商業道德や倫理とも共通する部分も多い。例えば、勤勉、儉約、誠實、信用などである。しかし、何故これらのことを守らなければならないかという理解において、また、これらのことがどのようにして實現されるかについては、中國、日本、西歐では違いがみられる。それは、政治や社會のあり方の違いにもとづくといえる。そこで、本論では、明淸時代の中國における商業と商人について理解するための一つの手掛かりとして、明淸時代の中國と江戸時代の日本の商業道德と倫理について、西歐の商業倫理を視野に入れつつ比較を試みるものである。

## 第一節　中國における商業道德と倫理

筆者は第一章「商業と商人の歷史的位置」の中において、明代中期以降、「農本」「商末」という價値觀に變化が現われたこと、さらには「士」を「農」や「商」より尊ぶという考え方に變化が現われたことを示した。すなわち例えば、明代萬曆年間、陝西商人の王來聘がその子孫に對して「四民之業、惟士爲尊、然而無成、不若農賈。吾所謂成非科名富貴、爲人子孝、爲人弟弟（＝悌）而已。［四民の業としては、ただ士が尊いとされるが、成すところがないよりは農業や商業に從事した方がよい。私が成すところといっているのは、科擧に合格して官僚になることや富貴になることをいっているのではなく、人の子であれば孝、人の弟であれば悌を盡くすことをいっているのである。(3)］」と述べているように、人間の尊嚴とは、人間のあるべき心的狀態とそれにより結果される行爲によって決定されるべきものであり、職業によって尊卑を定めることは誤りであるとしたが如くである。徽州商人など明淸時代の商人の特徵として注目すべきは、こうした認識の變化と對應して儒家倫理と結びついた商業道德や倫理が明確に示されたことである。とりわけ徽州では「賈而好儒」すなわち商業に従事する一方、學問を好み、子弟の教育に熱心な者が多かった。徽州は朱熹の鄕里であり、「文獻の國」あるいは「禮儀の邦」と稱され、儒家の思想と道德が重んじられていた。そのため、子弟の中に學術に秀でた者がいれば、一族でその學業を支援した。彼等は積極的に族譜の編纂を行ったが、族譜には多く朱熹の思想や道德に則った「家訓」や「家規」が記されている。從って、徽州商人の商業經營は儒家、とりわけ朱熹の倫理規範の影響を強く受けるところとなった。以下、徽州商人の商業道德として代表的なものを擧げてみよう。

第一に、「以誠待人」すなわち、客に對して誠實に對し、客を欺くことがあってはならないとした。そうしてこそ客の信用を得ることができるというものである。また、共同經營者や雇用人に對しても誠實であるべきであるとした。(4)

第二に、「以信接物」すなわち、信用を重んじるということである。歙縣の商人許文才は、市場に二つの價格はなく、「信義」によってこそ名聲を得ることができ、そうであってこそ人々は（その人と）取り引きし商品を購入するのであると述べている。(5)また、胡仁之は商品の質と量についても重視し、例えば飢饉の年であっても惡質な米を賣り暴利を貪るようなことはしなかったとある。(6)

第三に、「以義爲利」すなわち「義」をもって「利」を求めるということである。例えば、清代の徽州商人凌晉は、もし商品の量が少ないことがわかれば、必ず補償しなければならなくなると述べ、(7)「義」が商業運營の基本であることを示している。ところで、『論語』に「君子は義に喩く、小人は利に喩し。(8)」とあることなどから、古來商業はあくまで利を追求する末業として卑しまれたとする考え方がある。しかしながら、『春秋左氏傳』の「義以生利」(9)、『國語』の「義者利之本」(10)にみられるように、孔子の言葉は、義からはずれた利の追求を戒めた言葉であると解釋すべきである。そして、商業をあくまで利を追求する末業として卑しむという考え方は、利を追求することと義を追求することとは相容れないものであるという前提にもとづくものであり、「抑商」政策と國家財政の根幹として農業を重視する方針とが歴代の王朝によって受け繼がれ實行されていくなかで確立されてきたものであるとも考えられる。前述したように、明代中期以降、「農本商末」という考え方、あるいは士を最も尊ぶべき業とし、農がこれに次ぎ、工商を最も卑しむという考え方に變化がみられるようになる。とりわけ、徽州や山西、陝西、さらに商工業が最も發展し、これらの商人が多く訪れた長江下流域の人々の間でこの變化は著しい。「以義爲利」という考え方は、こうした變化に對應して、商業行爲を正當化するために再び強く說かれるようになったものであるといえよう。

第四は、「仁」を重視したことである。明代正德年間、安徽省安慶府の潛山、桐城一帶が凶作となり米價が騰貴したとき、休寧縣の米商汪平山は貯藏していた米を貧民に無利子で貸し與えたといわれる(11)。

第五は、「勤儉」を說いたことである。とくに「儉」を說いたものは多い。明の人謝肇淛は『五雜組』の中で「新安は奢にして山右（山西）は儉なり。」と述べている(12)。しかし、徽州を祖地とする多くの人々の宗譜や家譜には、子弟の奢侈を戒める記述も少なくない。また、その家訓や家規などのほとんどは「儉」を說いており、子弟の奢侈を戒める記述それ自體からも、現實はともかくとして理念としては、徽州商人もまた儉たるべきであると考えていたことは疑いがない。このほか、「原來徽州人有个僻性、是烏紗帽・紅綉鞋、一生只這兩件不爭銀子、其餘諸事慳吝了。［元來、徽州の人は固有の特性を有している。それは〝烏紗帽〟すなわち、科擧受驗に合格し官僚となることと、〝紅綉鞋〟すなわち妓樓などで遊ぶことには金錢を惜しまないが、それ以外については吝嗇である(13)。］」という記述もある。

「勤」についていえば、『京江開沙王氏族譜』卷一家訓「習勤儉(14)」には、「勤以開財之源、儉以節財之流、起家之道實基於此、故士勤則學富、農勤則獲多、工勤則藝精、商勤則利倍、賢而能勤則智益、愚而能勤則拙補、故曰敏則有功、苟一崩怠惰則百事但隳矣。［勤は財を開く源であり、儉は節財の流である。家を起こす道は實に此れに基づく。故に士は勤めれば學ぶところ富み、農は勤めれば獲るところ多く、工は勤めれば藝は精となり、商は勤めれば利は倍となる。賢であって能く勤めれば智は益し、愚であっても能く勤めれば拙なさを補うことができる。故に敏であれば功があり、苟くも一たびくずれて怠惰となればすべてすたれてしまう。」」とあり、業が何であれ、また賢者であれ愚者であれ勤であるべきと説いている。

第六に、經營に際しては「人和」もまた重視された。

これらの事柄は當然のことながらそれぞれ關係するものとみなされる。すなわち、長く誠實に對處していれば信用を得ることができ、このことは長期的な視野にたてば利に通ずるというものである。逆に、目先の利にとらわれて不義にして不誠實な行爲を行えば信用を失い、結局利を失うことにもなる。また、「仁」による善事は信用を得ることにもつながることになる。

勿論、こうした商業道德がすべての徽州商人によって守られていたわけではない。彼等の强引で貪欲な商業活動を非難した記事も數多くみられる。また、例えば山西商人の行跡を記した文獻中にも彼等が「誠」や「信」、とりわけ「義」をもって「利」を求めることや「勤儉」を重視していたことを示す記事が少なくない。すなわち、この時期儒家倫理と商業道德とを結びつけることは必ずしも徽州商人に特有のことではなく、程度の差こそあれ彼等商人が競争の中で、あるいは科擧受驗のための學問を含めた教育を通して體得したものであるといえよう。

## 第二節　日本における商業道德と倫理

日本における商業道德について論じる前に、明清時代に相當する時期、とりわけ江戸時代における商業および商人の狀況について簡單に紹介しておきたい。

日本では、儒學を含めた中國文化の導入とともに、商業を卑しむ價値意識は江戶時代以前においてすでに入っていたと考えられる。しかし、江戶時代に先立つ時代において、それが明確に意識されていたかについては疑わしい。一部の者を除けば、職業と社會的身分は流動的であったと考えられる。

學問や思想についていえば、江戶時代には朱子學が官學とされただけではなく、中國の多くの書物や學問が入り、知識人階層はこれを學んだ。各藩政府も藩の政治や財政の方針として、これらを取り入れた。例えば、石田梅巖（一六八五年～一七四四年）が始めた石門心學は、儒學、佛教、道教の三教の所說を取り入れ、商行爲の正當なことを強調し、儉約、堪忍、正直などを說き、庶民の教化を圖った。この石門心學は、商人階層を中心として庶民に影響を與えた。石門心學は、當時の日本社會を反映して各人がその身分境遇に安んずべく說いたとはいえ、明淸時代の中國における價値觀の轉換期の思想の影響を受けているとも考えられる(15)。また、江戶時代後期に殖產興業、新田開發など藩財政の改革を行った米澤藩主上杉治憲（號鷹山、一七五一年～一八二二年）の思想や改革も中國の經世致用の實學の強い影響を受けたものであることは、その時期と內容から推測できる。

ここでは、中國の商業道德と日本の商業道德とを比較するために、近江商人をとりあげる。近江商人の起源は、安土で樂市樂座を施行した織田信長の死後、替わってこの地を治めていた豐臣秀次が安土から近江の八幡に居城を移したため、商人もここに移ったことに始まるとされる。近江は大坂（現大阪）、京都から名古屋を經て江戶に至る最も主要な幹線路である東海道に沿ってあり、また日本最大の湖である琵琶湖の沿岸にあり、琵琶湖を經て日本海側にも通じる交通の要衝でもあった。その意味では、經濟が最も發展していた中國の江南デルタの背後の地である徽州とは地理的條件は全く異なる。近江商人（江州商人ともいう）とは廣義には、近江に屬する八幡、日野、五箇莊などの地の商人を指す。とくに近江商人という場合、近江内で商賣を行う者ではなく、本家を近江に構え他國で商賣を行う者を指す。これは、明清時代に徽州以外の地の人々が徽州から來た行商を「徽商」と呼んだのと同様である。彼等は京都、大坂はもとより、遠くは現在の東北や北海道へも進出した。なお、江戸時代に活躍した商人としては、ほかにも伊勢松阪の商人など數多いが、ここで近江商人をとりあげるのは、日本の江戸時代の商人の中で比較的研究が進んでいること、彼等が外地に積極的に行商に赴き進出したこと、その家訓にみられる商業道徳に他の商人に比べてより著しい特色、すなわち佛教、より正確にいえば淨土教の影響が強いことによる。

以下、近江商人の家訓からみた商業道徳について言及したい。もとより筆者は、日本史についての專門的な知識は持ち合わせていない。そこで、ここでは芹川博通氏が「商家の家訓―近世近江商人を中心に―」(16)の中で、「經濟精神」として「商人の心得」、「經營の心得」、「商人と經營一般の心得」に分け整理されている記述にもとづき、近江商人の家訓などの資料に示された内容を加えて解説を行う。

〔商人の心得〕

一、禁欲と勤勉…實際の家訓には「始末」「節約」「儉約」「質素儉約」などの言葉が使われ、勤勉は「勤勉」「精勤」「勵む」などの言葉が用いられていると芹川氏は指摘する。それ以外にも、「人生は勤にあり。勤は利の本なり。よく勤めておのづから得るは眞の利なり。」(17)とあるように、近江商人の家訓の多くは、勤勉であること、奢侈を戒め、儉約に務めることを説いている。(18)

二、社會奉仕の精神…實際の家訓には「陰德」「陰德善事」の言葉が用いられている。例えば、初代中井源左衛門が著わした『金持商人一枚起請文』には、「隱德善事をなさんより別儀候らはず」とある。

三、正直…誠實とともに信用を生み出すものとして位置づけられる。『正野家家訓』には、「何事にも實儀第一のこと」とあるが、この實儀もまた誠實を意味する。
四、堪忍…佛教用語であり、忍辱や忍耐の意味である。西川莊六家の『子孫の爲に書き殘す書』には「堪忍と用心と簡略とは、鼎の三足の如く、又佛家の佛法僧の如し。」とある。
五、和合の精神…中村治兵衛宗岸の家訓は家族の和合を說き、市田淸兵衛家の『店掟書』では店中の和合、すなわち家族のみならず雇員の和合を强調している。
[經營の心得]
六、安定成長…投機などによらず「薄利多賣」を目指し、それを實現するために「節約」と「勤勉」が要求されることを意味する。
七、自利利他の商い…自分の利益だけではなく、行商先の地の人々の利益も考えるべきであるという考え方である。
八、堅實經營…二代山中兵右衛門が著わした家訓である『愼』[19]は、「不實」「不正麁末之品を取り扱う事」「高利を望む事」、きわものを扱ったり、投機を行うことを戒めている。
九、算用と勘定…採算や損益計算をきちんと考えた經營計畫を行うべきであるという考え方である。この經濟合理主義を制度化したものが、中井家の「帳合法」[20]であり、中井家の「帳合法」は、本支店合併決算と出店の經營管理のための計數を求める管理集中會計システムになっている。
一〇、商品吟味…良い商品を安く仕入れることであり、そのことが「薄利多賣」に繫がると考えられている。

[商人と經營一般の心得]
一一、信心…佛教への信仰を意味し、近江商人の商業活動が强く佛教への信仰によって支えられていたことを示す。
一二、御先祖樣と世間樣…店は御先祖樣からの預かり物であり、世間樣あっての繁榮があるのであるから、祖先の祭禮を怠ることなく、世間様への感謝の氣持ちを失ってはならないとするものである。
一三、家族第一主義…家業を大切にし專念することを意味する。
一四、「天下の有無相通づるが職分」であるという職分観と「利は餘澤」の經濟觀…商人の職分は、萬物の有無を通じ、萬人の用を辨ずることであるという認識を意味する。二代中井源衞門が著わした『中氏制要』には、「商家は財を通じ有無を達するの職分」とあり、「利は餘澤」であると記されている。
一五、遵法商法…公儀すなわち幕府が定めた法や規則を堅く守るよう戒めていることを指す。芹川氏は、この項目は、時代がくだるにつれて多くなってくるものであり、近江商人の活躍が顯著になり、私的藩經濟の枠を越えたことによって、この規定が多くみられるようになってきたものであろうとしている。

## 第三節　中國、日本の商業道德と倫理の比較

ここでは以上で述べた中國と日本の商業道德の內容をもとに、兩者にどのような共通點があり、異なっているのはどのような點であるかを檢討したい。

共通するのは次のことである。第一に、客に對して誠實に對應し、欺くことがあってはならないとしたことである。日本の「實儀」は、ほぼ中國の「誠」に一致すると考えてもよいと思われる。第二に、信用を重んじたことである。第三に、「勤儉」を說いたことである。第四に、「仁」、すなわち「陰德」「陰德善事」を重視したことである。「奉仕」については、中國でも商人が資產を故鄕や居留地の公共事業や福祉事業に投じる例は枚擧にいとまがなく、とりわけ一族の中の貧しい者などを裕福な者が援助することは當然行うべき倫理として認識されていた。從って、具體的方法

に違いはあっても基本的には共通する要素であるといえよう。第五に、中國においては「人和」、日本においては和合の精神を說いているが、これも共通するものである。第六に、商業は「天下の有無相通づるが職分」であり、「利は餘澤」であるという認識である。これは中國から日本に導入された考え方である。このほか、祖先の祭祀を重視するということも共通する。また、近江商人の家訓にみられる「家業第一主義」の家業を大切にし專念するということは、前述したように、日本と中國の社會情況の違いを考慮すれば、前出の『京江開沙王氏族譜』の「習勤儉」に通ずるといえる。同樣のことは、近江商人の家訓の「遵法商法」にもいえるのであり、中國の場合は「尊重國課[21]」、「急條糧[22]」とあるように、國家の税をきちんと納めることと對應する。前述したように、日本においては、この項目は藩經濟の枠を越えた活動を行った近江商人の特性を示しており、社會的狀況の違いがあるとはいえ、國家ないし政府の法に從うことを指示したものであるといえるであろう。さらに、近江商人の家訓にある「安定成長」や「商品吟味」にみられる「薄利多賣」については、中國の商人の商業道德としては見出せない。しかし、中國にも「薄利多賣」という考え方があり、しかも近江商人の活動地域が相對的に豊かであるとはいえない東北などの地域であること、それに對し徽州商人の主要な活動地域が最も豊かな長江下流域であることを考えれば、これも兩者の置かれた狀況の違いによる差異であって根本的な違いであるとは言い難い。

以上の內容は基本的に共通するものである。但し、近江商人の家訓には「帳合法」のような具體的な商業經營に關する具體的管理システムが示されているように、日本の家訓の方がより具體的技術的であり、中國の方がより觀念的である傾向が強い。

次に、中國と日本との違いについて考えてみたい。その大きな差異は、前述したように、日本の近江商人の商業道德には、佛教それも淨土教の影響が強いことである。例えば、近江商人の家訓は、「自利利他の商い」を說いている。

中國でも『晥桐方氏宗譜』巻三「家規」には「生人之秉資不同則所習之業亦異、故士農工商皆可謀生、皆可利世。［人が生きるための資を秉する（方法）は同じでないから、習う業もまた異なる。故に、士農工商皆生きるために謀ることができ、皆世に利することができる。］」とあり、商業が他者なり世なりを利するもの、あるいはそうあるべきものであるという認識では共通するともいえる。しかし、『晥桐方氏宗譜』の内容は、商業を營めばおのずから他を利することになるという確信に滿ちており、商業行爲を卑しむ舊來の價値觀に對して職業の平等を説くものであるといえる。他方日本では、他者を利すことを考えねばならないという商業の營む際の方向を指示しており、この考えは淨土眞宗の開祖親鸞の『淨土和讃』にある「自利利他圓滿」の思想にもとづくものであるとされる。また、前出の家訓の「堪忍」や「信心」も中國の商人の家訓には見られず、「堪忍」については、前出の石門心學が說いたところでもあるが、佛教の影響によるものであるといえる。但し、單に忍耐ということであれば、中國の商人にもあったであろう。しかし、前出『中氏制要』には「人生は勤にあり。勤は利の本なり。よく勤めておのづから得るは眞の利なり。」と、勤が利を生む根源であるという考え方もあるものの、「人は人たる務を大切に心がけ申し候。恩を忘れず冥加を思い、人を敬いうぬぼれの心をなくし、人の難儀を思いやり、人の喜びを樂しみとすれば、天や人の心にかなって商いはうまくいく。」とあるように、商業の成功は、自身の努力のほかに、他者や宗教的存在の力があるとする考え方がみられる。他方、中國においては、「以義爲利」すなわち「義」をもって「利」を求めるという考え方が一般であり、そこには他者のおかげであるという考え方はみられない。

## おわりに

余英時氏は、ヨーロッパの宗教革命が世俗外から世俗内へ轉回をもたらしたと同様に、中國でも佛教の禪宗において、唐代に慧能によって世俗外から世俗内への轉回がもたらされたと説いている。また、キリスト教は外在超越型の宗教であったのに對し、禪宗は内在超越型であったとする。そして、儒學は本來世俗内の教えであったが、唐代にはすでに中國人の日常生活とはかみあわなくなっており、禪宗の影響を受けながら、佛教に奪われつつある精神的な内面の〝陣地〟を佛教から奪い返そうとしたのが宋明理學であったとする。世俗外か世俗内かという問題はここでは論じない。問題は、外在超越型か内在超越型かということである。中國商人の「利」への考え方には、自力によって得られるものという認識が讀み取れるし、「以義爲利」の「義」も外側から強制されるものというよりも、自己内部の認識にもとづくものである。中國にも他力の信仰である淨土宗は存在した、しかし、少なくとも商業道德や倫理への影響は讀み取れない。また、中國の商人にも宗教は存在した。しかし、唐力行氏が『商人與文化的雙重變奏』[23]の中で言及されているように、その信仰の主要な對象は神化した祖先であり、或いは實在した人間が神化した存在である。すなわち、外在超越型の存在というよりも現に存在する自己につながる存在であるといえる。他方、日本の佛教は中國を經由して導入されたものであり、儒學の影響も強かった。しかし、日本の淨土宗や淨土眞宗は、中國の淨土宗の流れを汲むものであるとはいえ、日本の特殊な歴史社會の狀況の下で創始されたものである。日本の近江商人の「利」への考え方に外在型の特徴を見出だせるのは、彼等の生活に他力の佛教信仰が深く根差していたからであると考えられる。近江商人の商業倫理に佛教が強く影響していたということは從來言われてきた。從って、近江商人の倫理をもって日本の商人の倫理を代表させることには問題があるかもしれない。しかし、日本人の世界觀、價値觀と倫理の基礎に、佛教、それも儒教倫理を内包しつつ日本で再構成された佛教倫理があったことを否定することはできない。

ヨーロッパのプロテスタンティズムの場合、商行爲は社會に有用なものと認め、社會生活に貢獻したことに對する

「神の恩寵」が利益であるとする。そして、儉約については「神の恩寵」である利益であるがゆえに、みだりに浪費すべきではないと意味づける。近江商人に見る限り、日本では、商行爲は社會に有用なものであり、利益はその餘澤であるという中國から導入された認識をもつ一方、利益は他者や冥加すなわち神佛の加護によって得たものであり、感謝の心を忘れず謙虛であれということになる。ここからヨーロッパと日本の商人は利を得ることができたのは神や佛という宗教的な存在、すなわち自己存在を超越する者の力によるものとした、あるいは、そう認識すべきであるとしたことがわかる。そして、日本の商人がヨーロッパの商人と異なる點は、自己に利をもたらす存在として、宗教的存在以外の他者の存在を置いたことである。しかし、中國では、利益はその社會に有用な行爲を行った結果と認識され、神佛や他者からもたらされたものであるという認識はない。「義」すなわち正しい方法で得た限りにおいて利益は自から得たものであるということになる。むしろ正しい方法か否かがそこでは問題になる。商業行爲が「義」か否かは、「智」、「巧」、「機」とりわけ「欺」ではなく「誠」によることが最も重要となる。中國商人の商業倫理が、ヨーロッパは勿論、日本、とくに近江商人の商業倫理と異なるところはここにあるといえよう。

注

（1）臺北、聯經出版事業公司、一九八七年。［日本語譯］森紀子譯、平凡社、一九九一年。

（2）「道德」と「倫理」との概念の違いに言及しておきたい。本來「道德」も「倫理」も中國から導入された語彙であるが、現在の日本では一般に、「道德」とは人として實際に何を行うべきかという規範であり、「倫理」とは「道德」ないし「道德」の原理という意味で用いられている。また、日本のある哲學者は「道德」と「倫理」との違いについて、次のように説明している。「道德」とは、「そうある（する）べき」「そうある（する）べきでない」という外からの規制であり、「倫理」とは「そうありたい（したい）」「そうありたくない（したくない）」という本人の意思を示す。換言すれば、「道德」が内在化したものが「倫理」であるということとなる。この哲學者の定義は、一般的な意味としての「道德」と「倫理」の解釋とは些か異なる。しかし、一般的な意味での解釋と併せて考察した場合、それが、世界觀、價値觀、宗教の問題とも關わり、重要な意味をもつと考える。しかし、本稿では道德と倫理とを明確に區別して問題を論ずるに至らなかった。

（3）李維禎『大泌山房集』卷一〇六「鄉祭酒王公墓表」、萬曆三十九年序。

（4）『張氏統宗世譜』卷八「毅齋翁傳」（張海鵬・張海瀛主編『中國十大商幇』黃山書社、一九九三年、四七六頁）。

（5）『新安歙北許氏東支世譜』卷八「逸庵許公行狀」。

（6）前掲『大泌山房集』卷七三「胡仁之家傳」（前掲『中國十大商幇』四七七頁）。

（7）凌應秋『沙溪集略』卷四（前掲『中國十大商幇』四七九頁）。

（8）里仁第四。

（9）成公二年。

（10）晉語二。

（11）休寧『方塘汪氏宗譜』「墓志銘」（前掲『中國十大商幇』四七九頁）。

（12）例えば、豪商の邸宅を比べてみると、徽州商人の邸宅は部屋の扉の一枚一枚にも念入りな彫刻が施され、凝った造りの庭園をもつことも少なくない。それに對して、山西商人の邸宅は、堅牢であるが裝飾は少ない。しかし、そうした外見によって、徽州商人が奢侈であり、山西商人が質素儉約であったとするのは早計であろう。山西商人もその邸宅の扉などに、おそらくは徽州や江南の邸宅を意識して彫刻を施している。しかし、そこに彫られたものは江南の風物であり、徽州に比べてははるかに稚拙であり華麗とは言い難い。自然環境の違いと最も經濟と文化が進んでいた蘇州など江南デルタ地帶との距離が美という文化を生み出す技術の差異をもたらし、そのことが、徽州商人は華麗にして山西商人は質實という印象となったと考えられる。

（13）凌濛初『二刻拍案驚奇』卷一五、「韓侍郎婢作夫人・顧提控掾居郎」。

（14）光緒三十二年、王厚存・王桂冬等重修。

(15)　例えば、日本で印刷された『五雜組』と中國康熙年間に印刷された『五雜組』は版木が同じである。
(16)　『日本思想史』五一號、一九九七年。
(17)　二代中井源左衞門［光昌］『中氏制要』。
(18)　正野玄三『正野家家訓』寶永五（一七〇八）年、初代中井源左衞門［良祐］『金持商人一枚起請文』文化二（一八〇五）年、など。
(19)　享保二（一七一七）年刊。
(20)　多帳簿制複式決算簿記法のこと。複式簿記とは、特定の經濟主體に屬する財產の變動を原因と結果の兩面から二面的に捉え、貸借記入原則に從って組織的に記錄し計算する方法。
(21)　民國十八年刊『皖桐方氏宗譜』卷三、家規。
(22)　前揭『京江開沙王氏族譜』卷一、家訓。
(23)　華中理工大學出版社、一九九七年。

# 第二部　徽州における典當と典當業經營

# 緒　言

典當とは、不動産または動産を擔保として金錢の貸借を行う行爲を意味する。これら典當行爲は、その金錢借り入れの目的の違いから生活、消費のための資金を必要とする金錢貸借と、生産、經營のための資金を必要とする金錢貸借とに分けることができる。さらに、擔保物件の性質の違いから、田地や房屋など不動産を擔保として金錢貸借を行う典當行爲と、衣類や貴金屬さらには農産物など動産を擔保として金錢貸借を行う典當行爲とに大別することができる。いずれの場合も、受主すなわち擔保を受け取り金錢を貸與する者は專門の典當業者のみならず親族の場合を含めて幅廣い。しかし、これらの典當行爲は、回贖（うけ出し）期限や擔保物件の使用のあり方などに相違があるばかりでなく、不動産を擔保とする場合は、單なる金錢の貸借にとどまらず、不動産の所有權、使用權に關わる問題を提起する。從って、これまで典當に關する研究は二方面から行われてきた。

不動産を擔保とする典當行爲については、日本では主に土地所有關係における一つの構成要素として研究が行われてきた。戰前戰中においては、中國の法習慣の調査研究が行われ、『臺灣私法』、『清國行政法』などの法習慣についての調査報告や『滿州舊慣行調査報告書』などの廣範圍の調査報告書が作成された。近年發表されている寺田浩明氏の典當に關する研究(1)は、法的視點からの研究であるが、「一田兩主」制の研究など社會經濟史の成果をとりいれたものである。一方、中國においては、土地所有に關わる研究は地主・佃戶關係に主軸が置かれ、土地所有關係と典當との關係に論及した研究は、一九八〇年代半ばまで管見の限りではほとんど見られない。この問題について論及するようになったのは、彭超著「歙縣唐模村許蔭祠文書研究」(2)、同「論明清時期徽州地區的土地典當」(3)、劉淼著「徽州民間田地房産典當契研究」(4)、鄭力民著「明清徽州土地典當蠡測」(5)などに始まる主に徽州文書を利用して研究されたものからである。換言するならば、田や家屋などの典當行爲について、日本では戰前から主に法習慣の問題として研究されてきたのに對し、中國では文書資料を研究する過程で近年研究され始めるに至ったといえる。

他方、典當業それ自體に關する研究は、商業史研究の一環として中國においては早い時期から行われてきた。清末民初には、典業規章制度や業務經營法則について記した『典業須知』(6)、『典務必要』(7)、『當行雜記』が發行されている。一九二〇、三〇年代になると、楊肇遇著『中國典當史』(8)、宓公干著『典當論』(9)、中國聯合準備銀行調査編寫『北京典當業之概況』(10)などが出版された。しかしその後、典當業は利率が高く嚴しい搾取を行う高利貸(資本)とみなされ、資本主義の發展と近代化を阻むものであるとともに貧農など生産者を搾取する存在として否定的に捉えられ、典當業に關する研究はほとんど行われなくなった。再び典當業研究が盛んになるのは一九八〇年代後半からである。その一つの契機は、前述したように、徽州の歷史と文化とを對象とする學問研究、すなわち「徽學」が形成され、一九八〇年代には重點研究の一つとされ、その一環に徽州商人研究が組み込まれたことによる。まず、徽州商人研究を擔當する安徽師範大學歷史系明清史研究室のメンバーである王廷元氏が「徽州典商述論」(11)を發表されたほか、胡建社氏が「論徽州典商的産生・發展」(12)を發表された(13)。一九九〇年代になると、前近代中國における再生産と商業流通という經濟構造を分析し、「高利貸資本」としての典當業を位置づける研究が劉秋根氏らによって始められた。まず、劉秋根氏は「中國典當史的研究回顧與展望」(14)によって典當史研究の状況を示し、方行氏も「清代前期農村的高利貸資本」(15)において、當時の生産收益から典當業の利率を高利とする判斷を示した。そして一九九三年以後、陳開欣著『典當知識入門』(16)、曲彥斌著『典當史』(17)、同著『中國典當』(18)、劉秋根著『中國典當制度史』(19)、常夢渠等主編『近代中國典當業』(20)、劉秋根著『明清高利貸資本』[21]、曲彦斌主編『中國典當學』[22]などが次々と出版されるに至っている。とくに劉秋根氏は、從來これら典當業が利率が高く嚴しい搾取を行う高利貸（資本）とみなされ、經濟や社會の發展のためには否定的なものとして捉えられてきたことに批判を加え、明代中葉以降、典當業に代表される「高利貸資本」は、商品經濟の發展を推し進める役割を擔い、徹底した完全なものではなかったにせよ、近代的貸借資本へ向かったとされている。但し、方行氏が前掲論文で「年利息率が一五パーセント以上であることは、地租の收益より高い貸借であり、高利貸と定められるし、或いはそう定めて差し支えないといえる」とされたのを論據として、「高利貸（資本）」とは、「前資本主義生產方式に適應した資本收益が土地の收益より高い、古い形式の生息資本を指す」[23]とし、明清時代の典當業が「高利貸（資本）」であったとされている。

日本においては、戰後の學術研究としての典當業研究は、安部健夫氏の「清代における典當業の趨勢」[24]以降ほとんど見られなかったが、近年、日山美紀氏が「清代典當業の利子率に關する一考察―康熙～乾隆期の江南を中心として―」[25]を發表され、從來高利といわれてきた典當業の利子率は、（月）一～二パーセントの「低利」であったことを示された。

ところで、一九八〇年代後半から、典當業研究は多くの成果を得てきたとはいえ、一部の利用はともかくとして、帳簿など典當關係文書資料を用いた研究は管見の限りではこれまで行われてこなかった。南京大學の王裕明氏の博士論文「近代典當票簿研究―以長江中下流域地區爲重點」[26]は、南京大學歷史系が收藏する徽州文書である光緒年間の「當票」、「當簿」、「草贖簿」、「錢洋實存簿」、「架總簿」、「店員收支簿」を詳細に分析した、現時點におけるほとんど唯一の實證論文であるといえる。當論文は、當舖の經手・櫃員の責任範圍を含めた經營實態に加えて、他者からの預金ないし投資についても言及している。すなわち、「存典生息（典に金錢を預けて金利を得ること）」は南北朝から行われていたが、明代までは主要には私人によるものであった。しかし、清代になるとその範圍は擴大し、政府とくに地方政府が公費を典に預金して金利を得るようになったほか、とくに社會組織、善會、善堂、書院、義倉、水利、祠廟などが捐納された金錢のうち支出を除いた殘額を典に預けて金利を得ることが廣く行われるようになったこと、そして、その利息は、月利一分が一般であるが、高い場合には、一分五厘から八厘にもなっていた、ということである。

以下、第四章において、これらの先行研究を踏まえ、徽州文書およびその他の地域の典當關係文書を資料として、不動產または動產を擔保として金錢の貸借を行う「典」および「當」さらには「借」という行爲がどのような目的で、どのような過程を經て行われるか、賣買行爲や租佃行爲などとの關係を含めて分析検討する。

第五章では、『清康熙三十六年徽州程氏應盤存收支總帳（清康熙三十五年至四十五年）』を資料として、程氏の典當業經營と利益配分、貸し金のとりたてのあり方などについて検討する。本帳簿は、典當業を營む五人の程氏兄弟が父の死によって家產の分割を行うにあたり、事業關係資產および事業利益をどのように分割したかを記したものであり、康熙三十五年から四十五年までの事業收入、支出を詳細に記しており、貸金の返還狀況と返還遲滯に對する對應なども記載されている。從って、この帳簿を詳細に検討することで、典當業經營のあり方の一つのケースを示すことができると同時に、經營利益に對して當時の徽州の人々がどのように考えていたかを示すことができると考える。

注

（1）「清代中期の典規制にみえる期限の意味について」『東洋法史の探求－島田正郎博士頌壽記念論集－』汲古書院、一九八七年。

（2）『中國社會經濟史研究』一九八五年第二期。

(3)『安徽史學』一九八七年第三期。
(4)『文物研究』第五輯、黄山書社、一九八九年。
(5)『中國史研究』一九九一年第三期。
(6)本書の抄本である『典業須知錄』の浙江新安惟善堂識とある序には、「新安一府六邑、十室九商、經營四五、俗有無徽不成市之語。」とある。
(7)中國社會科學院近代史研究所近代史資料編輯室編『近代史資料』總七十一號、一九八八年、所收。
(8)商務印書館、一九二九年。
(9)商務印書館、一九三六年。
(10)庶民金融叢書、第一號、一九四〇年。
(11)『安徽史學』一九八六年第一期。
(12)『徽州社會科學』一九八九年第二期。王廷元氏（山東大學出身、安徽師範大學教授）と胡建社氏（休寧縣教育委員會）の論調はかなり異なる。ともにほぼ同じ資料を用いながら、王氏は徽州商人の典當業者の金利が一分というのは誇張であろうとする。但し、他の地域の業者に比べて金利が低かったのは認め、それは善良な動機からではなく競爭のためであると否定的にとらえている。他方、胡氏は徽州商人の典當業者が他の地域の業者に比べ金利が低かったのは同じく競爭のためであるとしながらも、納税などのため現銀を必要とした貧しい者にとっては徽州商人の典當は必要なものであったとして肯定的にとらえている。
(13)典當業經營としては、これらの徽州商人研究とは別に、官營の當業經營に焦點をあてた、韋慶遠著「論清代〝皇當〞」および「論清代〝生息銀兩〞與官府經營的典當業」(『明清史辨析』中國社會科學出版社、一九八九年所收)もある。
(14)『中國史研究動態』一九九二年、第七期。
(15)『清史研究』一九九四年、第三期。
(16)中國政法出版社、一九九三年。

（17）上海文藝出版社、一九九三年。
（18）遼寧古籍出版社、一九九四年。
（19）上海古籍出版社、一九九五年。
（20）中國文史出版社、一九九六年。
（21）社會科學文獻出版社、二〇〇〇年。ここで劉秋根氏は、「高利貸資本」とは、前資本主義生産方式に適應した資本收益が土地の收益より高い、古い形式の生息資本を指すとされている（同書四頁）。
（22）河北人民出版社、二〇〇二年。
（23）同注（21）。
（24）『羽田博士頌壽記念東洋史論叢』一九五〇年。
（25）『東方學』第九十一輯、平成八年一月。
（26）本論文は、一九九八年、南京大學歴史系に提出された博士論文であり、王裕明氏の指導教官である南京大學歴史系教授范金民氏からそのコピーを提供されたものである。

# 第四章　徽州における典當

## はじめに

一般に不動産や動産などを擔保として金錢の貸借が行われる場合は「典」または「當」という字句が用いられ、擔保なしで金錢の貸借が行われる場合は「借」という字句が用いられる。また、家屋などを賃貸する場合は、多く「租」という字句が用いられるが、「借」が用いられることもある。そして、「典」や「當」については法律で最高利率や回贖期限が定められてきた。本章では、不動産を擔保とした「典」、「當」という行爲、および「借」と言う行爲が中國の明清時代には實際にはどのように行われていたかについて、契約文書資料によって示そうとするものである。

本章で用いる文書資料は、王鈺欣・周紹泉主編『徽州千年契約文書』から「典」、「當」、「借」の行爲を示す契約文書と、「租」および「出佃」の文書中「典」、「當」に關係があると思われる散件文書を選擇し、さらに筆者が收集した徽州文書と山西省の文書などの中から「典」、「當」、「借」に關する文書を加えたものである。文末の［文書表］は『徽州千年契約文書』中の散件文書から「典」、「當」、「借」の行爲を示す契約文書を整理して表にしたものである。徽州文書は、序章でも述べたように、收集した後、分散して賣却された。從って、中國社會科學院歴史研究所が收藏する文書も、〝多くの家族の文書〟の一部の集積である。そのため、『徽州千年契約文書』から摘出した［文書表］もあくまで便宜的な整理とならざるを得ない。また、見落としがないとはいえない。但し、一定量の文書を整理することで、徽州における「典」、「當」、「借」という行爲がもつ一定の傾向は推測することが可能であると考える。なお、表中の文書名については、『徽州千年契約文書』の目録にもとづく。但し、『徽州千年契約文書』の目録には、文書に書かれた名稱をそのまま書き寫したものと内容まで含めて書かれたものがある。また若干の誤りも見られる。そこで、「文書表」では、あくまで文書に書かれている名稱を用いてある。但し、一つの文書中でも、文書冒頭の「立（契名）人」、文書中の「（契名）與○○名下」、文書末尾の「立此（契名）爲照」、署名の上の「××年×月×日立（契名）」の各契名は必ずしも一致するとは限らない。その場合は冒頭の契名を記してある。なお、『徽州千年契約文書』の簿冊である「置産簿」、「抄契簿」、「鬮書」などには契の抄本が記載されており、そこには賣契のみならず典契、當契、借約が記載されているものも少なくない。(1) 從って、それら置産簿などを見れば、一族の資産集積狀況がわかる。しかし、それでも一部にすぎないことは言うまでもない。

## 第一節　典當に關する歷史的經緯と語句について

本節では、典當という行爲および典當業の歷史的經緯について述べ、次いで、「典」、「當」、「質」、「押」の語句について簡單に解説する。

### 一、歷史的經緯

金錢あるいは實物の貸借行爲は勿論、信用貸附けや物品を擔保とした貸附け行爲が行われたのは、先秦時代からである。この時代には各諸侯の間で人質をとることが行われ、これを「質」あるいは「當」といった。また、家が貧しく借金などを行う際に質として相手方の婿となることを「贅」、「贅婿」といった(2)。但し、典當行爲を専門とする業者がいつ發生したかについては二說ある。第一は、南北朝時代に出現し、その源は佛教寺院である、というものである。第二は、南北朝時代に動産を擔保として金錢を貸借することが盛んに行われるようになったとはいえ、典當業はすでに前漢時代に發生していた、とする說である(3)。後者の說の根據は、『後漢書』「劉虞傳」の「虞所賚賞、典當胡夷。」にあるが、この議論はまだ確定していないようである。なお、南北朝時代の動産を擔保として金錢を貸借することに關する歷史資料の多くが佛教寺院に關するものであるのは、この時期佛教寺院が發展し、多くの富を蓄積していたからであると一般には說明されている(4)。

以上述べたように、動産、不動産を擔保として金錢の貸借を行う行爲、あるいはそれを専業とする金融業は早くから存在した。しかし、典當業などが擴大發展するのは、明清時代、とくに明代中葉以降、商工業の發展と軌を一にする。しかも稅の銀納化が進み、押租銀の發生と普遍化とが一般農民の銀への需要を增大させることになった(5)。そのため、南北朝から唐代にかけて發展してきた典當業は、宋明を經て、清代はじめに最も隆盛となった。しかし、乾隆年間における物價上昇は地方財政支出を增加させ、乾隆年間末頃から地方政府は徵收する際に米を枡に盛り上げて徵收する浮收や銅錢で徵收する際に換算率を市場交換率より高く設定する勒折という方法をとるようになった(6)。この方法は實質的な增稅を意味し、かえって賦稅徵收は滯った。そのため、地方政府は財政收入を增やすために、典當業者を含めた商業經營者に對して實質上の稅である捐を課した。しかもこの時期、銀の流入の停滯さらには流出によって、江南デルタ地域を中心とする經濟は不況期を迎えていたから、典當業は次第に衰微し、錢莊さらには銀行にとって替わられることとなった。中華人民共和國成立後、典當業は取締の對象になったが、改革開放政策の進行とともに漸次復活し、一九八七年十二月四川省成都で正式に營業が認められ[7]、一九九七年六月末現在、その數は四千以上にのぼるとされる[8]。

## 二、「典」、「當」、「質」、「押」の語句について

次に、「典」、「當」の字句の問題について整理しておきたい。擔保を取って金錢を貸す行爲を示す語句には、「典」、「當」のほかに「質」、「押」がある。徐珂『清稗類鈔』には、「最大のものが典であり、次が質であり、次が押である[9]。」とあり、「當」についての記述はない。楊肇遇氏は前掲『中國典當業』の中で、「典」が最も規模が大きく、「質」と「押」とは、「典」は勿論「當」よりも規模が小さい店舗を指し、納税額で示せば、江蘇省における「當」の帖費は五百元、「質」は三百元、「押」は百元であること、「質」と「押」は「典」と「當」に比べて、期限は短く、利率が高いこと、「押」が最も規模が小さく、従って期限はおおむね數カ月であり、利率も著しく高いと指摘されている[10]。但し、「典」と「當」との違いは、當初は規模の違いによるものであったにせよ、明清時代以降の文書中では、兩者が併用されたり混用される例は少なくない。

「典」と「當」の字句については、前出『後漢書』「劉虞傳」に對する唐の人李賢の注には、「典」と「當」とは同義語とある。すなわち、「典當」とあるのは同義の字句を並列して作られた語彙ということになり、ともに「質」の意であるとされる。他方、典當行爲を専門に行う業者についての呼稱は、北宋熙寧（一〇六八～一〇七七）年間以前においては、俗稱はともかく文獻史料ではおおむね「質庫」、「解庫」等と記載されており、熙寧年間に政府が「抵當所」を設立してから「當」の字が用いられるようになった。また、「典」の字が用いられるようになったのも北宋時代からであるといわれる。但し、宋元時代の文集や小説、官文書および俗稱などには、「當」や「典」という文字が含まれていても、宋元時代には、公的には、すべて「〇〇庫」と稱されあるいは記載されていた。明清時代になると、史

部、子部、集部等の書や檔案文書中では、「○○當」、「○○典」、「○○按」の表記が用いられるようになるが、「當舗」の名称が用いられるようになったのは明代からであり、當時の文人の文集等には、「當舗」は最近の俗称であり、「質庫」や「典肆」などは古來の言い方であると書かれている(11)。

いずれにせよ、もともと「典」と「當」は擔保をとって金錢の貸借を行う行爲、すなわち「質」を指し、同義であった。しかるに、『大淸會典事例』に「凡典買田宅、不稅契者、笞五十、契內田宅價錢一半入官(12)」とあるように、「典」は「買(賣)」と同じく稅契(從價三パーセントの契稅を納め、契に官印を受ける手續き)を行うことが定められていた(13)。しかし、この「典」に對する課稅は、乾隆二十四(一七五九)年の定例に「凡民間活契典當田房、一概免其納稅。一切賣契、無論是杜絕、倶令納稅(14)。」とあるように、「當」と同じく免稅されることになった。從って、少なくとも「典」が課稅されていた時期には、人々は「典」と「當」とを區別して認識していたはずである。實際、「典」では期限が過ぎても回贖されない場合は、債權者が債務者に「找價」を支拂って「絕賣」となり、擔保物件は債權者の所有となったのに對し(15)、「當」では、金利または回贖年限が改められはするものの、土地價格の範圍內で「加價」が可能であるとされ、少なくとも淸代には兩者の機能は異なったものになっていた。また、鄭力民氏は、「典」と「當」とは政府による稅制度上の扱いの違いのほか、二者は區別して人々に運用されていたこと、典を誤って當と書いてあることはあってもその逆はないことを指摘されている(16)。但し、後の二つの指摘は、稅制度上の扱いの違いがもたらした結果であるとも考えられる。

なお、典契と當契についていえば、筆者が入手した淸代以降の山西省の文書に當契はなく、すべて典契か借約である。また、福建省の文書資料を掲載した楊國禎編『閩南契約文書總錄(17)』中の文書にも典契は記されているが當契はない。他方、徽州についていえば、『徽州千年契約文書』記載では、典契に比べ當契が多い。また、筆者が入手した『歙縣程氏文書』には當契はあるものの典契はない。

## 第二節　利率および回贖期限の法的規定について

本節では、徽州文書の記載内容の検討にさきだち、利率や税負擔および回贖條項に關する事項の法的規定について整理しておく。

### 一、利率の法的規定

明清政府は、典當業の利率に對して規定を設けていた。『大明律』には、「凡私放錢債及典當財物、毎月取利竝不得過三分。年月雖多、不過一本一利。違者治罪。［財物を典當した場合、その利息は毎月三分を超えてはいけない。（典當）期間がいかに長期にわたっても、一元金に對して金利を増やしてはいけない。これに違反した者は罰する。］」とあり、典當の金利は毎月三分（三パーセント）とされている。[18] この規定は清代に至っても變化はみられない。

この利息が毎月三分をこえてはいけないという規定は、地域によって、あるいは金を貸す者によって必ずしも守られていたわけではない。例えば、『金陵瑣事剰錄』にあるように、南京では、大資本の徽州商人が經營する當舗の金利は一〜三パーセントであるが、小資本の福建商人が經營する當舗は金利が三〜四パーセントもとるとある。[19]

また、當時の金融業、とくに金貸しの狀況を示すものとして、嘉慶八（一八〇三）年の「長元吳三縣規定流民在蘇州放私債者利息標準碑[20]」の記述がある。「長元吳三縣規定流民在蘇州放私債者利息標準碑」には、外地から來ている兪三觀等が高利で金を搾り取っていることを元和縣民郭景安が訴えた訴訟に對して、知縣は兪三觀等を本籍地に歸るよう命じると同時に、金利について次のような命令が書かれている。「嗣后如有外來流民、在蘇放私債者、一兩以内、三分取息、五兩以內、二分八厘取息、五兩以外、二分五厘取息、十兩以外、二分取息、其在百兩以上、本錢愈重、其利亦當遞減。且只許按月計利、不准本利滚盤。倘敢故違、照律懲治。如有無籍棍徒、擧放印子鞭子等錢、恃强逼索重利、致累病民、或被告發、或經訪聞、悉挈究辦、以蘇民困。地保衙役得規包庇、一體治罪。［以後、もし外地から移り住んで來ている流民で、蘇州において個人の資産を貸し附ける者は、（貸附元金が）一兩以內であれば、金利は（毎月）三分、五兩以內であれば、金利は二分八厘、五兩以上であれば、金利は二分五厘、十兩以上であれば、金利は二分とし、百兩以上であれば、元金が多ければ多いほど金利は順次減らさなければいけない。また、金利は月ごとに計算し、元金に金利を繰り込んで計算してはいけない。もし敢えて故意に違反すれば、律に照らして罰する。もし（蘇州に）籍がない悪い輩で力に賴み重い金利を强要し、累を及ぼし民を苦しめ、告發されたり、（そういうことを行っていると）聞いたら、ことごとく捕らえて取り調べ處罰して、人々の苦しみを取り除く。地保や衙役で（彼等から）金錢を受け取り庇う者がいたら、これらも同樣に處罰する。］」とある。

この資料から次のことがわかる。第一に、金利の計算の問題である。最高額を三分とし、貸附金額が多くなると順次金利を下げていき、一兩以下は金利三分、五兩以下は金利二分八厘、五兩以上は金利二分五厘、十兩以上は金利二分とし、その利率を細かく定めている。ちなみに、江蘇省吳江縣では、一兩以下は金利三分、一兩以上は金利二分、十兩以上は金利一分五厘と規定されており[21]、少なくとも淸代においては、一般に認定されていた金利はおおむねこの程度であったと考えられる。また、金利の計算方法として、月ごとに計算すること、そして、假に金利を支拂えない場合が生じても、金利に金利をつけるということを禁じている。このことは逆に、當時金を貸した者が、法で決められていた三分以上の金利を取ること、高額貸附の際も同率の金利を取っていたこと、金利を日分計算し、その際、前もって金利を差し引いた額を貸すか、月末に返した場合、「本利滚盤」の方法を用いて毎日の金利に金利をかけていく複利方法をとった例があったこと、逆に一年計算で金利を取る（例えば、一月三分であれば、假に、三カ月で返しても、一年計算をして三割六分を取る）ことがあったこと、金利を拂えない場合には、金利にも金利をかけていく複利方法をとることがあったことがわかる。第二に、金を貸している者を「外來流民」、「無籍棍徒」と稱していることである。碑文の內容から察するに、本件の訴訟の被告がたまたま外來の者であったというよりは、この時期多くの外來の者が蘇州で金貸しを營んでおり、トラブルが多く發生していたと考える方が妥當である。また、當然なことながら、彼等金貸しは貧しい者ではない。そして、個人的に金を貸していたというよりは蘇州で金融業を營んでいたと考えられる。但し、外籍の金融業者がすべてトラブルを發生させ、この碑文による取締りの對象であったとすることも問題があろう。ここで問題になっているのは、外籍の者であっても長年蘇州で金融業を營んできた大資本の業者ではなく、新たに參入した小資本の業者と考えた方が適當であるように思われる。だからこそ「外來流民」、「無籍棍徒」と稱しているとも推測される。すなわち、周邊に金を貸してくれる親族も知人もなく、社會的に公認されている當舖などの金融業者からは融資してもらえないような者が裏で金貸しをしている外來者に融資を依賴する。これらの業者は、そうした條件の悪い融資先に對して、貸し倒れの危險回避のために、金利を高く設定したり、金利を複利方式にしたりする。こうした金融業者が增え問題が發生するのは、好況のあとの不況期である。好況期には一般の當舖も融資を盛んに行う。この好況期に一般の當舖から融資を受けていた者が、不況のために經營不振となり、その借金を返せなくなっている狀況において、新たな運轉資金として、あるいは當舖などへの借金返濟のために藁にもすがる形で、これらの裏の金融業者へ融資を求めたのであろう。外地の小金持ちがそうした狀況をみて、蘇州に來て金貸しを行っていたとも考えられる。この記事が、好況期とくに後半はバブル的要素を多分にもった乾隆年間につづく、不況期の嘉慶年間のことであること、しかも、當時の人々の多くが農民であったとはいえ、商工業が最も發達し、農業も商品經濟の一環として營まれていた蘇州のことであることを考えれば、おおむねその狀況は理解される。

以上のように、利息は當本すなわち貸附金額に基づいて決められたが、月利三分以下と國家の法律上は規定され、その範圍內で貸附金額と反比例する形で利率が設定されていた。また、金利と貸附期間も反比例していた。しかし實際には當舖によって貸附期間も金利や金利の設定のしかたも異なっていた。それでは、當本すなわち貸附金額（借入れ金額）は擔保物件に對しどの程度に設定されていたのであろうか。王裕明氏は前掲論文の中で、典當の貸附金額は擔保物件價格の五割～七割であるが、押店の場合は六カ月を越えず、月利五分、貸附金額は擔保物件價格の八割にもなることもあると指摘されている。また、貸附金額の擔保物件價格に對する割合は、光緒年間以前には、山東省泰安では二割から三割をこえず[22]、上海では五割であるのに對し[23]、競争が厳しい江蘇省では、金銀で七割から八割、金銀の裝飾品で八割となっていた[24]。

## 二、回贖規定について

前述したように、寺田浩明氏の論文「清代中期の典規制に見える期限の意味について」は、法例にみられる「典」の期限に對する各規定についての意味の分析を行ったものである。徽州文書中にみられる典當文書の回贖について檢討する前に、氏の論を參考として、清代の「典」の期限についての法例の內容と意味とを整理しておきたい。

「賣」には「活賣」と稱される原價を出して回贖可能な「賣」と、「絕賣」と稱される回贖不可能な「賣」とがある。雍正八年三月の定例では、契に「找貼」の字がないときは「貼贖」を許さず、「絕賣」の字がなく、あるいは年限を定めて回贖することを註記してあるものは、回贖を許すとした。そして、もし回贖できない場合には、債務者が債權者から一度だけ找貼を取ることを認め、別に絕賣契を立てる。また、もし債權者が找貼としての支拂いを願わなければ、債務者は別の者に賣り、原價を債權者に返還する。すでに絶賣し、契に「確鑿」と記載されているのに再度「告找告贖」を行ったならば罰すると規定している。すなわち雍正八年例では、立契してから長い年月が經過した契約であっても、「絶賣」と記されてないものは「活賣」とみなされ回贖が認められていた。この規定はあくまで活賣と絶賣に關する規定である。

乾隆九年になると、近年の地價高騰に伴って、數十年前に出賣し、すでに所有權が轉々と移轉しているものまでも子孫が原主と稱して找贖しようとする狀況を背景として、以後は「絶賣」と記されていなくても絶賣として、子孫が回贖することを認めない、という例が定められた。さらに、乾隆十八年例では、乾隆九年例においてはあいまいであった年限をはっきりさせ、乾隆十八年の時點より三十年以內であれば、典賣不明の產は、「絶賣」の字がなければ找贖を許すとし、三十年以上のものは、契に「絶賣」の文字がなくとも「回贖」の註記がないものは絶產として找贖を許さないとした。他方、典契であればいつでも回贖可能とし、回贖の意志あるときは、契內に「回贖」することを明記して、すべて「典契」とすること、もし「賣契」と書き、「回贖」の記載がなければ、賣斷之產として、找贖を許さないことを定めた。このときから法律上は、「絶賣」か「典」かという二者擇一になったことになる。

次に、出典當期間と回贖の開始時期の問題について言及しておきたい。寺田氏が前掲論文で引かれている乾隆三十五年の定例には「嗣後、旗民が田房を典當する場合に、契に載せる年分は、統て三年、五年から十年までを率とし、舊例に遵じて概ね稅契しない。十年後にもとの業主が回贖することを許す。もしもとの業主に回贖できるだけの力がなければ、典主が執業するにせよ、或いは他に轉典するにせよ、ことごとくその都合のよいようにしてよい。なお年限を定めた後、定例にしたがわないで典契內に年限を多く記載した者には稅銀を追徵し、例に照らして罰する。[25]」とある。寺田氏が指摘されているように、この定例が稅法上の改革であることは言を俟たない。但し、以下の四點に注目する必要があろう。第一は、この定例が旗民に對するものであるということである。第二に、この定例の趣旨は、十年以内は税契しなくてよいことである。第三は、十年後に回贖を許すとあることである。第四は、回贖期限は十年を越えてはいけないことである。寺田氏は、典限を十年以内とし、過ぎたら回贖を目指させるが、その時點で典契として契税を支拂わせる、という同治年間の臺灣新竹縣の碑文の記事を補強資料とされている。それでは、これら旗民に對する規定が一般の人々に對してどこまで影響力をもったのであろうか。また、實際に人々はどのような契を交わしていたのであろうか、以下『徽州千年契約文書』を中心として典、當、借の契約文書資料をみてゆきたい。

## 第三節　徽州文書からみた借金理由、擔保物件、借り入れ金額、利息、回贖期限

本節では『徽州千年契約文書』所載の「典」、「當」、「借」文書中の借金理由、擔保物件、借り入れ金額、利息、回贖期限を整理する。なお、本來であれば内容が「活賣」である契についても選擇し、「絶賣」との比較および「典」との比較を整理分析することが望ましい。しかし、量が膨大になるため、ここでは「典」、「當」、「借」の契に限った。

### 一、典契における借金理由、擔保物件、借り入れ金額、利息、回贖期限

#### （1）宋・元・明

「宋元明」時代の典契は十件である。金錢を必要とする理由は、老い病んだ母親の葬儀關係費用など概ね必要な金錢の不足であるが、嘉靖三十三年の契には早くも商賣の資本が不足しているという理由が書かれている。

十件中、借り入れ金額と利息の記載がない萬曆三十九年の「妻」の一件を除き、明代初期の永樂年間と正統年間の二件はともに擔保物件は山であり、その他は家屋や基地である。

利息については、擔保物件が山である二件には「照依大例起息」とある。その他の物件はすべて家屋と基地であり、債權者が擔保物件を使用し利息はないことを記したものは嘉靖四年、萬暦三十七年、崇禎九年、十五年、十六年の五件である。ほかに嘉靖二十三年の借り入れ金額四兩で利息は毎年毎兩二錢二分と崇禎十三年の借り入れ金額十兩で利息毎兩毎月二分四厘の各一件がある。なお、借り入れ金額が七十兩、五十七兩と多額のものはともに債權者が使用する形をとっている。

回贖については、六年滿期と記してある嘉靖四年の一件を除き、期限や滿期の設定はない。

ところで、崇禎九年と同十六年の契はともに「承典契」である。崇禎九年の契には、

立承典契人程萬蔭、今用價典到戶侄程池、天壽承繼土庫樓屋一所、土名兩管係養字號、通前至後共計三進、樓下房七眼、樓上房伍眼、及夾閣、併樓下所、樓上所、所下小廂房、及前坦餘屋、後門厨屋、四園門壁、楊梘、本身合得一半、後石砌餘地一片係池獨業、日後听從造屋。憑中用價紋銀伍拾兩正、一併盡行承典屋住出入、其銀當交足訖。其房內地板係萬蔭自裝、日後遷移、眼同估值還價。銀不起利、屋不起租。日後池要屋、先備典價還叔、隨即遷移。如叔不便居住、池亦備價取屋。各無異說。今恐無憑、立此典契存照。

とあり、叔父の程萬蔭が立契人となり、承繼した家産の房屋のうち甥である池の持分に五十七兩を支拂って池から借りて居住するというものである。日附の前に「合同」の字の割書きが讀み取れる。さらに崇禎十六年四月の契には、

立承典人程夢求、原父先年用價典到戶兄池名下、天壽承繼槌藏樓屋壹所、合得一半、原兄存後樓下左邊地房一眼、樓上左邊閣房壹眼、後厨房壹眼、前樓閣三間、與九德均業、池兄合得一半、今憑中用價拾肆兩、承典居住、各無異說存炤。

とあり、これも末尾に「合同」の字の割書きがある。これはおそらく程萬蔭の子夢求が池に十四兩を支拂って池の

持分の房屋への居住を繼續するための契である。從って、これらの二件は、出典者が金錢を必要としたのではなく、承典者が家屋に居住することを望んで成立した契約であり、五十七兩と十四兩は押租に對應すると考えられる。それでは、なぜ家屋への租契ではなくあえて典契としたのであろうか。おそらくは、租契としたのでは文字どおりの賃貸契約になるのに對し、典契とすれば、房屋の實質的所有權が移轉するからではないであろうか。程池の父と程萬蔭とは兄弟であり、房屋を父から受け繼いだ。このときに房屋を二分したかどうかは不明である。いずれにせよ、厨房も一つしかなかったとはいえ、池の父が生きている間は二家族が共に居住していた。しかし、池の父が死に、叔父一家と甥一家が同居することは難しくなった。そこで池が叔父に房屋を讓ることにした。但し、賣却するならば、他の親族の意見を求めることになり面倒であると同時に、甥が父から承繼した家產を叔父に賣却することはなじまない。そのため、典という形をとった。七年後、叔父の萬蔭が亡くなった。そこで、萬蔭の子の夢求が些か池に金錢を支拂い、新たに承典契を立てた。二件の文書の内容から以上のことが類推できる。すなわち、典という行爲は必ずしも金錢を必要とすることを理由として行われる行爲とは限らず、物件を必要とするが賣買行爲は不適當である場合に代わって行われる行爲であったともいえよう。

（2）清・民國

「清民國」の典は十七件である。金錢を必要とする理由を記しているものが多い。内、稅糧に當てるためと明記しているものは一件である。順治七年の契には「往外」とあり、外地へ行くために灰屋や糞窖という農業施設を典出している。十七件中、順治七年の一件の灰屋と糞窖と一件の窖を除き、その他の十五件の擔保物件はすべて田である。擔保物件が田（佃）皮であるもの、すなわち出典者が佃戶であると確認できるもの、あるいはほぼ佃戶と推測されるものは、康熙十年、同三十一年、雍正四年、同十三年、乾隆四十五年、咸豐元年、同治元年二件、同四年の計九件、そのほかは自己所有地と思われるが斷定はできない。順治七年、乾隆三十七年、同五十三年の三件を除き、擔保物件にはすべて租額が附記されている。すなわち、佃戸に耕作させている土地であるか債務者が佃戸として耕作している土地であることを示している。

借り入れる際の通貨は、乾隆四十五年までは銀兩、乾隆五十三年以降は錢文で設定されている。銀兩は擔保物件が田（佃）皮である一兩六錢八分八厘から最大で土地を擔保とした十一兩七錢である。錢文の場合は、擔保物件の價値すなわち租額と貸附金額と利息は比例していない。借り入れる金額が最も少ないのは、咸豐元年の擔保物件が客租二十四秤五觔八兩の土地の典價錢三千文であり、最も高いのは、同治四年の擔保物件が田骨交租秤數十八秤の土地の典價通足大錢十五千文である。乾隆五十三年から同治四年までの擔保物件の價値と貸附金額の移行をみると、咸豐元年は乾隆五十三年や同治年間に比して田や米價が低かったことがわかる。

利息についていえば、①債權者に耕作權ないし收租權を移讓するものは康熙十年、雍正三年、同四年、同十三年、乾隆十三年、乾隆三十七年、同五十三年、同治五年の二件のうち一件、同四年の計九件、②債務者が耕作するか收租を行い、債權者に借り入れ金額の利に相當する「租利」納めるものは、順治七年、康熙三十一年、同四十四年、乾隆四十五年の計四件、③債權者は舊來の地主であり、舊來の租に利息に相當する「租利」を加えて納めるものは、咸豐元年、同治元年二件のうち一件の計二件である。なお、「租利」の額は借り入れ金の利息に相當するものを租の形で納めるものであり、擔保物件がもつ租の全額とは限らない。

回贖については、利息として租を納めることになっている順治七年二月の契では、年内十一月に取贖すること、乾隆三十七年の契では四年を滿期とすると記され、同じく租利を納める乾隆四十五年の契、耕作權や收租權を債權者に委譲した同治元年と同治四年の佃契は期限を定めず原價で取贖するとある。その他の契には回贖に關する設定はない。

## 二、當契における借金理由、擔保物件、借り入れ金額、利息、回贖期限

### （1）宋・元・明

「宋元明」の當契は十四件ある。すべて萬暦年間以降である。金錢を必要とする理由は、典契と同じく老い病んだ母親の葬儀關係費用など概ね必要な金錢の不足であるが、妻妾婢いずれかは不明であるが、「取女缺少財禮」を理由とするものが一件ある。(26) なお、理由が書かれていないものも少なくない。擔保物件は、田のほか、家屋、祭地、山、地、糞草田と多様である。田はほとんどが租額や佃人名が記入されている。これは、佃戸に耕作させ租を受け取っている土地が擔保物件であることを示している。また、崇禎十四年十二月の契は、一族の祖の二公を祀った祀内の自己の取り分として七秤九觔を擔保としている。これも祀に屬する土地を他者に佃田させて受け取る租を同族間で分けていることを示している。すなわち、擔保物件の多くは佃戸に耕作させている土地ということになる。

借り入れ金額が多いのは、萬暦三十六年の六十兩である。これも佃戸に耕作させ、租を受け取っている田である。四十年後に回贖すること、その際利息として十兩を支拂うことすなわち年間利息として二錢五分支拂うことが記されている。借り入れ金額では、天啓三年九月、朱鍾承が病が重い母の葬式等の準備費用として、（堂）兄から屋基を擔保に無利息期限なしで十五兩借りているのがこれに次ぐ。

利息については、月利二パーセントまたは「照依大例起息」の類は、萬暦四十四年、四十六年、四十七年、崇禎十七年と崇禎五年の契である。崇禎五年の契では債權者に割税・過戸・管業を許すとあり、納税名義の書き換えなどを含む事實上の賣却を意味しているほかは、それぞれ返還期限は四カ月、約一年、五カ月、三カ月と短期である。天啓

七年と崇禎六年の契では、利息は收受した租から利に相當する分を債權者に納める「租利」の形をとっている。崇禎十四年の契は元金を返還するときに利息を加えて支拂うという文言が記されている。

回贖については、萬曆三十六年の契で、四十年たったら回贖すること、四十年たっても回贖できないときは、當契を賣契とするとある。利息每月二分である萬曆四十四年十二月の契では翌年四月、同じく萬曆四十六年十月の契では翌年秋までに元利金を返還し回贖することが定められている。萬曆四十七年の契では、來年正月に元利金を返還して回贖する（「來年正月將本利取贖」）と書かれている一方、四十年を過ぎて回贖できない場合は、この當契を賣契とする（「如過四十年不取、听自執此契作賣過稅、當辭。」）とあり、回贖期限が二重になっている。萬曆三十六年の契でも回贖の最終年限が四十年とあることから、この時期この地域では慣習上四十年という時間が回贖の最終年限として認識されていたとも考えられる。從って、來年正月までに元利揃えて返還するということを約しているとはいえ、そのときに返還できなかったとしても、すぐに債權者がその擔保物件に對する權利を得るのではないことになる。比較的短期の回贖期限を定めた他の契についても、四十年云々が書かれていないからといって、同樣の共通認識があった可能性は高い。ほかに、清明會から金を借りている崇禎十年の契では年會の日に、崇禎十七年の契では本年末に每月の金利と元本とを返還すること、天啓七年と崇禎十四年の契では期限を定めず、後日元金を支拂って回贖するとのみある。それ以外の契には回贖に關する設定はない。すなわち、十五件の當契中回贖に關する記述があるものは八件のみである。

また、萬曆三十三年四月の還銀約には次のような記述がある。先年程良猷は自己が現在居住している土庫樓房一備前後貳備を擔保として兄良臣に出當し、本銀十二兩五錢を借り入れ、七兩五錢の金利をつけた計二十兩を萬曆三十二年に支拂い回贖することを約していた。ところが萬曆三十二年になっても回贖する約束が果たされなかったため、良臣が縣に訴え、縣は程良猷に元利合計二十兩を支拂って回贖するよう命じた。そこで程良猷は家屋を賣却し、その金で良臣に借り入れ金を返濟し同時に家屋を回贖しようとした。しかし、未だ家屋が賣却できず返還する銀を準備することができない。そこで毎年一兩ずつ良臣に支拂い、計二十兩になった時點で回贖することを望み約す、というものである。すなわち結果としては、金利總額は据え置きで回贖期限が二十年延期されたことになる。上記の四十年回贖と同様、借りた金を返すつもりの期限と慣習上回贖できる年限とは異なっており、毎月二分前後の金利は短期で返還する場合の金利であり、期限までに返還できなくなったときには新たに金利を調整したと考えられる。

（2）清・民國

「清民國」の當契は四十二件ある。金錢を必要とする理由は、税糧納入のためと記しているものがとくに雍正年間以前の契に多い。そのほか、康熙四十七年、光緒十五年の店舗の營業資金不足二件、乾隆四十三年の「往外管理不便」一件、同治五年の同族から訴えられたことへの費用と思われるもの一件などである。

擔保物件は、田、田（佃）皮、田租、田契、莊基、地、房屋、店屋、茶園、山、山皮のほか、乾隆五十年や光緒十七年の契にあるように他者から當の擔保として得ている地や田と多様である。清代も明代の當の擔保物件と同様、一族の土地のうち自己の取り分を擔保として記載しているものもある。田（佃）皮と山皮は耕作權ないし利用權であり、道光年間以降の擔保物件は田（佃）皮が多い。田（佃）皮でないものでも擔保物件の多くは佃戶に耕作させている土地である。但し、田（佃）皮すなわち耕作權を擔保とする場合でも必ずしも債務者が佃戶とは限らないことがあり得る。佃戶に耕作させている土地をもつ債務者が土地の耕作權のみを擔保とすることも考えられるからである。しかし、債務者が佃戶なのか地主なのかを契の內容から讀みとれるものは多くはない。ところで、彭超氏は「租利」について、金錢を借りる際、債務者は擔保物件として「地契」、「租折」、「税票」等のものを債權者にわたすが、債務者が期日になっても利息を支拂えないときに、債權者は直接收租を行う、と説明されている。[27]［文書表］の當契の中で、田契が擔保となっている例は、康熙二年のみである。ここで擔保となっているのは、莫字一千三百九十三號田租五硂の赤契一帋と莫字一千七百二號田租十硂、莫字一千六百八十號田租三硂、莫字二千二百八十七號田租二硂十七の三號の〆契一帋の計二帋である。前述したように、この二帋の田の租額は計二十硂十七斤であるが、六兩借り入れた債務者は債權者に毎年硬租十硂を納めるとしている。また前述したように、はじめから債權者が直接收租を行っている例は少なくない。從って、必ずしも彭超氏の言にあるように、擔保物件の移轉は順をおって行われていたわけではない。

借り入れる際の通貨は、乾隆年間までは銀兩、道光年間の二件は錢文と銀兩、以降は同治元年の一件が銀兩、中華民國三十一（一九四二）年の國幣一件のほかは錢文と洋銀であり、時代が下るにつれて洋銀が增える。貸附金額は、銀兩では、乾隆五十年の四十兩、乾隆四十三年の外地へ行くために土地を當出した三十五兩、錢文では、同治五年の八千文、洋銀では、光緒十七年の八十六元が高額であり、そのほかは銀兩の場合は十兩以下、錢文の場合は數千文であるが、洋銀も小額が多い。

利息については、隆武元年の契が毎月毎兩二分としているほかは利率を定めたものはない。康熙五十一年の契が翌月に利息を加えて返還することを定めているほかは、以下の如くである。すなわち、債務者が收租權を有する土地や家屋が擔保物件である場合は、債務者が收租して債權者に租利を納めるか、債權者が收租するか、家屋であれば居住するかのいずれかである。田皮など債務者が使用權を有するものが擔保物件であれば、債務者が債權者に租利を納めるか、債權者が新たに招佃して收租するかのいずれかである。債務者が債權者に租利を納める例としては、康熙二年の貸附金額六兩の契では、擔保物件の租額二十硂十七斤のうち十硂が租利として、康熙五十五年の六兩の契では三硂のうち二硂が租利として、雍正六年の一兩六錢の契では、三硂のうち三硂が租利として設定されている。このほか、債務者が債權者に租利を納める例としては、乾隆四十七年十二月と咸豐二年の「借約」と記してある契、道光四年の田（佃）皮を擔保とする契、光緒十七年の田（佃）皮を擔保とする契、「當田租佃契」とある中華民國元年の契の五件がある。そのほかは、利息がない場合や利息についての記入がない場合を除いて、債權者が招佃し收租管業する。但し、具體的に收租額が記入されているものは乾隆四十三年の擔保物件が實租四十砠十七觔半で三十五砠を收租すると記されている契のみである。

ところで、中華民國元年の契には、擔保たる土地は「祖遺下鬮分己田一坵、計正租八砠」とあり、「其田承轉自種、每年硬租交下午五谷三十斤」とある。すなわち、もともとは祖先から受け繼ぎ所有し收租していた土地を出當するに際し、債務者が自ら佃として耕作し租を債權者に納めるというものである。このように、典當によって擔保物件を債務者が繼續して耕種するとき、典當契にそのことを書き込む場合と、債權者から新たに耕種權を承ける形をとる場合とがある。後者の場合には典當契と租契・承佃契とが組み合わされる。以下は當契が作成されると同時に「租批」が作成された例である。(28)

［當契］

二十一都一圖、立當契人程其、今因缺少錢糧緊急使用、自情愿將場字一千零七十八號田税一畝、土名猪頭坵、憑中立契出當與本都二圖許蔭祠名下爲業、三面言定得受當價銀六兩正。其銀每年秋收交納風車淨谷十八斗正、其谷挑送上門、不致缺少。其田從前至今并未曾與他人重複交易。有親房内外人等異說、係身一并承當、不干受業人之事。今恐無憑、立此當契爲存照。

雍正五年十二月　　日立當契人程其

憑中　程蔚山

［租批］

立租批人程其、今租到許蔭祠名下場字一千零七十八號田税一畝、土名猪頭坵。三面言定毎年秋收交納風車淨谷十八斗正。其谷挑送上門、不致缺少。今恐無憑、立此租批存照。

雍正五年十二月　日立租批人程其

憑中　程蔚山

前述したように、典は期限が過ぎても回贖されない場合は、債權者が債務者に「找價」を支拂って「絶賣」となり、擔保物件は債權者の所有となる。それに對し、當では、土地價格の範圍内で「加價」が可能であるとされている。それでは、當で「加價」が行われた場合に、どのような經過となるであろうか。その一例を見てみたい。

『徽州千年契約文書』の乾隆四十四年の「租批」に、

立租批呉西隣、今租到廷彩族叔名下、是輔堂内原係身當住房、樓房、偏房以及前後該分出入路道、當日得受當價銀貳拾兩正。今又央中説合加當銀拾兩、二次得受當價銀參拾兩正、前凴中立有租約一帋、仍是身租居住、毎年交納九七租銀參兩貳錢、今又加租銀壹兩陸錢二共計租九七銀肆兩捌錢正、其租按季交納、當立租摺附執見摺銀不□短少遲延、如期拖延不清、听從另租、身決不攔阻生端異説。今欲有凴、立此租批存照。

乾隆肆十四年三月　日立租批呉西隣　押

凴中　呉漢期

呉玉光

とある。すなわち、以前から所有し居住していた房屋を擔保として、以前に二十兩借り入れ、房屋にはそのまま居住するかわりに債權者に賃貸料として毎年三兩二錢支拂っていた。さらに金が必要となり、新たに十兩借り入れた。從って、今後は賃貸料を毎年計四兩八錢支拂うというものである。

さらに黄帝紀元四六〇九（＝一九一二）年十一月作成の歙縣の程氏の文書には、次のようにある。

立當批人方發達同母洪氏、今因急用無措錢粮無办、自愿將祖父遺下及叔祖之業、原莫字四千零五十五號計田稅貳厘叄毛七絲五忽正、土名門口秧田、又原莫字四千零七十壹號計田稅壹厘壹毛九絲四忽正、土名上秧田住基、又原莫字四千零七十號計田稅壹厘壹毛九絲四忽正、土名同、以上叄號、其四至照依、現業房間地基壹塊・堂前餘地以及道坦均概在內。本家無存盡行。自愿同母出當與程允明名下爲業。當日三面言定、時値得受當價英洋伍元、其洋成當之日是身親手一併收足、其地卽交受人管業、听從造屋取用、本家無阻。其地基未當之先、併無重復交易等情、倘有親房內外人言說、俱係是出當人一力承値、不涉受業人之事。恐口無憑立此當批、爲據。

再批、四拾伍年爲滿原價取贖。倘滿後本身造四合大屋、受人候撤、又照。

又批改業字一ケ、又及。

黄帝紀元四千六百九年拾一月　　日立當批人方發達　十

同母洪氏　〇

中人汪老排　押

代筆人程德隆　押

（左上）立加當批人方洪氏同子發達、緣因舊年粮急、無措已將地基稅畝盡行出當　允明名下爲業。今又粮急、再四相嘀、加當陸拾年爲滿、得受加當英洋四元正、其洋加當之日親手一併收足、前後共計出當壹伯十五年爲滿、過後原價取贖、決不異言、恐口無憑立此加當批、爲據。

再批、今加當以後、嗣後永遠不得加當亦不得另枝生接、又照。又批、廣發擠椽三根□租批一帋日後檢出、作爲廢帋。

民國貳年新歴正月

日加當批人方洪氏　〇
同子發達　十
中人汪老排　押
代筆人程德隆　押

ここでは當初、合計税四厘七毛六絲三忽の三片の田を擔保として、英洋五元を借り、擔保物件は債權者の使用とし、四十五年を滿期として原價で回贖することを約した。しかし、民國二年正月に、さらに金錢を必要として英洋五元を借り、その回贖期限を六十年延長し、合計百五年としている。擔保物件の使用權は債權者にわたしており、その使用權の延長を認める形で新たに金錢を借りたのである。すなわち、この契では、「加價」が行われ、回贖年限が改められている。この後、民國二年十月、方氏はさらに金錢を必要とし、程氏に賣却している。

立杜賣契人方門洪氏同子發達、今因錢粮無办、將祖父以及叔伯祖業遺下分授該身己業、原莫字四千零七十一號計田税壹厘壹毛九絲參忽七五正、土名上秧田住基、又莫字四千零七十號計田税壹厘壹毛九絲參忽七五正、土名上秧田住基、又莫字四千零七三號計地税貳毛五絲正、土名後山脚、以上參號、其四至裡外、中堂・過廂房・間天井・大坦・出入途道・地基・石坂盡行在內、照依現業爲定本家絲毛無存、自愿央中盡行出賣與程允明名下爲業。當日三面言定、時値得受紋銀四兩正、其銀成契之日、是身親手一併收足。其田住基卽交受人管業、听從取用本家決不異言、另枝生節。其税在于二十五都一圖十甲方永泰・永春二戶內起割推入本都圖甲程景秀戶內、办納粮賦、無異。此業未賣之先、併無重復交易等情。今賣之後、倘有內外人言異說、盡是出賣人一力承値、不涉受買人之事。恐口無憑立此杜絕賣契、爲證。

再批、加土名後山脚五字、又照。

再批、倘有字號稅畝錯訛、听從改正。來脚赤契、兵亂遺失、日後檢出、作爲廢帋、又照。又加內字一ケ。

中華民國貳年拾月

日立杜賣契人方門洪氏　十
同子　發達　十
凴中人方明弟　押
方長德　十
汪老排　押
代筆人程德隆　押

［附］賣契執照　　立杜賣契人方門洪氏

黃帝紀元四六〇九（一九一一）年十一月に出當された土地のうち四千七十號と四千七十一號と、中華民國二年に賣却された土地のうちの同じく四千七十號と四千七十一號とは土名は當然としても稅額もほぼ同じであり、建物の內容から同じ土地であった可能性が高い。すなわちここではまず一九一一年に建物がある土地三片を程氏に出當して金を借りたが、二年後の正月に「加價」し、さらにその年の十月にさらに金が必要となり、出當していた土地のうち二片に新たに一片を加えて程氏に賣却したと考えられる。

回贖については、「淸民國」の當契では、元金もしくは元利金の返還の期限を設けているものは、月利二分としている隆武元年九月の契の次年六月、康熙五十一年十月の契の十一月初め、雍正三年の契の三年後、乾隆十八年、同四十三年の契の五年後、道光元年の契の「三倫（輪？）之後」、咸豐二年十二月の契の來秋、同治元年十月と中華民國四年、同三十一年の契の三年滿期、同治元年十二月の契の次年八月、同治七年と中華民國元年の契の「半期爲滿」、同治八年の契の三年以後、同治十一年の契の三年滿期、光緒五年の契の十二年以後、中華民國十年の契の一季未滿の計十七件である。滿期や返還期限はないが回贖について言及しているものは、康煕十六年、雍正七年、乾隆四十年、同四十六年、同四十七年、同五十年、同治元年二件、同五年二件、光緒十七年、同三十三年の契の計十二件であり、合わせて二十九件である。ほとんど回贖について言及していない典契に比べて多く、明代の當契と比べても相對的には多いといえよう。

ところで、出佃契や租契にも田皮の出當と事實上ほとんど同じ行爲となる例がある。自身が佃人として耕作していた土地を出佃する場合である。「乾隆十年祁門陳英佃約」には次のように書かれている。一族の者が家主すなわち地主であるところの田税七分、正租三秤十觔の田皮を有していた陳英は、金錢を急に必要としたため、本門の集慶會に田皮を出佃し佃價銀三兩を受領した。しかし、以後もその土地は陳英が耕作し穀三秤を秋に支拂う、というものである。回贖條項はないものの、この契は、田皮を出當し、債權者に「租利」を納める例と內容としては同じである。このほか、「乾隆十七年祁門陳英加價佃約」と「乾隆二十年朱杜德出佃約」では、もとの田皮所有者が佃價銀兩を受け取り田皮の耕作權を債權者に委讓しているとはいえ、原價で取贖できると記してある。また、「道光八年朱關壽出佃田皮約」では加價すなわちさらなる金錢の要求をしないと記す一方、十年後に原價で取贖できると書かれている。

## 三、借約における借金理由、擔保物件、借り入れ金額、利息、回贖期限

前述したように、擔保を設定しない金錢や牛馬や穀物等の物件の貸借が行われる際に作成される契を借約、借字、借票などという(29)。家屋の賃貸の場合にも「借」の字を用いた契が作成されることもあるが稀である。

### （1）宋・元・明

「宋元明」の借約は、天啓三年の一件のみである。利息は「照鄉例加息」、期限は三カ月後である。

「清民國」の借約は二十三件である。契の名稱として借約等のほかに「懇情綴字」、「綴字」、「情綴字」の契名が用いられている。金錢を必要とする理由は、康熙三年に妾を娶るための費用が不足していることを書いたもの一件を除いて記述はない。

## （2）清・民國

借り入れ金額は、乾隆五十八年までは銀兩建て、以降は嘉慶十三年の契が糧穀、咸豐二年、光緒二年の契が糧穀と洋銀であるほかは錢文建てである。乾隆五十五年から嘉慶二十五年まで、一件を除いた十二件の債權者は陳もしくは陳主人である。貸附金額は乾隆元年の二百二十五兩六錢が飛びぬけて多額であるが、銀兩建てでは、乾隆五十八年の三十兩、康熙三年の十六兩七錢を除き十兩以下、錢文建てでは、五千四百文から一千文の間であり、英洋もとくに多額ではないとはいえ、當の借り入れ金額ととくに差があるわけではない。

借り入れ金の返還は、必ずしも一度にしなくてもよい場合もある。光緒十三年の契は翌年に半分返還し、さらにその翌年に半分返還することが記されている(30)。このほか、未亡人へ貸附けた二件は、嘉慶四年の契では息子が交易に從事して隆盛となったときに返還することが約され、嘉慶七年の契でも息子が成人したら返還してもらうとあり、ともに無利息である。

利息については、①毎月二分四件、②二分五厘一件、③加利錢一分五厘一件、④毎年二分一件、⑤「照依例起息」の類四件、⑥秋に穀一秤を納めるのが一件、⑦次年秋に本利あわせて干谷（穀）八砠を支拂うのが一件、⑧利息の具體的記述はないが、次年秋に本利を返還すると記してあるものは三件、⑨本利返還を含めて利息に言及していないもの八件、⑩利息免除をはっきりと記してあるものは二件である。また、陳もしくは陳主人が債權者である契は、③一件、⑧二件、⑩一件、ほかの件は⑨である。なお、康熙三年の借約は康熙二年の當契と同じ紙に書かれている。すなわち、朱敬如は程氏から康熙二年に田租計二十砠十七斤の契二帋を擔保として六兩借り入れ、毎年租利十砠を支拂うこととし、當契を立てた。翌年、朱敬如はさらに十六兩七錢を月二分の金利で借り入れ、翌年五月に元利を返還することとし、借約の文を前年作成した當契に書き込んだ。なお、契の末尾には、「康熙十二年結、除附還仍谷九石、内讓三石、實還谷六石作三年還。」とあり、穀で返還していたこと、康熙十二年の段階でまだ返還すべき米が九石殘っていたが、三石を返濟免除してもらい、殘りの六石を三年で返濟することを約束したことがわかる。

それでは、なぜ擔保なしの借約などには、陳氏や他の二三の例にみられるような利息に全く言及しない場合があるのであろうか。一つには、あえて利息を記さなくても明らかであるということが考えられる。但し、債權者と債務者との間に密接な人間關係があり、善意からもしくはやむなく貸している場合も考えられよう。例えば、『徽州千年契約文書』「清民國」巻二には、この陳氏を債權者とする借約と共通する用紙に共通する樣式で書かれた、陳氏を相手とする佃田字、攬佃字、交業字などが多く收錄されている。そのうち、一〇八、一三六頁の房屋の「租批」の相手の名稱は陳裕豐寶典である。このことから陳裕豐寶典を營む陳氏は同時に多くの土地を所有し佃戶に耕作させ收租していたことがわかる。そうであれば、陳氏が典や當という行爲ではなく借の形式で金錢を貸しているのは、後者、すなわち多く佃戶など陳氏との繫がりが密な存在に對して、善意からもしくはやむなく貸している場合があるからではないかとも考えられる。

## おわりに

以上から次のことが言えよう。

第一に、典と當との違いについてである。『徽州千年契約文書』やその他の文書集に掲載されている典と當の資料を見ると、典と當との間に明確な線を引くことはできないものの一つの傾向を見出し得る。まず典契は當契より數が少ない。それは『徽州千年契約文書』掲載の文書がたまたまそうであったというのでは必ずしもない。筆者が有する『歙縣程氏文書』もすべて當契である。さらに「宋元明」の典には、出典者が金錢を必要としたのではなく、承典者が家屋に居住することを望んで成立した契約があることを示したが、租契が文字どおりの賃貸契約であるのに對し、典契であれば房屋の改造も可能となり、實質的所有權が移轉することになる。「淸民國」の典契は「宋元明」の典契ほど特徴的ではないが、債權者に耕作權ないし收租權を委讓するものが壓倒的に多い。このことから、典という行爲は、債務者となる者が金錢を必要とするにせよ、債權者となる者が物件を必要とするにせよ、賣買行爲が不適當である場合に代わって行われる行爲でもあったと考えられる。それに對して、當という行爲は、專ら債務者となる者が金錢を必要とすることによって行われるといってよいであろう。借も金錢を必要として行われる行爲であるが、おそらくは何らかの人間關係にある者から、擔保物件はもとより、場合によっては金利もなしで借りるときに行われる場合が多い。これらは、前述した稅制度上の扱いの相違がもたらした結果であるとも考えられる。乾隆二十四年の例によって稅制度上同じ扱いになったとはいえ、一般の人々の間にすぐに浸透せず、舊來の區別をその後も引きずっていたのではないであろうか。

第二に、貸附ける金錢は、典契では、乾隆四十五年までは銀兩で、乾隆五十三年以降は錢文である。當契では乾隆年間までは銀兩であり、道光年間以降同治年間までは銀兩と錢文、洋銀が混在し、以後は錢文と洋銀である。借約では、乾隆五十八年までは銀兩であり、以後は主に錢文建てである。若干の時間差があるとはいえ、銀兩建てから錢文建てに變化する時期は、乾隆末年以降の中國への銀の流入が遲滯し銀が不足し始める時期とほぼ重なる。

第三に、時代が下るにつれて、典と當の擔保物件は土地それ自體ではなく、田（佃）皮が増えている。このことは、徽州の特徴である、莊基の周邊に佃僕が集住する體制が崩壞し、佃戸の獨立化を示しているともいえる。但し、現存する清代の佃戸の家屋から推量すれば、莊基の周邊に佃僕が集住することは減少したにせよ、農村内部の集落に地主すなわち家主（東家）が長屋様の家屋を有し、そこに佃戸が居住し、佃戸は地主に居住空間と勞働およびその報酬とを掌握されていたことにはかわりはない。

第四に、利息については、明代には利息が貸附金額に對して毎月毎兩何分という形で設定されているが、清代には利息は、第一に、債務者が擔保物件の使用權ないし收益權を保持し、貸附金額の利に相當する租額すなわち「租利」を債務者が債權者に支拂うか、または第二に、債務者が債權者に收益權や使用權を移讓するという形で支拂われる例がほとんどである。但し、明代の資料はほとんどが家屋であり、清代は田であるから擔保物件の違いによる相違とも考えられる。

他方、債權者に使用權ないし收益權が移轉する第二の場合でも、擔保物件が佃戸が耕作する土地である場合、債務者が地主か佃戸かによって權利關係は異なる。地主の場合は收租權の移轉であり、佃戸を交替させる權利も多く委讓される。佃戸の場合は、當然のことながら耕作權の移轉である。ともに利息は設定されない。典のほとんどはこれである。但し、當契にも同様な例がある。それどころか、ときには契約文書中で典と當の字句が併用されることもある。これは、あくまで回贖する前提の下で、債權者に使用權ないし收益權が移轉し利息は設定しないという場合と、内實は「賣」であるが、賣却することが税務上も倫理上も望ましくないときに、典ないし當の形式をとった場合とがあると考えられる。

金錢であれ穀物であれ利息を支拂うか、あるいは租を利息として支拂う第一の場合では、債務者の使用權ないし收益權は保持される。租を利息として支拂う場合も、狀況によって多様である。まず、擔保物件が佃戸の耕作する土地であり債務者が地主の場合、佃戸から納められる租の一部もしくは全部を債權者に納めるという形で利息に代えることになる。他方、債務者が佃戸の場合は、債權者が地主である場合が多い。その場合、租額を增やす例もある。更に、佃戸が耕作する土地ではない場合に見られるが、債務者が債權者と新たに租田契約を結び、事實上佃戸として債權者に租を納める例がある。すなわち、契約上は擔保物件の使用權ないし收益權が債權者に移轉する「典」の場合、債權者が擔保物件の使用を必要としないときには、債權者は債務者と租佃契約を結び、債務者が事實上使用權を確保する例である。その場合、契約關係は二重になり、實質的には債務者が從來のままに使用するか收益を得るという第一の場合と同じ關係になる。

これらのことは、家屋の場合もおおむね共通する。他者に賃貸している家屋を擔保にする場合は土地の場合と變わりないが、自己が居住している家屋を擔保とし、變わらず居住する場合は、家賃＝利息を支拂うことになる。

回贖期限については、金利を銀錢で支拂う場合には、期限がきたら元利をあわせて支拂うことが決められている例が多い。他方、數年にわたり米麥で租として支拂う場合には每年秋收後に租を支拂い、元金は返せるときに返して回贖するか、期限がきたら元金を返濟し回贖する例が多い。

以上のことを擔保物件、貸附金額（借り入れ金額）、利息という三つの要素から整理すると次のようになる。第一に、債權者に使用權ないし收益權が移るときで內實は「賣」である場合、重要なのは擔保物件の價値と貸附金額の一致である。第二に、同じく債權者に使用權ないし收益權が移るとはいえ、回贖することが前提であれば、貸附金額の利息に見合う租額の土地が擔保物件となる。本來地主である債務者が債權者と租佃契約を結び納租する場合も同様である。第三に、債務者が使用權ないし收益權を保持する場合、債權者に納める租利の額は貸附金額によって決められ、擔保物件の價値と貸附金額とは必ずしも一致しない。債權者にとって最も有利なのは、この最後の場合である。

なお、債務者が期限までに元利を返濟できない場合、または租利を支拂えない場合、擔保物件に債務者が耕作または居住しているならば、一般には使用權ないし耕作權が債權者に移ることを記入した契が作成される。他方、債權者に擔保物件の使用權がすでに移っているならば、債權者は「加價」すなわち擔保物件の價値と貸附金額との差額を債務者に支拂って、擔保物件が典當の物件であるのを「賣」に換えることになる。債權者にそれだけの支拂い能力がない場合は、債務者が新たに賣却先を探して賣却し、それによって得た金錢の中から借り入れ金を返濟する。しかし、それは原則であって、少なくともとりあげた資料に見る限りでは、返還期限の引き延ばしや利息の削減が行われる場合の方が多いようである。

ところで、緒言において、劉秋根氏が「高利貸（資本）」とは、「前資本主義生產方式に適應した資本收益が土地の收益より高い、古い形式の生息資本を指す」とされ、また方行氏が「年利息率が一五パーセント以上であることは、地租の收益より高い貸借であり、高利貸と定められるし、或いはそう定めて差し支えないといえる。」とされていることを記した。

この論は一面では說得力がある。しかし、前述したように、地租すなわち佃租は、土地面積ないし收穫に對して一定の比率で設定されるものであるのに對し、當の金利は、當本すなわち貸附金額（借り入れ金額）によって設定されるものである。しかも、明代の當契にみるように、返すつもりの期限と慣習上回贖できる年限とに隔たりが大きく、每月每兩二分前後の金利は短期で返還する場合の金利であり、期限までに返還できなくなったときには新たに金利を調整した。さらに、淸代になると擔保物件から得る租額の內、借り入れた金額に對應した額を納める例と、借り入れた金額の利息として妥當な收益がある不動產を擔保物件として、その使用權ないし收益權を一定期間債權者に讓渡し、期間が過ぎたら元金を返還して擔保物件の使用權と收益權とを回復する例とが多くなり、貸附け金額に對して利率を定める方式は激減している。とくに後者の例は、元金が返還できないときは、債務者は債權者から擔保物件價格相當の加價を受け取り「賣」とする。このことは、典當の利率が事實上、土地の租額に收斂していっていることを示しているともいえよう。

最後に、回贖條項が記されているものは當契に比べて典契では少ない。それは前述したように、ともに金錢を必要として行われる行爲であっても、典は「賣」と同樣な意味をもつ場合が少なくないためであると思われる。ところで、回贖の法的規定のところで述べたように、乾隆十八年例では、典契であればいつでも回贖可能とし、回贖の意志あるときは、契內に「回贖」することを明記して、すべて「典契」とすること、もし「賣契」と書き、回贖の記載がなければ、「賣斷之産」として、找贖を許さないことを定めた。このことは一面で、回贖についての記載がなく出典人から受典人への擔保物件の事實上の讓渡となるような典が從來多く、それを防止するためであったとも考えられる。なお、乾隆十八年以降の典契は、回贖について記載のあるものが從來よりは若干增えているといえなくもないが、一般化しているとはいいがたい。政府が定めた法例は、それが鄉例として人々の間に浸透していった限りでは有效性をもったが、人々の日常の營爲において舊來の習慣や現實の必要性がそれに優先していたことはいうまでもない。また、財政收入や秩序維持に關わらない限り政府も看過していたといえよう。

［『徽州千年契約文書』中の「典」「當」「借」表］

卷－頁　①年月②契名③債務者④債權者⑤借入れ理由⑥擔保物件⑦借入れ金額⑧利息または擔保物權の使用權の移轉⑨返還期限または回贖期限⑩期限を過ぎて回贖できないときの處置⑪その他⑫書き込み

（注）本表では、「九七色銀」など通貨の種類と區別するため、金額や體積などの數値は「百三十」のように記してある。

I．典

［宋元明］

一—八二　①永樂十七年十月②文契③謝福住④兄謝能靜⑤家緣窮支用未盡⑥同分山地⑦寶鈔四百頭⑧照依大例起息交還

一—一二七　①正統三年十二月②典契③謝孟輝④房東方千興⑥山三畝⑦銀一兩二錢⑧照依大例起息⑨次年八月本息□還取回⑩もし期限を過ぎても銀を返せない場合には典人が管業することを許す⑫正統七年十二月、來年六月を過ぎても本息を返せない場合には典人は契内の山地を賣却しても本家は無言のこと

二—一二七　①嘉靖四年十月②典契③江阿唐氏④族内細各曹⑤缺少正用⑥披屋地房一步⑦典價本九七色九四平銀三兩⑧其地房隨卽管業過割居住⑨六年滿期⑫「再批東道九七色九四平銀四錢取日認還」

二—一二三　①嘉靖三十三年正月②契③李證④李洋⑤缺本買賣⑥承祖基地二分五厘七毛、該分地三厘、樓屋四股中の一股⑦當價紋銀四兩⑧每年加息每兩二錢二分⑨次年二月本利一併交還⑩缺少や期日に遲れた場合はこの契を「賣契」とし、屋地は典主の管業とする

三—三九〇　①萬曆三十七年四月②出典契合同③徐時洪④柯⑤缺少糧邊食用⑥自己新置自住新土庫樓屋一所、樓上房一火眼、樓上屋起樓下房四間、堂屋通衆出入、將後披屋一眼⑦典價眞白紋銀七十兩⑧柯の居住認める⑪母陳氏と商議

三－四一九　①萬暦三十九年七月②典契③朱周④石埭縣徐⑤身窮家貧乏阱無倚⑥妻⑧子供が誕生し成長した後、財禮銀を受け取り、それで借金を返済し元の夫の下に返される

四－三九九　①崇禎九年十二月②承典契③程池④程萬蔭（池の叔、立契人）⑥天壽承繼土庫樓屋⑦用價紋銀五十七兩⑧程萬蔭が居住、銀に利なく屋に租なし⑨日後萬蔭が不便居住となり池が必要になれば備價取屋⑪土庫樓屋の一半は程萬蔭合得　⇓四－四八八

四－四六一　①崇禎十三年十二月②典契③裔孫洪玉生等④壽公六大房⑤母老有病衣衾棺□無措⑥承祖房屋等⑦典價紋銀十兩⑧每兩每月加紋利二分四厘⑪所有税粮係本身上納

四－四八二　①崇禎十五年十一月②典契③黃紀脩④親人程⑤缺少使用⑥承父樓屋等⑦典價紋銀十二兩⑧听從典主裝備改造開店管業、銀に利なく屋に租なし⑨日後本家要屋日將原價取贖

四－四八八　①崇禎十六年四月②承典③程九德④程夢求（立契人）⑥天壽承繼土庫樓屋等の位一半⑦十四兩⑪「立承典人程夢求、原父先年用價典到戶兄池名下、天壽承繼槌藏樓屋壹所、合得一半、原兄存後樓下左邊地房一眼、樓上左邊閣房壹眼、後厨房壹眼、前樓閣三間、與九德均業、池兄合得一半、今憑中用價拾肆兩、承典居住、各無異說存炤。」⇓四－三九九

［清民國］

一－二七　①順治七年二月②典契③洪元震等④祖尙書公⑤乏用⑥田三分⑦紋銀三兩⑧硬租三秤⑨年内十一月取贖⑫康熙二十三年十二月二十六日收、元震分丁浚手附紋乙兩五錢正、取去一半

一－三二　①順治七年十月②典契③何應斗④堂侄伯元⑤往外⑥續買灰屋、糞窖⑦紋銀二兩⑧灰屋と糞窖の使用權

一―四五　①順治十五年二月②典契③程文升④程⑥窖、屋⑦典價足銀二兩⑧窖の使用權

一―六九　①康熙十年四月②典約③韓新旺④胡文⑤無銀支用⑥典首坦三片（計租三砠十觔）⑦時値價典首白紋銀三兩九錢⑧受典人に耕種管業させる、佃人の交種交租管業を許す⑪問題あれば、甘罰契外銀二錢支拂う

一―一〇九　①康熙三十一年二月②典約③查永陽④叔夏陽⑤無銀支用⑥承父佃田（計租三十六砠）⑦時値價白紋銀六兩三錢⑧出典人が耕作し谷利八砠十觔を納める、缺少あれば別に佃人を招くことを許す

一―一五二　①康熙四十四年十二月②典契（文中では「當」の字を用いている）③鮑伯振④戴⑤錢粮無辦⑥田（計二十一秤）⑦典價九五色銀五兩⑧硬租十一斗

一―二三七　①雍正三年四月②典約③吳光秀等④胡⑤無銀支用⑥承祖坦（計豆查租四砠十觔）⑦時値九七色十一兩七錢⑧受主管業耕種交租⑪問題あれば、甘罰約外銀三錢六分支拂う

一―二四二　①雍正四年五月②典約③吳法保④朱⑤無銀支用⑥佃頭田（計租二十四砠）⑦時値價銀五兩一錢二分⑧受主交租管業

一―二七六　①雍正十三年十一月②典約（文中では一部「當」の字を用いている）③舒謂白等④舒康祠⑥典首田一處計客田租七十七砠五觔の內の麥五砠と穀五砠の計十砠⑦紋銀五兩二錢⑧受典人（典首）が別に佃人を招き耕種交租する

一―三〇九　①乾隆十三年十二月②典約③汪應洪④韓啓朝⑤無銀支用⑥承父田（計客租一砠）⑦價銀二兩二錢⑧受主耕種管業

一―三七四　①乾隆三十七年十月②典契③張文中⑤無錢使用⑥自己家兆南兆地一短⑦白銀十兩錢十千⑧典架買立業承種⑨四年滿期⑫每年粮米錢四百文

二－一八　①乾隆四十五年六月②出典字（出典糞草田皮）③汪元龍④天興公⑤無銀用度⑥田三坵（計客秤十一・五秤）⑦時値價銀一兩六錢八分八厘⑧秋收日に硬交實租三十三觔、短缺あれば別の佃人を招いてよい⑨日後原價取回⑪問題あれば、公罰白銀五分支拂う

二－六四　①乾隆五十三年四月②典約③汪永李④汪永得⑤無銀支用⑥承祖業田（計客租十八砠）⑦時値價大錢十三千文⑧受典人が自耕種交租管業

二－四七七　①咸豐元年十一月②出典田皮契（出典糞草田皮契）③朱連林（佃人）④房東洪維賢（地主）⑤正用⑥祖典受鬮分田皮計田二坵（計客租二十四秤五觔八兩）⑦典價銀三千文⑧秋收日に自己の力分内稱實谷三秤に毎秤二觔を加え納める、もし短少であれば別の佃人を招いてよい

三－一〇　①同治元年十二月②出典佃約③曹長林④黄⑤正用⑥己置田業一坵（計田骨七秤）⑦典價足大錢五千二百文⑧每年納める租谷四砠半のほかに交租秤佃息淨干谷五十觔を加え納める、もし租佃不清であれば受典人が拘業召種することを許す

三－一一　①同治元年十二月②出典佃約③程瑞祥④黄⑤繳償會公正用⑥父手贖回親房程志高婦典出佃業五宗七坵（田骨秤數計二十八秤）⑦典價足大錢十二千文⑧其佃卽交受典人管業⑨原價照約取贖⑫計開：五宗佃骨二十八秤の内譯あり

三－二四　①同治四年十二月②出典佃約③程瑞祥④黄⑤正用⑥父手贖回親房程志高婦典出ならびに己置佃業四宗四坵（田骨交租秤數計十八秤）⑦典價通足大錢十五千文⑧其佃卽交受典人管業召種交租收息⑨其佃不限年期任辦原價照約取贖⑫計開：四宗佃骨十八秤田塍上の茶柯の内譯あり

Ⅱ．當

［宋元明］

三―三八五　①萬暦三十六年九月②當契③朱世華④堂弟⑤家下缺用⑥承祖園墻内田一片（本身合得租十二砠、先年已取八砠出與堂兄、仍存四砠）、地一塊⑦紋銀六十兩⑧臨期硬加利錢十兩⑨至四十年回贖⑩四十年に回贖できないときは當契を賣契に作る

三―四六〇　①萬暦四十四年十二月②當約③張一九④家主程⑤缺少使用⑥田二坵田（計租十六砠）⑦文（＝紋）銀一兩二錢五分⑧毎月加利二分⑨四月附還⑫「其銀四月無銀可還其田听延管□再批」

三―四七七　①萬暦四十六年十月②當契③胡旺④歙縣程⑤取女缺少財禮⑥續置田塘四業（計税二分六厘、六分五厘、一分九厘、六分七厘）⑦紋銀八兩⑧毎月毎兩二分行息⑨次年秋本利取贖⑩過日期听憑執契管業

三―四八七　①萬暦四十七年八月②當約③李尚華④方毓公祀會⑥承父鬮分祭地一備⑦紋銀六錢⑧照依大例起息⑨來年正月將本利取贖⑪四十年を過ぎて不取の場合は自ら此の契を執りて賣（契）と作し過税することを許す

四―一一五　①天啓三年九月②當契③張夢鵾④鳳池叔祖⑥田山塘⑫「賣與鳳池叔祖名下所有」

四―一一六　①天啓三年九月②當契③弟朱鍾承④兄⑤母老病深朝不保暮棺木并父殯齋等費約得□則之需⑥倉屋上基等⑦十五兩⑧其銀係兄充管办、不計利不起租

四―二一四　①天啓七年三月②當約③□逢慶④侄光前⑥計田租十六秤⑦紋銀四兩⑧毎年收租時收留折利⑨日後本到取贖

四―三三四　①崇禎五年十一月②當契（冒頭等には「賣契」とある）③汪之顯④同都汪張仙⑤缺用⑥承祖山計二畝八分五厘⑦時値當去本紋銀三兩⑧照會例起息⑩听從典主汪川戶內割税過戶管業

四―三六一　①崇禎六年十二月②當約③□久濟④兄先前⑥田三號⑦紋銀一兩三錢⑧毎年租利

四―四〇二　①崇禎九年二月②當契③汪記孫④房東謝魁元⑤無錢用度⑥本身分下糞草田（硬租二秤）⑦紋本銀五錢⑧銀不起利、租不起稅

四―四二〇　①崇禎十年五月②當契③程泙④清明會⑥田（佃人程高元）⑦銀一兩六錢六分⑨年會日加利出取

四―四七四　①崇禎十四年十二月②當約③兄鳳章④弟有望⑤子光俾種痘無錢用度⑥振□二公祀内所分得本身位下浮□内取七秤九觔⑦紋銀二兩五錢⑧穀は毎年附す、其銀不起利租不納稅⑨日後本利取回原約

四―四八七　①崇禎十四年三月②當約③周再法④房東謝應皺・應洋⑤缺用⑥糞草田⑦本紋銀一兩⑧毎年秋收之日小租二秤交納

四―四九八　①崇禎十七年九月②當契③程近陽④戶弟程⑤缺用⑥續置姪媳揚氏園地二十歩⑦本紋銀十二兩⑧毎月加息一錢五分⑨本年終附還⑩もし期日になっても附還できないときは听從管業

［清民國］

一―一〇　①隆武元年九月②當契③謝志瑞④敦本堂⑤缺用⑥承父買受田三備（計旱大租十秤七觔）⑦紋銀六兩⑧毎月毎兩錢二分行息⑨來年六月本利取贖⑩もし期日を過ぎたら租の自收を許す

一―五八　①康熙二年五月②當契③朱敬如④程親人⑤缺少差使用⑥契二帋（計田租二十砠十七觔）⑦當價紋銀六兩⑧硬租十砠⑫康熙三年の「借約」と康熙十二年の「結」が後半に記入されている

一―八二　①康熙十六年②當契③洪必榮（主盟母洪阿汪）④叔祖⑤缺少粮差定時使用無辦⑥承祖花廳併俊屋上下房門壁橋乙應俱全⑦紋銀三十兩⑧其業隨卽交與叔祖⑨到聽取贖⑫ほかに銀一兩五錢も取日にあわせて返還

する

一一五一　①康熙四十二年六月②當契③陳宗海④房叔祖⑤缺少粮差⑥父遺田二坵（計秈租十三砠）⑦當價紋銀六兩⑧其田隨即交與受當人招佃爲租管業

一一五八　①康熙四十七年二月②當契③張羽侯④族弟⑤店中缺用⑥贖屋木行樓屋三間、對面店平屋二間、木行低披屋三間⑦時値當價九五銀十兩⑧受當人管業

一一六四　①康熙五十一年十月②當契③胡德椿④叔⑤錢粮無辦⑥承繼煒公および甲公分下該身股⑦紋銀一兩⑧十一月初に利息を加えて返還する、銀がなければ豆を利息としてよい

一一七七　①康熙五十五年十一月②當契③吳世煌④胡⑤無銀使用⑥自置田（租三砠）、三處田（〈一〉長男十德分下：業主胡士進兄明表叟均業＝租十三砠、〈二〉次男臘德分下：業主允煥一半・當主胡明珵德貽得一半＝十一砠、〈三〉三男懷德分下：業主當主得一半＝十三砠、計三十七砠）、桑林（租三砠）⑦九七銀六兩⑧秋收交利谷二砠、もし利谷を支拂わなければ別の佃人を招いてよい

一二三八　①雍正三年十月②當批③程坤南④程⑥地⑦九三色銀六錢⑧利租なし⑨三年後原價取贖

一二四七　①雍正六年三月②當契③程杜海支下子孫宗淳④查維先⑤無銀清理支用⑥田（租三砠）⑦九七色價銀一兩六錢⑧其田受主收租作利、硬交租三砠、もし租が短少ならば本家が補足し、多いときは本家が收回する⑪「衆議自情愿」とある

一二五〇　①雍正七年十二月②當契③舒阿汪④舒⑤無銀兌粮⑥莊基（租六砠十五觔、小麥租一砠）⑦價銀九四色三兩五錢⑧自收租作利⑨日後、本家照契取回、無阻⑫「再批、内墳五錢字二斤」「再批、七里坦新老莊屋押在内、如少莊基租、听自管業莊屋、無阻」「再批、并前契一帋共計租貳十砠十五斤、以後不得復加莊租」

一—三二一　①乾隆十八年十二月②當契③吳敦士④葉⑤正用⑥茶園三片（計茶樹二十一棵）⑦當價九五色銀二兩⑧當主管業收租摘茶⑨五年後原價取贖

一—四一七　①乾隆四十年十月②當契③舒既廷④舒康公祠⑥田（計秈租六砠十三觔四兩）⑦九七（五）銀十兩⑧受主收租管業⑨日後本家原價取贖

一—三五三　①乾隆三十一年四月②借約③戴繼光⑦九位色銀三兩⑧依脚起息⑨本利は本年夏に茶葉によって完淸⑫「再批、土名□家前山佃田一坵、計客租六砠□在約內、如過其卽自管業耕種、無阻。」すなわち、返却期限が過ぎても返却しない場合は、客租六砠の佃田の管業耕作を債權者に委ねるとあり、「借約」とあるが、實質的には「當」である

二—六　①乾隆四十三年九月②當契③侄鄧樟④族叔⑤往外管理不便⑥祖父遺下鬮分六畝（正租七砠半）など七宗（實租四十砠十七觔半）⑦當價九七銀三十五兩⑧受當人喚佃收租三十五砠⑨言定五年听從原價取贖⑫「五十貳年、將租底還取回大樟、批」

二—二四　①乾隆四十六年十一月②當約③陳士英④胡⑤急用無得出办⑥祖分下己業田共十五砠內三砠⑦□錢六兩⑧受當耕種管業⑨後原價取贖

二—三〇　乾隆四十七年十二月②當契③親弟汪永堅④東序兄⑤急需⑥承祖遺下鬮分朗潤正樓房一眼、厨下樓梯口七房一眼併厨下一起⑦時値當價銀二兩⑧自當之後听從管業居住、當主不得留難再批⑨不論年月遠近听從原價取贖

二—三一　①乾隆四十七年十二月②借約（文中では一部「當」の字を用いており、實質的內容は「當」である）③馮友光④袁⑤急用⑥〇・五畝⑦本銀一兩⑧每年秋谷一秤、缺少のときは執田耕種を認める

二―四三　①乾隆五十年十一月②當契③韓賡揚および同姪韓國振飛ほか三名④胡⑤公事正用⑥千年原當汪姓計地三三歩⑦當價九七銀九貳兌銀四十兩⑧其地卽交胡處管業⑨日後聽憑汪姓備價向胡處取贖、韓姓更無異説⑪將先年原當汪姓眼字九百柒拾參號、計地參歩、凴中加立新契、照原價、轉當與黟邑胡名下、爲業（すなわち、もともとは汪氏が韓氏に出當した土地）

二―二八九　①道光元年十一月②當約③葉運林④朱萬如⑤正用⑥祖遺下山皮等⑦當價折錢六錢四百二十文⑨三倫之後元價取贖⑫「道光五年、葉運林嫂加價七□五壹錢正、永遠不得取贖」

二―三三〇　①道光四年十二月②當佃皮契③袁文魁④朱坤臣⑤歳暮急用無措⑥已置佃皮壹號（計田稅一畝六分、計田一坵）⑦當價九五平九八色元銀十兩⑧其田は自種、毎年秋收之際に干谷四砠、短少であれば別に佃人を招いてよい⑫道光拾壹年貳月初七日の記事に朱姓の執田を許すという記事あり

二―四八〇　①咸豐二年十二月②借約（文中「當砠佃」「當到汪名下」とあり、實質的には「當」である。）③程人④汪⑥計砠佃十秤⑦洋二員（元）⑧來年秋に本利干谷八砠支拂う

三―六　①同治元年四月②當田皮約③甯永錫④李裕昌盛記⑤正用⑥田皮二坵（計客租八砠）并塘一口⑦時值當價四千文⑧其田麥穗卽交受主耕種交租⑨行年听備原價取贖

三―七　①同治元年四月②當田皮約③李惠康④裕昌盛記⑤正用⑥田皮二坵（計客租十四砠）⑦時值典價大錢五千六百文⑧其田麥穗卽交受主耕種交租⑨行年備原價取贖

三―九　①同治元年十月②當契③舒受祺④舒⑤事用不便⑥祖手置進所遺身名下田租十五號（共計秈各租數百五十砠五觔二兩、各號に佃戶一名の姓名あり）⑦紋銀百二十兩⑨三年滿期で原價取贖することを許す、年ごとに豐歉あるが、もし佃家の（納入租額に）缺數があれば受當人が自ら直接收租する

三－一三　①同治元年十二月②抵佃皮契③袁胡氏④呉元和棧⑤年迫正事急用⑥承祖遺下田皮一號二坵（計佃税一畝二分、計交正租六秤）⑦時值價洋錢一〇員⑧抵之後听從本家領回耕種、不起利⑨來年八月内一併還清⑩出當人がすべて返還しない場合は、受當人が執田し另に耕種させてよい

三－二五　①同治五年三月②轉當契③敦本祀等⑤先年各祀の租が在外者に典賣されたが、今支丁の舜封が取回した。そこで衆議して取回した者に管業收租させることとした。取價は洋銀二十六元九角。⑨議定不拘年月、祀内備原價取贖歸貯⑫計開として敦本祀の土地の實租等の記入あり

三－三二　①同治五年十月②出當田租並佃契③朱元雄等④洪⑤今被族中朱祐嫂訟害無借⑥該身六股之四（田税七分一厘、租佃谷百二十八斤）⑦時得受價洋錢七元五錢⑧受當人が管業し另に耕種させてよい

三－三三　①同治五年十月②當田租契③舒善同④呉啓道兄⑤錢粮急用⑥父遺己業（共計租七砠十五觔）⑦時值當價足錢八千文⑧卽交受業人會佃收租⑨照依鄉例取贖⑫「當收足錢七百五十文、存在本家生息、代完粮課、□日其錢繳還、又批」

三－四六　①同治七年②當契③張守志④廷銀公祠⑤屋事所借結□之錢歸完正用⑥先父遺下鬮分得（秈租二砠半並佃）⑦時值價通足大先三千文⑧其田卽交受業人管業⑨半期爲滿、听從原價取贖

三－四九　①同治八年十一月②當契③周夏至等④葉五子兄⑤是見急用⑥是身承祖買受鬮分民水糞草田皮（計田皮一畝、計田大小三坵、計交客祖四秤）⑦時值價九九錢三千五百文⑨再批其田皮三年の外に原價取回するを許す

三－六五　①同治十一年九月②當契③舒東序④舒⑤母親病故正用無措⑥父手自置田（計減硬秈租十二砠）⑦當價洋十二元⑧其田听從管業收租⑨三年期滿听從本家備原價贖回⑫此田光緒貳年二月十六日原價贖回

三－九五　①光緒五年正月②當佃（皮）契③陶朱氏等④王如昇⑤正用⑥承父遺下田皮（計田一坵＝計田税一畝八分、計

田八坵＝計稅一畝五分＝計交正租百五十四觔、計交正租干谷二百二十九觔）⑦時値得受價洋錢二十四元⑧當之後、听受人執契管業耕種⑨十二年之後、听從原價取贖

三―一七五　①光緒十五年十二月②當契③程春源④李⑤急用⑥山⑦時値當價厘銀三千五百文⑧其山盡行听從受當人管業⑨二十年たてば銀便取收爲主、という書き込み⑫「立加當價人程春源、今因店賑無办、兩在相議、加當典錢一千七百文正、其錢加當之日、□一併收足、無異。光緒十七年十二月日立加當人程春源　代筆人張人　餘」

三―一八五　①光緒十七年六月②（轉）當契③胡昌福④汪賓山⑤缺少正用⑥地（計地租大錢六千六百文）⑦當價英洋八十六元正⑧此地租當交汪賓山管業收租作息⑨日後回贖（以後不明）

三―一八六　①光緒十七年②出當佃皮契③黃新順④甯⑥己置佃皮⑦値得受當英洋銀七元⑧其洋利谷每年秋收之日在本田秤水谷三砠半、附來脚佃契一張取贖之日一併交廻⑫「內加半壹个、又批」「此佃于光緒十八年、加找價以作斷骨賣契、當卽交業、凂中面批」

三―一八七　①光緒十八年九月②當契③舒夢時④舒⑤急事⑥祖業坦⑦當得價本洋一元大錢二百文

三―三五一　①光緒二十五年十一月②當契③章洪安④渭正弟⑤正用⑥祖遺鬮分己下大買地壹業⑦時値當價英三元⑧其地听凂⑨管業耕種、洋不起利地不起租⑫「再批、三元改二元正、又照隨時取贖」

三―四三〇　①光緒三十三年正月②出當（茶柯樹）佃皮契③陶永發④陳義和⑤正事急用無處借办⑥承祖遺下佃皮（田一坵計稅五分計交正租二秤、田大小二坵計稅八分計交正租拆谷二秤半、田塍茶柯柜子樹）⑦時値得受當價英洋三元⑧出當之後、听從受當人管業耕種收割交租摘茶劏柜子⑨不論年月、听備本家照契原價取回、取贖之日認還中金錢二百文、六年以後中金不比認還兩無異⑪所有上缺租谷亦不涉受人之事

三－四五三　①中華民國元年十二月②當田租佃契③王新揚④胡悦臣⑤正用⑥祖遺下鬮分己田一坵（計正租八砠）⑦受當價英洋三元⑧其田承轉自種、每年硬租交下午谷三十斤、若拖缺听從凴保扦牌管業⑫「再批、其業半期爲滿、听從原價取贖、無阻」

三－四五五　①中華民國四年十一月②出當他租契③程春鳳④曹金鳳⑤年冬月缺少衣寒正事用⑥父手分過歸身遺下己業田一坵（計實租一秤）⑦時値當租價英洋五元⑧受當人收租管業、其有錢粮另貼出錢四百文、听從本家生息完粮國課⑨三年爲滿、听從本家照依當價洋取贖⑩過取回之日錢粮錢不認⑫「契内另批、來路契稅與別業合契、未促撿出、再批（契稅の證書は別の土地と一緒なのでわたさない）」

三－四七二　①中華民國十年十二月②當契③王□頭④本村鄧應福⑤錢粮正事急用無賴措办（貳弟同啺）⑥先父己業一處（計佃田一坵、計客租六砠）⑦時値當價英洋一八元⑧其業即交管業⑨再批、當壹季未滿、听從原價取回、倘有未滿、自認中今酒□

三－四九九　①中華民國三十一年秋月②當佃皮田契③朱祖蔭④吳嘉善⑤喪事急用⑥上首遺下連祖並佃田業計田一坵（計租三秤）⑦得受時値當價國幣流通券四十四元⑧其佃皮田即交受當人耕種、按年交納田租風淨下午谷三十三斤⑨其田當期三年、期滿之後卽听原價取贖⑪當與吳嘉善名下耕種⑫「三十六年正月二十六日、到月潭水碓朱□美名下取來、□取贖國幣壹萬元〇二」

Ⅲ借

［宋元明］

四－八〇　①天啓三年二月②借約③吳時摽④族兄⑤缺用⑦紋銀三兩⑧照鄉例加息⑨五月附還⑫通共本利三兩六錢

［清民國］

一―五八　①康熙三年十一月②借約③朱敬如④親人叔⑤娶妾缺少禮使用⑦紋銀十六兩七錢⑧每月二分行息⑨來年五月間本息一併送還⑫前半に康熙二年の「當契」が書かれている。また「借約」の後に、康熙十二年に一部返濟したが、まだ穀九石殘っている。そのうち三石はまけるから、殘り六石を三年以内に返還するように、との「結」が書かれている

一―六五　①康熙八年九月②借約③鄭以［言莫］④何⑦本文銀三兩六錢⑧每月二分五厘行息⑨來年春半分を返還し、秋收八月に本利を返還する

一―八五　①康熙十八年十二月②借票③吳天嘏④斐翁尊叔⑦本銀五兩⑧照例起息⑨來春一併奉還

一―二二一　①乾隆元年十月②借約③吳學文④族叔⑦九八色銀二百二十五兩六錢⑧每年二分起息であり、利息は冬と夏の二期に支拂う

一―三〇四　①乾隆十一年五月②借約③黃耀④盧⑦本銀十兩⑧其銀利依□息

一―三三二　①乾隆十九年七月②借字③餘啓齋④盧⑦九七色本銀十兩⑧每年二分

一―三四六　乾隆二十九年六月・借約・朱長支・江・九七色本銀二兩・月二分行息・來年冬季本利束完

二―一〇〇　①乾隆五十八年十一月②借約③戴尚貴・戴社壽③盧⑦九七色銀三十兩⑧每月二分行息⑨本利來年春茶送還⑫「再批尚貴田約一帋、茶柯約一帋執押、社、再批其銀言定來年五月起利」

二―一〇九　①嘉慶元年十二月②借字③朱天池④陳⑦錢五千四百文⑨來年秋收典利本利ともに拂う

二―一一六　①嘉慶二年十二月②借約③方應擧④陳⑦大錢三十千⑧加利錢一分五厘⑨來年秋收典利本利ともに拂う

二―一二四　①嘉慶四年十一月②懇情綴字③朱葉氏同子秉儀④陳⑦大錢十二千⑨俟子秉儀交易興隆自行奉還

二―一四二　①嘉慶五年十二月②綴字③陶冠英・群英④陳禹翁⑦大錢二千⑨來年秋收典利本利ともに拂う
二―一四六　①嘉慶七年十一月②情懇綴字③朱金氏同子嘉言④陳⑦九八大錢三千五百文⑧無利⑨後子成人淸侯
二―一六五　①嘉慶十三年八月②借各票③王平安④衆會友⑦本谷九擔⑧照會行息⑨來年秋收典利本利ともに拂う
二―二一八　①嘉慶十九年十二月②綴字③成宗志④陳⑤大錢七百文⑨來年交還
二―二二一　①嘉慶十九年十二月②綴字③孫禹陶・禹培・禹漠④陳⑦大錢三千文
二―二八一　①嘉慶二十七年十二月②綴字③程萬江④陳⑦大錢一千文⑨來年交還
二―二八二　①嘉慶二十五年十二月②綴字③程志謙④陳主人⑦大錢二千（又は四千）五百文⑨來年交還
二―二八三　①嘉慶二十五年十二月②情綴字③童星燦④陳主人⑦大錢四千文⑨來年交還
二―二八四　①嘉慶二十五年十二月②綴字③程仞④陳⑦大錢一千文⑨來年交還
二―四八〇　①咸豐二年十二月②借約（文中では一部「當」の字を用いている）③程人④汪⑥計租佃十秤⑦洋二員（元）
⑨來年秋に本利干谷八砠支拂う
三―一七〇　①光緒十三年六月②借票③程玉働④呉友泰堂⑦足大錢四千文⑧利息免除⑨準定戊子年（光緒十四年）歸還大錢二千文、己丑年（光緒十五年）歸還大錢二千文
三―三五三　①光緒二十五年②借字③項觀富④本門敬德堂春□叔父⑦英洋十三元・穀二十一砠

注

（1）　例えば、前揭『徽州千年契約文書』「淸民國」卷七「乾隆休寧黃氏置產簿」など。
（2）　前揭劉秋根『中國典當制度史』、三三頁。

（3）同右、一頁。
（4）同右、五頁。
（5）王廷元前掲「徽州典商述論」。南方の各省では、租は現物納入であったが、租佃する際の敷金である押租は多く銀で支拂われた。
（6）「勒折」については、拙稿「清代賦税關係數値の一檢討—乾隆末年より同治六年に至る、江南における、銀錢比價、錢糧折價、米價、綿花價、漕米折價の變動と、納税戶の賦税負擔の推移—」（『中國近代史研究』一、一九八一年）、「太平天國前、蘇州府・松江府における賦税問題」（『社會經濟史學』四七—二、一九八一年）、參照。
（7）陳開欣『典當知識入門』緒論。
（8）「警惕典當鋪成爲銷贓場所」一九九七年九月十七日『人民日報』、「買房錢不够不用去當鋪」一九九七年八月二十七日『南京日報』。
（9）農商類・典質業。
（10）楊肇遇前掲書、五〜七頁。
（11）前掲劉秋根著『中國典當制度史』、一五頁〜一七頁。
（12）光緒『大清會典事例』卷七百五十五。
（13）同右。
（14）同右。
（15）時代による法的規定の變化については、寺田浩明前掲「清代中期の典規制にみえる期限の意味について」參照。
（16）前掲鄭力民「明清徽州土地典當蠡測」。
（17）中國社會經濟史研究（季刊）、一九九〇年。
（18）『大明律』卷第九、戶律六、「錢債、違禁取利」。
（19）前掲『金陵瑣事剩錄』卷三。

(20) 江蘇省博物館編『江蘇省明清以來碑刻選集』生活・讀書・新知三聯書店、一九五九年、十二　金融類。
(21) 『吳興舊聞』卷二、前揭王廷元「徽州典商述論」參照。
(22) 吳廷文「我所知道的泰安當鋪」(『近代中國典當業』所收)。
(23) 『上海碑刻資料選輯』四一〇頁。
(24) 同右。
(25) 原文は「嗣後旗民典當田房、契載年分、統以三五年至十年爲率、仍遵舊例、概不税契。十年後、聽原業取贖。」であるが、氏は「十年後、聽原業取贖。」とあるところから、「舊來の三年、五年から十年に變更した」と解釋されている。確かに、三年や五年を年限としながら取贖を十年後とするのは論理矛盾である。しかし、語彙や語法からはそのように讀むのはかなりむずかしい。
(26) ここでの借り入れ金額は紋銀八兩である。婢を購入するには高額すぎると思われるし、語句からも妻か妾と考えるのが妥當であろう。康熙三年の妾を迎えるための借約では紋銀十六兩七錢とある。妻を迎える費用は妾を迎える費用と同額以上であろうから、萬曆四十六（一六一八）年と康熙三（一六六四）年の五十年足らずの間に價格は倍以上に變動していたことになる。
(27) 前揭彭超「論明清時期徽州地區的土地典當」。
(28) 前揭劉淼「徽州民間田地房產典當契研究」所載。
(29) 擔保がない場合に典や當と區別して、「借約」、「借票」、「借契」等「借」の字を用いた契約文書や票が作成されるのは、福建、山西等の省を含めてほぼ全國共通している。但し、當契中の記述の一部に借の字を用いている例がないわけではない。
(30) 筆者が有する『歙縣程氏文書』の咸豐五年に作成された借票では、金利每月二分で十千文借り、咸豐六年から十年まで五年間に每年二千文ずつ返還することを約している。

# 第五章　典當業經營と利益配分

――『清康熙三十六年徽州程氏應盤存收支總帳（康熙三十五年至四十五年）』を資料として――

## はじめに

本章は、典業を營む徽州程氏の康熙三十五（一六九六）年から四十五（一七〇六）年までの金錢資產內容および收支內容を記した『清康熙三十六年徽州程氏應盤存收支總帳』(1)を紹介し、その內容について解釋を加え、その內容から算出した數値をもとに表を作成し、典當經營と利益配分について若干の檢討を試みようとするものである。

ところで、「徽州文書」の簿冊は少なくないが、商業關係帳簿は必ずしも多いとはいえない。例えば、臺灣の歷史語言研究所が作成した、中國社會科學院歷史研究所收藏の「徽州文書目錄」では、帳簿九百八十一件中、商業關係帳簿は九十五件である。(2)また、商業關係帳簿を主な資料とした研究は、前掲の王裕明氏の論文以外、現在のところは未見である。商業關係帳簿を資料とすることの難しさは、その多くが單に收支項目と金額の羅列に終わっていることが擧げられよう。しかも、そこで使われる語彙の意味を理解することも容易ではない。

ここでとりあげる『清康熙三十六年徽州程氏應盤存收支總帳（康熙三十五年至四十五年）』は、前述の臺灣の歷史語言研究所が作成した中國社會科學院歷史研究所收藏の「徽州文書目錄」においては、商業關係帳簿ではなく、宗族關係帳簿中の計百二十八件ある家族收支帳に分類されている。(3) 確かに、本帳簿は典當業を營む程氏の業務帳簿ではなく、家產分割を行った後の各人の利益配分の確認を目的として、年間の金錢資產内容および收支内容を記したものである。但し、實際には年度ごとに業務上得た收入と各房の支出が記されている。本帳簿の資料的價値は、その分割内容が土地などの不動產關係の家產ではなく、事業關係資產および事業利益であるところにある。また、家產分割文書などその他の文書資料には、その家產目錄中に典によって得た不動產が含まれており、そのことから典業を營む家の家產分割文書であると推察できるものはあったが、事業それ自體についての分割を示すものは管見の限りではなかった。本帳簿は、事業がどのように受け繼がれ、その分割はどのように行われるのかを知るうえで極めて貴重な資料である。從って、本章では、個々の項目についての說明を試みつつ、帳簿の内容を通して、典當經營がどのように行われていたかを分析檢討したい。

## 第一節　帳簿作成の理由と作成年度

本帳簿の「前言」には帳簿作成の經緯が以下の如く記されている。

向有、父親歷計大總據實查盤、遵遺命均作六股分受合理。生息照數彙集、每歲一結、照本收利劃一均勻。各房支用多寡、逐年悉載、庶後日孫子知當年任事之動勞也。始自康熙參拾陸年清算、列左。

今立大總一樣五本、恭、寬、信、敏、惠五房、各執一本、爲照。

［かつて父親はつぶさに金錢資產および收支内容全體を統計し實際の數値にもとづいて調べてきたが、その遺言によって（これら金錢資產と收益とを）六等分することとすることは理にかなっている。その利息が生じたらその數値を

集約し、毎年一回決算し、本銀すなわち資金に照らして、得た利息を均しく配分する。各房の支出の多寡は年々ことごとく記載し、後日子孫に當時事業を行う際いかに苦労したかを知らしめたい。康熙三十六年から清算する。（その内容は）以下の如くである。今、收支全體を記した抄本五冊を作成し、恭、寛、信、敏、惠五房が各々一冊を保管し、（今後問題が生じた際の）證據とする。」

また、帳簿の末尾には、

龍飛康熙肆拾伍歳次丙戌季夏上澣吉日立

長房　程維燦
二房　程維炳
三房　程維煥
四房　程逢倬
五房　程維燧
主盟母親　戴氏
馮
二叔父　程森然
三叔父　程臺吉
妹夫　戴右銘
吳弘一
表弟　吳量如
友　戴次陶

方旁求
戴師周
族　　程遙集
程烱丈

とあり、恭房、寛房、信房、敏房、惠房の五房が、それぞれ程維燦、程維炳、程維煥、程逢倬、程維燧であることがわかる。このうち、四房すなわち敏房の逢倬のみ〝維〟の字が名前にないところから、四男はすでに死亡し息子の代になっていると考えられる。

次に、本帳簿に掲載されているものは以下の如くである。

①康熙參拾伍年謄清各本
②康熙參拾陸年總收
③康熙參拾陸年冬盤存各本
④康熙參拾柒年收利
⑤康熙參拾柒年捌月盤存各本
⑥康熙參拾捌年收利
⑦康熙參拾捌年玖月盤存各本
⑧康熙參拾玖年收利
⑨康熙參拾玖年拾貳月盤存各本
⑩康熙肆拾年收利

⑪康熙肆拾年冬盤存各本
⑫康熙肆拾壹年收利
⑬康熙肆拾壹年冬盤存各本
⑭康熙肆拾貳年收利
⑮康熙肆拾貳年冬盤存各本
⑯康熙肆拾叁年收利
⑰康熙肆拾叁年冬盤存各本
⑱康熙肆拾肆年收利
⑲（附記部分）

以上、①は「康熙叁拾伍年謄清各本［康熙三十五年現在の資産項目と各項目の額］」、②は「康熙叁拾陸年總收［康熙三十六年の總收入項目と各項目の額］」、③は「康熙叁拾陸年冬盤存各本［康熙三十六年の冬の（店卸しによる）資産項目と各項目の額］」が記され、次いで、④は「康熙叁拾柒年收利［康熙三十七年の年間收利項目と各項目の額］」、⑤は「康熙叁拾柒年捌月盤存各本［康熙三十七年の八月の（店卸しによる）資産項目と各項目の額］」とが記され、⑥～⑱は康熙三十八年から康熙四十四年までの毎年の年間收利項目と各項目の額および康熙三十八年から康熙四十四年までの毎年の資産項目と各項目の額とが記されているほか、⑲「康熙肆拾伍年柒月寛房收九七本銀」など四十五年以降の數項目の收支等について記してあり、さらに「今將貨物銅餙等項查盤照帳公分」とあり、分割すべき白銅などの貴金屬についての額が記され、最後に、「今將各親友會借及各路行缺列後」とあり、親族や友人や會への貸し金の未返納分や旅費が記されている。なお、本章文末の表［一二］は、①から⑲までの資料にある數値から別途算出したものである。

## 第二節　帳簿の内容

ここでは、一において、表［一］のA.「康熙三十五年現在の資産項目と各項目の額［康熙叄拾伍年謄清各本］」とB.「康熙三十六年の總收入項目と各項目の額［康熙叄拾陸年總收］」の構成、項目、數値について示す。次に二において、BとC.「康熙三十六年冬の（店卸しによる）資産項目と各項目の額［康熙叄拾陸年冬盤存各本］」の二種類の帳簿についてその内容の違いを示す。さらに三において、D.「康熙三十七年の年間收利項目と各項目の額［康熙叄拾柒年收利］」、E.「康熙三十七年八月の（店卸しによる）資産項目と各項目の額［康熙叄拾柒年捌月盤存各本］」、F.「康熙三十八年の年間收利項目と各項目の額［康熙叄拾捌年收利］」G.「康熙三十九年の年間收利項目と各項目の額［康熙叄拾玖年收利］」の項目や額の違いを示す。その際、康熙四十年以降についても適宜必要な内容について示して比較檢討する。最後に四において、表［一］のHと表［二］Aに示した數値にもとづいて、徳記典など五典の康熙三十五年から四十四年までの年間利益分および康熙三十八年以降康熙四十五年までの資産の表における數値變化の意味について、さらに表［二］Bに示した數値にもとづいて、公股、五房などの資産數値の變化について考察を試みる。

なお、［康熙叄拾伍年謄清各本］すなわち「康熙三十五年現在の資産項目と各項目の額」と康熙三十六年以降の「盤存各本」に見られる項目はほぼ同じであり、額も若干の例外を除き等しい。また、康熙四十年以降の「收利」の帳簿内容は、康熙三十七、三十八、三十九年の「收利」の帳簿内容と一部の項目の額を除けばほぼ同様である。そのためここでは省略した。

一、A．「康熙三十五年現在の資産項目と各項目の額［康熙叁拾伍年謄清各本］」とB．「康熙三十六年の總收入項目と各項目の額［康熙叁拾陸年總收］」の比較

A．「康熙三十五年現在の資産項目と各項目の額［康熙叁拾伍年謄清各本］」（以下、Aと略記）の項目と額とをB．「康熙三十六年の總收入項目と各項目の額［康熙叁拾陸年總收］」（以下、Bと略記）の項目と額と比べると、四六のA「旭如領本銀」とB「旭如還領本」までは項目はほぼ同じであり、額は全く同じである。また、次の白銅など四七から五二までと五五はBと項目の順番が入れ替わっているだけにすぎない。Bと異なるのは、第一に、五三「臺吉往楚本銀三、四○○兩」と六四「呉下銀一、一二○兩」がBにはないこと。第二に、五四「款如樊湖本銀五○○兩」、五六「仐望周子璋缺米二○○石　本銀一三二兩」、五七「南潯溫孔嘉義和缺荳本銀八○兩」、五八「德記典本銀一五、○六五兩二錢七分七厘」、五九「恆升典本銀二四、○九九兩六錢二厘」、六○「恆大典本銀一四、七五四兩三錢七分六厘」、六一「恆盛典本銀一五、八七四兩一錢八分三厘」、六二「恆茂典本銀七、九三六兩一錢三分九厘」、六三「漢口誕手帳尾本銀一七、八一七兩八錢」の項目の順番や額がBとは異なることである。このうち德記典など五典の本銀については、［表二］に年毎の額を記した。

Aの五四「款如樊湖本銀の五○○兩」はBでは五六「樊湖款如兄存張尾銀一一四兩七錢三分」となっているが、この異同の經緯については書き込まれたAの注記③に記されている。また、Aの五六には「仐望周子璋缺米二○○石　本銀一三二兩」とあり、周子璋が借りた米二百石、銀で一三二両相當分は、三十五年十一月に百石分として六十六両が支拂われ、三十六年に殘り分と利息を合わせて六十九兩七錢九分が支拂われている。ここからは二つのことがわかる。すなわち、第一は、當時の徽州の米價が一石につき六錢六分であることである。[4] 第二には金利についてである。そもそも周子璋がいつ米を借りたのかはわからない。また、半分はすでに三十五年十一月に銀兩で返還しているが、三十六年については何月に返還したかはわからない。しかし、期間は別にして算出すると元本相當分の百三十二兩の

金利として三兩七錢九分、合計三パーセント弱が支拂われたことになる。或いは、貸附期間は最低に見積もっても三カ月以上であるから（三十五年十月に借り入れし、三十五年十一月に半分返し、三十六年一月にすべて返したとするのが最も短期の場合）、最高で毎月一パーセント以下ということになる。

また、Aの五七「南潯溫孔嘉義和缺荳本銀八〇兩」はBの五五では五四兩九錢八分六厘となっている。この借銀の返還について、Aの後年に書き込まれた注記に「當年大人手過二〇兩、三十七年爾手收銀并酒共五四兩九錢八分六厘、仍缺本銀五兩一分四厘。［當年（＝三十五年）に大人（＝溫孔嘉と溫義和）が二〇兩を支拂った。さらに三十七年に爾手が銀と酒で計五四兩九錢八分五厘を領收したので、殘金は五兩一分四厘である。］」とある。但し、Eの五〇では五兩七錢六分となっている。Aの六三「漢口誕手帳尾本銀一七、八一七兩八錢」はBでは六七「漢口誕手收會利扣色共八七二兩一錢六分」となっているが、この異同についてもAの五四と同じく、後年に書き込まれた注記⑫に記されている。

Aはこれらの項目の後に、項目の總額一一二、九二八兩一錢三分一厘が記され、その後に、孺人らへの本銀と利息が差し引かれた後の殘額一一一、八六一兩三錢二分一厘が示されている。Bは前記の六七を除いて、さらに六四から一一八までの收入項目が記されている。これらの項目は、例えば、Bの四〇に「王聖功兄廿六年借本九八銀」七〇〇兩とあるのに對して、Bの九〇は「王聖功兄還利銀」一一二兩一錢二分とあるように、四〇は王聖功が二十六年に借り入れた金額であり、程氏の實質的な資產であり、九〇はその借り入れ金に對する三十六年に得た金利ということになる。すなわち、六三より前の項目は「本銀」、すなわち貸し附けた金を含めた資產であるのに對し、六四以降の項目は、三十六年に得た利息である。なお、王聖功が支拂っている金利は三十七年には一〇三兩九錢二分八厘、三十八年は一〇五兩、三十九年は一一一兩五錢六分、四十二年は一一三兩二錢、四十三年は五九兩一錢と毎年變化している。

Bにはこれらの項目を記した後にその總計一一二、六四三兩五錢六分七厘が示されている。そして、その總計から、孺人らの本銀と利息、斗宇公祀會銀、地粮銀、辛俸銀（給料）など十四項目の支出を差し引いた「實在本銀」として一〇八、二四一兩八錢六分六厘と、これを六等分し公股と恭房、寛房、信房、敏房、惠房に配分する額一八、〇四〇兩三錢一分一厘とが示される。次に、公股と恭房、寛房、信房、敏房、惠房の五房ごとに、三十六年現在の保有する資產と三十六年に得た利益の六分の一である一八、〇四〇兩三錢一分一厘と保有する資產額の合計から支出分を引いたもの、公股一三、五三一兩四錢五分四厘、恭房一七、九〇一兩六錢五分一厘、寛房一八、一二五兩七錢三分四厘、信房一八、三九五兩三錢三分三厘、敏房一七、八六三兩三錢五分五厘、惠房一七、四〇五兩五錢五厘が示され、さらにそれぞれの支出項目と額と、支出を引いた殘額が記されている。

ところで、Aの帳簿における六四の各項目の總額は一二〇、二〇〇兩七錢九分七厘となり、末尾の總資本額一二〇、七〇〇兩七錢九分七厘より五〇〇兩少ない。但し、一兩未滿の數値が同じであることから、計算ミスか記載ミスの可能性が強い。いずれにせよ、記入漏れを含めて一から六四までの總額は、一二〇、七〇〇兩七錢九分七厘であり、恆茂典の金額が實際より一七四兩九錢三分四厘少なく記入されているので、これを加え、資本金總額は、一二〇、八七五兩七錢三分一厘となる。しかし、支店があると思われる漢口の帳簿の末尾の數値は誤って七、九四七兩六錢多く記されているからこれを差し引き、實際の資本金總額は一一二、九二八兩一錢三分一厘である。ここから未亡人である兄弟の母親孺人の取分五〇〇兩と姨の取分二六二兩と、煒の取分三〇四兩八錢一分を引いた殘額が、兄弟および甥の五家で分けるべき金額となる。これらの取分はそれぞれの生活費用に向けられる分であるが、後に示す資料の數値から見ると、これ自體が生活費となるのではなく、この金から生じる金利を生活費としているようである。

なお、姨は父母の姉妹を指すが、考えられるのは、第一に、父親の姉妹が未亡人となり息子がおらず、夫の兄弟がいないか、いても繼子すなわち養子にすべき適當な男子がおらず、實家に戻り暮らしている場合、第二に、母親の姉妹が同じく未亡人となり同様な條件で實家に歸るべきところ、何らかの理由で實家が彼女の生活の世話をすることができず、姉妹の婚家先に身を寄せた場合である。一般的に考えれば、前者とするのが適當であろうが不明である。また、煒はその名前に火偏があることから察すれば、兄弟と同世代の人物である。三十六年の「康熙三十六年の總收入項目と各項目の額［康熙參拾陸年總收］」には、煒嫂とあることから、煒本人ではなく、その未亡人であるとも考えられる。なお、その後はこの名前は見られない。さらに、「康熙三十六年の總收入項目と各項目の額［康熙參拾陸年總收］」から、定期的に金を渡していた存在として、孺人や姨とならんで槐樹という存在が登場する。交代に煒または煒嫂の名前がなくなることから、槐樹は煒または煒嫂が居住する家屋の傍らに槐樹があったことによる煒の可能性もあるが不明である。また、何故この人物に金を渡していたかも不明である。いずれにせよ、後の資料と併せ、住居がある裕福な人間が一年間に費やす費用のおおよそを知ることができる。

なお、一と二の「頂首」とは金を出して他人の財産を譲り受けることを意味する。「抵銀」とは抵當を入れて金を借りることを意味する。従って、一と二とは、朱希淑と隆記染坊とが、金を拂い程氏の何等かの物件の賃貸權を得ていると理解できる。このほか、「抵銀」と記された項目は少なくない。これらと「本銀」と記されたものとの違いを明確に示すことは困難であるが、おそらく、なんらかの物件を貸し、その賃貸料を得ているものであるとも解釋できる。また、六の「缺銀」、七九の「缺本銀」などは、すでに期限が來ているにもかかわらず支拂われていない銀を意味すると考えられる。「誕手」、「爾手」とあるのは典などの店員であると思われる。

二、B.「康熙三十六年の總收入項目と各項目の額［康熙參拾陸年總收］」とC.「康熙三十六年冬の（店卸しによる）資產項目と各項目の額［康熙參拾陸年冬盤存各本］」の比較

C．「康熙三十六年現在冬の（店卸しによる）資産項目と各項目の額［康熙參拾陸年冬盤存各本］」（以下、Cと略記）をBと比べると、三五までは、BとCともに項目と額が同じである。Cの三六、三七、四〇、四一、四二から四五、四九、五一から五五は順番が異なるだけで、これもBとCの項目と額は等しい。Bでは三九と四二の二件がCでは合算され二票と注記されて記載されている。Cの四六、四七、四八はBの同項目と思われる五一、五二、五三に比べて額がともに激減している。Cの四八「一存楓市棧米本銀」については、Bの五三「一收存棧米玖石本銀」の注④に、三十六年に四、五〇八兩二錢二分を收賣し、なお本銀八九一兩七錢八分殘っているとあり、Cの四八の額と一致する。これから、程氏は米を扱っていたことがわかる。また、そのことから推測すれば、（南潯）溫豆、（貴州公茂）布、（貴州汝寧）布も扱っていたと思われる。また、Cの五〇、五六から六七の項目については、Bに一致する項目を見出すことはできない。そのうち、六〇は四六、四七と同じく貴州の布に關する項目である。貴州公茂、貴州汝寧と同様、文瑩兄というのは現地の卸商を指しているとも考えられる。但し、Dの三一に「漢口文瑩兄上布得利九七銀」とあり、またCの五八の「漢口本銀」一、一七三兩五錢九分七厘について、文瑩兄から三十七年に全額返還されていると注記があることから、漢口に居住している人物の可能性もある。いずれにせよ、漢口でしばしば貸附を行っていることから、漢口に程氏の典などの支店があった可能性が強い。

三、D．「康熙三十七年の年間收利項目と各項目の額［康熙參拾柒年收利］」、E．「康熙三十七年八月の（店卸しによる）資産項目と各項目の額［康熙參拾柒年捌月盤存各本］」、F．「康熙三十八年の年間收利項目と各項目の額［康熙參拾捌年收利］」、G．「康熙三十九年の年間收利項目と各項目の額［康熙參拾玖年收利於後］」の比較

まず、收入項目については、Bでは本銀すなわち貸附金の項目と額が記載され、さらに三十六年分の收益や利息な

どの項目と入金額が書き込まれているが、D・「康熙三十七年の年間收利項目と各項目の額［康熙参拾柒年收利］」（以下、Dと略記）では收益や利息などの項目と入金額のみが記載されている。入金部分についてみると、德記典など五典が得た利益、「二叔房租銀」など房租銀すなわち家賃收入、王我生らへの貸し金の元金の返濟と利息を含めた入金など共通する項目もあるが、異なる項目も少なくない。また額は異なっている場合が多い。例えば、王我生、王聖功、王聖兪について、Bによれば、その貸し金總額は、各々二件計六〇〇兩、七〇〇兩、五〇〇兩であり、三十六年の支拂い額は、各々九四兩一錢一分、一一二兩一錢二分、七八兩七錢八分である。Dによれば、三十七年の支拂い額は、各々九四兩一錢九分、一〇三兩九錢二分八厘、八三兩六錢二分九厘となっている。さらに三十八年をみると各九一兩八錢、一〇五兩、四〇兩、三十九年は王我生の入金は九六兩七錢四分三厘のほか、新會利として三八兩九錢八分が加わり、王聖功は一一一兩五錢六分であり、王聖兪についての記載はない。四十年は、王我生は八九兩九錢六分と二六兩四錢六分、王聖功は一〇二兩九錢、四十一年は王聖功のみ一〇五兩、四十二年も王聖功のみ一一三兩二錢、四十三年は再び王我生の名前が現われて五九兩一錢、王聖功も五九兩一錢、四十四年は王我生のみで二九兩三錢三分となっている。このように、入金は年によって異なっている。入金がない年もあり、また入金額が減少していくことから、支拂い可能な額を元利併せて債務者が毎年支拂っていると考えられる。

Dはこれらの項目の總計が示され、その總計から、孺人らの本銀と利息、斗宇公祀會銀、地粮銀、辛俸銀（給料）など十三項目の支出を差し引いた「存本」として一〇四、一二三兩五錢三分二厘と、これを六等分し公股と恭房、寛房、信房、敏房、惠房に配分する額が示され、次に、公股と恭房、寛房、信房、敏房、惠房の五房ごとに、三十六年現在の保有する資產と三十七年に得た收益配分額と保有する資產額の合計額が示され、さらにそれぞれの支出項目とその額と、支出を引いた殘額が記されているという記載形式はBと同じである。この形式は、F・「康熙三十八年の年間收利項目と各項目の額［康熙參拾玖年收利］とG．［康熙三十九年の年間收利項目と各項目の額［康熙參拾玖年收利於後］］を含めて三十八年以降の年間收利項目と各項目の額を記した帳簿はみな同じである。三十八年以降の年間利益の項目と各項目の額を示した帳簿は、みな德記典など五典が得た利益が始めに示され、次いでその他の項目となっている。D三十七年の收利項目數は三一、［康熙三十八年の年間收利項目と各項目の額［康熙參拾捌年收利］］は四二、［康熙三十九年の年間收利項目と各項目の額［康熙參拾玖年收利於後］］は二五である。

次に、E．［康熙三十七年八月の（店卸しによる）資產項目と各項目の額［康熙參拾柒年捌月盤存各本］］（以下、Eと略記）をCと比べると、三五までの項目と額は同じである。三六以降四六までは四二の「魚行缺帳銀」を除き、記載の順番が異なるだけで額はCと同じである。Eの四八、四九、五四、五五、六六、七五から七八はCにある項目であり額もほぼ同じである。六一から六五の德記典など五典の本銀の額はCとは異なる。そのほか、Cの六一と六二の項目がEに見られない以外は、Eの項目の方が多い。

四、五典の資金および收益の變化

ここでは、まず［表二］A．に示した德記典、恆升典、恆大典、恆盛典、恆茂典の各年度の資本と收益の數値について檢討したい。

康熙三十五年段階における五典の資本額は、最も多いのが恆升典であり、次いで恆盛典、德記典、恆大典、恆茂典の順であるが、三十六年には早くも順位に變動がみられる。以後三十七年の收利は三十五年の資本額と比例し、四十四年に德記典に首位を讓るまで恆升典が常に第一位をしめている。他方、恆茂典は最下位か最下位から二番目に終始している。王裕明氏は前揭論文において、都市にあるか農村にあるかなどの立地條件によって、當舖の營業內容と收益に差が出ることを指摘されている。しかし、ここで示す德記典など五典の收益には王裕明氏が指摘されたほどの差異は認められない。從って、この五典は立地條件に大差があるのではなく、資本金の差異とその年の營業内容が收益の差異をもたらしていたと考える方が妥當であろう。

次に、［表二］B．に示した公股、恭房、寬房、信房、敏房、惠房、孺人、槐樹、姨の資產の數値の變化について些か考えてみたい。

第一年度である三十六年は、全體の收入から、孺人らの本銀と利息、斗宇公祀會銀、地粮銀、辛俸銀（給料）など十四項目の支出を差し引いた「實在本銀」を六等分し公股と恭房、寬房、信房、敏房、惠房の五房に配分する額はすべて同額の一八、〇四〇兩三錢一分一厘である。しかし、三十七年からは割當て額は異なってくる。每年全體の收入にもとづいて、各房などに割り當てられる利銀が決められることには變わりはない。しかし、各房が得られるその年の利銀は三十六年のように單純に六分の一ではなく、各房の存本銀すなわち資產に比例して配分額が決められる。換言すれば、支出を抑えてより多くの資產を保持すればするほど收入も增えるということになる。例えば、三十六年の收支で、五房で最も支出が少なかったのが信房であり、最も多かったのが惠房である。公股は每年前年比マイナスである。三十八年は寬房、信房、惠房の三房が前年比マイナス、四十一年と四十三年には敏房が前年比マイナスである。四十四年は全員前年比マイナスであるが、これはここで財政整理を行ったためであると思われる。なお、このとき孺人、槐樹、姨の資產を五房で適宜分配している。このあと三者がどのように生活をしたのかは不明である。例えば、孺人の資產を受領した房が孺人の生活費を提供したと考えるのが妥當かもしれない。

## おわりに

本帳簿からわかることは以下の如くである。程氏は典業としては、德記典・恆升典・恆大典・恆盛典・恆茂典という典業の五店舗と漢口などに支店を有するほか、魚行などの經營を行うなど幅廣く事業を營んでいたが、先代の死により、康熙三十六年、生前の遺言にもとづいて資產の分割を行うことにした。資產は、公股すなわち全體管理の部分と、長男維燦すなわち恭房、次男維炳すなわち寬房、三男維煥すなわち信房、四男の子逢倬すなわち敏房、五男維燧すなわち惠房の五房であり、孺人すなわち五人の男子の母親の戴氏、槐樹（煒または煒嫂か、何者かは不明）、姨（おそらく母の姉妹）も生活費としていくらかの資產を分けられている。當然のことながら、程氏は土地など不動產を有していたと思われるが、本帳簿に記載されている資產項目は典業を中心とした事業經營に關する資產および事業利益のみで土地や建物などの家產についての記載はない。おそらくこれら不動產については別に鬮書すなわち家產分割文書を作成したと思われる。

家產分割は二段階にわたって行われている。第一段階は、初年の康熙三十六年であり、このとき公股と五房は、孺人、煒または煒嫂、姨の取得分を除いた資產を六等分している。しかし、三十七年からは割當て額は異なってくる。各房が得られるその年の利銀は各房の存本銀すなわち資產に比例して配分額が決められている。孺人、槐樹（煒または煒嫂か）、姨も資產とは別に利銀を每年得ており、これで生活しているものと思われる。每年三者とも三十六兩から四十兩弱である。第二段階は、四十四年である。このとき財產の整理を行っている。このとき孺人、槐樹、姨の資產も五房で適宜分配している。以上から、家產分割後、十年間は經過措置がとられていることがわかる。但し、十年經過した後でも、五店舗や他の事業經營を五房にそれぞれ分けてしまうということを示す記述は見あたらない。しかし、このまま收益配分を續けていくのであれば、なぜ四十四年に資産の整理をしているのであろうか。資料が限られているため、不明なことが多い。今後類似する資料を探索し調査することによって不明な點を明らかにしていきたい。

表［一］

A．康熙三十五年現在の資産項目と各項目の額［康熙叄拾伍年謄清各本］
B．康熙三十六年の總收入項目と各項目の額［康熙叄拾陸年總收］
C．康熙三十六年冬の（店卸しによる）資産項目と各項目の額［康熙叄拾陸年冬盤存各本］
D．康熙三十七年の年間收利項目と各項目の額［康熙叄拾柒年收利］
E．康熙三十七年現在八月の（店卸しによる）資産項目と各項目の額［康熙叄拾柒年捌月盤存各本］
F．康熙三十八年の年間收利項目と各項目の額［康熙叄拾捌年收利］
G．康熙三十九年の年間收利項目と各項目の額［康熙叄拾玖年收利］
H．康熙四十五年、德記典など五典の實在典本銀

**A．康熙三十五年現在の資産項目と各項目の額**

［康熙叄拾伍年謄清各本於後］

| 〈項目〉 | 〈額（單位：兩。以下、各表中において、一兩一錢一分四厘を一・一四の如く記す）〉 |
| --- | --- |
| 一、一存朱希淑頂首契抵銀 | 三〇 |
| 二、一存隆記染坊頂首契抵銀 | 五〇〇 |

| | |
|---|---|
| 三、一存隆記缺叁拾肆年利銀 | 四〇 |
| 四、一存季履叔三項借本銀 | 九五〇 |
| 五、一存遙集虞箴田抵銀 | 一〇 |
| 六、一存張裕昆缺銀 | 一〇 |
| 七、一存汪惇成缺本銀 | 五〇 |
| 八、一存吳懿修本銀 | 一〇 |
| 九、一存以明姪缺本銀 | 二〇 |
| 一〇、一存陳天瑞本銀 | 一〇〇 |
| 一一、一存程子芳本銀 | 五〇 |
| 一二、一存程右文本銀 | 五〇 |
| 一三、一存項秉一本銀 | 一〇〇 |
| 一四、一存洪君肇本銀 | 三〇 |
| 一五、一存履常兄本銀 | 五〇〇 |
| 一六、一存建寧孫大生行缺銀 | 二九〇 |
| 一七、一存靖致兄本銀 | 一〇 |
| 一八、一存仲式田抵銀 | 一〇 |
| 一九、一存天玉本銀 | 四〇 |
| 二〇、一存仲暉本銀 | 一〇 |
| 二一、一存士樂會本 | 二〇 |

| | | |
|---|---|---|
| 二二、一存兼三會本 | 二〇 | |
| 二三、一存逢集豫有缺布價銀 | 一五〇 | |
| 二四、一存士樂店屋抵銀 | 六〇 | |
| 二五、一存公遇本銀 | 一〇 | |
| 二六、一存公遇店屋抵銀 | 五〇 | |
| 二七、一存公馭親家本銀 | 五〇〇 | |
| 二八、一存天如親家本銀 | 二〇〇 | |
| 二九、一存樊湖缺銀 | 一〇〇 | |
| 三〇、一存上翔屋抵銀 | 六〇 | |
| 三一、一存吳儀生本銀 | 二〇 | |
| 三二、一存方惟化棧房抵銀 | 三〇 | |
| 三三、一存順昌屋本銀 | 六〇 | |
| 三四、一存繼峯廠本銀 | 八〇 | |
| 三五、一存貴州黄聖言缺本 | 二五 | 二宗 |
| 三六、一存兼三姪孫田契抵銀 | 三・七五 | |
| 三七、一存預附逢儀送安心 | 二五 | |
| 三八、一存仲直借本 | 二二〇 | 三宗 |
| 三九、一存王我生兄貳拾陸年借本 | 三〇〇 | |
| 四〇、一存王聖功兄貳拾陸年借本九八 | 七〇〇 | |

四一、一存王聖兪兄借本九七銀　五〇〇
四二、一存王我生兄借本九七銀　三〇〇
四三、一存魚行缺帳　一八〇　①
四四、一存包四官屋契抵銀　三〇
四五、一存弘一兄貳廿九年領本銀　二〇〇
四六、一存旭如領本銀　一〇〇〇
四七、一存白銅三三六觔　本銀一〇〇兩　本銀　一〇〇
四八、一存雄黄八二〇觔　本銀　八〇
四九、一存硃砂三〇觔　本銀　一八
五〇、一存錫六七六觔　本銀　四〇
五一、一存棧米玖阡石　本銀　五四〇〇
五二、一存公茂貴州布本九六二九七九兩　二九七九・六七　②
五三、一存臺吉往楚本銀　三四〇〇
五四、一存款如樊湖本銀　五〇〇　③
五五、一存汝寧貴州賣布本銀　三一五〇　④
五六、一存卆望周子璋缺米二〇〇石　本銀　一三二　⑤
五七、一存南潯溫孔嘉義和缺荳本銀　八〇　⑥
五八、一存德記典本銀　一五〇六五・二七七　⑦
五九、一存恆升典本銀　二四〇九九・六〇二　⑧

| | | |
|---|---|---|
| 六〇、一存恆大典本銀 | 一四七五四・三七六 | ⑨ |
| 六一、一存恆盛典本銀 | 一五八七四・一八三 | ⑩ |
| 六二、一存恆茂典本銀 | 七九三六・一三九 | ⑪ |
| 六三、一存漢口誕手帳尾本銀 | 一七八一七・八 | ⑫ |
| 六四、一存吳下銀 | 一一二〇 | |
| 照總本共銀 | 一二〇七〇〇・七九七 | |
| 又恆茂典多存本銀 | 一七四・九三四 | |
| 共該存本銀 | 一二〇八七五・七三一 | |
| 内除漢口帳尾訛多存本銀 | 七九四七・六 | |
| 淨存本銀 | 一一二九二八・一三一 | |
| 除 | 一〇六六・八一 | |
| 小伙　本利 | | |
| 孺人　本銀 | 五〇〇 | |
| 姨　本銀 | 二六二　每一分行息 | |
| 煒　本銀 | 三〇四・八一 | |
| 實在本銀 | 一一一、八六一・三三一 | |

＊上記の表中、各項目の下に記された①～⑫の注記は以下の如くである。

①三十七年　爾手收永行乾魚〈九七〉銀二兩八錢五分九厘
又收袁楊頭〈九七〉銀一四兩五錢
仍缺銀一六二兩六錢四分一厘
②誕手三十五年總收過
③三十四・三十五年總誕手附買鹽白撤八〇兩
除樊湖帳尾一一四兩七錢三分
净附本銀四八八兩四錢四分九厘
蘸附陸次佺二六兩四錢五分九厘
又收剩佺三兩二錢八分
④誕手三十四・三十五年總收銀一四〇〇兩　收出平九兩八錢　收附佺一〇兩
三六年總收銀一六二一兩一錢三分　收出平一一兩三錢四分　收剩佺一九兩九錢
仍該本銀七七兩八錢三分
⑤當年大人手十一月已收過一〇〇石六六兩
三十六年爾手收九七銀六九兩七錢九分　内加利三兩七錢九分
⑥當年大人手過二〇兩
三十七年爾手收銀并酒共五四兩九錢八分六厘
仍缺本銀五兩一分四厘
⑦八月典總止
⑧八月典總止　九月初又附本一〇〇兩
⑨八月典總止
⑩八月典總止　九月初又附本四〇〇兩

⑪八月典總止　對典總該八一一一兩七分三厘　多本一七四兩九錢三分四厘
⑫內除漢口俸襍支一〇七兩六錢
又買鹽硃硍雄黃白銅串一八〇兩
又臺吉公茂兄二載米本附過七七三〇兩　除附净該存帳尾九八七〇兩二錢
訛七九四七兩六錢

### B・康熙三十六年の總收入項目および收入額

[康熙叁拾陸年總收於後]

| 〈項目〉 | 〈額（單位：兩）〉 |
|---|---|
| 一、一收朱希淑契抵銀 | 三〇 |
| 二、一收隆記染坊頂首契抵銀 | 五〇〇 |
| 三、一收隆記缺叁拾肆年利銀 | 四〇 |
| 四、一收季履叔三項借本銀 | 九五〇 |
| 五、一收遙集虞箴田抵銀 | 一〇 |
| 六、一收張裕昆缺銀 | 一〇 |
| 七、一收汪惇成缺本銀 | 五〇 |
| 八、一收吳懿修本銀 | 一〇 |
| 九、一收以明姪缺本銀 | 二〇 |
| 一〇、一收陳天瑞本銀 | 一〇〇 |

| | | |
|---|---|---|
| 一一、 | 一收程子芳本銀 | 五〇 |
| 一二、 | 一收程右文本銀 | 五〇 |
| 一三、 | 一收項兼一本銀 | 一〇〇 |
| 一四、 | 一收洪君肇本銀 | 三〇 |
| 一五、 | 一收履常兄本銀 | 五〇〇 |
| 一六、 | 一收建寧孫大生行缺銀 | 二九〇 |
| 一七、 | 一收靖致兄本銀 | 一〇 |
| 一八、 | 一收仲式田抵銀 | 一〇 |
| 一九、 | 一收天玉本銀 | 四〇 |
| 二〇、 | 一收仲暉本銀 | 一〇 |
| 二一、 | 一收士樂兄會本 | 二〇 |
| 二二、 | 一收兼三會本 | 二〇 |
| 二三、 | 一收遙集豫有缺布價銀 | 一五〇 |
| 二四、 | 一收士樂店屋抵銀 | 六〇 |
| 二五、 | 一收公遇本銀 | 一〇 |
| 二六、 | 一收公遇店屋抵銀 | 五〇 |
| 二七、 | 一收公馭親家本銀 | 五〇〇 |
| 二八、 | 一收天如親家本銀 | 二〇〇 |
| 二九、 | 一收樊湖缺銀 | 一〇〇 |

三〇、一收上翔屋抵銀　六〇
三一、一收吳儀生本銀　二〇
三二、一收方惟化棧房抵銀　三〇
三三、一收順昌屋本銀　六〇
三四、一收繼峯廠本銀　八〇
三五、一收貴州黃聖言缺本　二五　二票
三六、一收秉三姪孫田契抵銀　三・七五
三七、一收預附逢儀送安心　二五
三八、一收仲直借本銀　二二〇　①
三九、一收王我生兄廿六年借本銀　三〇〇
四〇、一收王聖功兄廿六年借本九八銀　七〇〇
四一、一收王聖兪兄借本九七銀　五〇〇
四二、一收王我生兄借本九七銀　三〇〇
四三、一收魚行缺帳　一八〇
四四、一收包四官屋契抵銀　三〇
四五、一收弘一兄還廿玖年領本　二〇〇
四六、一收旭如還領本　一〇〇〇
四七、一收存白銅三三六觔　一〇〇
四八、一收存錫六七六觔　四〇

| | | | |
|---|---|---|---|
| 四九、一收存雄黃八二〇觔 | 八〇 | | |
| 五〇、一收存硃砂三〇觔 | 一八 | | |
| 五一、一收貴州公茂布本九六 | 二九七九・六七 | ② | |
| 五二、一收貴州汝寧布本銀 | 三一五〇 | ③ | |
| 五三、一收存棧米玖石本銀 | 五四〇〇 | ④ | |
| 五四、一收周子璋還米百石本利 | 六九・七九 | | |
| 五五、一收南潯溫孔嘉・義和缺荳本銀 | 五四・九八六 | | |
| 五六、一收樊湖款如兄存張尾銀 | 一一四・七三 | | |
| 五七、一收魚下剩川 | 三・二八 | | |
| 五八、一收賣乾水魚銀 | 四三一・六六五 | | |
| 五九、一收德記典本銀 | 一三九九四・三〇五 | ⑤ | 十二月總止 |
| 六〇、一收恆升典本銀 | 二〇三八〇・一〇一 | | |
| 六一、一收恆大典本銀 | 一四三五一・四八三 | | |
| 六二、一收恆茂典本銀 | 八八二二・六九四 | ⑥ | |
| 六三、一收恆盛典本銀 | 一三六九七・九九三 | | |
| 六四、一收漢口上年存帳尾 | 六六七〇 | | |
| 六五、一誕手總帳吳楚白還本 | 一四七 | ⑦ | |
| 六六、一收誕手總帳弘一兄常德緞銀 | 四・八 | | |
| 六七、一收漢口誕手收會利扣色共 | 八七二・一六 | | |

六八、一收德記存拒銀　一〇〇〇
六九、一收德記典本年附銀　八〇〇
七〇、一收櫃存恆升典銀　一一〇〇
七一、一收恆升本典年附銀　四六〇〇
七二、一收櫃存恆大典銀　六〇〇
七三、一收恆大典本年附銀　一〇〇〇
七四、一收櫃存恆盛典銀　一一六〇　⑧
七五、一收恆盛典本年附銀　三〇〇〇
七六、一收恆茂典本年附銀　三〇〇
七七、一收盤存櫃銀　八六六·四　⑨
七八、一收存櫃漢口剩川　六·九三　⑩
七九、一收謝履成還荳本　一一二·三七
八〇、一收還利　三一·四六
八一、一收聚文親家還本銀　三〇〇
八二、一收還利銀　四四·三五
八三、一收謙六兄還九七銀　二〇·六
八四、一收聖可還九七銀　三〇·二
八五、一收朱希淑還利銀　四·三
八六、一收隆記還利銀　九五·六

| | |
|---|---|
| 八七、一收王我生兄還廿六年借本還利銀 | 四六・三三 |
| 八八、一收王我生兄還利銀 | 四七・七八 |
| 八九、一收王聖兪兄還利銀 | 七八・七八 |
| 九〇、一收王聖功兄還利銀 | 一一二・一二 |
| 九一、一收程右文兄還利銀 | 六・〇六 |
| 九二、一收弘一兄還利銀 | 六〇 |
| 九三、一收方惟化棧租利銀 | 二・九四 |
| 九四、一收包四官還利銀 | 七・五二 |
| 九五、一收張仲禮交會九七銀 | 三一・〇八四 |
| 九六、一收倪敏功還會九七銀 | 七〇・三 |
| 九七、一收吳聖謨會酌銀 | 〇・四九 |
| 九八、一收龍章交會九七銀 | 一六・〇四 |
| 九九、一收江先生還利銀 | 四・六二 |
| 一〇〇、一收項元老還利銀 | 一一・八八 |
| 一〇一、一收欽文姪還利銀 | 五・八五 |
| 一〇二、一收以良俊賢還米銀 | 一一・三七 |
| 一〇三、一收逢倬聘禮扣色銀 | 二 |
| 一〇四、一收張君瞻房租銀 | 一〇 |
| 一〇五、一收陳云祥房租銀 | 一・六二三 |

一〇六、一收二叔房租銀　七．九二
一〇七、一收章煥君房租銀　一〇．七四
一〇八、一收兪克濟還舊缺銀　三．一五
一〇九、一收折尊猪羊□香九宗共九七銀　四一．〇五
一一〇、一收誕手附文瑩兄下荳本九七銀　一九三〇．一四五
一一一、一收文瑩兄荳得利銀　七七一．〇一五
一一二、一收誕手附臺叔下荳本九七銀　四三二九．九
一一三、一收臺吉叔荳得利九七銀　六五四．八六
一一四、一收弘一兄下荳得利九七銀　七九．三一
一一五、一收公瑞兄下荳得利九七銀　一〇九八．六五
一一六、一收附布佺出平　三．〇九
一一七、一收樊湖會本銀　六．〇九
一一八、一收恆盛典補色　一．三三

以上共收本銀　一二三六四三．五六七

内除小伙本利　一一三三．〇一
孺人本　五〇〇　利　五〇
姨本　二六二　利　二六．二
煒嫂本　三〇四．八一

内除斗宇公祀會銀　三一七．三四三

| | |
|---|---|
| 內除樊湖會本利銀 | 八五・九七八 |
| 內除還爾昭貴州布本銀 | 一三〇 |
| 內除還龍章貴州布本銀 | 一九〇 |
| 內除手澤銀 | 一二二〇〇 |
| 內除人情襍支銀 | 三〇四・三〇二 |
| 內除地粮銀 | 六・〇九八 |
| 內除寄徽信錢粮銀 | 三五・五六 |
| 內除孺人二妹用銀 | 一七一・一二二 |
| 內除辛俸銀 | 一四三・六七三 |
| 內除一年支用火食 | 三六四・九五 |
| 內除送遙范公老銀 | 一二二・五六五 |
| 內除我長三四五房家給銀 | 一九七・一 |
| 共除支銀 | 一五四〇一・七〇一 |
| 實在本銀 | 一〇八二四一・八六六 |
| 陸股均派每股 | 一八〇四〇・三一一 |
| 公股　該本銀 | 一八〇四〇・三一一 |
| 又收二妹存手澤銀 | 六〇〇 |
| 共該本銀 | 一八六四〇・三一一 |

| | | |
|---|---|---|
| 支 | 一八七・一九九 | 澆會 |
| 支 | 八〇〇 | 右文范公老季叔借 |
| 支 | 四四・三八 | 買地資伯屋 |
| 支 | 五・五八 | 藮對門屋加價 |
| 支 | 二四・四八五 | 爾藏屋押 |
| 支 | 二七・三四 | 修學堂屋 |
| 支 | 二三七三・二二八 | 病葬費 |
| 支 | 九六・六四五 | 還會朗生叔銀 |
| 支 | 一五〇 | 完懷古堂屋 |
| 支 | 五〇〇 | 槐樹修理 |
| 支 | 六〇〇 | 逢儼入學 |
| 支 | 二〇〇 | 誥封 |
| 支 | 一〇〇 | 還母親應與 |
| 共支過銀 | 五一〇八・八五七 | |
| 仍存本銀 | 一三五三一・四五四 | |

恭房

| | | |
|---|---|---|
| 該本銀 | 一八〇四〇・三一一 | |
| 又存手澤銀 | 六〇〇 | |
| 又逢佩銀 | 二〇〇 | |
| 又貴州布本銀 | 一三〇 | |

| | | |
|---|---|---|
| 共該本銀 | 一八九七〇・三二一 | |
| 支 | 六〇〇 | 自收 |
| 支 | 三〇〇 | 少收大總 |
| 支 | 九一 | 又少收帳 |
| 支 | 七七・六六 | 修屋 |
| 共支過銀 | 一〇六八・六六 | |
| 仍存本銀 | 一七九〇一・六五一 | |
| 寛房　該本銀 | 一八〇四〇・三二一 | |
| 又存逢儀 | 一七五 | |
| 又存逢傳銀 | 二〇〇 | |
| 共該本銀 | 一八四一五・三二一 | |
| 支 | 二四二・四四 | 本年附 |
| 支 | 四七・一三七 | 收拾屋 |
| 共支過銀 | 二八九・五七七 | |
| 仍存本銀 | 一八一二五・七三四 | |
| 信房　該本銀 | 一八〇四〇・三二一 | |
| 又逢伯・仲銀 | 四〇〇 | |
| 又貴州布本銀 | 一九〇 | |
| 共該本銀 | 一八六三〇・三二一 | |

| | | | |
|---|---|---|---|
| | 支 | 二三四．四七八 | 本年附 |
| | 仍存本銀 | 一八三九五．三三三 | |
| 敏房 | 該本銀 | 一八〇四．三一一 | |
| | 支 | 一四六．三七 | 本年附 |
| | 支 | 三〇．五八六 | 水梘錫 |
| | 共支過銀 | 一七六．九五六 | |
| | 仍存本銀 | 一七八六三．三五五 | |
| 惠房 | 該本銀 | 一八〇四〇．三一一 | |
| | 支 | 一九二．五五 | 本年附 |
| | 支 | 三〇．五八六 | 水梘錫 |
| | 支 | 一一．六七 | 做晒臺裝房釘明瓦 |
| | 支 | 四〇〇 | 還母親 |
| | 共支過銀 | 六三四．八〇六 | |
| | 仍存本銀 | 一七四〇五．五〇五 | |
| 公股存本銀 | | 一三五三一．四五四 | |
| 恭房存本銀 | | 一七九〇一．六五一 | |
| 寬房存本銀 | | 一八一二五．七三四 | |
| 信房存本銀 | | 一八三九五．八三三 | |

| | | |
|---|---|---|
| 敏房存本銀 | 一七八六三・三五五 | |
| 惠房存本銀 | 一七四〇五・五〇五 | |
| 孺人存入本銀 | 四〇〇 | |
| 槐樹存本銀 | 五〇〇 | |
| 孺人前存本銀 | 五〇〇 | |
| 姨存入本銀 | 一七八・二 | |
| 十共存本銀 | 一〇四八〇一・七三二 | |
| 外又收斗宇公祀會銀 | 三一一・五〇八 | |
| 大共該存本銀 | 一〇五一三三・二四 | |
| 內除懸支 | 五〇〇 | 我裕舅借 |
| 實在本銀 | 一〇四六三三・二四 | |

*上記の表中、各項目の下に記された①~⑩の注記は以下の如くである。

①　本年收一六〇兩　缺色八錢　仍缺六〇兩

②　誕手三六年總收二五〇〇兩　出平一七兩五錢　仍該本銀四六二兩一錢七分

③　誕手三四・三五・三六年總收過三〇七二兩一錢七分
　　三四・三五年一四一九兩八錢　漢總乞
　　三六年　一六五二兩三錢七分

④　三六年收賣四五〇八兩二錢二分　仍存本　八九一兩七錢八分

⑤　爾手收三二〇兩七錢九分五厘　少收一四兩三分　仍該本銀九六兩八錢五分

⑥ 內除本年入本五〇〇兩

⑦ 四共存銀七六九三兩九錢六分

弘一下豆本銀三三六〇兩

公瑞下豆本銀三三六〇兩

此二宗盤存其內故後只收得利不盤收本

⑧ 內爾少收大總銀三〇〇兩

⑨ 內爾少收大總銀九一兩

⑩ 原存八兩　今只作此收

### C．康熙三十六年現在冬の（店卸しによる）資産項目と各項目の額

[康熙參拾陸年冬盤存各本於後]

| | |
|---|---|
| 一、一存朱希淑契抵銀 | 三〇 |
| 二、一存隆記染坊頂首契抵銀 | 五〇〇 |
| 三、一存隆記缺參拾肆年利銀 | 四〇 |
| 四、一存季履叔三項借本銀 | 九五〇 |
| 五、一存遙集虞箴田抵銀 | 一〇 |
| 六、一存張裕昆缺銀 | 一〇 |
| 七、一存汪惇成缺本銀 | 五〇 |
| 八、一存吳懿修本銀 | 一〇 |

九、一存以明姪缺本銀　二〇
一〇、一存陳天瑞本銀　一〇〇
一一、一存程子芳本銀　五〇
一二、一存程右文本銀　五〇
一三、一存項兼一本銀　一〇〇
一四、一存洪君肇本銀　三〇
一五、一存履常兄本銀　五〇〇
一六、一存建寧孫大生行缺銀　二九〇
一七、一存靖致兄本銀　一〇
一八、一存仲式田抵　一〇
一九、一存天玉本銀　四〇
二〇、一存仲暉本銀　一〇
二一、一存士樂會本銀　二〇
二二、一存兼三會本銀　二〇
二三、一存遙集豫有缺布價銀　一五〇
二四、一存士樂店屋抵銀　六〇
二五、一存公遇本銀　一〇
二六、一存公遇店屋抵銀　五〇
二七、一存公馭親家本銀　五〇〇

二八、一存天如親家本銀　二〇〇
二九、一存樊湖缺銀　一〇〇
三〇、一存上翔屋抵銀　六〇
三一、一存呉儀生本銀　二〇
三二、一存方惟化棧房抵銀　三〇
三三、一存順昌屋本銀　六〇
三四、一存繼峯廠本銀　八〇
三五、一存貴州黄聖言缺本　二五　二票
三六、一存包四官屋契抵銀　三〇
三七、一存魚行缺帳銀　一八〇　②
三八、一存仲直本銀　六〇
三九、一存王我生兄借本銀　六〇〇　二票
四〇、一存王聖功兄借本銀　七〇〇
四一、一存王聖兪兄借本銀　五〇〇
四二、一存白銅三三六觔　一〇〇
四三、一存錫六七六觔　四〇
四四、一存雄黄八二〇觔　八〇　②
四五、一存硃砂三〇觔　一八
四六、一存貴州公茂布本銀　七八二・一七　③

四七、一存貴州汝寧布本帳尾銀　七七．八三
四八、一存楓市棧米本銀　八九一．七八
四九、一存南潯溫豆本銀　五四．九八六　④
五〇、一存三五年魚本銀　九六．八五
五一、一存德記典本銀　一三九九四．三〇五
五二、一存恆升典本銀　二〇三八〇．一〇一
五三、一存恆大典本銀　一四三五一．四八三
五四、一存恆盛典本銀　一三六九七．九九三
五五、一存恆茂典本銀　八八二二．六九四
五六、一存馬涇車本銀　二七四一．〇八三
五七、一存漢口本銀　七一二三．六五八
五八、一存漢口本銀　二二七三．五九七　文瑩兄上
三七年爾手收清
五九、一存漢口本銀　三七四三．九五　公瑞兄上
六〇、一存文瑩兄貴州布本銀　三三五五．九五五
六一、一存志伊兄樊湖買魚本銀　五三三二．五三八　⑤
六二、一存蘊爾帳尾銀　二三三一．二七一
六三、一存漢口文銀　五〇五六．八九　該申色一五六兩四錢
六四、一存俞克濟缺文銀　一四．四

六五、一存裴俊賢缺文銀　一三．一四
六六、一存湯［走尺］雲缺文銀　三一．一四
六七、一存程叔璠缺文銀　二七．八四五

*上記の表中、各項目の下に記された①～⑤の注記は以下の如くである。

①　三十七年　爾手收永行乾魚九七銀二兩八錢五分九厘
　又收袁楊顧九七銀一四兩五錢　仍缺銀一六二兩六錢四分一厘

②　三十七年　爾手收賣過四五〇觔　計本銀五九兩八錢九分
　仍存　三七〇觔　計本銀二〇兩一錢一分

③　三十七年　爾手收菊花下硃銀七二三觔貴州平　計本銀二四八兩一錢三分　又串二五兩
　仍本銀五〇九兩四分

④　三十七年　爾手收銀四九兩二錢二分六厘
　仍缺銀五兩七錢六分

⑤　三十七年　爾手收又附佺一三兩一錢六分　二共附銀五四五兩六錢九分八厘
　爾手收款帳尾一一兩一錢六分二厘　又收款土布九七銀一兩四錢八分
　又收景呂兄剩佺一錢三分
　除收淨附本銀五三二兩九錢六分二厘　內存漢一〇〇兩
　今計賣銀五〇九兩一錢一分五厘　得利銀七六兩一錢八分九厘
　外樊湖販缺銀一三兩五錢三分
　內爾該收銀三三七兩四錢一分　內少收銀四三兩七錢四分八厘
　又公帳一兩三錢
　仍該存本銀一七〇兩四錢

### D．康熙三十七年の年間利益の項目と各項目の額

［康熙參拾柒年收利於後］

一、一收王應春荳下得利九七銀　四六七・九三七
二、一收王應春米下得利九七銀　六八一・三三
三、一收汝寧下米得利九七銀　四三六・〇六
四、一收京口荳得利九七銀　一九〇・五七七
五、一收盱［日臺］荳得利九七銀　二六六・六八
六、一收存棧米得利九七銀　九一九・六二三
七、一收會出荳得利九七銀　四七・一二二
八、一收賣魚得利九七銀　七六・一八九　又加利一三・五三
九、一收我生兄利九七銀　四九・六五四
一〇、一收聖兪兄利九七銀　八三・六二九
一一、一收我生兄利九七銀　四四・五三六
一二、一收聖功兄利九七銀　一〇三・九二八
一三、一收右文兄利九七銀　六・〇六
一四、一收遙集還會銀　二・九五
一五、一收包文玉利九七銀　七・〇五
一六、一收世錦典利九七銀　一三・六六

一七、一收謝履成利九七銀　一四二八八
一八、一收薀生利九七銀　二.六七二
一九、一收兪克濟還缺九七銀　七.三四五
二〇、一收隆記還頂首利九七銀　九五
二一、一收項會酌利九七銀　〇.五
二二、一收項會得靠利九七銀　五.六六
二三、一收二叔房租利九七銀　七.六七六
二四、一收張君瞻房租利九七銀　六.六
二五、一收菊花�下存佺九七銀　四.九三
二六、一收德記典得利　九五七.二〇八
二七、一收恆升典得利　一四三六.七三
二八、一收恆大典得利　九一八.六九六
二九、一收恆盛典得利　一二六九.二九一
三〇、一收恆茂典得利　八二一.七二九
三一、一收漢口文瑩兄上布得利九七銀　三一二.六四
以上共收利九七銀　九二七一.四八
内除款如兄下荳虧本銀　三九四.五二五
内除恆大典附藴用布九七銀　一〇.〇三一
内除德記典附藴用布九七銀　〇.六五

内除一年襍支銀　三〇〇・八〇五
内除一年地粮銀　三・〇三六
内除寄徵信錢粮銀　二三・〇一五
内除一年辛俸九七銀　一一一・八九一
内除一年火食銀　九〇・七四九
内除用昆魚壹擔價銀　一・三
内除公茂費九七銀　三四・二六三
内除孺人利銀　五〇
内除姨利銀　一七・八二
内除斗宇公祀銀利九七　三九・七八
十三共除支九七銀　一〇七七・八六五
淨得利九七銀　八一九三・六一五
照三十六年
存本　一〇四一二三・五三二
每萬兩得利銀　七八六・九一二
公股　三十六年存本銀　一三五三一・四五四
三十七年得利銀　一〇六四・八〇六
共本利九七銀　一四五九四・二六
支　五九・六三　澆會

支　一三九・一九八　揚師風水費
支　七・三五一　爾手揚師用
支　三四四・六三四　長湖路
支　一〇二・三七四　門戸使費并耀明兼萬貢用
支　一一五・〇四三　□祠
支　六一・三三四　經懺
支　五二五・四六六　孺人二妹用
八共除支九七銀　一三五五・〇三
仍存本銀　一三二四一・二三
恭房　三十六年存本銀　一七九〇一・六五一
三十七年得利銀　一四〇八・七〇二
共本利九七銀　一九三一〇・三五三
支　六〇〇　自支
支　五一一・一八四　自
支　一四・〇二　少收三十五年魚帳
支　四三・七四八　少收三十六年魚帳
支　三七・三六五　少收利
五共除支九七銀　一二〇六・三一七
仍存本銀　一八一〇四・〇三六

| | | | |
|---|---|---|---|
| 孺人 | 三十六年存本銀 | 四〇〇 | |
| | 三十七年得利銀 | 三一．四七六 | |
| | 共本利九七銀 | 四三一．四七六 | |
| 寛房 | 三十六年存本銀 | 一八一二五．七三四 | |
| | 三十七年得利銀 | 一四二六．三三六 | |
| | 共本利銀 | 一九五五二．〇七 | |
| | 支九七銀 | 一二四．七二 | 附用 |
| | 仍存本銀 | 一九四二七．三五 | |
| 信房 | 三十六年存本銀 | 一八三九五．八三三 | |
| | 三十七年得利九七銀 | 一四四七．五九 | |
| | 共本利九七銀 | 一九八四三．四二三 | |
| | 支 | 四〇〇 | 手澤 |
| | 支 | 二〇〇 | 附營運 |
| | 支 | 二八二．六六 | 徵支 |
| | 三共支過九七銀 | 二六八二．六六 | |
| | 仍存本銀 | 一七一六〇．七六三 | |
| 惠房 | 三十六年存本銀 | 一七四〇五．五〇五 | |
| | 三十七年得利銀 | 一三六九．六六 | |
| | 共本利九七銀 | 一八七七五．一六五 | |

| | | | |
|---|---|---|---|
| | 支 | 三三四．一七 | 蘊附 |
| | 支 | 二〇七．六五 | 做學堂併完屋 |
| | 二共支過九七銀 | 五四一．八二 | |
| | 仍存本銀 | 一八二三三．三四五 | |
| 敏房 | 三十六年存本銀 | 一七八六三．三五五 | |
| | 三十七年得利銀 | 一四〇五．六八九 | |
| | 共本利九七銀 | 一九二六九．〇四四 | |
| | 支 | 三〇五．五八 | 蘊附 |
| | 支 | 二三〇 | 做學堂併完屋 |
| | 二共支過九七銀 | 五三五．五八 | |
| | 仍存本銀 | 一八七三三．四六四 | |
| 槐樹 | 三十六年存本銀 | 五〇〇 | |
| | 三十七年得利 | 三九．三四五 | |
| | 共本利九七銀 | 五三九．三四五 | |
| | 支 | 一〇七．七六 | 附修理 |
| | 實在本銀 | 四三一．五八五 | |
| 公股存本銀 | | 一三二四一．二三 | |
| 恭房存本銀 | | 一八一〇四．〇三六 | |
| 寛房存本銀 | | 一九四二七．三五 | |

| | | |
|---|---|---|
| 信房存本銀 | 一七一六〇．七六三 | |
| 敏房存本銀 | 一八七三三．四六四 | |
| 惠房存本銀 | 一八二三三．三四五 | |
| 孺人存入本銀 | 四三一．四七六 | |
| 槐樹存本銀 | 四三一．五八五 | |
| 孺人前存本銀 | 五〇〇 | |
| 姨存入本銀 | 一七六．三二 | |
| 　十共存本銀 | 一〇六四三九．五六九 | |
| 　　外又收斗宇公祀會銀 | 三三八．五三八 | |
| 　大共該存本銀 | 一〇六六七八．一〇七 | |
| 　　内除 | 五〇〇 | 朱我裕親家借 |
| 　　内除 | 二〇〇 | 范公馭親家借 |
| 　實在本銀 | 一〇六〇七八．一〇七 | |

### E．康熙三十七年現在八月の（店卸しによる）資産項目と各項目の額

[康熙參拾柒年捌月盤存各本]

| | |
|---|---|
| 一、一存朱希淑契抵銀 | 三〇 |
| 二、一存隆記染坊頂首契抵銀 | 五〇〇 |
| 三、一存隆記缺參拾肆年利銀 | 四〇 |

四、一存季履叔三項借本銀　九五〇
五、一存遙集虞箴田抵銀　一〇〇
六、一存張裕昆缺銀　一〇〇
七、一存汪惇成缺本銀　五〇〇
八、一存吳懿修本銀　一〇〇
九、一存以明姪缺本銀　二〇〇
一〇、一存陳天瑞本銀　一〇〇
一一、一存程子芳本銀　五〇
一二、一存程右文本銀　五〇
一三、一存項兼一本銀　一〇〇
一四、一存洪君肇本銀　三〇
一五、一存履常兄本銀　五〇〇
一六、一存建寧孫大生行缺銀　二九〇
一七、一存靖致兄本銀　一〇
一八、一存仲式田抵銀　一〇　①
一九、一存天玉本銀　四〇
二〇、一存仲暉本銀　一〇
二一、一存士樂兄會本　二〇
二二、一存兼三會本銀　二〇

二三、一存遙集豫有缺布價銀　一五〇
二四、一存士樂店屋抵銀　六〇
二五、一存公遇本銀　一〇
二六、一存公遇店屋抵銀　五〇
二七、一存公馭親家本銀　五〇〇
二八、一存天如親家本銀　二〇〇
二九、一存樊湖缺銀　一〇〇
三〇、一存上翔屋抵銀　六〇
三一、一存吳儀生本銀　二〇
三二、一存方惟化棧房抵銀　三〇
三三、一存順昌屋本銀　六〇
三四、一存繼峯廠本銀　八〇
三五、一存貴州黃聖言缺本　二五　二票
三六、一存仲直借本銀　六〇
三七、一存王我生借本銀　六〇〇
三八、一存王聖功借本銀　七〇〇
三九、一存王聖俞借本銀　五〇〇
四〇、一存王我生兄借本九七銀　三〇〇
四一、一存包文五屋契抵銀　三〇

②

四二、一存魚行缺帳銀　一六二・六四一
四三、一存白銅三三六觔　一〇〇
四四、一存錫六七六觔　四〇
四五、一存雄黃三七〇觔　八〇　③
四六、一存硃砂三〇觔　一八
四七、一存砅碙七二三觔　黄州平本銀　二七八・二　公茂帳内
四八、一存貴州公茂布本九六　五〇九・〇四
四九、一存貴州汝寧布本銀　七七・八三
五〇、一存南潯溫酒陳君選缺銀　五・七六
五一、一存三十五年魚本銀　九六・八五　④
五二、一存三十六年魚本銀　一七〇・四　⑤
五三、一存三十六年樊湖缺銀　一三・五三　⑥
五四、一存漢口公瑞上布本銀九七　三七四三・九五　⑦
五五、一存貴州文瑩兄上布本九七　三三五五・九五五　⑧
五六、一存漢口弘一兄上布本九七　八六一・九七三　⑨
五七、一存漢口汝寧兄上布本九七　二二二一・三四四　⑩
五八、一存常德弘一兄上布本九七　一七五四・五一九　⑪
五九、一存湘潭志尹兄上布本九七　一五七六・八　⑫
六〇、一存漢口帳尾九七銀　三四四二・五四六

六一、一存德記典本銀　一四一五〇・八六三　八月總止
六二、一存恆升典本銀　二一三九六・八三一
六三、一存恆大典本銀　一四二六〇・一四八
六四、一存恆盛典本銀　一四五六七・二八四
六五、一存恆茂典本銀　一〇四四四・四二三
六六、一存馬泾車本銀　二七四一・〇八三
六七、一存吳下爾手帳尾九七銀　四四二八・二四
六八、一存漢口總帳樊湖買魚剩銀　一〇〇
六九、一存王斯昭米本九七　九六・四九四　⑬
七〇、一存崔光遠米本九七銀　一一〇・三六一　⑭
七一、一存湯達源米本文銀　三一・七五　計五〇石　⑮
七二、一存謝履成豆本紋銀　二六・六五　六三四?　⑯
七三、一存沈雲祥豆銀　一八　⑰
七四、一存程藴生缺紋銀　三〇
七五、一存俞克濟缺紋銀　一四・四
七六、一存斐俊賢缺紋銀　一四
七七、一存湯〔走尺〕雲缺紋銀　三一・一四
七八、一存程叔璠缺紋銀　二七・八四五

＊上記の表中、各項目の下に記された①～⑰の注記は以下の如くである。

① 三十八年旭手收九七銀一〇兩九四利
② 三十八年旭手收九七銀三〇兩
③ 三十八年旭手賣五〇斤　收九六銀四兩九錢　　仍存三二〇斤　本銀一五兩二錢一分
④ 三十八年旭手收七〇兩二分　　仍缺本銀二六兩三分
⑤ 三十八年旭手收九七兩七錢　　仍缺本銀七二兩七錢
⑥ 三十八年旭手收款缺汝兄附土布六疋　計九八銀一兩八錢八分　　仍缺一六兩六錢五分
⑦ 三十八年旭手
⑧ 三十八年旭手誕總收九八銀二〇七六兩二錢八分九厘
　旭手得生下水碌一二四六斤　　申九七（銀）三五七兩六錢一分八厘
　　仍本九七銀九二二兩四分八厘
⑨ 三十八年旭手
⑩ 三十八年旭手
⑪ 三十八年旭手
⑫ 三十八年旭手
⑬ 三十八年旭手
⑭ 三十八年旭手
⑮ 三十八年旭手收九七銀八兩五錢一分　計一三石
　　仍缺本文銀二三兩四錢九分五厘　　三七石
⑯ 三十八年旭手收九七銀八兩七錢六分三厘　　仍缺本文銀一八兩一錢五分
⑰ 三十八年旭手收九七銀一〇兩三錢一分　　仍缺本文銀七兩六錢九分

## F・康熙三十八年の年間利益の項目と各項目の額

［康熙叄拾捌年收利於後］

| | |
|---|---|
| 一、一收德記典利九七銀 | 九七一・一八 |
| 二、一收恆升典利九七銀 | 一八八二・九三三 |
| 三、一收恆大典利九七銀 | 一二九二・〇一三 |
| 四、一收恆盛典利九七銀 | 一三三三・八〇三 |
| 五、一收恆茂典利九七銀 | 九〇六・五六二 |
| 六、一收弘一兄上漢口布得利九七銀 | 一三三二・八四二 |
| 七、一收公瑞兄上漢口布得利九七銀 | 五二五・九七八 |
| 八、一收汝寧上漢口布得利九七銀 | 三五三・一 |
| 九、一收弘一兄常德布得利九七銀 | 三三一・八〇一 |
| 一〇、一收志尹兄湘潭布得利九七銀 | 二二一・〇五 |
| 一一、一收汝寧姪布上漢剩佺 | 一四・二七 |
| 一二、一收弘一兄平緞被面銀 | 一・八 |
| 一三、一收常德湘潭油紙銀 | 四・五八 |
| 一四、一收漢口會典和扣色九七銀 | 一四九・四三三 |
| 一五、一收公瑞兄下米荳得利九七銀 | 一五四・〇四六 |
| 一六、一收汝寧姪下米荳得利九七銀 | 四六三・二六八 |
| 一七、一收志尹兄下米得利九七銀 | 八・三一六 |

一八、一收臺吉叔下米得利九七銀　一八・五七七
一九、一收誕手新會王我生兄利九七銀　三〇・六
二〇、一收我生兄還利九五銀　四六・八
二一、一收我生兄還利九六銀　四五
二二、一收王聖功還利九七銀　一〇五
二三、一收王聖兪兄還利銀　四〇
二四、一收隆記還利九五銀　六八
二五、一收右文先還屋租利九八銀　二〇
二六、一收景呂兄我屋租九五銀　一〇
二七、一收章漆匠屋租九三銀　九
二八、一收張君瞻屋租九八銀　一二・四八五　内除修理銀〇・八六
二九、一收二叔屋租九四銀　一五
三〇、一收張明宿還舊缺文銀　六
三一、一收明宿還舊缺文銀　三・七五
三二、一收明宿還舊缺駁船文銀　二
三三、一收賣舊存棕九色銀　〇・六七五
三四、一收賣舊存鐵錯乙口九三銀　四・五
三五、一收仲式取田利九色銀　三
三六、一收王聖兪會酌九五銀　一

| | |
|---|---|
| 三七、一收項元老會得分餘九八銀 | 四・五 |
| 三八、一收湯達源還米利九七銀 | 三・三四五 |
| 三九、一收謝履成還豆履九七銀 | 一二・八六六 |
| 四〇、一收天貴徽下剩九色銀 | 〇・四五 |
| 四一、一收汪宅送祭代儀九四銀 | 九・四 |
| 四二、一收帳房内存錢九八銀 | 八 |
| 以上共收九七利銀 | 九二一六・九二一 |
| 内除三項虧本九七銀 | 六三八・四二八 |
| 内除漢口支俸火足 | 八四・七〇一 |
| 内除一年門戸并蕪地粮銀 | 六五六・三四六 |
| 内除人情賀分并徵信錢粮 | 一三一・六一四 |
| 内除一年辛俸銀 | 二五二・四八二 |
| 内除一年火食銀 | 二八三・五二六 |
| 内除襍支銀 | 一四四・〇二八 |
| 内除存用家伙 | 三〇・〇三六 |
| 内除公茂銀 | 一九・七七六 |
| 内除斗宇公祀銀 | 四〇・六二五 |
| 内除孺人利九七銀 | 五〇 |
| 内除姨利九七銀 | 一七・六三 |

| | | |
|---|---|---|
| 十二共除支九七銀 | 二三四九．一九二 | |
| 浄得利九七銀 | 六八六七．七二九 | |
| 照三十七年八共存本銀 | 一〇五七六三．二四九 | |
| 毎萬兩得利銀 | 六四九．三四九 | |
| 公股　三十七年存本銀 | 一三二四一．二三 | |
| 三十八年得利銀 | 八五九．八一八 | |
| 共本利九七銀 | 一四一〇一．〇四八 | |
| 一收汪宅送盤九七銀 | 八九．五 | |
| 一收吳宅送日子九七銀 | 四〇 | |
| 一收吳宅催粧九七銀 | 二〇 | |
| 一收吳宅公堂九七銀 | 二〇 | |
| 一收吳宅闇禮九七銀 | 九．五 | |
| 一收吳宅三朝代筵九七銀 | 九．五 | |
| 共九七銀 | 一四二八九．五四八 | |
| 支九七銀 | 六．〇一 | 德記典代買布 |
| 支九七銀 | 一三四．四四六 | 澆聖俞敏公二會 |
| 支九七銀 | 二三九七．一四七 | 風水用 |
| 支九七銀 | 五五七．五五五 | 扶柩回家并附風水用 |
| 支九七銀 | 二二〇．七 | 孺人一年支用 |

支九七銀　七七六・五〇七　酉鳳二妹嫁粧
支九七銀　三四・一四五　酉妹出嫁用
七共支過九七銀　四一二六・五一
仍存本銀　一〇一六三〇三八
恭房　三十七年存本銀　一八一〇四・〇三六
三十八年得利銀　一一七五・五八四
共本利九七銀　一九二七九・六二
支九七銀　六二四・三四六　附用
仍存本九七銀　一八六五五・二七四
寬房　三十七年存本銀　一九四二七・三五
三十八年得利銀　一二六一・五一三
共本利銀　二〇六八八・八六三
支九七銀　五一六〇・九七七　自附
仍存本九七銀　一五五二七・八八六
信房　三十七年存本銀　一七一六〇・七六三
三十八年得利九七銀　一一一四・三三二
共本利九七銀　一八二七五・〇九五
支九七銀　一九七七・四三　本年附
仍存本銀　一六二九七・六六五

| | | | |
|---|---|---|---|
| 惠房 | 三十七年存本銀 | 一八二三三・三四五 | |
| | 三十八年得利銀 | 一一八三・九八 | |
| | 共本利九七銀 | 一九四一七・三二五 | |
| | 支九七銀 | 一七四四・四八 | 本年附 |
| | 仍存本銀 | 一七六七二・八四五 | |
| 敏房 | 三十七年存本銀 | 一八七三三・四六四 | |
| | 三十八年得利銀 | 一二一六・四五五 | |
| | 共本利九七銀 | 一九九四九・九一九 | |
| | 支九七銀 | 八三三・ | 本年附 |
| | 仍存本銀 | 一九一一六・九一九 | |
| 孺人 | 三十七年存本銀 | 四三一・四七六 | |
| | 三十八年得利銀 | 二八・〇一八 | |
| | 共本利九七銀 | 四五九・四九四 | |
| 槐樹 | 三十七年存本銀 | 四三一・五八五 | |
| | 三十八年得利 | 二八・〇二七 | |
| | 共本利九七銀 | 四五九・六一 | |
| 公股存本銀 | | 一〇一六三・〇三八 | |
| 恭房存本銀 | | 一八六五五・二七四 | |
| 寛房存本銀 | | 一五五二七・八八六 | |

信房存本銀　一六二九七・六六五
敏房存本銀　一九一一六・九一九
惠房存本銀　一七六七二・八四五
孺人存本銀　四五九・四九四
槐樹存本銀　四五九・六一
孺人前存本銀　五〇〇
姨前存本銀　一九三・九五
　十共存本　九九〇四六・六八一
　　外斗宇公祀會本九七銀　二二三・〇二一
　　外祿房領九七銀　一〇二・〇六　計九九一〇〇
大共該存本銀　九九二六九・七〇二
　　内除　五〇〇　朱我裕親家借
　　内除　二〇〇　范公馭親家借　懸支
實在本銀　九八五六九・七〇二

## G．康熙三十九年の年間利益の項目と各項目の額

[康熙參拾玖年收利於後]

一、一收德記典利九七銀　九一七・六七四
二、一收恆升典利九七銀　二一五〇・六〇一

三、一收恆大典利九七銀　一一四〇・九九七
四、一收恆盛典利九七銀　一三四五・七二四
五、一收恆茂典利九七銀　一〇二〇・一二一
六、一收貴州款如兄布利九七銀　二五七・二八四
七、一收湘潭布利九七銀　四五五・五八
八、一收漢口公瑞兄上布利九七銀　四二八・四四
九、一收湘潭漢口下米利九七銀　一八五・一七一
一〇、一收漢口會典利并易油紙九七銀　七一・九九
一一、一收賣點錫九七銀　五・八四
一二、一收我生兄還利九七銀　四八・七二三
一三、一收我生兄還利九七銀　四八・〇二
一四、一收我生兄還新會利九七銀　三八・九八
一五、一收聖功兄還利九七銀　一一一・五六
一六、一收棧陳三杣利九七銀　二三・四二三
一七、一收二叔還斗宇公祀會利九七銀　一一・七六
一八、一收程蘊生還利九七銀　五・八二
一九、一收張裕宣還利九七銀　二・一六
二〇、一收二叔房租九七銀　四・四
二一、一收包文玉利九七銀　四・一

二二、一收張君瞻房租九七銀　一六・一七五
二三、一收黃文育房租九七銀　一・九二
二四、一收湯達源還利九五銀　六・九五
二五、一收張明宿還舊缺九七銀　二・七五
以上共收九七利銀　八三二六・一六二
內除公瑞兄下豆虧本九七銀　三一九・三二
內除汝寧貴州賣布自俸火足襍支　七七・八三
內除漢口人情火食盤佺九七銀　四六・七九二
內除蘇人情襍支盤佺九七銀　三三三・二二八
內除一年辛俸全九七銀　二五〇・〇八七
內除一年火食九七銀　三八五・一五四
內除鎔白銅工九七銀　〇・〇九
內除孺人利九七銀　五〇
內除姨利九七銀　一九・三九五
內除斗宇公祀利九七銀　三九・〇一
十一除支九七銀　六七九四・四七三
照三十八年八共存本銀　九八三五二・七三一　派
每萬兩得利銀　六九〇・八二七

公股　三十八年存本銀　一〇一六三・〇三八
　三十九年得利銀　七〇二・〇九
共本利九七銀　一〇八六五・一二八支九七銀　二一七八・七三六　一年公用并徽蕪
支九七銀　三一三・〇一八　孺人一年支用
支九七銀　一六四・〇〇八　酉妹回門并看生
支九七銀　一一二四・〇三　鳳妹粧奩
支九七銀　〇・二四五　代鳳妹還傳盛
支九七銀　六　母親送六順外甥
支九七銀　二・三一二　恆大典附蕪布
支九七銀　四・四七八　恆大典附蕪醃物豆
支九七銀　七・七五五
支九七銀　四五　找永多屋價
支九七銀　一・〇四　賀朱七房聚親宮燈
十一共支過九七銀　三八四六・六二二
仍存本九七銀　七〇一八・五〇六
恭房　三十八年存本銀　一八六五五・二七六
　三十九年得利銀　一一七五・五八四
共本利九七銀　一九二七九・六二
支九七銀　六二四・三四六

仍存本九七銀　一八六五五．二七四

寛房　三十八年存本銀　一九四二七．三五

三十九年得利銀　一二六一．五一三

共本利銀　二〇六八八．八六三

支九七銀　五一六〇．九七七

仍存本九七銀　一五五二七．八八六

信房　三十七年存本銀　一七一六〇．七六三

三十八年得利九七銀　一一一四．三三二

共本利九七銀　一八二七五．〇九五

支九七銀　一九七七．四三　本年附

仍存本銀　一六二九七．六六五

惠房　三十八年存本銀　一八二三三．三四五

三十九年得利銀　一一八三．九八

共本利九七銀　一九四一七．三二五

支九七銀　一七四四．四八　本年附

仍存本銀　一七六七二．八四五

敏房　三十八年存本銀　一八七三三．四六四

三十九年得利銀　一二一六．四五五

共本利九七銀　一九九四九．九一九

支九七銀　八三三　本年附
仍存本銀　一九一一六．九一九
孺人　三十八年存本銀　四三一．四七六
三十九年得利銀　二八．〇一八
共本利九七銀　四五九．四九四
槐樹　三十八年存本銀　四三一．五八五
三十九年得利　二八．〇二七
共本利九七銀　四五九．六一
公股存本銀　一〇一六三．〇三八
恭房存本銀　一八六五五．二七四
寛房存本銀　一五五二七．八八六
信房存本銀　一六二九七．六六五
敏房存本銀　一九一一六．九一九
惠房存本銀　一七六七二．八四五
孺人存本銀　四五九．四九四
槐樹存本銀　四五九．六一
孺人前存本銀　五〇〇
姨前存本銀　一九三．九五
十共存本　九六〇〇〇．九五六

外斗宇公祀會本九七銀　二一〇．九二五
大共該存本銀　九六二一一．八八一
內除　五〇〇　朱我裕親家借
內除　二〇〇　范公馭親家借　懸支
實在本銀　九五五一一．八八一

## H．康熙四十五年、德記典など五典の實在典本銀

德記典
康熙四十四年二月典總存各項本銀　一七一五六．二二一
除虛抹　一五六二．二九九
除養晳屋本　二七九．四
淨存典本　一五三一四．五一一
內支　一五四．七二七　附寛房支
實在典本銀　一五一五九．七八四
內除貼恆大典銀　二〇〇

恆升典
康熙四十四年二月典總存各項本銀　一一五九八．〇二八
平存　三〇六〇．二五九

| | | |
|---|---|---|
| 　　査款虚掛食毎米各物 | 五七八 | |
| 　附糶 | 五二四・八 | |
| 　　除四十五年糶支過九七銀 | 五二四・八 | 銀四〇〇 |
| | | 錢一二〇阡 |
| 淨存典本 | 一一〇七三・二二八 | |
| 　內支　二阡　附寛房支 | | |
| 實在典本銀 | 九〇七三・二二八 | |
| 　內除該寛房本 | 一三三・九九三 | |
| 仍實在本銀 | 八九三九・二三五 | |

恆大典

| | | |
|---|---|---|
| 康熙四十四年二月典總存各項本銀 | 一六二四六・四七三 | |
| 　除虚抹 | 三六九二・九 | |
| 淨存典本 | 一二五五三・五七三 | |
| 　內支（計） | 九三〇・五七 | 陳首飾衣物存公分、存平內爾支等 |
| 實在典本銀 | 一一六二三・〇〇三 | |
| 　外收德記典貼銀 | 二〇〇 | |
| 　外收恆盛典貼銀 | 八〇〇 | |

恆盛典

康熙四十四年二月典總存各項本銀　一五九〇七・六一六

　除虛　二四八・六一一

淨存典本　一五六五九・〇〇五

　內支　二　附寬房天貴

實在典本銀　一五六五七・〇〇五

　內除貼恆大典銀　八〇〇

恆茂典

康熙四十四年二月典總存各項本銀　一〇九四〇・四九六

　除虛抹　二五〇・四〇七

淨存典本　一〇六九〇・〇八九

實在典本銀　一〇六九〇・〇八九

恭寬信敏惠五房均派　每股　一七八七・八四七

贖取照支附　餘俟賣色完日清算

內頂首共　四三一・六〇三

　八折抹去　八六・三二一

五股派該還寬房　一七・二六五

## 表［二］

A．德記典、恆升典、恆大典、恆盛典、恆茂典の各年度の資金および收益（單位：兩）

| | ［35年謄清］ | ［36年總收・36年冬盤存］ |
|---|---|---|
| 德記典本銀 | 15065.277 | 13994.305 |
| 恆升典本銀 | 24099.602 | 20380.101 |
| 恆大典本銀 | 14754.376 | 14351.483 |
| 恆盛典本銀 | 15874.183 | 13697.993 |
| 恆茂典本銀 | 7936.139 | 8822.694 |

| | ［37年收利］ | ［37年8月盤存］ |
|---|---|---|
| 德記典本銀 | 957.208 | 14150.863 |
| 恆升典本銀 | 1436.73 | 21396.831 |
| 恆大典本銀 | 918.696 | 14260.148 |
| 恆盛典本銀 | 1269.291 | 14567.284 |
| 恆茂典本銀 | 821.729 | 10444.423 |

| | ［38年收利］ | ［38年9月盤存］ |
|---|---|---|
| 德記典本銀 | 971.18 | 13816.033 |
| 恆升典本銀 | 1882.933 | 20636.141 |
| 恆大典本銀 | 1292.013 | 15752.161 |
| 恆盛典本銀 | 1333.803 | 14701.087 |
| 恆茂典本銀 | 906.562 | 10950.985 |

| | ［39年收利］ | ［39年12月盤存］ |
|---|---|---|
| 德記典本銀 | 917.674 | 15290.752 |
| 恆升典本銀 | 2150.601 | 20157.127 |
| 恆大典本銀 | 1140.997 | 14669.823 |
| 恆盛典本銀 | 1345.724 | 14645.111 |
| 恆茂典本銀 | 1020.121 | 10661.306 |

| | ［40年收利］ | ［40年冬月盤存］ |
|---|---|---|
| 德記典本銀 | 1323.927 | 16686.986 |
| 恆升典本銀 | 2380.494 | 21637.621 |
| 恆大典本銀 | 1017.83 | 14309.68 |
| 恆盛典本銀 | 1448.947 | 15387.498 |
| 恆茂典本銀 | 1175.443 | 12136.749 |

| | ［41年收利］ | ［41年冬月盤存］ |
|---|---|---|
| 德記典得利 | 1268.806 | 17144.215 |
| 恆升典得利 | 2374.351 | 21764.075 |
| 恆大典得利 | 1167.463 | 14619.042 |
| 恆盛典得利 | 1510.97 | 14598.468 |
| 恆茂典得利 | 1033.526 | 11448.275 |

| | ［42年收利］ | ［42年冬月盤存］ |
|---|---|---|
| 德記典得利 | 944.151 | 18269.491 |
| 恆升典得利 | 2320.523 | 23955.004 |
| 恆大典得利 | 1119.776 | 15303.197 |
| 恆盛典得利 | 1426.596 | 15450.674 |
| 恆茂典得利 | 1076.271 | 11524.546 |

| | ［43年收利］ | ［43年冬月盤存］ |
|---|---|---|
| 德記典得利 | 1105.275 | 19156.036 |
| 恆升典得利 | 2568.158 | 27587.412 |
| 恆大典得利 | 1143.546 | 15249.234 |
| 恆盛典得利 | 1495.655 | 15946.829 |
| 恆茂典得利 | 980.401 | 11324.947 |

| | [44年收利] | [44年2月典總存] |
|---|---|---|
| 德記典得利 | 3015.004 | 16246.473 |
| 恆升典得利 | 1183.626 | 11598.028 |
| 恆大典得利 | 963.574 | 16246.473 |
| 恆盛典得利 | 1960.787 | 15907.616 |
| 恆茂典得利 | 1151.539 | 10940.496 |

＊「康熙44年2月典總存各本銀」から諸經費を引いた「淨存典本銀」から支出を引いた額＝「實在典本銀」

| | [45年清査實本] |
|---|---|
| 德記典本銀 | 15159.784 |
| 恆升典本銀 | 11073.228 |
| 恆大典本銀 | 11623.003 |
| 恆盛典本銀 | 15657.005 |
| 恆茂典本銀 | 10690.089 |
| 五典共實存本銀 | 64203.109 |

B．各年度ごとの收支と公股、五房、孺人、槐樹、(煒嫂)、姨の資產（康熙三十五年は資產額、三十六年度以降は、前年の資產にその年度の利益を加え支出を引いた額）（單位：兩）

| | [35年] |
|---|---|
| 淨存本銀 | 112928.131 |
| 除小伙本利 | 1066.81 |
| 孺人本銀 | 500 |
| 姨本銀 | 262 |
| 煒本銀 | 304.81 |
| 實在本銀 | 11861.321 |

| | ［36年］ | |
|---|---|---|
| 共收本銀 | 123643.567 | |
| 共除支銀 | 15401.701 | |
| 除小伙本利 | 1133.01 | |
| 孺人本 | 500 | 利50 |
| 姨本 | 262 | 利26.2 |
| 煒嫂本 | 304.81 | |
| 除二妹用銀 | 171.122等各銀15401.701 | |
| 實在本銀 | 108241.866 | |
| 六股均派每股 | 18040.311 | |
| 公股存本銀 | 13531.454 | |
| 恭房存本銀 | 17901.651 | |
| 寛房存本銀 | 18125.734 | |
| 信房存本銀 | 18395.833 | |
| 敏房存本銀 | 17863.355 | |
| 惠房存本銀 | 17405.505 | |
| 孺人存入本銀 | 400 | |
| 槐樹存本銀 | 500 | |
| 孺人前存本銀 | 500 | |
| 姨存入本銀 | 178.2 | |
| 十共存本銀 | 104801.732 | |
| 外又收斗宇公祀會銀 | 311.508 | |
| 大共該存本銀 | 105133.24 | |
| 內除懸支 | 500 | |
| 實在本銀 | 104633.24 | |

| | ［37年］ | ［38年］ |
|---|---|---|
| 共收利銀 | 9271.48 | 9216.921 |
| 共除支銀 | 1077.865 | 2349.192 |

| | | |
|---|---|---|
| 淨得利銀 | 8193.615 | 6867.729 |
| 前年存本銀 | 104123.532 | 105763.249 |
| 每萬兩得利銀 | 786.912 | 649.349 |
| 公股存本銀 | 13241.23 | 10163.038 |
| 恭房存本銀 | 18104.036 | 18655.274 |
| 寬房存本銀 | 19427.35 | 15527.886 |
| 信房存本銀 | 17160.763 | 16297.665 |
| 敏房存本銀 | 18733.464 | 19116.919 |
| 惠房存本銀 | 18233.345 | 17672.845 |
| 孺人存入本銀 | 431.476 | 459.494 |
| 槐樹存本 | 431.585 | 459.61 |
| 孺人前存本 | 500 | 500 |
| 姨存入本銀 | 176.32 | 193.95 |
| 十共存本銀 | 106439.569 | 99046.681 |
| 外又收斗宇公祀會銀 | 338.538 | 223.021 |
| 大共該存本銀 | 106678.107 | 99269.702 |
| 內除懸支 | 700 | 700 |
| 實在本銀 | 106078.107 | 98569.702 |

| | [39年] | [40年] | [41年] |
|---|---|---|---|
| 共收利銀 | 8326.162 | 7784.757 | 7521.817 |
| 共除支銀 | 6794.473 | 617.613 | 717.337 |
| 淨得利銀 | 1531.689 | 7167.144 | 6804.48 |
| 前年存本銀 | 98352.731 | 95287.611 | |
| 每萬兩得利銀 | 702.09 | 752.159 | |
| 公股存本銀 | 7018.506 | 6352.082 | 5576.79 |
| 恭房存本銀 | 18226.394 | 18583.411 | 18522.233 |
| 寬房存本銀 | 15097.985 | 15352.883 | 15422.292 |
| 信房存本銀 | 16433.324 | 16965.213 | 17475.718 |

| | | | |
|---|---|---|---|
| 敏房存本銀 | 19352.861 | 19590.584 | 18771.472 |
| 惠房存本銀 | 18175.943 | 18425.954 | 19276.145 |
| 孺人存入本銀 | 491.237 | 528.186 | 565.479 |
| 槐樹存本銀 | 491.361 | 528.319 | 565.639 |
| 孺人前存本銀 | 500 | 500 | 500 |
| 姨存入本銀 | 213.345 | 234.675 | 258.145 |
| 十共存本銀 | 96000.956 | 97061.307 | 96933.931 |
| 外又收斗宇公祀會銀 | 210.925 | 224.483 | 235.858 |
| 大共該存本銀 | 96211.881 | 97285.79 | 97169.789 |
| 內除懸支 | 700 | 700 | 700 |
| 實在本銀 | 95511.881 | 96585.79 | 96469.789 |

| | ［42年］ | ［43年］ | ［44年］ |
|---|---|---|---|
| 共收利銀 | 7053.959 | 7528.004 | 8926.054 |
| 共除支銀 | 506.873 | 657.287 | 688.37 |
| 淨得利銀 | 6547.086 | 6870.717 | 8237.684 |
| 前年存本銀 | 96175.786 | 99223.994 | 99618.47 |
| 毎萬兩得利銀 | 680.746 | 692.445 | 826.9233 |
| 公股存本銀 | 5596.259 | 5054.077 | 3365.437 |
| 恭房存本銀 | 19627.662 | 19787.429 | 17317.743 |
| 寬房存本銀 | 15472.152 | 15543.513 | 5060.645＊ |
| 信房存本銀 | 18086.623 | 18663.127 | 12548.522 |
| 敏房存本銀 | 19198.128 | 18652.493 | 16601.315 |
| 惠房存本銀 | 20035.033 | 20626.037 | 18325.107 |
| 孺人存入本銀 | 603.993 | 645.816 | 699.22 |
| 槐樹存本銀 | 604.144 | 645.978 | 699.395 |
| 孺人前存本銀 | 500 | 500 | 500 |
| 姨存入本銀 | 283.955 | 312.355 | 343.585 |
| 十共存本銀 | 100007.949 | 100430.825 | 75460.969 |

| | | |
|---|---|---|
| 外又收斗宇公祀會銀 | 251.808 | 270.268 |
| 大共該存本銀 | 100259.757 | 100701.093 |
| 内除懸支 | 700 | 700 |
| 實在本銀 | 99559.757 | 100001.093 |

［45年］

| | |
|---|---|
| 公股存本銀 | 3365.437 |
| 恭房存本銀 | 17317.743 |
| 寛房存本銀 | 5060.645 |
| 信房存本銀 | 12548.522 |
| 敏房存本銀 | 16601.315 |
| 惠房存本銀 | 18325.107 |
| 六共該存本銀 | 73218.769 |
| 除五典實在外虚本銀 | 9015.66 |
| 今將公股存本 | 3365.437 |
| 仍虚本銀 | 5650.223 |
| 作五股派 | 毎股派1130.045 |

C．公股、各房、孺人、槐樹、煒嫂、姨の收支ならびに資産（單位：兩）

［36年］

| | | |
|---|---|---|
| 恭房 | 該本銀 | 18040.311 |
| | 共該本銀 | 18970.311 |
| | 共支過銀 | 1068.66 |
| | 仍存本銀 | 17901.651 |
| 寛房 | 該本銀 | 18040.311 |
| | 共該本銀 | 18415.311 |
| | 共支過銀 | 289.577 |
| | 仍存本銀 | 18125.734 |
| 信房 | 該本銀 | 18040.311 |

| | | | |
|---|---|---|---|
| | 共該本銀 | 18630.311 | |
| | 仍存本銀 | 18395.333 | |
| 敏房 | 該本銀 | 1804.311 | |
| | 共支過銀 | 176.956 | |
| | 仍存本銀 | 17863.355 | |
| 惠房 | 該本銀 | 18040.311 | |
| | 共支過銀 | 634.806 | |
| | 仍存本銀 | 17405.505 | |
| 孺人存入本銀 | | 400 | |
| 槐樹存本銀 | | 500 | |
| 孺人前存本銀 | | 500 | |
| 姨存入本銀 | | 178.2 | |
| | 十共存本銀 | 104801.732 | |
| | 外又收斗宇公祀會銀 | 311.508 | |
| | 大共該存本銀 | 105133.24 | |
| | 内除懸支 | 500 | 我裕舅借 |
| 實在本銀 | | 104633.24 | |

［37年］

| | | | |
|---|---|---|---|
| 公股 | 36年存本銀 | 13531.454 | |
| | 37年得利銀 | 1064.806 | |
| | 共本利九七銀 | 14594.26 | |
| | 共除支九七銀 | 1355.03 | |
| | 仍存本銀 | 13241.23 | |
| 恭房 | 36年存本銀 | 17901.651 | |
| | 37年得利銀 | 1408.702 | |
| | 共本利九七銀 | 19310.353 | |
| | 共除支九七銀 | 1206.317 | |
| | 仍存本銀 | 18104.036 | |

| | | | |
|---|---|---|---|
| 寛房 | 36年存本銀 | 18125.734 | |
| | 37年得利銀 | 1426.336 | |
| | 共本利銀 | 19552.07 | |
| | 共支九七銀 | 124.72 | |
| | 仍存本銀 | 19427.35 | |
| 信房 | 36年存本銀 | 18395.833 | |
| | 37年得利九七銀 | 1447.59 | |
| | 共本利九七銀 | 19843.423 | |
| | 共支過九七銀 | 2682.66 | |
| | 仍存本銀 | 17160.763 | |
| 敏房 | 36年存本銀 | 17863.355 | |
| | 37年得利銀 | 1405.689 | |
| | 共本利九七銀 | 19269.044 | |
| | 共支過九七銀 | 535.58 | |
| | 仍存本銀 | 18733.464 | |
| 惠房 | 36年存本銀 | 17405.505 | |
| | 37年得利銀 | 1369.66 | |
| | 共本利九七銀 | 18775.165 | |
| | 共支過九七銀 | 541.82 | |
| | 仍存本銀 | 18233.345 | |
| 孺人 | 36年存本銀 | 400 | |
| | 37年得利銀 | 31.476 | |
| | 共本利九七銀 | 431.476 | |
| 槐樹 | 36年存本銀 | 500 | |
| | 37年得利 | 39.345 | |
| | 共本利九七銀 | 539.345 | |
| | 支 | 107.76 | 附修理 |
| | 實在本銀 | 431.585 | |
| 共存本銀 | | 106439.569 | |

| | | | |
|---|---|---|---|
| 外又收斗宇公祀會銀 | | 338.538 | |
| 大共該存本銀 | | 106678.107 | |
| | 內除 | 500 | 朱我裕親家借 |
| | 內除 | 200 | 范公馭親家借 |
| 實在本銀 | | 106078.107 | |

［38年］

| | | |
|---|---|---|
| 公股 | 37年存本銀 | 13241.23 |
| | 38年得利銀 | 859.818 |
| | 共本利九七銀 | 14101.048 |
| | 共九七銀 | 14289.548 |
| 共支過九七銀 | | 4126.51 |
| | 仍存本銀 | 10163038 |
| 恭房 | 37年存本銀 | 18104.036 |
| | 38年得利銀 | 1175.584 |
| | 共本利九七銀 | 19279.62 |
| | 支九七銀 | 624.346 |
| | 仍存本九七銀 | 18655.274 |
| 寛房 | 37年存本銀 | 19427.35 |
| | 38年得利銀 | 1261.513 |
| | 共本利銀 | 20688.863 |
| | 支九七銀 | 5160.977 |
| | 仍存本九七銀 | 15527.886 |
| 信房 | 37年存本銀 | 17160.763 |
| | 38年得利九七銀 | 1114.332 |
| | 共本利九七銀 | 18275.095 |
| | 支九七銀 | 1977.43 |
| | 仍存本銀 | 16297.665 |
| 敏房 | 37年存本銀 | 18733.464 |

| | | | | |
|---|---|---|---|---|
| | 38年得利銀 | 1216.455 | | |
| | 共本利九七銀 | 19949.919 | | |
| | 支九七銀 | 833 | | |
| | 仍存本銀 | 19116.919 | | |
| 惠房 | 37年存本銀 | 18233.345 | | |
| | 38年得利銀 | 1183.98 | | |
| | 共本利九七銀 | 19417.325 | | |
| | 支九七銀 | 1744.48 | | |
| | 仍存本銀 | 17672.845 | | |
| 孺人 | 37年存本銀 | 431.476 | | |
| | 38年得利銀 | 28.018 | | |
| | 共本利九七銀 | 459.494 | | |
| 槐樹 | 37年存本銀 | 431.585 | | |
| | 38年得利 | 28.027 | | |
| | 共本利九七銀 | 459.61 | | |
| 斗宇公祀會銀 | | | | |
| | 37年存本銀 | 338.538 | | |
| | 38年得利銀 | 4.625 | | |
| | 共本利九七銀 | 379.163 | | |
| | 共支九七銀 | 156.142 | | |
| | 仍存本銀 | 223.021 | | |
| 共存本 | | 99046.681 | | |
| | 外斗宇公祀會本九七銀 | 223.021 | | |
| | 外祿房領九七銀 | 102.06 | 計99100 | |
| 大共該存本銀 | | 99269.702 | | |
| | 内除 | 500 | | 朱我裕親家借 |
| | 内除 | 200 | | 范公馭親家借　懸支 |
| 實在本銀 | | 98569.702 | | |

［39年］

| | | | |
|---|---|---|---|
| 公股 | 38年存本銀 | 10163.038 | |
| | 39年得利銀 | 702.09 | |
| | 共本利九七銀 | 10865.128 | |
| | 共支過九七銀 | 3846.622 | |
| | 仍存本九七銀 | 7018.506 | |
| 恭房 | 38年存本銀 | 18655.276 | |
| | 39年得利銀 | 1288.757 | |
| | 共本利九七銀 | 19944.031 | |
| | 共支九七銀 | 1717.637 | |
| | 仍存本九七銀 | 18226.394 | |
| 寬房 | 38年存本銀 | 15527.886 | |
| | 39年得利銀 | 1072.708 | |
| | 共本利銀 | 16600.594 | |
| | 共支九七銀 | 1502.609 | |
| | 仍存本九七銀 | 15097.985 | |
| 信房 | 37年存本銀 | 16297.665 | |
| | 38年得利九七銀 | 1125.887 | |
| | 共本利九七銀 | 17423.552 | |
| | 支九七銀 | 990.228 | 自附 |
| | 仍存本銀 | 16297.324 | |
| | 仍存本銀 | 18175.943 | |
| 敏房 | 38年存本銀 | 19116.919 | |
| | 39年得利銀 | 1320.648 | |
| | 共本利九七銀 | 18175.943 | |
| | 支九七銀 | 1084.706 | 本年支 |
| | 仍存本銀 | 19352.861 | |
| 惠房 | 38年存本銀 | 17672.845 | |
| | 39年得利銀 | 1220.888 | |

| | | | | |
|---|---|---|---|---|
| | 共本利九七銀 | 18893.733 | | |
| | 共支九七銀 | 717.79 | | |
| 孺人 | 38年存本銀 | 459.493 | | |
| | 39年得利銀 | 31.743 | | |
| | 共本利九七銀 | 491.237 | | |
| 槐樹 | 38年存本銀 | 459.61 | | |
| | 39年得利 | 31.751 | | |
| | 共本利九七銀 | 491.361 | | |
| 斗宇公祀會銀 | | | | |
| | 38年存本銀 | 325.081 | | |
| | 39年得利銀 | 39.01 | | |
| | 共本利九七銀 | 364.091 | | |
| | 共支過九七銀 | 153.166 | | |
| | 仍存本銀 | 210.925 | | |
| 共存本 | | 96000.956 | | |
| | 外斗宇公祀會本九七銀 | 210.925 | | |
| 大共該存本銀 | | 96211.881 | | |
| | 内除 | 500 | 朱我裕親家借 | |
| | 内除 | 200 | 范公馭親家借 | 懸支 |
| 實在本銀 | | 95511.881 | | |

［40年］

| | | | |
|---|---|---|---|
| 公股 | 39年存本銀 | 7018.506 | |
| | 40年得利銀 | 527.903 | |
| | 共本利九七銀 | 7546.409 | |
| | 共支過九七銀 | 1023.567 | |
| | 仍存本九七銀 | 6522.842 | |
| | 支九七 | 155.518 | |
| | 淨存本銀 | 6352.082 | |

| | | |
|---|---|---|
| 恭房 | 39年存本銀 | 18226.394 |
| | 40年得利銀 | 1370.914 |
| | 共本利九七銀 | 19597.308 |
| | 共支九七銀 | 1013.573 |
| | 仍存本九七銀 | 18583.411 |
| 寬房 | 39年存本銀 | 15097.985 |
| | 40年得利銀 | 1135.608 |
| | 共本利銀 | 16233.593 |
| | 共支九七銀 | 880.709 |
| | 仍存本九七銀 | 15352.883 |
| 信房 | 39年存本銀 | 16433.324 |
| | 40年得利九七銀 | 1236.047 |
| | 共本利九七銀 | 17669.371 |
| | 支九七銀 | 685.328 |
| | 仍存本銀 | 16984.233 |
| | 支九七 | 19.02 |
| | 淨存本銀 | 16965.213 |
| 敏房 | 39年存本銀 | 19352.861 |
| | 40年得利銀 | 1455.643 |
| | 共本利九七銀 | 2808.504 |
| | 支九七銀 | 1104.31 |
| | 仍存本銀 | 19704.194 |
| | 支九七 | 113.61 |
| | 淨存本銀 | 19590.584 |
| 惠房 | 39年存本銀 | 18175.943 |
| | 40年得利銀 | 1367.12 |
| | 共本利九七銀 | 19543.063 |
| | 共支九七銀 | 1117.109 |
| | 仍存本銀 | 18425.954 |

| | | | |
|---|---|---|---|
| 孺人　39年存本銀 | 491.237 | | |
| 40年得利銀 | 36.949 | | |
| 共本利九七銀 | 528.319 | | |
| 槐樹　39年存本銀 | 491.237 | | |
| 40年得利 | 36.949 | | |
| 共本利九七銀 | 428.319 | | |
| 斗宇公祀會銀 | | | |
| 39年存本銀 | 312.985 | | |
| 40年得利銀 | 37.558 | | |
| 共本利九七銀 | 350.543 | | |
| 共支過九七銀 | 126.06 | | |
| 仍存本銀 | 224.483 | | |
| 共存本 | 97061.307 | | |
| 外斗宇公祀會本九七銀 | 224.483 | | |
| 大共該存本銀 | 97285.79 | | |
| 内除 | 500 | 朱我裕親家借 | |
| 内除 | 200 | 范公馭親家借 | 懸支 |
| 實在本銀 | 95585.79 | | |

［41年］

| | |
|---|---|
| 公股　40年存本銀 | 6352.082 |
| 41年得利銀 | 448.708 |
| 共本利九七銀 | 6917.09 |
| 共支過九七銀 | 1300.253 |
| 仍存本九七銀 | 5616.837 |
| 又支九七銀 | 40.047 |
| 淨存本九七銀 | 5576.79 |
| 恭房　40年存本銀 | 18583.411 |
| 41年得利銀 | 1312.725 |

| | | |
|---|---|---|
| | 共本利九七銀 | 19896.136 |
| | 共支九七銀 | 1373.903 |
| | 仍存本九七銀 | 18522.233 |
| 寛房 | 40年存本銀 | 15352.883 |
| | 41年得利銀 | 1084.521 |
| | 共本利銀 | 16437.404 |
| | 共支九七銀 | 1015.112 |
| | 仍存本九七銀 | 15422.292 |
| 信房 | 40年存本銀 | 16965.213 |
| | 41年得利九七銀 | 1198.416 |
| | 共本利九七銀 | 18163.629 |
| | 支九七銀 | 687.911 |
| | 仍存本銀 | 17475.718 |
| 敏房 | 40年存本銀 | 1959.584 |
| | 41年得利銀 | 1383.871 |
| | 共本利九七銀 | 20974.455 |
| | 支九七銀 | 2202.983 |
| | 仍存本銀 | 18771.472 |
| 惠房 | 40年存本銀 | 184254.953 |
| | 41年得利銀 | 1301.602 |
| | 共本利九七銀 | 19727.556 |
| | 共支九七銀 | 451.411 |
| | 仍存本銀 | 19276.145 |
| 孺人 | 40年存本銀 | 528.186 |
| | 41年得利銀 | 37.311 |
| | 共本利九七銀 | 565.497 |
| 槐樹 | 40年存本銀 | 528.319 |
| | 41年得利 | 37.32 |
| | 共本利九七銀 | 565.639 |

| | | | |
|---|---|---|---|
| 斗宇公祀會銀 | | | |
| 　40年存本銀 | 326.543 | | |
| 　41年得利銀 | 39.185 | | |
| 　共本利九七銀 | 365.728 | | |
| 　共支過九七銀 | 129.87 | | |
| 　仍存本銀 | 235.858 | | |
| 共存本 | 96933.931 | | |
| 　　外斗宇公祀會本九七銀 | 235.858 | 外祿房領雙銀 100 | |
| 大共該存本銀 | 97169.789 | | |
| 　　內除 | 500 | 朱我裕親家借 | |
| 　　內除 | 200 | 范公馭親家借 | 懸支 |
| 實在本銀 | 96469.789 | | |

［42年］

| | | |
|---|---|---|
| 公股 | 41年存本銀 | 5576.79 |
| | 42年得利銀 | 379.635 |
| | 共本利九七銀 | 5956.425 |
| | 共支過九七銀 | 360.166 |
| | 仍存本九七銀 | 5596.259 |
| 恭房 | 41年存本銀 | 18522.233 |
| | 42年得利銀 | 1260.885 |
| | 共本利九七銀 | 19783.118 |
| | 共支九七銀 | 155.456 |
| | 仍存本九七銀 | 19627.662 |
| 寛房 | 41年存本銀 | 15422.292 |
| | 42年得利銀 | 1049.86 |
| | 共本利銀 | 16472.152 |
| | 共支九七銀 | 1000 |
| | 仍存本九七銀 | 15472.152 |

| | | |
|---|---|---|
| 信房 | 41年存本銀 | 17475.718 |
| | 42年得利九七銀 | 1189.645 |
| | 共本利九七銀 | 18665.363 |
| | 支九七銀 | 578.74 |
| | 仍存本銀 | 18086.623 |
| | 仍存本銀 | 19276.145 |
| 敏房 | 41年存本銀 | 18771.472 |
| | 42年得利銀 | 1277.852 |
| | 共本利九七銀 | 20049.324 |
| | 支九七銀 | 851.196 |
| | 仍存本銀 | 19198.128 |
| 惠房 | 41年存本銀 | 19276.145 |
| | 42年得利銀 | 1312.207 |
| | 共本利九七銀 | 20588.352 |
| | 共支九七銀 | 553.319 |
| | 仍存本銀 | 20035.033 |
| 孺人 | 41年存本銀 | 565.497 |
| | 42年得利銀 | 38.496 |
| | 共本利九七銀 | 603.993 |
| 槐樹 | 41年存本銀 | 565.639 |
| | 42年得利 | 38.505 |
| | 共本利九七銀 | 604.144 |
| 斗宇公祀會銀 | | |
| | 41年存本銀 | 337.918 |
| | 42年得利銀 | 40.55 |
| | 共本利九七銀 | 378.468 |
| | 共支過九七銀 | 126.66 |
| | 仍存本銀 | 251.808 |
| 共存本 | | 100007.949 |

| | | | | |
|---|---|---|---|---|
| | 外斗宇公祀會本九七銀 | 251.808 | | |
| | 外祿房領九九銀 | 100 | | |
| 大共該存本銀 | | 199259.757 | | |
| | 内除 | 500 | 朱我裕親家借 | |
| | 内除 | 200 | 范公馭親家借 | 懸支 |
| 實在本銀 | | 99559.757 | | |

［43年］

| | | | |
|---|---|---|---|
| 公股 | 42年存本銀 | 5596.259 | |
| | 43年得利銀 | 387.51 | |
| | 共本利九七銀 | 6042.409 | |
| | 共支過九七銀 | 988.332 | |
| | 仍存本九七銀 | 5054.077 | |
| 恭房 | 42年存本銀 | 19627.662 | |
| | 43年得利銀 | 1359.107 | |
| | 共本利九七銀 | 20986.769 | |
| | 共支九七銀 | 1199.34 | |
| | 仍存本九七銀 | 19787.429 | |
| 寛房 | 42年存本銀 | 15472.152 | |
| | 43年得利銀 | 1071.361 | |
| | 共本利銀 | 16543.513 | |
| | 共支九七銀 | 1000 | |
| | 仍存本九七銀 | 15543.513 | |
| 信房 | 42年存本銀 | 18086.623 | |
| | 43年得利九七銀 | 1252.399 | |
| | 共本利九七銀 | 19339.022 | |
| | 支九七銀 | 675.895 | 本年支 |
| | 仍存本銀 | 18663.12 | |
| 敏房 | 42年存本銀 | 19116.919 | |

| | | | |
|---|---|---|---|
| | 43年得利銀 | 1329.365 | |
| | 共本利九七銀 | 20527.493 | |
| | 支九七銀 | 1875 | 本年支（内60は姨支） |
| | 仍存本銀 | 18652.49 | |
| 惠房 | 42年存本銀 | 20035.033 | |
| | 43年得利銀 | 1387.316 | |
| | 共本利九七銀 | 21422.349 | |
| | 共支九七銀 | 796.312 | |
| | 仍存本銀 | 20626.037 | |
| 孺人 | 42年存本銀 | 603.993 | |
| | 43年得利銀 | 41.823 | |
| | 共本利九七銀 | 645.816 | |
| 槐樹 | 42年存本銀 | 604.144 | |
| | 43年得利 | 41.834 | |
| | 共本利九七銀 | 645.978 | |
| 斗宇公祀會銀 | | | |
| | 42年存本銀 | 353.868 | |
| | 43年得利銀 | 42.46 | |
| | 共本利九七銀 | 396.328 | |
| | 共支過九七銀 | 126.06 | |
| | 仍存本銀 | 270.266 | |
| 共存本 | | 100430.825 | |
| | 外斗宇公祀會本九七銀 | 270.268 | |
| | 外祿房領九九銀 | 100 | |
| 大共該存本銀 | | 100701.093 | |
| | 内除 | 500 | 朱我裕親家借 |
| | 内除 | 200 | 范公馭親家借　　懸支 |
| 實在本銀 | | 100001.093 | |

［44年］

| | | |
|---|---|---|
| 公股 | 43年存本銀 | 5054.077 |
| | 44年得利銀 | 417.933 |
| | 共本利九七銀 | 5638.145 |
| | 共支過九七銀 | 2272.708 |
| | 仍存本九七銀 | 3365.437 |
| 恭房 | 43年存本銀 | 19787.429 |
| | 44年得利銀 | 1636.268 |
| | 共本利九七銀 | 21906.526 |
| | 共支九七銀 | 4588.783 |
| | 仍存本九七銀 | 17317.743 |
| 寛房 | 43年存本銀 | 15543.513 |
| | 44年得利銀 | 1285.329 |
| | 共本利銀 | 17562.535 |
| | 共支九七銀 | 12501.891 |
| | 仍存本九七銀 | 5060.645 |
| 信房 | 43年存本銀 | 18663.127 |
| | 44年得利九七銀 | 1543.297 |
| | 共本利九七銀 | 20941.156 |
| | 支九七銀 | 8392.634 |
| | 仍存本銀 | 12548.522 |
| 敏房 | 43年存本銀 | 18642.493 |
| | 44年得利銀 | 1542.418 |
| | 共本利九七銀 | 20671.628 |
| | 支九七銀 | 4070.313 |
| | 仍存本銀 | 16601.315 |
| 惠房 | 43年存本銀 | 20626.037 |
| | 44年得利銀 | 1705.615 |
| | 共本利九七銀 | 22493.885 |

| | | |
|---|---|---|
| | 共支九七銀 | 4168.778 |
| | 仍存本銀 | 18325.107 |
| 孺人 | 43年存本銀 | 645.816 |
| | 44年得利銀 | 53.404 |
| | 共本利九七銀 | |
| | 又前存本銀 | 500 |
| | 二共該存本九七銀 | 1199.22 |
| | 議五股派出 | 每239.844 |
| | 外恭房該　孺人本利銀 | 300 |
| | 信房該　孺人本利清訖 | |
| 槐樹 | 43年存本銀 | 645.978 |
| | 44年得利 | 53.417 |
| | 共本利九七銀 | 699.395 |
| | 恭寬二房分訖 | 各得349.697 |
| 姨 | 存本利共九七銀 | 343.585 |
| | 入敏房訖 | |

注

（1）本帳簿は中國社會科學院歴史研究所が所藏しているものであるが、王鈺欣・周紹泉主編『徽州千年契約文書』（花山文藝出版社）には收められていない。

（2）中國社會科學院歴史研究所と臺灣の歴史語言研究所とは、歴史語言研究所が資金を提供し、中國社會科學院歴史研究所が收藏している徽州文書のコピーを作成し、歴史語言研究所に順次送るという契約が交わされ、現在順次コピーが歴史語言研究所に送られている。ここで用いている中國社會科學院歴史研究所收藏の徽州文書目錄は、歴史語言研究所の好意によって入手したものである。但し、『清康熙三十六年徽州程氏應盤存收支總帳（康熙三十五年至四十五年）』は歴史語言研究所には現時點では收藏されていない。

（3）臺灣の歴史語言研究所が有する中國社會科學院歴史研究所が收藏する徽州文書の目錄からは、その他の家族收支帳の内容を知ることはできない。おそらくは家族收支帳の多くは單なる家族の收支の項目と金額の羅列に終わっている可能性が強い。なぜなら、筆者が本資料の存在を知り得たのは、著者が典當關係を研究していることを知った故周紹泉氏の教示によるものであるが、周紹泉氏は歴史研究所が收藏する徽州文書のすべてに目を通しているからである。

（4）乾隆『吳江縣志』によれば、康熙三十五（一六九六）年の米價は一石につき七錢であり、徽州と江蘇省吳江縣との差はほとんどなかったことがわかる。（岸本美緒『清代中國の物價と經濟變動』研文出版、一九九七年、一一五頁。）

# 第三部　徽州における宗族關係

# 緒　言

「宗」とは、始祖に始まり未だ存在していない子孫へと續く父系の血統（氣脈）を意味し、「宗法」とは父系親族統制の原理をいう。そして「宗族」とは始祖に始まり未だ存在していない子孫へと續く父系の血統（氣脈）を受け繼ぐ人間存在の總體を意味する。換言するならば、この人間存在の總體が一つの生命體であるという認識である。「宗」の血脈は、樹の幹と枝に、あるいは河の流れにたとえられる。始祖に始まる祖先は自己に生命を與えてくれた存在であり、その祖先を祀ることは最も重要な行爲である。さらに自己が死んだ後、祖先と自己を祀るのは血脈（氣脈）を繼ぐ子孫である。祀られてこそ、人々は死後も永遠の生命を得ることができると認識される。そして、祖先祭祀を行えるのは、原則的に同一生命體である血がつながった男系の子孫に限られる。但し、男系子孫の妻もまた祀られる。この「宗」ないし「宗族」は客觀的實態としてよりは、むしろ〝客觀的實態として認識されること〟によって機能する。ところで一般民衆を含めた宗族の形成は、宋代に始まる動きであり、宋代以降、社會的變化にともなって人々の意識や思想の變化がもたらされたことによる。とくに南宋の程頤、張載、朱熹らが平民も數代前の祖先を祀ってもよいと説いたことによって推し進められた。但し、こうした「宗」と「宗族」に對する認識が一般庶民にも浸透するようになったのは明代以降である。明代、とくに嘉靖年間前後から新たな宗族の組織化が推し進められた。このときの動きは、一般庶民にも浸透していったということのほか、義莊などの族產（共同保有地）の設置、祠堂・宗祠の設立、族規の制定、族譜の編纂などの手段によって、宗族を廣く擴大組織化するということが行われた點に特徴がある。

中國の宗族、家族についての研究としては、社會との關係から多岐にわたって論じられてきた。また、宗族、家族それ自體の構造とその特質とについての研究もこれまでに仁井田陞氏の『中國法制史研究―奴隷農奴法・家族村落法』[1]、滋賀秀三氏『中國家族法の原理』[2]、牧野巽氏の『中國家族研究上・下』[3]などがある。とりわけ、滋賀秀三氏は、「法制史」という觀點から中國の家族および宗族を分析考察され、從來の日本や西歐の「家」や家族の實態から導き出された概念や枠組みを用いた研究、或いは單に實態の側面を示しただけの研究とは異なって、中國の宗族と家族というものの本質を的確にして全體的かつ構造的に分析され、まさしく實像としての中國の宗族と家族とを提示された。

ところで、明代の宗族の組織化の原因ないし背景として、これまで大別して四つのことがいわれてきた。第一は、井上徹氏などが指摘されているように、元末から明初にかけての政治の動きに對應する動きとしてとらえる考え方である。元末から江南の士大夫を登用するようになり、とくに至正元年から積極的な漢化政策がとられ、次第に江南の士大夫にも政治への參加が認められるようになる。さらに、南方の人々によって支えられ南京を都とする明朝の政權中樞は、その政權樹立の過程を背景として、これら士大夫によって占められ南人が重用されることとなった。このことは、南方の人々に自己の系譜を明確化し、中原とのつながりをより一層明確にすることとの必要性を意識させた。しかも政治的原因とともに江南地域の經濟發展はこの地域の人口の著しい增大をもたらした。このことも自己の系譜を明確にすることとの動機のひとつとなったと考えられる。この士大夫が「官僚機構との接觸を强めた」元末明初の時期に、自らが名門の家系であることを顯示するために、宗族の組織化の擴大化を圖ったとする考えである[4]。「通譜」、「會通譜」、「總譜」、「統宗譜」、「統會宗譜」と稱された擴大系統化型族譜[5]の編纂や、「祠堂」から「宗祠」建設へと向かったのは[6]、この宗族の新たな組織化と呼應する。但し、張士誠の亂以降江南出身の官僚に對する彈壓が始まり、永樂帝が中央集權體制の確立をはかり、また所有格差を是正するためにその動きが强まったことも指摘されている。從って、この時期には宗族の組織化が停滞したとする見方もある。

第二は、嘉靖年間の家廟制度改革との關係で嘉靖帝による禮制改革と地域社會での宗族制度を確立する運動が華中、華南に定着していき、その結果、宗族組織が一般に普及擴大したとする考えである。明初來、政府は宗族關係を强化し宗法にもとづく倫理觀念を庶民の間に浸透させていく政策をとったが、とくに嘉靖年間に祠堂の建設などが盛んに行われるようになった。このことによって、庶民の間での宗族組織はこの時期普及したというものである。これは、小島毅氏がその論著の中で、「禮制改革、淫祀排斥、宗族形成の三つは、（略）いずれも、『禮』という基準に照らして正しいものを確定し、普及させる運動であった。(7)」と述べられているように、庶民の間での宗族組織の形成は朝廷の禮制改革と基本的には關連する動きであったとするものである。

第三は、常建華氏が强調されている明朝政府が基層社會の秩序を回復維持し、かつ人々を掌握するために、宗族の組織化、宗族の鄕約化を推し進めたという考え方である。(8)この考え方は、明朝政府權力の意思と宗族の形成組織化との關係を明確に示すものである。

第四は、人々の移動が盛んとなり、人々は新たな地で生活していくために、自己同一性（アイデンティティ）および「共同性」の確認のために宗族組織の形成擴大を圖ったとする考えである。ここでいう人々の移動には、序章第一節でも述べたように、元末から明初にかけての戰亂を避けての大移動、さらに明中期以降の商工業の發展にともなう移動、そして科擧と官僚としての赴任を原因とした移動がある。徽州では、明初に人口が減少する一方、新しい集落の形成が著しい。これは人々の移動が著しかったことを示している。人口の減少も絕對人口の減少というよりも移動によって、政府が掌握している人口が減少したことを意味している。宗族の擴大組織化は、まず元末明初のこの人々の移動という要因から考えていく必要があろう。商工業の發展にともなう移動は時期としてはその後にくる。

ここで徽州における宗族の問題をとりあげるのは、主要には以下の理由による。第一に、徽州商人は全國にその力を伸ばしたが、それにともなう地理的、社會的流動のなかで、商業活動における資金調達、人材の確保、情報收集などを目的として、親緣（血緣および婚姻による緣）、地緣など樣々な關係からなるネットワークを擴大强化した。このネットワークの最も基本にあったのが、家族および宗族關係である。從って、この問題は徽州商人の商業活動の特性を理解するうえで重要な意味をもつと考えるからである。第二に、元代末から始まり明代はじめにかけて、擴大し分散した支派を統合する動きが活發になる。そして、そうした相續統合の動きの一環として、近隣地域の二つ以上の同宗一族の各支派の族譜を合わせた「通譜」、「會通譜」や、一つの宗族について始祖から始まり、枝を分けていく支派と成員についてその總體を記した、或いは記すことを目的とした「統宗譜」が編纂された。現在存在が確認されている「通譜」、「會通譜」で最も早いのは、景泰年間（一四五〇年～五六年）の『新安程氏諸譜會通』であり、同じく「統宗譜」で最も古いものは、成化十八（一四八二）年に程敏政が纂修した『新安程氏統宗世譜』である。そして、ともに徽州のものが多い。さらに、現存する明代の族譜のほとんどと、清代以降の族譜のかなり多くが徽州、もしくは徽州から他の地へと移り住んだ宗族のものである。換言するならば、少なくとも現存する族譜資料に見る限り、明代に始まるとされる宗族關係の强化を最も早くに進めたのが徽州の人々であったと考えられるからである。第三に、徽州文書中の承繼文書、家產分割關係文書には、その家族が何によって生計を維持し家產を蓄積したかについて記されていることが少なくない。從って、人々の營みのより具體的實態を知るうえで大きな手懸りを得られるからである。

以下、第六章において明代に始まる宗族の新たな組織化がもたらした具體的な動きや影響として、第一節で、徽州における族譜の編纂の經緯と意義とを檢討する。第二節では、明代嘉靖年間に推し進められた朝廷の禮制改革などの政策と宗族の擴大組織化とが人々に浸透することによって、宗教的存在とりわけ佛教や僧侶に對する人々の行爲や意識にどのような變化をもたらし、佛教寺院と祖先祭祀との關係をどのように變化させたかについて、徽州文書やその他の地域の文書の中の宗教に關わるものと、地方志に記された宗教施設の記述を資料として考察する。第七章においては、徽州文書を資料として、徽州における宗族と家族の特性を「承繼」（本稿では、一般的意味での繼承や相續などと區別して、後述するように、「宗」、祖先祭祀、家產を受け繼ぐ正統な繼承を示す場合を「承繼」と記す）、すなわち、「宗」の繼承がいかに行われたかを通して檢討する。そして、第八章では、徽州文書中の家產分割文書を資料として、徽州における家產分割の具體的過程を分析檢討する。

注

（1）東京大學出版會、一九六二年。

（2）創文社、一九六七年。

（3）『近世中國宗族研究』御茶ノ水書房、一九七九年、一九八〇年。

（4）井上徹著『中國の宗族と國家の禮制―宗法主義の視點からの研究』研文出版、二〇〇〇年、八五頁～九四頁。井上氏は宋濂、方孝孺などの言を引いて、宗族集團の形成は、科擧の導入によって家柄で身分を子孫に保證し得ない狀況が生じ、家產均分の慣行によって子孫に貧富の差異が生じる傾向があることに對應したものであると指摘されている。そして、宗族組織を結集する手段として、共同祖先の決定、族譜編纂、祠堂設立、定期的な祖先祭祀の擧行、宗族の集會の開催などを擧げられている。

（5）明代、宗族の擴大組織化とともに、多くの支派を始祖から系統立てて記述した族譜が編纂されるようになる。それらの族譜は「通譜」、「會通譜」、「總譜」、「統宗譜」、「統會宗譜」など多樣な名稱を持っている。そこで、ここではそれらを〝擴大系統化族譜〟と假稱しておく。

（6）鈴木博之氏は、「明代における宗祠について」（『集刊東洋學』七一號、一九九四年）などの中で、元末以降個々の家族による祠堂から宗族による宗祠の建設が始まったこと、嘉靖年間以降この傾向が明確になること、明代中期から宗祠の建設が庶民にも認められたことを指摘されている。すなわち、祖先祭祀のあり方としての小宗から大宗への移行である。この動きが多くの支派に關する記述を綜合した統宗譜の編纂と軌を一にしていることはいうまでもない。宗祠を建設するに當たり、共通の祖先をもつという認識をもつために、從來の族譜の記述を統一する必要があり、族規を明確にしてそれを族人に浸透させる必要があることなどを考え合わせれば、おそらくは宗祠の建設の方が統宗譜の編纂に先行していたと思われるが、いずれにせよ、兩者が明代の宗族形成を示す現象の兩輪であることはいえよう。

（7）　小島毅「嘉靖の禮制改革について」『東洋文化研究所紀要』一一七、一九九二年三月。

（8）　常建華「明代徽州的宗族鄉約化」『中國史研究』二〇〇三年第三期。

# 第六章　宗族の擴大組織化の樣相―「擴大系統化型」族譜の編纂―

## はじめに

緒言で述べたように、一般民衆に及ぶ宗族の形成は、宋代に始まる動きであり、とりわけ明代、とくに嘉靖年間前後から新たな宗族の組織化が推し進められることになった。このときの動きは、義莊などの族產（共同保有地）の設置、祠堂・宗祠の設立、族規の制定、族譜の編纂などの手段によって、宗族を廣く擴大組織化するとともに、一般庶民に浸透していった。

ところで、中國における宗族の研究は徽州を對象としたものが少なくない。それは、他地域を壓する資料の量による。徽州地域は文書資料のみならず、多くの族譜や宗祠の祠規などを殘している。換言するならば、現存する族譜や祠規のかなりの部分が徽州の宗族や家族もしくは徽州から他地域に移住した宗族や家族のものなのである。從って、宗族研究を行う以上、徽州という地域を意識し、〝徽州という地域〟に立脚して論じざるを得ないということになる。これに對し、日本では、より普遍的な方向で論じようとする傾向が強い。主に徽州地域を研究對象とされている鈴木博之氏の研究も徽州という地域をとくに對象とするというよりは、資料の關係上その對象が徽州地域となったのであって、むしろ普遍性を求める研究であるといえる。他方、筆者は從來中國の宗族や家族の問題に關心を有していたとはいえ、徽州研究を進めるうえで宗族問題を看過することは不可能と新たに認識し、改めて宗族研究を進めてきた。そうであるだけに、族譜や族規など宗族研究において用いられてきた資料のかなりの部分が徽州地域のものであるということがどのような意味を持つのか、それはたまたま現存しているものが多いというだけなのか、それともなんらかの歴史的な必然性があるのか、また、現存する資料の中で徽州關係資料はどの程度を占めているのか、ということを檢討する必要があると考える。そこで、本章の第一節では、宗族に關する資料の中で徽州地域に關するものは實際のところどの程度あるのかを檢討する作業を試みる。但し、膨大な史料を滿遍なく檢討することは現時點では不可能である。そこで、檢討の對象として、程、汪など十七の姓の現存する族譜、とりわけ明代における「通譜」、「會通譜」、「總譜」、「統宗譜」、「統會宗譜」などと稱される擴大系統化型族譜ともいうべきものをとりあげ檢討する。これら明代の擴大系統化型族譜の編纂は、まさしく宗族の組織化と軌を一にする動きであり、明代の宗族の組織化の實行經緯を知る手がかりとなると考えるからである。(1)

また、第二節では、宗族の擴大組織化が人々に浸透することが、宗教的存在とりわけ佛教や僧侶に對する人々の行爲や意識にどのような變化をもたらし、佛教寺院と祖先祭祀との關係をどのように變化させたかについて、徽州文書やその他の地域の文書の中の佛教寺院等宗教に關わるものを資料として考察する。

## 第一節　明代徽州における族譜の編纂

本節では、まず第一に、『新安大族志』、『新安名族志』、『休寧名族志』について、その版による相違などを含めて紹介する。次いで第二に、「總譜」、「統宗譜」、「統會宗譜」など擴大系統化型族譜の特性について示す。さらに第三に、程姓、汪姓など十七の姓について、その分布と徽州への移住時期などについて概觀する。そして明代以降に編纂された現存する擴大系統化型族譜を中心とした族譜を表で示し、その表から明代の族譜編纂狀況を考察する。

現存する族譜については多賀秋五郎氏による網羅的な調査と研究がある。(2) 但し、氏が調査をされた時期は文化大革命の混亂は終結していたものの、大陸の各機關が收藏する族譜の調査、整理と目錄化はまだ進んでいない時期であった。(3) そこで、ここではまず大陸を中心とした近年の調査數値を示す。

第一に、國別、機關別としては、『上海圖書館館藏家譜提要』「前言」に、中國では上海一五〇〇〇種（內、上海圖書館一一七〇〇種）、北京八〇〇〇種（內、國家圖書館三〇〇〇種）、浙江、河北、吉林、安徽、湖南、廣東各一〇〇〇種以上、四川（四川省圖書館四一六種）、廣西、湖北、江蘇、山西、遼寧、福建、山東、黑龍江各一〇〇種以上、臺灣・香港は數百種、日本は一七〇〇種（內、東洋文庫八〇〇種、東京大學東洋文化研究所五〇〇種、國會圖書館四〇〇種）、米國は二八一一種（內、コロンビア大學一〇〇〇餘種、國會圖書館五〇〇餘種、ハーバード大學二〇〇餘種）とある。(4) また、民間の收藏については、例えば江西省一省で四〇〇〇〇種以上收藏されているとみられている。なお、中國大陸における收藏情況としては、ほかに常建華氏が「中國族譜收藏與研究概況簡說」の中で、北京圖書館二七二〇部、(5) 湖南省圖書館一一七六部、中國社會科學院歷史研究所圖書館九八〇部、吉林大學圖書館八六一部、河北大學圖書館八三五部、廣東中山圖書館五七七部、浙江省圖書館四九六部、四川省圖書館四一六部、天一閣藏書樓四〇三部、中國人民大學三八一部、蘇州大學三五八部、南開大學三四〇部のほか、北京大學、遼寧省圖書館、中國科學院圖書館、北京師範大學、大連市圖書館、福建省圖書館等が二、三百部前後を收藏しているという數値を示されている。このほか、徽州には現在もかなりの家庭が族譜を有している。

第二に、氏姓別としては、前掲『上海圖書館館藏家譜提要』「前言」には、上海圖書館收藏三二八姓中、張姓六三八種、陳姓六二二種、王姓五四二種、吳姓四二四種、劉姓四二〇種、李姓四一八種、周姓三六六種、徐・朱・黃・胡・楊各姓二〇〇種以上、とある。他方、常建華氏は前掲「中國族譜收藏與研究概況簡說」の中で、かつて調べた五二五四種、七四〇二部、一六二姓中、張姓六九八種、徐姓四〇二種、周姓三八八種、黃姓三六二種で、この四姓が最も多いとされている。

第三に地域別としては、常建華氏は前掲「中國族譜收藏與研究概況簡說」中で、浙江・江蘇が全體の四五・八二パーセント、なかでも浙江が三〇・五四パーセントを占めているとされ、多賀秋五郎氏は『中國宗譜の研究』の中で、日本で收藏する族譜のうち、江蘇四三三種、浙江三八四種、安徽一二三種、江西・廣東各四四種、山東四〇種、河北三四種、湖南二二種、山西一九種、湖北一七種、河南一二種、福建一一種、廣西七種とされている。

## 一、『新安大族志』、『新安名族志』、『休寧名族志』について

宗族關係において徽州を他地域と區別する一つの要素は、『新安大族志』、『新安名族志』、『休寧名族志』のように、地域に居住する各姓について總合的に記錄した「大族志」、「名族志」が編纂され、今日まで現物が殘されていることである。勿論他地域でも編纂したが散逸したという可能性を完全に否定するものではない。しかし、かつて編纂されていれば後世の著作に書名が記載されているなど、なんらかの形で痕跡が殘るものであり、徽州が唯一である可能性は十分にある。『新安大族志』は元代に陳櫟が編纂したものである。但し、現在日本の東洋文庫が收藏するものは記述の內容からおそらく、元代に編纂されたものに若干の記述を附加して、明代隆慶年間以降に編纂され、清代に印刷されたものである。他方、『新安名族志』は、嘉靖年間に『新安大族志』を改正補足して編纂されたものである。日

本には嘉靖三十（一五五〇）年に程尙寛等が續補した書籍とマイクロフィルムが東洋文庫に收藏されている。[6]また、『（新安）休寧名族志』は、曹叔明等が天啓六（一六二六）年に編纂したものが東京大學東洋文化研究所に收藏されている。[7]『新安大族志』と『新安名族志』の關係については、多賀秋五郎氏が、一、陳櫟が『新安大族志』を編纂、二、嘉靖二十八（一五四九）年、鄭佐がそれを增補して『實錄新安世家』を編纂、三、嘉靖三十八年程尙寛、戴廷明等が『實錄新安世家』を基礎に『新安名族志』を編纂したと整理されたのに對し、[8]鄭力民氏は『新安大族志』は戴廷明が編纂したものであり、『實錄新安世家』は存在しないとされた。[9]これに對し、朱萬曙・胡益民主編『新安名族志』[10]の「整理前言」では、陳櫟が『新安大族志』を編纂したことは事實であるが、その稿本はあったものの刊刻されず、鄭佐と洪垣が『實錄新安世家』の名で刊刻したとしている。なお、二〇〇三年に中國公共圖書館古籍文獻縮微複製中心から、これら三種の影印本である『徽州名族志』が出版され、そこに『新安大族志』が『新安六縣大族志』の名稱で掲載されている。その冒頭にある「疑剖」「序」「凡例」と「後跋」には、元大儒陳櫟の眞本を、明代弘治十一（一四九八）年に兵部尙書彭澤が改定し、さらに康熙六（一六六七）年に程以通が補輯したものであると記されている。また、東洋文庫藏の『新安大族志』には「序」等はない。『新安六縣大族志』に記載されているのは八十一姓であり、東洋文庫藏の『新安大族志』は、程、鮑、方、殷、兪、餘、黄、汪、謝、詹、胡、吳、張、陳、李、葉、朱、鄭、戴、任、閔、許、孫、周、高、項、陸、邵、仇、林、康、凌、唐、曹、王、蔣、奚、洪、范、舒、查、倪、徐、呂、畢、潘、金、董、馮、江、劉、羅、楊、何、游、廖、夏、趙、姚、施、韓、宋、佘、馬、饒、齊、祝、仰、盧、滕、蘇、孔、葛、莊、杜、章、（以下、手書き書き込み）余、萬、鄧、史、嚴、譚、田、歐陽 の八十四姓である。前者にあって後者にないのは、巴、蕭、丁、柯、蔡、その逆は殷、陸、萬、鄧、史、嚴、譚である。

『新安名族志』の版本は十二種ある。すべて上卷と下卷、または前集と後集に分かれており、その篇幅に大きなちがいはない。現存するものは八冊本（國家圖書館・上海圖書館）、四冊本（國家圖書館・臺灣中央圖書館）、二冊本（國家圖書館・北京大學圖書館・北京師範大學圖書館・南京大學圖書館・浙江圖書館・安徽省圖書館・日本東洋文庫）である。[11] この中で最も古いとされる四冊本には七十九姓が掲載されている。[12] 他方、『徽州名族志』に掲載されている『新安名族志』は、汪孟泚、戴廷明等の撰による嘉靖年間の刻本であり、記載されているのは七十八姓である。二冊本の東洋文庫藏の『新安名族志』では、「前集」には程、鮑、方、柯、兪、余、黄、汪、邵、任、閔、謝、査、夏、仇、宋、陸、詹、胡、張、「後集」には陳、李、呉、葉、孔、鄧、朱、殷、鄭、史、戴、許、孫、周、洪、江、高、譚、項、劉、羅、楊、康、凌、唐、曹、王、蔣、奚、范、舒、林、倪、徐、萬、呂、畢、廖、潘、金、董、馮、游、嚴、何、趙、姚、施、韓、佘、馬、饒、齊、祝、仰、盧、滕、蘇、葛、莊、杜、章、歐陽、田の計八十四姓が記載されている。順序は別として、前者にない姓は、鄧、殷、史、譚、萬、嚴の六姓である。なお、各姓が居住する地は、四冊本より二冊本が、二冊本より八冊本が増えている。[13]

『徽州名族志』に掲載されている『休寧名族志』は、明の天啓六年、休寧曹叔明等輯、汪高元刻本とあり、四巻のうち第一巻と第四巻のみであるが、上海圖書館藏の『休寧名族志』および東京大學東洋文化研究所圖書館藏の『休寧名族志』とは基本的には同種のものである。但し、『徽州名族志』所載のものと上海圖書館藏のものには、汪輝撰「休寧名族志敍」と「休寧縣處邑志」の後に「休寧姓氏鄉里目錄」、「隅都」、「休寧名族志人物綱目」、「新安名族志一卷」が加えられているのに對し、東京大學東洋文化研究所圖書館藏のものには、「休寧名族志敍」、「休寧縣處邑志」、「隅都」のほか、冒頭に陳櫟の『新安大族志』の序、嘉靖年間の胡曉の『新安名族志』の序、同書の編者程尙寛の引、呉守敬の跋等が記されている。また、東洋文化研究所藏のものには、程、方、兪、余、黄、汪、邵、任、閔、謝、査、夏、詹、胡、張、陳、李、呉、葉、蘇、朱、鄭、戴、許、孫、周、洪、江、項、劉、楊、凌、曹、王、范、倪、徐、畢、潘、金、董、游、何、趙、姚、施、韓、佘、丁、翁、高、唐、沈、鄧の五十四姓が記載されている。上海圖書館の『休寧名族志』はこのうち周姓がなく五十三姓である。『徽州名族志』所載のものは、汪から淩までが缺落している。この中で、翁と沈は『新安大族志』『新安名族志』いずれにもみられない。

## 二、「統宗譜」など擴大系統化型族譜について―名稱と分類―

多賀秋五郎氏は『中國宗譜の研究』のなかで、宋代以降の族譜を①普通の宗譜類、②會通の結果つくられた通譜類、③宗譜の別冊附錄となっている文獻・文集類とに分けられている。ここでいう「普通の宗譜類」とは、祖地から新たな地に移った支派が作成したものであり、始祖から最初に新たな地に移った者までの一列の系譜と、新たな地に移った後に新たな地に移った人物である始遷祖から枝を分けていく成員全員が記されているものを指すと思われる。すなわち、主に官職について業績を擧げた個人に視點を置いて、その人物を生んだ宗族がどのような系譜をもつのか、あるいは新たな地に移住した一族がどのような宗族の支派であり、どのような發展をとげているか、というようにいわば“支脈の一點ないし一線”から上を辿り、かつその支脈について記錄した族譜である。他方、多賀氏が指摘された「會通の結果つくられた通譜類」は、「通譜」、「會通譜」、「總譜」、「統宗譜」、「統會宗譜」、「宗譜」、「世譜」などの名稱が用いられ、二種に大別できる。その第一は、祖地から新たな地に移り、擴大し分散した一つの支派の近隣地域の二つ以上の同宗一族、もしくは異なる支派の同宗一族、場合によっては異姓の各族がともに編纂した族譜である。これらは「通譜」、「會通譜」などと稱されることが多い。第二は、一つの宗族について始祖から始まり、枝を分けていく支派と成員についてその總體を記した、或いは記すことを目的として編纂された族譜である。「總譜」、「統宗譜」、「統會宗譜」と稱されることが多い。①は、「大宗譜法」の形式をとりつつも實質的には「小宗譜法」を擴張した譜である。②の第一も、同じく實質的には「小宗譜法」を擴張した譜であり、派生する支派をすべて横並びに記載した譜である。②の第一の譜には、②の第二の類の譜すなわち「總譜」、「統宗譜」、「統會宗譜」編纂の先驅け的な位置づけができる明代前期に編纂された譜、もしくはそれら明代前期に編纂された譜の改定版である譜と、戰亂などでかつての譜を失った後、新たに複數の支派が各自の譜を編纂し、重複する祖先の部分だけを共通部分として、清代に新たに編纂されたた譜とがある。

明代以前に編纂された族譜には清代に鈔本として作成されたものがある。これは資料的價値としては明代に印刷されたものと變わりがないといえる。但し、「始修於○○年［○代の○○年に始めて修された］」と注記されている場合がある。例えば、張氏の場合、光緒十九（一八九三）年刊の張觀吉續修『（上海松江）南塘張氏前族譜』に「始修於宋紹定五年張鏞」とあり、民國三十六（一九四七）年刊の張廷耀主修・張文煥主稿『（江蘇常州）張氏宗譜』に「張氏通譜始修於唐開元十八年、遷常支譜始修於宋咸淳八年」、光緒三十（一九〇四）年刊の張錫恩修『（浙江）餘姚張氏宗譜』には「明正德四年張泰初譜」、民國五年刊の張振鷺總纂『（浙江餘姚）姚江三牆門張氏六修宗譜』には「宋隆興間張浚始修」とあるほか、宋祥符二年、宋建炎四年、宋慶元元年、元泰定二年、元至順三年、明洪武二十四年、弘治年間、嘉靖年間、萬曆四十八年などに「始修」されたという記述がある。(14) これらの譜は、實際に唐代や宋代の族譜にもとづいて編集されているというよりも、唐代や宋代に族譜が編纂されたという前代の族譜や文集などの記事や言い傳えにもとづいて、唐代や宋代に始修されたと記した可能性がある。從って、唐代や宋代の譜とかなり異なっていることは勿論、唐代や宋代には實際には編纂されていなかったことも考えられる。

## 三、十七姓の族譜編纂状況

徽州では、程、汪、方、呉、黃、胡、王、李を八大姓といい、これに洪、余、鮑、戴、曹、江、孫を加えて新安十五姓という。

ここでは、程、汪、呉、黃、胡、方、王、李の八大姓と、新安十五姓の一つである江姓と、これら新安十五姓に入らない朱、舒、徐、畢、兪、歐陽、張、陳の八姓を選んだ。明朝の五回の人口統計數値などをもとに、全國における各姓の分布率を算出した袁義達・張誠著『中國姓氏—群體遺傳和人口分布』(15)によれば、明代の第一位は王姓、第二位は張姓、第三位は李姓、第四位は陳姓であり、以下、呉姓が第七位、黃姓が第八位、徐姓が十位、朱姓が十一位、胡姓が十三位、汪姓が二十八位、程姓が三十四位、方姓が四十九位、兪姓が五十七位、江姓が五十九位となっている。舒、畢、歐陽の三姓は百位以内に入っていない。

これらの姓を選擇したのは次の理由による。程、汪、方、呉、黃、胡、王、李の八大姓のうちでも程姓と汪姓は徽州にとくに多く、なかでも汪姓はそのすべてが徽州を祖地とする姓である。また、方姓は、程と汪に次いで徽州地域に比較的偏在する姓である。呉姓はその文字の如く江蘇の南の呉の國から出ているが、呉姓の徽州への浸透は、長江下流域と徽州との關係を知る一つの手がかりになる。黃姓は黃墩傳説をもたらした姓でもある。胡姓は績溪縣を中心として徽州に比較的多い姓である(16)。新安十五姓に入る江姓は數としては多くはないが徽州地域に比較的偏在する姓である(17)。朱姓は新安十五姓には入らないが、朱熹が徽州出身であり、徽州に比較的多い姓である。舒姓は資料によっては最も早くに徽州に移ってきたとある姓である(18)。畢姓と兪姓と歐陽姓は少數派ではあるが、畢姓と兪姓とは明代嘉靖年間に「統宗譜」を作成している姓であり、歐陽姓は嘉靖年間に族譜を編纂している姓である。また、これら徽州に比較的多い姓と對比するために、中國に廣く分布し人口比率が高い姓でありかつ八大姓の一つである王姓と李姓、同じく中國に廣く分布し人口比率が高い姓であるが、新安十五姓に入らない張姓と陳姓をさらに選び、比較を試みた[19]。

以下、（1）において、各姓について、『中國姓氏—群體遺傳和人口分布』に示された現代における分布密度（人口／平方キロ）と分布頻率（人口中に占める率[20]）、および徽州への移住に重點を置いて、族譜に見られる十七姓の來歷や特性を示し、（2）において表にみられる各姓の族譜編纂の傾向について検討する。

## （1）十七姓の分布と來歷

### イ、程姓と汪姓

現在、徽州地區では程姓と汪姓は最も多い姓である。なかでも汪姓が人口の上で多數を占めている。また、汪姓は宋代淳熙二（一一七五）年に編纂された『新安志』では最初に記されているばかりでなく、表にみるように、明代初期はともかく、現存する族譜の數量でも程姓を壓倒する。それにもかかわらず、程姓が『新安大族志』『新安名族志』『休寧名族志』すべてにおいて最初に記されており、汪姓は、『新安大族志』と『新安名族志』では八番目、『休寧名族志』では六番目に記されている。前掲『中國姓氏—群體遺傳和人口分布』によれば、その姓別人口比率は、程姓は宋代と元代ともに十八位、明代は三十四位、現代は三十一位であり、汪姓は宋代は三十二位、元代は二十一位、明代は二十八位、現代は五十七位である[21]。このことから、程姓は明代に相對的に人口比率が減っていること、汪姓は程姓ほどの大きな變化はないとはいえ、明代に程姓をぬいたことがわかる。また、前掲程姓と汪姓の人口分布密度と分布頻率はともに徽州に集中している。程姓は東北地方にも分布が見られるが、汪姓は徽州とその周邊に分布はほぼ限られている。従って、この順位の逆轉は、徽州での順位の逆轉であったともいえる。ところで、兩姓はその族譜の記述を解讀していくと、その宗族形成が對象的であることがわかる。結論を先に言うならば、程姓は徽州への移住以前に枝分かれした派や別起源の程姓をも徽州から移った派として組み込んでいる疑いがあり、他方、汪姓は本來徽州土着にもかかわらず中原から移って來たとして系圖を創作しているのではないかという疑いがある。以下、族譜に見られる兩姓の各時代における經緯を比較しつつ述べてみたい。但し、汪姓については、すでに本書第三章で詳細に述べたので要點のみとする。

程姓の源流は顓頊の後の重黎氏の子孫であるとされているが、その後については、記述によって異同がある。『廣韵』によれば、廣平と安定から起こったとされ、『郡望百家姓』によれば安定郡から出たとされる。廣平郡は現在の河北省の南部の永年縣にあたり、前漢の景帝のときに置かれた。安定郡は現在の甘肅省平涼地區の一部と寧夏西部にあたり、前漢の武帝のときに置かれた。程を姓とした經緯については各説があり、成化年間程敏政纂修の『新安程氏統宗世譜』や康熙年間程士培纂の『新安程氏統宗補正圖纂』はそれら各説についての考證を行っている。程敏政によれば、周の宣王のとき安定祖休父が司馬となり現在の洛陽の東にあたる程國に封じられ、國名をもって姓としたとある。[22] 從って、ここでいう安定は前漢のときに置かれた安定郡ではない。他方、十四世嬰が晉の時代に廣平程村に封じられ、これが廣平祖であるとされているが[23]この點に關しては問題はない。その後については、西晉のとき、孝長が驃騎大將となり荊州（湖南、湖北など）刺史となって南渡し、西晉末の永嘉の亂に際して、廣平派から分かれた江東派の元譚が瑯琊王の補佐となり、新安太守となって新安に派遣された。元譚が新安に留まることを新安の民が願ったため、元譚は歙縣篁（黃）墩に住むことになったという。これが、新安歙篁墩派の始祖である。ほかに、元譚の十五世孫が篁墩に住んだという説もある。前揭『新安程氏統宗世譜』には、江東派のほかに、廣平派一、同派二が記されているが、廣平派はともに三代程度しか記されていない。その後、陳に仕えて重安縣開國公に封じられた十三世靈洗が出る。

元譚（忠祐公）と靈洗（忠壯公）は、神格化され、とくに靈洗は徽州各地で「世忠廟」に祭られている。

他方、汪姓は三十一世文和が後漢のとき、黄巾の亂の鎮壓に功があったとして龍驤將軍に任じられ、大亂によって江南に渡ったとあるが、漢代には龍驤將軍という職稱はなく、龍驤將軍という職は晉代に置かれたものであることから、この記事が疑わしいことは第三章ですでに述べた。汪姓の徽州移住については、この文和のときという説、三十六世の道獻のとき徽州府歙邑に移ったという説、さらに四十世叔擧のとき績溪邑登源に移ったという説、同じく叔擧のとき、晉の軍司馬となり「新安」の地に移ったという説など多様である。従って、文和、道獻、叔擧に比する人物が存在した可能性はあるにせよ、これらの人物を汪氏の祖であるとするのは後世の創作である可能性が強い。徽州の汪姓の實在が確認されるのは、四十四世の華のときである。華は隋を滅ぼし、歙、宣、杭、睦、婺、饒の六州を平定し唐に歸順し、それによって、唐より越國公の稱號を賜わり六州の統治を任された。これが新安宗祀の始祖とされている。いずれにせよ、徽州の汪姓ばかりでなく、現存する族譜に見る限り、汪姓はすべて華の子孫とされている。

他方程姓は、このとき十七世富が汪華が六州を平定し唐に歸順したのを助けたことによって、唐から總管府司馬を授けられ、休寧縣開國侯に封じられたとある。(24) なお、前掲『新安程氏統宗世譜』の記事によれば、二十九世濰は黄巣の亂のとき避難したほか、二十七世から二十九世には移動を示す記事が多い。

以上から次のことが推測できる。江南地域さらには後世の徽州地域には、漢代以降、中原から軍人や官僚が派遣され、王朝の滅亡など何らかの理由でこの地域に住みついた。程元譚もその一人である。しかし、もともとこの地に住む人々はこれら中原から派遣される軍人や官僚を形式的には受け入れたものの、實際には隋代までは中原の政府に歸順していなかった。その中に後の徽州と稱される地域に據って立つ大豪族である汪氏がおり、華のときに唐に歸順した。そのとき客分たる程氏一族は汪華を支援し、兩姓の關係は緊密となった。

ところで程姓は、前掲『新安程氏統宗世譜』の記事によれば、元譚以降、他の地域に移住をしているものの、それらはすべて徽州内部および周邊地域である。ところが、四十一世になって突然河南派が記載されている。程顥・程頤兄弟はこの派であり、その名も記されている。また、光緒十八（一八九二）年程佐衡纂修の『新安程氏世譜徵文錄』には、元譚三十五世孫として二人の名前が見られる。いずれにせよ程顥・程頤兄弟は、徽州に移る以前に居住していた洛陽で支を分けた一族ではなく、徽州から河南に移った支派の後裔とされている。勿論、徽州から河南へ遷った者がある時期におり、その支派から程顥・程頤兄弟が出たという可能性を否定することはできない。しかし、徽州の程氏一族が、元末からの宗族の擴大組織化の運動のなかで、「大宗」を唱える程頤を徽州から出た者であるとすることで一族の權威を高めようと圖ったと考えるほうが妥當ではないだろうか。これによって程姓は族譜編纂事業において主導的先驅的役割を果たそうとしたとも考えられる。他方、徽州第一の宗族である汪姓は、隋代以前に中原から移ってきた者が、土着の豪族である汪華の祖先と婚姻など何らかの形によってその宗族の一員となった可能性はある。しかし、徽州汪氏一族の主要な出自は徽州にあり、程姓にならって中原から移って來たという〝史實〟を創作したというのが妥當な推理であろう。

ロ、方姓、呉姓、黃姓、胡姓、江姓、朱姓、舒姓、徐姓、畢姓、兪姓、歐陽姓

方姓は程姓、汪姓に次いで徽州では多い姓の一つであり、各姓の中で最も早くに徽州に住んだといわれる姓である。江姓はその來源について、『新安名族志』と他の說との間に隔たりがある。そのため、それぞれ來源と徽州への移住經過について記し、他の姓については、『新安名族志』に記された徽州への移住經過のみ略述する。

前掲『中國姓氏―群體遺傳和人口分布』の分布圖をみると、方姓の分布密度は徽州が最も高いものの、遼寧省とそ

の周邊、雲南から內陸西北部にかけて分布している。方姓は、伏羲の後裔の楡間の子雷が方山に封じられたため方を姓にし、これが始祖であるとされている。代々河南の漢水に住んでいたが、王莽の亂のとき江左に避難し丹陽に住みついた。丹陽は當時は歙縣の東鄉であり、嚴州に屬する。これが徽州と嚴州の始遷祖である。(25)

吳姓の分布密度は江蘇省と周邊の浙江省、安徽省が著しいが、分布頻率は福建や湖南と四川の省境が高い。吳姓の徽州への移住の契機は唐代に監察御史少微の後の五公が富饒に住んだことで、そこから徽州各地に分散したとされる。

黃姓は西の邊境に分布頻率が高い地域がみられるとはいえ、分布密度と分布頻率ともに廣東、廣西とその周邊から北にかけて分布している。黃姓は、晉の元帝のとき、積が長江をわたり新安太守となり、ここで死に歙縣の姚家墩に葬られ、子孫がここに住んだ。姚家墩が黃墩と稱されるようになったのは黃姓がここに住んだことによる。

胡姓は分布密度も分布頻率も二極化している。第一は、江西省北部とその周邊であり、第二は、四川から貴州、雲南にかけての地域である。胡姓は、蘇州太守に任じていた福が黃墩に住むことになったという歙縣方塘の族の記述と、もともとは山東省青州にいた族が、東晉のときに育が新安大守となり、黟縣に遷ったのが徽州の始遷祖であるとする歙縣東關の族の記述がある。(26)ところで、例えば黟縣西遞胡氏の宗譜の記述は、人々の宗族意識というものがどのようにして形成されていくかを知るうえで參考になる。ここに概略を示したい。胡氏の族譜によれば、西遞胡氏は唐の皇室の末裔とされている。すなわち、後梁によって攻められ洛陽が陷落して逃げる途中、陝州で唐の皇帝昭宗の皇后が皇子を產んだ。ときに歙州婺源縣の胡三という人物が陝州で官職についていたが、彼は官を辭し、その皇子を連れて故鄉に戻った。そこで皇子は姓を胡、名を昌翼と換えた。これが西遞胡氏の先祖であるという。西遞胡氏の始遷祖は、昌翼の子孫士良である。宋の熙寧十（一〇七七）年、士良は南京に行く途中、西遞を通り、地理風水が優れているためここに住むことにした。しかし、十三世仲寬まで三十七代の間、胡姓は直系のみで傍系はなく、胡姓は西遞土着の人々と同様貧しかった。また外を山で圍まれた盆地の中にある壁に圍まれた集落である西遞は群姓雜居の狀態であった。但し、胡姓は唐の皇帝の子孫であるという誇りによって、子の教育は怠らなかった。そして、十五世廷俊が九人の子をもうけたことを契機として、西遞胡氏の族人は增大していった。但し人口が增えることは土地の不足をもたらす。そのため、胡姓も西遞の他姓と同樣に商業に從事するようになった。西遞の商人には錢莊や典舖を經營する者が多く、西遞は「江南六大首富之一」と稱される。そうしたなかで西遞胡氏一族は明清時代科擧に合格して官職に就く者を排出し、さらに宰相曹振鏞の娘を嫁として迎えるまでになった。(27)しかし、十九世紀後半、戰爭や經濟不況のために生活が困難となり、多くの人々が外地へと出て行った。このため、集落の中に住む人は激減し、空家も增え、集落の外に居住していた佃農が移り住むこととなったという。以上から、西遞胡氏は宋代に婺源縣から當地に移り住んだ一族であるが、彼等は自分たち一族が他の婺源の胡姓とは異なる貴種であることを强調していることがわかる。また彼等は、一族の人口の增大、商業への從事と富の蓄積、そして官職に就き權力を得る、という三段階を經ており、徽州商人の典型を示している。

江姓の分布密度は、徽州と浙江の北方海沿いが高い。但し、分布頻率は廣東と廣西の省境および廣西と雲南の省境が高くなっている。いずれにせよ長江の南に分布する。江姓はその來源について、『新安名族志』と他の說との間に隔たりがある。第一に、嬴姓から出た姓であり、伯益の子孫玄仲が江陵に封じられたため、國の名を姓とするようになったという說がある。(28)また別に、江姓はもとは蕭姓であったが、唐代、蕭禎が護軍兵馬使となり、廣明年間に黃巢の亂を討伐するのに功があったとして、柱國上將軍に封じられ、江南を鎭守する任にあたり、歙縣の黃墩に駐兵したが、唐が滅亡したため、姓を江に改め徽州に定住した、とする說もある。さらに、蕭禎の長子董が婺源に移ったという記述があるが、徽州各縣の江氏はおおむね婺源から移っており、董の子孫である。(29)

朱姓の分布密度は、江蘇の海沿いから同心圓を描く形で西と北へと廣がっている。分布頻率は、江蘇と浙江の海沿いが高いが、廣東と雲南もやや高く、浙江から廣東へと廣がっている。唐末黃巣の亂を避け、姑蘇から黃墩へ遷ったとされる。朱熹は父の赴任先である福建に生まれたが、婺源縣を祖地とし、晩年ここに住んだ。(30)

舒姓は、もとは廬江の人であるが、唐のとき亂を避けて黟縣に移り住んだとある。但し、舒應鸞等修『(安徽)涇縣京兆舒氏統宗譜』によれば、前漢のとき丹陽太守となり、その子孫が新安太守に任じ、山川秀麗であるのを見てここに住むことになったとある。(31)

徐姓の分布密度と分布頻率は朱姓とよく似ているが、徐姓の方が內陸部と北部への廣がりが強い。徐姓は唐代に祁が官として歙州に赴き、山川環秀なのでここに住んだ。(32)

畢姓は、本姓は姬であるが、唐代乾符四（八七七）年に師が歙州中散大夫僉書判事に任ぜられ、後に黃巣の亂が起きたため歙州に住むことになった。(33)

兪姓は、晉代、征西大將軍に任じ、永嘉の亂に遭って新安に移り住んだとされる。(34)

歐陽姓は、代々長沙に住んでいたが、宋代に文が臨安で科擧を受けたが不合格となった。そのとき徽州の黟縣を通ったとき、その山水佳麗を樂しみ、ここに住んだとある。(35)

ハ、王姓、李姓、張姓、陳姓

王姓の分布密度は、東北地區から江蘇省北部の沿岸地帶が高く、西に向かって全土の約三分の二程度まで廣がっている。分布頻率は、東北部から華北へと廣がっているが、西の邊境地區の一部に最も高い地域がある。王姓の來源は五種ある。すなわち、嬀姓、子姓、姬姓、雜姓、胡姓の後裔というものである。さらに、王姓の中で大族といわれるものには、前漢のときの元城（現在河北省大名縣）の王姓、三國兩晉時代の東海（現在山東省郯城縣北）の王姓など十二族がある。西晉、東晉、南北朝時代の太原（現在山西省太原市西南）の王姓、同時代の瑯琊（現在山東省諸城）の王姓もその中に入る。ところで、『新安名族志』によれば、徽州の王姓は、太原瑯琊周靈王太子晉の後裔であるとされている。(36) しかし、周靈王太子晉の後裔といわれるのは太原の王姓であり、瑯琊の王姓は太原の王姓とは系統を異にする。(37) これより徽州の王姓が、王姓の來源についての各説を適當につないで自己の祖とし、族譜を編纂したことがわかる。王姓が最初に徽州に遷ったのは唐代に黃巢の亂を避けて歙縣王村に遷ったときであるとされる。(38)

李姓の分布密度は、東北地區、河北と山東の沿岸部、貴州省が高い。分布頻率は、雲南の南部が最も高く、北方へ廣がっているほか、東北地區と河北省、山東省も高い。李姓の來源は四種ある。第一は、出自は嬴姓であり、大理の役職に就いたため、理姓に改め、商の末年に李姓に改めたところの李姓、第二は、現在河北省中部の趙郡の李姓、第三は、北魏の叱李が中原に入り李姓に改姓した李姓、第四に、唐代、皇帝が李姓であったため、李は國姓となり、臣下の者で國姓を賜わったところの李姓である。(39) 徽州の李姓の始遷祖は唐朝の昭王子であるといわれる。(40) また、李㑡のとき黃巢の亂を避けて歙縣黃墩へ遷り、次いで昌水、祁門縣の浮溪新田を經て、婺源縣嚴田へ遷ったとされる。(41)

張姓の分布密度は、東北地區と河北省、山東省が高く、內陸部に廣がっている。分布頻度は、陝西、寧夏、甘肅三省の省境が最も高く、內モンゴル、河北、東北地區と北部が高い。張姓の來源も數說あるが、『新安名族志』によれば、張姓軒轅の第三妃彤魚の子である揮が弓正となり、張姓を賜わったとある。また徽州の張姓の出自は清河郡であると記されている。張姓の始祖を揮に求めるのは最も通俗な說であり、清河郡は張姓が最も多く分布する地域である。從って、王氏以上に徽州に遷る以前の記事は、從來ある說を適當に持ってきたとの感は免れ難い。張姓の徽州への移住は、南唐の玄眞子の後代が代々杭州に住んでいたが、黃巢の亂を避けて歙縣黃墩へ遷ったとある。(42)

陳姓の分布密度は福建よりの廣東と江蘇南部、浙江北部の海沿い地區が高い。分布頻率は、福建の海沿いと臺灣が高く、內陸へと廣がっている。漢族の陳姓の來源は嬀姓であり、周の武王のときに陳國に封じられ、後に國名を姓としたとされる。陳姓の徽州への移住は、黃巢の亂のとき嚴凌から休寧縣陳村に遷ったとある(43)。

以上から、陳姓を除いて王、張、李の三大姓は、北方に多く分布していること、徽州にもっとも多い姓である汪姓は徽州に著しく偏在していること、程姓がこれについで徽州に偏在していることがわかる。

二、各姓の分布狀況と移住

以下、各姓の徽州への移住について整理したい。

十七姓のみならず、各姓が徽州に移ってきた理由については、『新安名族志』から以下のように分類整理することができる。

第一に、戰亂に對處するため、あるいは戰亂を避けて徽州に移住したというものである。この類には、①戰亂に對處して徽州に派遣され、その後子孫がここに居住した例、②先祖が江南の地に官として派遣され、その後江南に居住していた子孫が戰亂を避けて徽州に移住した例、③江南に官として派遣されていた者が戰亂を避けて徽州に移住した例、④江南以外の地から戰亂を避けて徽州に移住した例がある。

第二に、徽州地區の官となって派遣され、徽州の地に沒し、後に子孫が徽州に居住するようになったというものである。この類には、①徽州に派遣された人物の先祖が、前漢以前に江南の地に官として派遣されていた例、②徽州に派遣された人物が、まず江南に派遣され、次いで徽州に派遣された例、③江南以外の地から徽州に直接派遣された例、④もともと江南の出身であった者が徽州に派遣された例がある。

第三に、徽州地區の官となって派遣されるか、又は他の理由で徽州に赴き、徽州の地が山川秀麗なため、ここに家を構えることになったとするものである。この類には、第二の①～④によって徽州に派遣された場合のほか、⑤科擧受驗の旅で立ち寄ったなどの例がある。

いずれにせよ、徽州への遷入經過は時期によって二つのパターンに分かれる。隋代以前に徽州に移った姓は、各王朝によって派遣を命じられるか、各王朝が滅亡する際に實質的には逃亡する形で「南渡」すなわち、現在の江南に赴き、次いで同様な理由で徽州に移ったというものである。他方、唐代以降は、それまでと同じ理由に加えて徽州の地が氣に入ったというものが増えると同時に舊來住んでいた地域から直接に徽州に移ったという記述が多い。

各姓の族譜に記された來歴について注目すべきことは、彼等が土着の人々であったという記述が皆無であることである。ここでとりあげた姓に限らず、一般にその姓の來源は、堯、舜の子弟や周王朝の一族の名前を姓にしたというもの、または春秋戰國時代以前に封じられた地名を姓にしたというものが多い。また、『新安名族志』の各姓についての記述の中には、女婿となりもともと徽州に居住していた妻の姓を名のったことが姓の起源であるとする例は少くない。このことは、徽州にもともと居住していた民族が、中原の政府に歸順し漢民族のような姓を用いることになった際、あるいはさらに時代を降って自分たちの系譜を作成する際に、中央から派遣された、おそらくは實在した官僚や軍人の子孫であるということにしようとした作爲の一つであったことは間違いない。

次に、各姓が徽州に遷って來た時期の問題である。晉以前に移って來たとされるのは、前掲『(安徽)涇縣京兆舒氏統宗譜』には前漢とあり『新安名族志』には唐代とある舒姓、新のときに移住したとされる方姓、後漢時代に移ってきたとされる汪姓であり、それ以外はすべて晉以降である。とくに永嘉の亂と黃巢の亂のときに多い。但し、隋以前に徽州に移ったという記述は限られており、さらに、序章で示した『江西省婺源縣地名志』では、婺源縣の各集落に遷ってきた時期が隋から始まっていることからも、隋代以前から居住していた者の大部分は非漢民族ともいうべき中原以外の文化をもった土着の民であった可能性が強い。そして隋末、浙江省北部を根據地とし、徽州へも影響力をもっていた大豪族汪華が六州を平定し唐朝に歸順した。このことは徽州にとって歴史的轉換を意味する。すなわち、それまでの徽州は、制度上は中原政府の治下にあったとしても、實質的には獨立狀態にあったと考えられる。それが汪華の歸順によって、この地域は中原の王朝に屬することになり、土着の人々も中原式の姓を有することになったのではないだろうか。そしてこのときから、江南の江蘇、浙江から徽州への移動が盛んになり、とくに黃巢の亂のときには、多くの人々が新たに徽州に逃げ込んできた。この後も五代や宋代、元代に徽州に移住した者も存在する。この時期に婚姻などを通して中原から來た人々、江蘇や浙江から移ってきた人々と徽州とその周邊地域の土着の人々との結びつきが強まる一方、政治的再編が進められた。[44] そして、元が滅び明が成立した初期には多くの人々が徽州に入り、人口や集落が增大することとなった。ただでさえ山がちで耕地たりうる土地が少ない徽州では、新來者の多くは、おそらく佃僕として地主の戶籍に組み込まれ、契約によって自らの勞働をもって生活の維持を圖ることになるであろう。彼等は自らの姓を地主の姓に換え、地主の戶籍に入り、地主の宗族に組み入れられていった者も少なくないことが文書資料からわかる。また、財を有して移り住んできた者は、金錢などによって、現地の人々の宗に入り込み、現地の戶籍を入手した。[45] すなわち、宗族の組織化が進み、族譜を編纂する過程で、祖先は中原を出自とするという歴史を創作すると同時に、實際には同宗でない人々も加えて宗族組織を創りあげていったと考えられる。

徽州では人々の流動性が極めて高く、徽州の集落には同姓村落はほとんど皆無である。明代以前には主要には徽州内部とその周邊地域への移住が多く、明代に入ってからは地域や省を越えた移住が行われた。徽州は山がちであるとはいえ、人が越えられない山塊の中にあるわけではない。低い山に圍まれた地に數キロから十數キロの距離を置いて集落があり、同族が各集落に分散して居住している[46]。従って、族譜の編纂は廣い地域にわたっての宗族間の連携をもたらすことになる。また、西遞胡氏について記したところで述べたように、宗族の繁榮の第一の基礎は族人が増えることである。擴大型宗族組織の形成と族譜の編纂の動機には、族人口の増大を圖るということもあったと考えられる。

（2）十七姓の族譜の特性

表は、前掲王鶴鳴等主編・上海圖書館編『上海圖書館館藏家譜提要』、中國檔案局二處・南開大學歴史系・中國社會科學院歴史所圖書館編『中國家譜綜合目錄[47]』を主要資料とし、山西省社會科學院家譜資料中心藏『中國家譜目錄[48]』、中國社會科學院歴史研究所藏『家譜目錄[49]』、多賀秋五郎著『中國宗譜の研究』および『美國家譜學會中國族譜目錄[50]』を參考にして作成したものである。これらの目錄から、程、汪、方、吳、黃、胡、江、朱、舒、徐、畢、兪、歐陽、王、李、張、陳の各姓について、①「會通譜」、「統宗譜」、「總譜」およびそれに類する表題を有している族譜と②には嘉靖年間以前に編纂されたその他の族譜を列記し、次いで③には、その譜自體の纂修は後世であるが、初めに纂修されたのは明初以前であると注記があるその他の族譜を記し、各姓の目錄の末尾に④として、明代に編纂されたその他の族譜で地名がわかっているものについて、その年代と場所を記した。

現存する「通譜」の類で時代が最も早いものは、景泰二（一四五一）年刊、程孟纂修『新安程氏諸譜會通』である[51]。そのほか比較的早い時期に編纂刊行されたものとして、弘治四（一四九一）年原刊・弘治十四（一五〇一）年増刊、黃雲蘇・黃祿修『新安黃氏會通譜』、弘治十四（一五〇一）年刊、王道瓓等纂修『（新安）太原王氏會通世譜』、正德四（一五〇九）年刊、畢濟川等修『新安畢氏會通族譜』、嘉靖十一（一五三二）年刊『（休寧）張氏會通譜』、嘉靖十二（一五三三）年刊『（新安休寧嶺南）張氏會通譜』などがある。

「統宗譜」の類で現存しているもので最も時代が早いものは、成化十八（一四八二）年刊の程敏政纂修『新安程氏統宗世譜』である。このほか、比較的早い時期に編纂刊行されたものとしては、嘉靖年間刊『（徽州）程氏統宗世譜』、嘉靖九（一五三〇）年および嘉靖十四（一五三五）年刊、張憲・張陽輝修『（祁門、婺源、休寧、歙縣、績溪、黟縣、旌德等）張氏統宗世譜』、嘉靖十四（一五三五）年刊、汪尙林編『新安汪氏重修八公譜』、嘉靖二十三（一五四四）年刊、江澤修『（婺源、歙縣、涇縣、紹興、龍游、西安等）江氏統會宗譜』などがある。(52) 程敏政が纂修した『新安程氏統宗世譜』の序文には「宋紹聖中、鄱陽都官祁著總譜。歷世因之分合本其族詳簡繁其入卒未有會之者、我朝正統中歙處士程文實嘗會之、而未盡。」すなわち宋代の哲宗の紹聖（一〇九四年～九七年）年間に江西省鄱陽都官であった程祁という人物が「總譜」を著わした。その後時代を經て明の正統（一四三六年～四九年）年間に歙縣の程文實というものが各支派の族譜や族人の記録を收集しようとしたが果たせなかった、とある。宋代の各氏派を統合した族譜たる「總譜」がどのようなものであったかは不明であるが、人口も規模も少ないものであったであろう。以下、表をもとに十七姓の現存する族譜の特性について整理したい。

［程姓］

現存する程姓の族譜のうち、上海圖書館に收藏されている程氏の族譜百七種のうち、徽州であるかどうか確認がとれていないものは十種あるが、他はすべて徽州程氏の系の族譜である。また、清代に前出の宋代の程祁による世譜の鈔本が作成されているが、原本との差異は不明である。「通譜」と「統宗譜」に類する譜は十九編ある。成化年間に程敏政が編纂した『新安程氏統宗世譜』以降、成化、嘉靖年間に程敏政の『新安程氏統宗世譜』に倣って作成されたものが若干あるほかは、清代に入るまで見られない。隆慶年間以降の明代のものは、すべて一支派の族譜である。程敏政の『新安程氏統宗世譜』がかなり多數現存していること、隆慶年間以降の明代の各地の支派の族譜が現存していることから、隆慶年間以降、程氏は新たに「統宗譜」は編纂しなかったとも推測される。それは、『新安程氏統宗世譜』が他姓にさきがけて編纂された完成度の高いものであったからであるともいえよう。なお、程姓の族譜中、明初以前に始修されたとされるものとして、唐代程淘始修とされる萬暦元年纂修の『(安徽歙縣)率東程氏家譜』と宋代紹聖二年程祁始修とされる同治七年續修の『(安徽歙縣)程氏宗譜』とがある。前述したように、これらは唐代に程淘が、宋代に程祁が族譜を編纂したという前代の族譜の記事にもとづいてそのように記したとも考えられる。但し、以下に示すように、宋代に始修されたと稱している族譜を有しているのは、方姓、胡姓、黄姓、吳姓、徐姓、張姓など少なくないが、唐代に始修されたとするのは十七姓の中では程姓と張姓のみである。

[汪姓]

汪姓はすべて四十四世汪華の子孫であるという認識をもつ人々の集團であり、徽州以外の地の支派も徽州を祖地と認識しているとみなして間違いはない。現存する汪姓の「通譜」と「統宗譜」に類する譜は、現存するものでは嘉靖年間が最も古いが、十七姓の中で最も多く、六十四編ある。元の泰定元年の『(安徽)回嶺汪氏宗譜』は汪華の第七子の系であり、成化十年の『(江西)新建汪氏譜系』は、汪華の長子の系である。現存する汪姓族譜の特性は、「通譜」と「統宗譜」に類する譜が壓倒的に多いことであり、嘉靖年間以降繰り返し編纂されていることである。但し、後世の「統宗譜」に見る限り、嘉靖年間の汪廷俸等纂修『汪氏統宗譜』が基準とされている。明代の汪姓の中で最も著名な人物は汪道昆である。彼は嘉靖年間に進士となり、倭寇を平定するのに功があり、兵部左侍郎にまで至った。汪道昆が編纂した族譜はその年代から晩年に編纂したものである。

[方姓]

汪姓、程姓に續いて徽州で多い姓である方姓の現存する「通譜」と「統宗譜」に類する譜は、嘉靖年間が最も古いが、すべてで七編に過ぎない。しかもそのほとんどは一定の地域に限られており、方氏を全國的に統合しようという意志は讀み取れない。

［吳姓］

「通譜」と「統宗譜」に類する譜は二十二編ある。そのうち萬曆年間に編纂された安徽省涇縣の一編と不明の一編を除き、すべて徽州の各支派のものである。なお、明代洪武年間までの記事しか記載されていないとはいえ、吳子文輯『新安吳氏統宗世譜』がどの地域の支派の族譜であり、いつ編纂されたかは不明である。

［黃姓］

現存する「通譜」と「統宗譜」に類する譜は十編ある。その特性は、弘治四年の『新安黃氏會通譜』が十年後に增刊されているように、明代の早い時期に「會通譜」が編纂されていることである。但し、「統宗譜」の類は、嘉靖四十一年に『（安徽歙縣）歙西竦塘黃氏統宗譜』が編纂されたのが最初である。現存する「通譜」と「統宗譜」に類する譜は二十三編あるが、方氏同様そのほとんどは一定の地域に限られている。

［胡姓］

現存する「通譜」と「統宗譜」に類する譜は六編あり、嘉靖二十九年に編纂された婺源縣清華鎭の胡姓のものが最も古い。編纂された胡姓の族譜の地域は多様であるが、徽州についていえば、婺源縣に源を發する胡姓の譜が多い。

［江姓］

現存する「通譜」と「統宗譜」に類する譜は十五編ある。嘉靖二十三年に編纂された『江氏統會宗譜』が最も古く、そこには、徽州の婺源縣、歙縣、祁門縣のほか、安徽省の涇縣、江西省の景德鎭、浙江省の紹興、龍游のように徽州からの移住が比較的多い地域のほか、陝西省西安など徽州から外地へ遷った支派を含む二十一地域の支派が記されている。

［朱姓］

現存する「通譜」と「統宗譜」に類する譜は、最も古いものは萬暦二十七年に編纂された『（浙江海寧）紫陽朱氏統宗世譜』であり、すべてで十三編ある。「紫陽」がつくものが多い。これは朱熹の祖地であり晩年住んだ現在の婺源縣はかつて紫陽鎮と稱し、朱熹が紫陽書院をここに設け、商人として全國に移り住んだ徽州の人々が子弟の教育機關として「紫陽書院」と稱する學校を設けたように、「紫陽」というのは、徽州とりわけ婺源の朱熹につながることを表明している。但し、程頤につながる程姓に比べて、族譜の數量こそ大差ないとはいえ、「統宗譜」のように宗族をまとめ組織しようとする族譜編纂への意欲はあまりないように見え、そこに程頤と朱熹の思想の差異を讀みとることができるともいえる。

［舒姓］

「通譜」と「統宗譜」に類する譜は六編あり、不明のものもあるが、地域が明確なものはすべて徽州の支派のものである。

［徐姓］

「通譜」と「統宗譜」に類する譜は五編あり、不明の一編を除いて徽州のものである。徐姓の族譜の特徴として、宋代や明代嘉靖年間以前に始修されたとするものが多いことである。

［畢姓］

「通譜」と「統宗譜」に類する譜は同一年に同一の編者によって纂された譜名が異なるものが二編ある。

［兪姓］

「通譜」と「統宗譜」に類する譜は九編あり、不明なものもあるが、おおむね徽州のものである。また、嘉靖年間以前に始修されたとする族譜が比較的多いがすべて明以降の始修である。

［歐陽姓］

「通譜」と「統宗譜」に類する譜は五編あるが、すべて淸以降の「通譜」であり、徽州のものと確認できるものはない。但し、元代泰定四年に始修されたとする明代の族譜は黟縣歐村の歐陽姓のものである。

［王姓］

「通譜」と「統宗譜」に類する譜は二十四編ある。そのうち嘉靖年間以前に編纂されたものは五編である。太原や瑯琊の地名が冠してあるものがあるが、それらはすべて徽州の王姓のものである。明代のものにはほかに婺源縣の王姓のものが多く、淸代以降のものに南宋の時代に中原から蘇南に遷った三紗の王姓など別の系のものが增える。

［李姓］

「通譜」と「統宗譜」に類する譜は十五編ある。そのうち淸代嘉慶年間以降に編纂された七編を除くと、明代嘉靖年間に編纂された二編は婺源嚴田李氏の族譜であり、明代嘉靖年間から淸代にかけて編纂された「統宗譜」の名稱をもつ六編は徽州三田李氏のものである。宋代に官として饒州に派遣され徽州に遷った派も少數ながらいるものの、徽州に住む李氏のほとんどは、黃巢の亂のとき徽州歙縣黃墩に遷り、さらに婺源縣嚴田に遷った派である(53)。李姓の族譜の特性は、大姓にもかかわらず、「統宗譜」の類は勿論、明代嘉靖年間以前に編纂された族譜が少ないということである。この點では陳姓と共通する。

［張姓］

「通譜」と「統宗譜」に類する譜は三十四編である。萬曆年間以前のものは、江西南昌の張姓の族譜一編と地域不明の三編を除いて、徽州もしくは徽州を祖地とする張姓のものであり、崇禎年間以降、安徽の他地域、江西、江蘇、浙江、湖南、湖北のものが増えてくる。但し、例えば光緒二十年に張均が纂修した『（無錫）張氏大統宗譜』の張姓は、北宋の理學家張載を祖とし、元代末に徽州歙縣から無錫に遷った支派であり、民國十二年に張軼歐等によって纂修された『（無錫）錫山張氏統譜』の張姓は、同じ無錫であっても山西を經て南宋の末に四川綿竹から無錫に遷ってきた派である。また、咸豐年間に纂修された『（湖南）張氏合修族譜』や光緒二年に纂修された『（湖南）張氏通譜』の張姓も原籍は四川綿竹である。ところで、明初以前に始修されたとするものには、浙江の張姓が編纂されたものが最も多く、江蘇と四川が若干と湖南が一編あるほかは徽州のものはない。そして、これらの族譜は實際には清代嘉慶年間以降に作成されたものである。おそらくは、明初以前に編纂された族譜をもつ張姓の子孫が他地域に遷って新たに族譜を編纂したか、明初以前に編纂された他派の張姓の族譜の記事にもとづいて、あたかも明初以前に編纂したかのごとく、このように記したとも考えられる。

［陳姓］

陳姓の「通譜」と「統宗譜」に類する譜は、「通譜」が二編、「統族譜」一編のほか、表題に「大成宗譜」とあるものの六編、「大同宗譜」とあるもの一編である。明代に編纂されているものは、嘉靖年間に編纂されている『（安徽祁門）陳氏大成宗譜』と『（徽州）陳氏大成宗譜』である。纂修者が同一であり、ともに徽州の陳姓の族譜である。以降は乾隆年間までなく、乾隆十三年に編纂された『（湯溪）平興陳氏統族譜』は、唐末に河南から浙江に遷ってきた派である。そのほかは、光緒年間以降に編纂されたものであり、安徽、浙江、湖南、湖北に及ぶ。陳姓の族譜の特性は、李姓と同様、大姓にもかかわらず、「統宗譜」の類は勿論、明代嘉靖年間以前に編纂された族譜が少ないということである。陳姓は『新安名族志』では、張姓の後、王姓の前に記載されているが、王姓より記載内容は少ない。徽州における陳姓は少數派ではないものの、全國における陳姓が占める割合に比べると少ないといえるであろう。

［その他］

「通譜」と「統宗譜」に類する譜には、例えばほかに、歙縣から涇縣に遷った潘姓が萬曆六（一五七八）年に『滎陽茂林潘氏重修統宗譜』を、曹姓が萬曆四十一（一六一三）年に『休寧曹氏統宗譜』を編纂している。周姓、趙姓はそれぞれ民國年間に、『（江蘇無錫）錫山周氏大統宗譜』、『浭陽趙氏西門統譜』、『（河北）灤陽趙氏東門統譜』を編纂している。ここでも明代に編纂されたものはすべて徽州の宗族のものである。

以上、「通譜」と「統宗譜」に類する譜の編纂を中心に、十七姓の族譜編纂狀況を見てきた。全國に分布する姓である王姓、李姓、張姓、陳姓を含め、明代、とくに嘉靖年間以前に編纂された「通譜」「統宗譜」など擴大系統化型族譜で現存するものの壓倒的多數は徽州の宗族のものであり、支譜など一地域の一支派族譜も明代には徽州の宗族のものが多數を占めている。それでは、なぜ現存する明代の族譜、とりわけ擴大系統化型族譜のほとんどが徽州の宗族のものなのであろうか。

その理由として考えられることは二つである。第一は、この種の族譜は各地で編纂されたが、他の地域のものはそのほとんどが戰亂などを理由として、時間の經過とともに失われたのに對し、徽州およびその周邊のものだけは失われずに殘されたということである。徽州では農民を含めて、かなりの人々が少なくとも文化大革命まで族譜を保有し保管していた。また、現在でもかなりの人々、それも勞働者庶民が個人の家に保管している。むしろもと官僚や地主や商人たちが「黑五類」に分類されることを懸念して文化大革命時期に廢棄したのに對し、庶民の方は廢棄することなくもち續けていた(54)。その意味では費孝通氏が指摘した族譜を有するのは知識人階級であり、庶民はもっていないとする江南デルタの状況とは對照的である。

第二は、族譜編纂それ自體が徽州もしくは徽州を祖地とする宗族に多いことと併せ、そもそも徽州では他地域に先んじて族譜、とりわけ擴大系統化型族譜が編纂された可能性が強いということである。もしそうであるならば、それでは何故明代徽州で「統宗譜」等の擴大型族譜が編纂されたのかということが問題となる。考えられることはいくつかある。例えば、徽州の人々の特徴は、華南や華北の一部の地域などと異なり、同姓村落が極めて少ない。彼等は、戰亂などにより移住を重ね、縣内は勿論、徽州内部で、さらには主に商業の發展とともに省を越えて移住した。そして、他地域に住むからこそ、新たな地域での活動のために同族關係を確認する必要を生じさせ、族譜の編纂を促したと考えられる。そうであれば、公的機關が保有する族譜の最も多い地域が江蘇省であり、次が浙江省であるとはいえ、それらの地域の族譜の宗族の祖地が徽州である例が少なくないことも納得がいく。すなわち、徽州から江蘇、浙江に移住した人々は新たな地で宗祠を建設し族譜を編纂したが、徽州に殘った人々が現在に至るも各家族で族譜を保管しているのに對し、これらの地の族譜は多く近代化の過程で族譜を賣却放棄され、公的機關に收集されたという考え方である。

〔表〕

①「會通譜」、「統宗譜」、およびそれに類する表題を有している族譜。
②嘉靖年間以前に編纂されたその他の族譜。
③その譜自體の纂修は後世であるが、初めに纂修されたのは明代嘉靖年間以前であると注記があるもの。
④隆慶年間以降の明代に編纂されたその他の族譜で地名または年代がわかっているもの。

## [一]程姓

②一、（宋）程祁修『皖績程里程敍倫堂世譜』清鈔本

②二、吳以聲纂修『休寧率東程氏家譜』正統三（一四三八）年

①三、程孟纂修『新安程氏諸譜會通』景泰二（一四五一）年

　參見：程敏政纂修『新安程氏統宗世譜』

②四、程孟纂修『（徽州）程氏世譜』明刻本・鈔本

②五、程孟纂修『休寧芳干程氏續譜』清鈔本

②六、程克榮等纂修『新安程氏家譜』成化七（一四七一）年

①七、程敏政纂修『新安程氏統宗世譜』成化十八（一四八二）年

①八、程添修『新安程氏統宗世譜』成化十八（一四八二）年

②九、『新安富溪程氏族譜』成化刻本

②一〇、程亨纂修『（徽州）陪郭程氏敦本錄』弘治五（一四九二）年

②一一、程敏政纂修『（徽州）陪郭程氏敦本宗譜』弘治十（一四九七）年

②一二、程曾纂修『休寧率口程氏本宗譜』正德六（一五一一）年

②一三、程岩護・程永珖纂修『新安休寧長龍程氏本宗譜』正德十一（一五一六）年

②一四、程景富纂修『新安牌鎭程氏家譜』嘉靖九（一五三〇）年

②一五、程存節・程霖等纂修『休寧汊口程氏本末重續譜』嘉靖十一（一五三二）年

②一六、程相增修『休寧浯田程氏本支譜』嘉靖十八（一五三九）年

②一七、程永寧・吳顯纂修・程相增修『浯溪程氏家譜』嘉靖十八（一五三九）年

②一八、程昌纂修『祁門善和程氏譜』嘉靖二十（一五四一）年

②一九、程子珪・程子鐘等纂修『（休寧）世忠程氏泰塘族譜』嘉靖二十四（一五四五）年

①二〇、程爔纂修『十萬程氏會譜』嘉靖二十八（一五四九）年

②二一、游輪・程有亮纂修『（徽州）程氏慶源家乘』嘉靖三十一（一五五二）年　＊程有亮纂修・程鵬先補修等の明鈔本あり

①二二、程項纂修『新安程氏統宗列派遷徙注脚纂』嘉靖四十二（一五六三）年

康熙九（一六七〇）年、乾隆間、民國十七（一九二八）年

參見程敏政纂修：『新安程氏統宗世譜』

②二三、程顯爵纂修『歙西堨田程氏本宗譜』嘉靖四十五（一五六六）年

②二四、（宋）程祁傳述・程項續・程時化校正『（婺源）溪源程氏勢公支譜』嘉靖本

②二五、程項纂修『（江西）上饒東田程氏世譜』嘉靖刻本

①二六、『程氏統宗世譜』（徽州）嘉靖間

②二七、程國維纂修『新安程氏宗譜』＊嘉靖年間までの記事あり

②二八、程毓・程應時纂修『新安程氏族譜』嘉靖間

②二九、程萱芳等纂修『休寧蓀浯二溪程氏宗譜』嘉靖間刻本

②三〇、程憲纂修『（歙縣）率東程氏重修家譜』嘉靖刻本

②三一、程夢䙌撰『（徽州）程氏祖塋疆理圖』明鈔本
②三二、『新安雲溪程譜文翰』明刻本
①三三、程士培纂修『新安程氏統宗補正圖纂』康熙二十四（一六八五）年
參見程敏政纂修：『新安程氏統宗世譜』
①三四、程霆纂修『新安程氏統宗補正圖纂』康熙三十二（一六九三）年
①三五、程士培纂修『新安程氏統宗補正紀實』、康熙間
＊「唐程淘始修」とある。
①三六、程惠修『新安程氏統宗補正圖纂』雍正十三（一七三五）年
①三七、程公惠參修『新安程氏統宗補正圖纂』乾隆元（一七三六）年
①三八、程世涵等修『新安程氏統宗補正圖纂』乾隆十二（一七四七）年
①三九、『程氏統宗譜略』同治七（一八六八）年
①四〇、程佐衡參修『新安程氏世譜』、光緒十八（一八九二）年
①四一、程佐衡參修『新安程氏世譜徵文錄』、光緒十八（一八九二）年
①四二、程士培等纂修『新安程氏統宗補正圖纂』
①四三、『新安程氏統宗世譜墓圖』清
①四四、『新安程氏統宗世譜說』
①四五、『皖蘇程氏通譜』

③明代嘉靖年間以前に始修されたことを示す注記があるもの「始修年度・始修者名」

一、程良錫纂修『(安徽歙縣)率東程氏家譜』萬曆元年、「唐・程淘」

二、程嘉柱纂『(安徽)安慶程氏大成宗譜』嘉慶二年、「明宣德九年・程玩」

三、程祖勛・程阜裕等續修『(安徽歙縣)程氏宗譜』同治七年、「宋紹聖二年・程祁」

四、程士琯修『(安徽歙縣)羅祁程氏源流譜』清刻本、「明嘉靖間」

④隆慶年間以降の明代に始修された、その他の族譜の地名と刊行年度または時代。(　)内は始修年度と始修者、または記事内容。

休寧古城・隆慶二年、休寧率口・隆慶四年、休寧・隆慶刻本、蓀田里村・萬曆六年、休寧茅坦・萬曆十二年、歙西岩鎮・萬曆十八年、休寧・萬曆二十六年、安徽績溪程里・萬曆四十年、歙縣托山・萬曆間、安徽旌德・天啓元年、安徽旌德旌陽・天啓元年、浙江東陽玉溪・民國四年(天啓元年)、休寧・天啓六年、休寧山斗・天啓間、休寧黎陽・明鈔本、休寧蓀浯二溪・明、江蘇蘇州吳郡・光緒三十一年(明末)

## [二]汪姓

②一、汪松壽纂『(安徽徽州)汪氏淵源錄』(元)至治年間(一三二一年～一三二三年)、明正德十三(一五一八)年刻本

②二、汪炤纂修『(安徽)旌德』新安旌城汪氏家錄』(元)泰定元年刻本

②三、汪德麟纂『(安徽)回嶺汪氏宗譜』(元)至正八(一三四八)年、明嘉靖間刻本

②四、汪垚纂『新安汪氏慶源宗譜』(元)鈔本

②五、汪雲龍編『新安汪氏族譜』(元)木刻本
②六、程孟・趙孟龍等纂修『新安汪氏重修淵源譜』成化元(一四六五)年
②七、汪彥齡・汪仕善纂『(江西)新建汪氏譜系』成化十(一四七四)年
②八、汪道謹纂修『(休寧)汪氏族譜』成化十六(一四八〇)年刻本
②九、汪讓纂修『(休寧)城北汪氏族譜』成化二十三(一四八七)年
②一〇、汪志・汪道纂『汪氏族譜』弘治二(一四八九)年
②一一、汪淵輯『新安巖鎭汪氏重修本宗譜』弘治十三(一五〇〇)年
②一二、汪武允等修『休寧西門汪氏族譜』正德間
②一三、汪燦・汪尙和纂修『休寧西門汪氏族譜』嘉靖六(一五二七)年
①一四、汪尙琳編『(全國)新安汪氏重修八公譜』嘉靖十四(一五三五)年
②一五、汪七寶修『休寧東門汪氏族譜』嘉靖二十(一五四一)年
①一六、汪鑊纂修『(全國)汪氏世紀』嘉靖三十(一五五一)年
①一七、汪子仁纂修『(全國)汪氏續修統宗譜』嘉靖四十(一五六一)年
②一八、『績溪西園汪氏重修族譜』嘉靖刻本
①一九、汪鑊纂修『(全國)新安汪氏統宗譜』嘉靖刻本
①二〇、汪廷俸等纂修『汪氏統宗譜』嘉靖間
②二一、汪永鎭纂『休寧藏溪汪氏世譜』嘉靖間
②二二、汪元錫等纂修『(婺源)石井汪氏族譜』嘉靖間

①二三、汪湘纂修『(全國)汪氏統宗譜』隆慶三(一五六九)年
①二四、汪鴻儒等纂修『(全國)汪氏統宗正脈』隆慶四(一五七〇)年
①二五、汪雲程修『(全國)汪氏統宗正脈』隆慶四(一五七〇)年
①二六、汪國言纂『(全國)新安汪氏遷派實錄提綱』萬曆元(一五七三)年
①二七、汪湘纂『(全國)汪氏統宗譜』萬曆三(一五七五)年
①二八、汪同文纂修『汪氏統宗譜』萬曆三(一五七五)年
　　參見：汪廷俸等纂修『汪氏統宗譜』
①二九、汪士賢纂修『汪氏統宗譜纂要』萬曆八(一五八〇)年
　　參見：汪廷俸等纂修『汪氏統宗譜』
①三〇、汪道昆纂修『(全國)汪氏十六族近屬家譜』萬曆二十(一五九二)年刻
①三一、汪道昆纂修『靈山院汪氏十六族譜』萬曆二十二(一五九四)年
①三二、汪正之・汪調梅纂『越國世子正脈』萬曆三十七(一六〇九)年
①三三、『越國世子汪士氏正脈』萬曆間
　　參見：汪廷俸等纂修『汪氏統宗譜』嘉靖間
②三四、『新安汪氏族譜』天啓四(一六二四)年
①三五、汪士芳纂修『(全國)汪氏重修統宗譜』崇禎八(一六三五)年
　　參見：汪廷俸等纂修『汪氏統宗譜』
②三六、汪仲華原稿・汪令德續纂『汪氏乘言』崇禎間

①三七、『(全國)汪氏統宗譜』明刻本
①三八、『汪氏統宗正脈』明刻本
②三九、『汪氏族譜』明鈔本
②四〇、『汪氏世乘錄』明刻本
②四一、汪奎修『汪氏家乘』明修、清刻本
①四二、汪志英等纂修『(全國)汪氏總譜淵源世系・譜說』明刻本
①四三、汪桂卿等纂『(開化)汪氏統宗譜』康熙二十八(一六八九)年
①四四、汪元秋等纂修『(全國)汪氏統宗譜』康熙二十八(一六八九)年
①四五、汪元秋纂修『汪氏原始流衍統譜要』康熙間
参見：汪廷俸等纂修『汪氏統宗譜』
①四六、『(遂安)汪氏統譜纂要』清康熙間刻本
①四七、顏學恕等纂修『汪氏宗譜五脈』乾隆五(一七四〇)年
①四八、『(全國)汪氏統宗譜』乾隆九(一七四四)年
①四九、(績溪)汪廷禎纂、『(全國)汪氏統宗正脈』乾隆十(一七四五)年
①五〇、汪肇基編修『(遂安)汪氏統譜纂要』乾隆十四(一七四九)年
①五一、汪禮纂『(全國)汪氏統宗譜』乾隆十五(一七五〇)年
①五二、汪錫齡纂修『(遂安)汪氏得羅公正脈統宗譜』乾隆十五(一七五〇)年
①五三、汪凱南續修『(全國)汪氏統宗譜正脈』乾隆十六(一七五一)年

①五四、『(全國)汪氏統宗譜正脈』乾隆二十（一七五五）年
①五五、汪作揖等編『汪氏統宗正脈黟北石鼓山續修統宗譜』乾隆二十（一七五五）年鈔本
①五六、汪德祖・汪肇基纂修『(全國)汪氏統宗譜』乾隆二十一（一七五六）年刻本
①五七、汪道圻鈔『(全國)汪氏統宗譜』乾隆二十一（一七五六）年
①五八、汪道圻鈔本『(全國)汪氏統宗譜』乾隆二十一（一七五六）年
①五九、汪璣等編『(遂安)汪氏得羅公正脈統宗譜』乾隆三十四（一七六九）年
①六〇、汪廷洽重修『(全國)汪氏世守譜』乾隆三十七（一七七二）年
①六一、汪世衙纂修『(全國)汪氏通宗世譜』乾隆四十（一七七五）年
①六二、汪璣總編『汪氏通宗世譜』乾隆五十二（一七八七）年
參見：汪廷俸等纂修『汪氏統宗譜』
①六三、汪璣・汪嘉祺等編『(全國)汪氏通宗世譜』乾隆五十九（一七九四）年
①六四、『(全國)汪氏統宗譜』乾隆間刻本
①六五、汪廷禎・汪來青纂修『(績溪)汪氏統宗正脈』乾隆間刻本
①六六、汪啓濂・汪起璐修『(安徽祁門)韓楚二溪［汪氏］合修家譜』嘉慶二（一七九七）年
①六七、汪錫齡纂修『(遂安)汪氏得羅公正脈統宗譜』乾隆十五（一七五〇）年
②六八、汪璣纂修『(遂安)汪氏得羅公正脈統宗譜』乾隆三十四（一七六九）年
①六九、汪賜魁等纂修『(遂安)汪氏得羅公正脈統宗譜』嘉慶二十（一八一五）年
①七〇、汪之遴等纂『新安汪氏宗祠通譜』道光二十（一八四〇）年

參見：汪廷俸等纂修『汪氏統宗譜』

①七一、胡建昌重修『(全國)汪氏統宗譜』同治九（一八七〇）年

①七二、汪庾等修『(全國)汪氏統宗譜』光緒五（一八七九）年

①七三、汪杏榮重修『(全國)汪氏統宗譜』光緒二十一（一八九五）年

①七四、『(徽州)汪氏通宗世譜』清　＊記事は雍正年間まで

①七五、『(徽州)汪氏通宗世譜』清　＊記事は乾隆年間まで

①七六、『(徽州)汪氏統宗譜』清鈔本

①七七、『(全國)汪氏統宗正脈』清鈔本

參見：汪廷俸等纂修『汪氏統宗譜』

①七八、『(遂安)汪氏統宗譜』清　＊記事は同治間まで

①七九、盧保文編輯『(江蘇宜興)陽羨汪氏統宗譜』民國六（一九一七）年

①八〇、汪新甲等修『(江蘇)江南汪氏合譜』民國七（一九一八）年

①八一、汪葆春重修『(全國)汪氏統宗譜』民國十五（一九二六）年

①八二、汪正熊等修『續修汪氏統宗正脈譜』民國十九（一九三〇）年

①八三、汪正熊・汪家露等修『(四川長壽)續修汪氏統宗正脈譜』民國十九（一九三〇）年

①八四、『(浙江)蘭溪汪氏統宗譜』民國二十二（一九三三）年

①八五、汪永清纂修『(江蘇)武進汪氏合譜』民國三十二（一九四三）年

①八六、『汪氏世系承流統譜』歙北富堨大本堂鈔本

①八七、『（全國）重修汪氏統譜纂要』刻本

③明代嘉靖年間以前に始修されたことを示す注記があるもの「始修年度・始修者名」

方汝舟重修『（浙江奉化）汪氏宗譜』民國三十六年、「明成化間・汪綸」

④隆慶年間以降の明代に始修された、その他の族譜の地名と刊行年度または時代。（　）内は始修年度と始修者、または記事內容。

徽州巖鎭・萬曆二十七年、濳口西山汪氏流芳世譜・明、歙縣梅溪・明鈔本、休寧西門・明刻本（記事は明洪武間までだが、汪燦・汪尙和纂修『休寧西門汪氏族譜』嘉靖六（一五二七）年の條目が見られる）、婺源廻嶺・明（清鈔本）、婺源・明刻本（記事は明嘉靖間まで）、不明・明鈔本、不明・明（清刻本）、赤山・明刻本、方塘・明鈔本、巖鎭汪氏譜系・明鈔本

［三］方姓

②一、　方達纂修『新安歙環山方氏重修流芳譜』成化二十三（一四八七）年

①二、　方純仁・陳煊纂修『方氏統會宗譜』嘉靖刻本

②三、　方信纂『靈陽方支譜』嘉靖刻本

①四、　（貴池）敬宗纂修『池陽義門竹溪方氏統宗世系圖』萬曆二十五（一五九七）年

②五、　方轅纂修『宗葉方氏續修世譜』明鈔本

①六、(宋)方桂森纂修『漢歙丹陽河南方氏衍慶統宋圖譜』明刻本、＊末に元至元二十三年の跋あり
②七、『方氏宗譜』明鈔本、＊譜序に「是爲方氏之統宗譜」とあり
②八、『方氏譜系』明鈔本
①九、方表等纂修『旌德方氏統修宗譜』康熙三十七(一六九八)年
①一〇、方善祖等編『歙淳方氏柳山眞應廟會宗統譜』乾隆十八(一七五三)年
①一一、方峻甫等纂『(湖北)方氏聯宗統譜』民國十三年(一九二四)年
①一二、方耀庭等修『方氏會宗統譜』民國十三(一九二四)年

③明代嘉靖年間以前に始修されたことを示す注記があるもの。「始修年度・始修者名」
一、『河南方氏宗譜』光緒二二年、「洪武四年」
二、方表等十修『(浙江金華)孝川方氏宗譜』乾隆四十(一七七五)年、「宋紹定四年・方翔」
三、方菁莪等編『(廣東南海)方氏家譜』光緒十六(一八九〇)年、「方巒、方貴科、明弘治」

④隆慶年間以降の明代に始修された、その他の族譜の地名と刊行年度または時代。( )内は始修年度と始修者、または記事内容。
歙縣淪川・萬曆四年、福建莆陽刺桐金紫・崇禎十五年、古歙・隆慶六年、休寧瀛州・萬曆九年、漢歙靈山・萬曆二十七年、同・萬曆十三年、平盈・萬曆二十五年、沙南・萬曆三十四年、同・崇禎八年、祁門縣赤橋・萬曆間、池陽義門竹溪・萬曆十四年、永康柱國・崇禎二年、淳安桂林・崇禎十二年、遂安歴屏・萬曆三十九年

## [四]吳姓

①一、（南宋）吳德樫纂修『吳氏族譜』明刻本　＊並載「延陵吳氏統修合會族世系圖」
①二、吳子文輯『新安吳氏統宗世譜』明　＊記事は洪武間まで
②三、『歙縣澄塘吳氏家譜』＊記事は成化間まで
①四、吳道進・吳奇茂纂修『（安徽歙縣）富饒吳氏會通譜』正德七（一五一二）年
①五、『（歙縣）富饒吳氏會通譜』明刻本　＊記事は正德間まで
②六、吳鋹・吳兆等纂修『休寧縣市吳氏本宗譜』嘉靖七（一五二八）年
①七、吳爵・吳斌等纂『新安休寧乾灘吳氏會通譜』嘉靖十一（一五三二）年
①八、吳積惠纂修『（安徽歙縣）富饒吳氏會通譜』嘉靖十六（一五三七）年
①九、吳顯纂修『休寧吳田吳氏分支統譜』嘉靖十七（一五三八）年
②一〇、吳濱修纂『（歙縣）新安巖鎮吳氏族譜』嘉靖二十五（一五四六）年
②一一、吳完・吳鑑纂修『（歙縣）新安巖鎮吳氏續修宗譜』嘉靖二十五（一五四六）年
②一二、吳鐩修・林喬纂『（浙江紹興）會稽吳氏家譜』嘉靖鈔本
②一三、吳雲貴等纂修『休寧檢潭琰溪吳氏同續譜』明刻本　＊記事は嘉靖間まで
②一四、『休寧縣市吳氏宗譜』明刻本　＊記事は嘉靖間まで
①一五、吳範道等纂『（安徽涇縣）涇川茂林吳氏宗譜』萬曆八（一五八〇）年　＊一名『涇川吳氏統宗族譜』
①一六、吳起鳳纂修『（歙縣）新安歙西溪南吳氏統宗譜』乾隆十二（一七四七）年

①一七、吳正遂纂修『(休寧)左臺吳氏大宗譜』乾隆二十六(一七六一)年
①一八、吳祥霖等修『(江蘇無錫)錫山吳氏世譜』光緒十二(一八八六)年　＊口題に『吳氏統譜』とあり
①一九、『(江蘇無錫)錫山吳氏統譜』光緒二十二(一八九六)年(至德堂木活字)
①二〇、吳世翔纂『(安徽黟縣)横崗吳氏會通宗譜』光緒三十四(一九〇八)年
①二一、吳叔渭等修『(江蘇無錫)吳氏統譜』民國五年(至德堂木活字)
①二二、『(義烏)石溪椒山吳氏遡源合譜』光緒二十三(一八九七)年
①二三、『(衢州)延陵吳氏統宗世系族譜』清刻本　＊記事は同治間まで
①二四、『(衢州)延陵吳氏大成宗譜』清刻本(至德堂木活字)
①二五、『(無錫)吳氏統譜』清(至德堂木活字)
①二六、吳佐璜等纂修『(無錫)吳氏統譜』民國五(一九一六)年
①二七、吳契華纂『(休寧)左臺吳氏大宗譜』民國二十三(一九三四)年
①二八、吳邦周・吳文軒主修『(無錫)吳氏全國大統宗譜』一九五一年(至德堂鉛印)
①二九、『(休寧)吳氏統宗世譜』

③明代嘉靖年間以前に始修されたことを示す注記があるもの。「始修年度・始修者名」
一、吳欽儀續修・吳從周增訂『(浙江紹興)會稽延陵吳氏宗譜』明刻本、「宋吳明初」
二、吳國樑等修『(浙江紹興)山陰縣州山吳氏族譜』道光十九年、「明弘治七年」
三、王步雲纂修『(浙江常山)浙常吳氏宗譜』同治十一年、「明嘉靖間・曾奇山」

四、呉一清等修『(江蘇宜興)北渠呉氏族譜』光緒三十三年、「明嘉靖三十一年」
五、呉國瑾・呉正美主修『(江蘇宜興)城塘呉氏宗譜』民國三年、「明洪武二十年」
六、呉海沅・呉維銀等重修『(浙江)蘭溪柏黄呉氏宗譜』民國三年、「明洪武十五年」
七、呉籛齡撰『(江蘇鎮江)呉氏重修宗譜』民國十一年、「宋大中祥符五年(九修)」
八、呉順根・呉秉燦等纂『(江蘇江陰)澄江横郰呉氏宗譜』民國二十四年、「明洪武七年」
九、呉心田・呉紹周等編『(湖北黄岡)呉氏宗譜』民國三十七年、「明洪武八年」

④隆慶年間以降の明代に始修された、その他の族譜の地名と刊行年度または時代。( )内は始修年度と始修者、または記事内容。

休寧璜源・萬曆七年、休寧左臺・萬曆十五年、歙縣・萬曆十五年、浙江常山柏溪・萬曆十八年、休寧茗州・萬曆十九年、新安歙西溪南・萬曆三十年、海寧梢雲・萬曆三十二年、蘭溪社峯・萬曆三十七年、新安歙西溪南・萬曆間、澄塘・天啓五年、浙江紹興山陰縣州山・天啓六年、歙縣・歙南・崇禎元年、休寧海陽・崇禎三年、同・明刻本(記事は萬曆まで)、歙縣臨溪・明刻本(記事は萬曆間まで)、同・崇禎十四年、浙江蘭溪奎塘・崇禎六年、武峰・崇禎七年、績溪臨溪・崇禎十四年、休寧商山・崇禎十六年、歙南・崇禎間、休寧泰溪・明鈔本、休寧衡川・明鈔本歙縣溪南・明修、徽州梢雲・明、休寧萬安・明鈔本、休寧商山・明鈔本、延陵・明刻本、不明・明末、不明・明鈔本、不明・明刻本、江蘇如皋・咸豐八年(萬曆二十二年)、江蘇江陰嚴瀆・同治八年(萬曆三十七年)、江蘇無錫闊江・光緒三十一年(明)

[五]黄姓

②一、黄顯仁等編『休邑黄氏思本圖』洪武二十二（一三八九）年
①二、黄雲蘇・黄祿修『新安黄氏會通譜』弘治四（一四九一）年原刊、弘治十四（一五〇一）年增刊
①三、黄錄・程天相纂修『新安黄氏會通譜』弘治四（一四九一）年刊、弘治十四（一五〇一）年增刊
②四、『新安休邑由潭黄氏支譜鈔本』記事明嘉靖三十四年
②五、黄積瑜纂修『新安左田黄氏正宗譜』嘉靖三十七（一五五八）年
②六、黄應榜等纂修『（安徽歙縣）左田黄氏孟宗譜』嘉靖三十七（一五五八）年
①七、方信纂修『（安徽歙縣）歙西竦塘黄氏統宗譜』嘉靖四十一（一五六二）年
②八、黄瑜纂修『（安徽歙縣）新安左田黄氏正宗譜』嘉靖四十三（一五六四）年
②九、游輪纂述・黄顯編刊『（安徽休寧）倫堂黄氏重修族譜』嘉靖間
②一〇、黄桂等纂修『（安徽歙縣）左田黄氏孟宗譜』嘉靖刻本。光緒鈔本
①一二、黄裳吉編『（廣東廣州）黄氏江夏合族譜』萬曆七（一五七九）年
①一六、張時春修『海陵黄氏統宗世譜』崇禎元年
①一九、洪垣等纂修『新安黄氏統宗世譜』明刻本
①二〇、（宋）黄天衢修『左田黄氏宗派圖』明末清初刻本
①二一、『重修黄氏五大族宗譜』康熙間
①二二、『黄氏五大族宗譜』雍正六（一七二八）年
①二三、黄世恕等纂修『新安黄氏横槎重修大宗譜』乾隆十七（一七五二）年
①二四、『新安黄氏正宗譜事略』清鈔本　＊記事は乾隆年間まで

①二五、『(江山)秀峰黃氏統宗世譜』＊記事は嘉慶年間まで
①二六、『(江西)省會祠主譜』道光四（一八二四）年
①二七、『(江西)省會祠主譜』道光三十（一八五〇）年
①二八、『(江西)黃氏大成宗譜』咸豐五（一八五五）年
①二九、黃大彩等修『蹔陽黃氏五大族宗譜』同治六（一八六七）年
①三〇、黃林宴修『黃氏氏五族總譜』光緒五（一八七九）年　＊非徽州
①三一、黃顯昌等修『蹔陽黃氏五大族宗譜』光緒十九（一八九三）年
①三二、『(江西)省會祠主譜』光緒二十五（一八九九）年
①三三、『黃氏氏五族總譜』民國八（一九一九）年
①三四、鈕永建修『黃鈕同宗譜』民國二十二（一九三三）年　＊原姓は鈕
①三五、黃友信等纂修『平江黃氏大同世譜』民國三十一（一九四二）年　＊十一族
①三六、黃養和修『(江陰)茂墅黃氏大統宗譜』民國三十三（一九四四）年

③明代嘉靖年間以前に始修されたことを示す注記があるもの「始修年度・始修者名」
一、黃汝良纂修『(福建莆田)莆陽黃巷黃氏族譜』明、「宋淳祐六年黃猷始修」

④隆慶年間以降の明代に始修された、その他の族譜の地名と刊行年度または時代。（　）內は始修年度と始修者、または記事內容。

休寧古林・崇禎十六年、東陽東岑・萬曆鈔本、浙江遂昌・明代、休寧黄川・明、績溪・隆慶、不明・萬曆二十五年、國諭・萬曆四十二年、東岑・明（記事至萬曆間）、休寧古林・崇禎十六年、歙縣潭渡・隆慶間重編（雍正九校補刻本）、歙縣潭渡・隆慶、不明・明、明、福建莆田・光緒二十二年（首修於萬曆七年）

### [六]胡姓

②一、胡璘等纂修『(婺源)明經胡氏續修宗譜』嘉靖二十三（一五四四）年

①二、胡汝標等纂修『(婺源)清華胡氏統會族譜』嘉靖二十九（一五五〇）年

①三、胡用賓等纂修『(婺源)清華胡氏統會族譜』嘉靖二十九（一五五〇）年

①四、『(婺源)清華胡氏統會族譜』嘉靖年間

①五、胡文潤等纂修『胡氏統宗譜』乾隆二十五（一七六〇）年　＊寧國、歙縣、祁門、婺源→散居

①六、潘國霖纂修『(婺源)清華胡氏統譜』同治十三（一八七四）年

①七、胡上林等纂修『(婺源)清華東園胡氏勳賢總譜』民國五（一九一六）年

③明代嘉靖年間以前に始修されたことを示す注記があるもの「始修年度・始修者名」

一、胡忠諒纂『(浙江新昌)胡氏宗譜』嘉慶十三年、胡夢麟・胡知人・胡亮工等撰『同』道光二十（一八四〇）年、「宋嘉熙四年」

二、胡光文纂修[(浙江紹興)山陰張川胡氏宗譜』道光十年、胡鍾生等修『同』光緒三十一（一九〇五）年、「明天順元年、胡遐・胡暹」

三、胡學先・胡森順等纂『（績溪）荊川明經胡氏宗譜』光緒十年、「宋治平元年胡仁昉撰『統宗譜』」

四、胡裕燕修『（浙江紹興）胡氏家譜』光緒十四年、「明成化八年胡智創修」

五、張振珂纂『（浙江東陽）南岑胡氏宗譜』光緒十四年、「宋寶祐四年」

六、『（江蘇無錫）安定胡氏宗譜』民國七年、「明嘉靖間」

［七］江姓

①一、江澤修『江氏統會宗譜』嘉靖二十三（一五四四）年　＊婺源、歙縣、涇縣、紹興、龍游、西安等

②二、江德潛・江延藻纂修『（安徽旌德）旌西金鼇江氏宗譜』嘉靖刻本

①三、江旭奇等纂修『（婺源）蕭江全譜』萬曆三十九（一六一一）年

①四、江雲澍修『新安蕭江大統宗譜』明

①五、江鯉濯等重修『（徽州）江氏統會宗譜』康熙三十（一六九一）年

①六、江維山等輯『濟陽江氏統會宗譜』乾隆三十一（一七六六）年　＊婺源→光州、江陰、歙縣、婺源

①七、江初良等修『濟陽江氏統會宗譜』乾隆三十一（一七六六）年

①八、江大來等輯『濟陽江氏總譜』乾隆五十一（一七八六）年

①九、江華鎮等修『濟陽江氏統會宗譜』嘉慶二十五（一八二〇）年

①一〇、江自守等撰『濟陽江氏重修統宗譜』光緒八（一八八二）年

①一一、江重智等重修『濟陽江氏統宗全系』光緒二十六（一九〇〇）年

①一二、江南勳・江國重修『（婺源）江氏統會宗譜』清

①一三、　江峰青重修『濟陽江氏統宗譜』民國八（一九一九）年
①一四、　江身青等纂修『濟陽江氏統宗譜』民國八（一九一九）年
①一五、　江五民編『清以上錦沙江氏譜統編』（奉化）民國十七（一九二八）年
①一六、　江生厚等會修『濟陽江氏會修宗譜』民國二十七（一九三八）年

③明代嘉靖年間以前に始修されたことを示す注記があるもの「始修年度・始修者名」
一、　鄭綬章纂修『（浙江常山）定陽江氏宗譜』民國九年、「明嘉靖間」

④隆慶年間以降の明代に始修された、その他の族譜の地名と刊行年度または時代。（　）内は始修年度と始修者、または記事内容。
歙北嶺陽・明刻本、徽州郡北濟陽・崇禎十七年、同・萬曆四十年、同・崇禎十七年、歙縣・崇禎三年、江浙江常山・民國十七年（始修萬曆七年）、江西婺源溪南・萬曆間、浙江杭州虎林・明末刻本、不明・明鈔本

## [八]朱姓

②一、　（宋）朱熹編・朱汝賢續・（明）朱長宗等重編『新安朱氏族譜』成化元（一四六五）年
②二、　朱眞興重修『旌川西溪朱氏家譜』正德十三（一五一八）年
②三、　『（全國朱氏）天潢玉牒』嘉靖十八（一五三九）年
②四、　游北涯纂修『（安徽）涇縣張香朱氏家譜』嘉靖十九（一五四〇）年

②五、朱時豫纂修『(廣東番禺)朱氏族譜』嘉靖二十三（一五四四）年
②六、朱世恩刻本鈔本『(安徽歙縣)徽城朱氏世譜』嘉靖三十四（一五五五）年　＊宋寶祐六年朱營始修
②七、朱世恩重修『(徽州)朱氏宗譜』嘉靖間
②八、朱爵纂修『(安徽涇縣)涇川朱氏宗譜』嘉靖刻本
①九、『(浙江海寧)紫陽朱氏統宗世譜』萬曆二十七（一五九九）年
①一〇、朱鍾文續修『(福建建陽)考亭朱氏文獻全譜』萬曆四十八（一六二〇）年
①一一、朱幫相・朱幫校纂修『(婺源)徽婺紫陽朱氏正宗重修統譜』天啓四（一六二四）年
①一二、朱拱辰纂修『(歙縣)朱氏統宗譜』崇禎四（一六三一）年
①一三、朱正熊等纂『(婺源)朱氏正宗譜』乾隆三十四（一七六九）年
①一四、『(金華)南溪朱氏統宗世譜』道光二十三（一八四三）年　＊祖地は婺源紫陽
①一五、朱映圭等纂『(全國)朱氏通譜』光緒二十（一八九四）年
①一六、朱映圭纂修『(湖南桂陽)藍田朱氏通譜』光緒二十（一八九四）年　＊明嘉靖、萬曆間朱友創、朱友銀始修
①一七、朱詒烈輯纂『(崑山・寶山)建陽朱氏崑羅合譜』光緒二十九（一九〇三）年　＊始遷祖は朱熹六世孫
①一八、朱增南主修『毘陵朱氏統宗譜』宣統元（一九〇九）年　＊朱熹の言行多載
①一九、『朱氏統宗譜』清刻本
①二〇、朱繼祖修・朱祖鎬輯『(江蘇無錫)紫陽朱氏家譜』民國十三（一九二四）年　＊一名『白擔山紫陽朱氏續修大統宗譜』
①二一、朱吉祥等重修『(江西南城)朱氏通譜』民國二十五（一九三六）年

④隆慶年間以降の明代に始修された、その他の族譜の地名と刊行年度または時代。（　）内は始修年度と始修者、または記事内容。④明代に編纂されたその他の族譜（地名・刊行年度または時代）

全國（紫陽）・萬曆二十七年、湖南益陽豐城楊湖・萬曆刻本、全國・崇禎十六年、徽州・明鈔本、休寧（紫陽）・明鈔本、歙縣（紫陽・建安）・萬曆、歙縣・明（清鈔本）、休寧霓湖・明鈔本、婺源茶院・明刻本、浙江臨海金鰲・明（清康熙鈔本、河南から）、浙江湖州・明鈔本、浙江湖州歸安竹谿・明鈔本、官源・明鈔本、廣東南海九江・同治八年（萬曆五年・朱學懋）、安徽滁縣・民國（明天啓三年）

[九]舒姓

①一、舒應鸞等修『（安徽）涇縣京兆舒氏統宗譜』成化九（一四七三）年

①二、『（黟縣）舒氏統宗譜圖』明鈔本

①三、舒安仁纂修『（績溪）華陽舒氏統宗譜』同治九（一八七〇）年

①四、舒均文修『舒氏頃公通譜』光緒十三（一八八七）年

①五、舒梓南纂『舒氏春公通譜』民國二十五（一九三六）年

①六、舒東楚・舒元化修『舒氏和公通譜』民國二十九（一九四〇）年

[一〇]徐姓

①一、『青溪徐氏福祿壽三派總譜』成化五（一四六九）年鈔本

②二、　黃友璋纂輯『(湯溪)徐氏族譜』明、＊嘉靖二十六年黃友直の後序あり。
②三、　『(江蘇蘇州)古吳澱紫山徐氏世譜』明刻本
②四、　徐巖護纂修『(休寧)徐氏家譜』乾隆年間傳鈔明嘉靖十二(一五三三)年
①五、　徐紹合・徐必祁修纂『休寧徐氏珊溪藕塘二族合譜』乾隆六(一七四一)年
①六、　徐禧編輯『新安徐氏統宗祠錄』乾隆二十三(一七五八)年
①七、　『徐氏統宗世譜』徐呈濟纂、民國九(一九二〇)年
①八、　『陽都徐氏十四聯四修族譜』民國

③明代嘉靖年間以前に始修されたことを示す注記があるもの「始修年度・始修者名」

一、　徐禋纂修『(歙縣)歙北皇呈徐氏族譜』乾隆五年、「宋紹興三十二年始修、元末失傳、明成化十六年徐相又修」
二、　徐盤・徐雲初重輯『(江蘇吳縣)具區銷夏灣徐氏重輯宗譜』乾隆二十四年、「明宣德二年徐善初編」
三、　徐承修・徐德逵重修『(江蘇吳縣)洞庭徐氏宗譜』乾隆四十年、「宋淳祐元年・徐夔」
四、　徐正科纂修『(江蘇吳縣)東園徐氏宗譜』嘉慶七年、「明正德十一年・徐禮」
五、　徐嶽祥等修『(江蘇泰州)徐氏宗譜』咸豐五年、「明正德間・徐鳳」
六、　徐珍葆主修『(江蘇武進)小留徐氏宗譜』光緒十六年、「北宋元符三年」
七、　徐希明・徐錫等四修『(浙江上虞)管溪徐氏宗譜』光緒二十年、「明洪武間・徐僉憲」
八、　王壽朋纂『(浙江仙居)徐氏重修宗譜』光緒二十年、「明宣德四年」
九、　徐濱泗・徐縣洙等纂修『(浙江)餘姚茹墟徐氏宗譜』光緒二十五年、「宋嘉熙四年・徐包年」

一〇、徐俊操纂修『（浙江鄞縣）鄞東徐氏宗譜』光緒三十二年、「元至順間」
一一、徐仕銘等九修『盧莊徐氏家譜』光緒三十二年、「明正德元年」
一二、『（浙江嵊縣）剡西徐氏宗譜』乾隆五十九年、「明成化十一年・徐敏」
一三、徐莊重修『（浙江蘭溪）徐氏宗譜』民國十一年、「明弘治四年」
一四、徐景曾重修『（福建）荊山徐氏族譜』民國十二年、「明洪武二十六年・徐震」
一五、徐學英七修『（安徽潛山）徐氏宗譜』民國十四年・三十六年、「明嘉靖二十六年・徐秋亭」
一六、徐宣武等修『（江蘇南通）徐氏通城支譜』民國二十一年、「明成化間」

④隆慶年間以降の明代に始修された、その他の族譜の地名と刊行年度または時代。（　）内は始修年度と始修者、または記事内容。

江蘇呉江南厙・萬曆五年、江蘇丹陽馬嘶橋・民國五年（萬曆六年）、江淳安蜀阜・萬曆八年、浙江上虞管溪・萬曆十年、浙新安・乾隆二年（萬曆十三年）、浙江餘姚江南・萬曆二十九年、新安歙北徐村・萬曆二十九年、瀚瀆・萬曆三十二年（民國五年）、江蘇句容・道光三十年（萬曆四十三年）、江蘇南京・民國十五年（萬曆間）、下園・隆慶元年、浙江常山師降・光緒十八年（天啓三年）

## [一一]畢姓

①一、畢濟川・畢鬱等修『新安畢氏會通族譜』正德四（一五〇九）年
①二、畢濟川主修・畢郁等纂修『新安畢氏族譜』正德四（一五〇九）年

### [一二]兪姓

①一、兪汪祥纂修『新安兪氏統宗譜』嘉靖二十三（一五四四）年
①二、兪文耀・兪緒慶纂修『（安徽涇縣歙縣）兪氏統宗家譜』隆慶四（一五七〇）年　＊「始修於元大德四年」
①三、兪時育纂修『新安兪氏統會大宗譜』萬曆三十八（一六一〇）年
①四、兪肇光纂修『新安兪氏統宗譜』萬曆四十四（一六一六）年
②五、兪尚玉纂修『休寧山斗兪氏宗譜』萬曆四十八（一六二〇）年
①六、兪育纂修『重修兪氏統宗譜』萬曆間刻本
①七、兪敬吾等纂修『重修兪氏統宗譜』天啓元（一六二一）年
①八、兪周隨纂修『重修兪氏統宗譜』天啓間刻本
①九、『新安兪氏統宗譜』明
①一〇、兪浩等續修『兪氏通譜』民國六（一九一七）年
③明代嘉靖年間以前に始修されたことを示す注記があるもの「始修年度・始修者名」
一、兪炳增修『（浙江上虞）古虞嵩城兪氏家乘』道光二十年、「明洪武十四年」
二、兪晉編『（浙江上虞）虞東兪氏宗譜』咸豐六年、「明萬曆十四年」
三、『（浙江新昌）兪氏靜安坊東宅二房宗譜』光緒十五年、「宋宣和二年」
四、兪世興・兪世揚等纂修『（浙江德清）兪氏宗譜』民國十三年、「咸淳六年」

五、兪彦彬等纂修『（浙江上虞）崧城兪氏家乘』民國十七年、「明洪武十四年」
六、兪贊總修『（浙江餘姚）姚江古將壇兪氏宗譜』民國二十三年、「嘉靖二十八年・兪介」
七、兪潤源編撰『（江蘇武進）毘陵兪氏宗譜』民國三十七年、「宋乾道間兪謙勵始修」
八、兪繼孝等修『（浙江）兪氏宗譜』「明隆慶」

④隆慶年間以降の明代に始修された、その他の族譜の地名と刊行年度または時代。（　）內は始修年度と始修者、または記事內容。

休寧山斗・萬曆四十八年、江西婺源婺東永川・萬曆間

### [一三]歐陽姓

②一、『歐陽氏族譜』嘉靖十九（一五四〇）年
①二、歐陽續修『（江西）歐陽氏六宗通譜』乾隆十五（一七五〇）年
①三、歐陽勁平等纂修『（江西）續修安福令歐陽公通譜』乾隆十五（一七五〇）年
①四、歐陽二酉編『歐陽氏通譜』乾隆五十六（一七九一）年
①五、歐陽漸等纂修『歐陽六宗通譜目錄』民國二十三（一九三四）年
①六、歐陽漸等編『歐陽氏安福府君六宗通譜』民國二十六（一九三七）年
③明代嘉靖年間以前に始修されたことを示す注記があるもの「始修年度・始修者名」

一、歐陽愼齋等纂修『（黟縣）歐村歐陽氏族譜』明、「元泰定四年歐陽允文始修」

［一四］王姓

①一、『王系獻公源流總系家譜』正統間
②二、『（歙縣）澤富王氏宗譜』成化六（一四七〇）年
②三、王賓纂修『王氏族譜』成化十六（一四八〇）年
①四、王道璛等纂修『（新安）太原王氏會通世譜』弘治十四（一五〇一）年　＊新安を祖地とし全國に廣がった宗族
①五、王友瑄等纂『太原王氏會通世譜』弘治十四（一五〇一）年
①六、王寵・王舜臣纂修『新安王氏統宗世譜』正德十（一五一五）年
②七、王撫徭撰『王氏族譜』嘉靖四（一五二五）年
②八、『積庫王氏宗譜』嘉靖十三（一五三四）年
①九、王應斗纂『新安琊王氏統宗世譜』嘉靖三十九（一五六〇）年
②一〇、王梃輯『王氏家乘』嘉靖間
①一一、王銑等修『（婺源）武口王氏統宗世譜』隆慶四（一五七〇）年
①一二、王廷昉纂修『（新安）王氏統宗世譜』萬曆三十五（一六〇七）年
①一三、王鴻等纂修『（婺源）武口王氏統宗世譜』天啓三（一六二三）年
①一四、『（婺源）武口王氏統宗世譜』明刻本
①一五、王銑等修『（婺源）新安武口王氏重修統宗惇敍支圖』明鈔本

①一六、『(婺源)新安武口王氏重修統宗世譜』明刻本
①一七、王一麒等纂修『新安瑯琊王氏統宗世譜』明刻本
①一八、劉瓘等編『新安王氏統宗世譜』明
①一九、王祺纂『(婺源)新安武口王氏重修統宗世譜』雍正四(一七二六)年
①二〇、王均國等纂『(無錫)王氏三沙全譜』乾隆十九(一七五四)年
①二一、王應瑞等重修『新安瑯琊王氏四房思茂公統宗譜』嘉慶九(一八〇四)年
①二二、王大鵠等纂修『王氏合修宗譜』道光二十九(一八四九)年
①二三、王鍾等纂修『(蘇南)王氏三沙統譜』光緒二(一八七六)年
①二四、王庸敬纂修『(新安太原瑯琊)王氏通譜』光緒二十(一八九四)年
①二五、王文進等纂修『(婺源)武口王氏總譜』清乾隆刻本
①二六、『(婺源)武口王氏統宗世譜』清鈔本
①二七、王爾忠等纂修『(蘇南)王氏三沙續修大統譜』民國二十五(一九三六)年
①二八、王隆中・王兆虎等創修『(湖南武岡)王氏總譜』民國二十六(一九三七)年
①二九、黄協武修・王楚南纂『(湖南澧縣)王氏通譜』民國三十七(一九四八)年
③明代嘉靖年間以前に始修されたことを示す注記があるもの「始修年度・始修者名」
一、王彥華、王文富纂『(浙江嵊縣)剡南王氏宗譜』光緒三十四年、「明景泰三年」
二、陳肖虞纂『(浙江臨海)嶺跟王氏宗譜』光緒三十三年、「明嘉靖三十八年・王煦」

三、王修椿等纂『(浙江黄巖)西橋王氏續修宗譜』嘉慶二十五年、「永樂十三年・王用盛」
四、『(浙江)臨海蟾溪王氏宗譜』嘉慶十五年、「明永樂十八年」
五、王德藩編修『(安徽)績溪盤川王氏宗譜』民國十年、「明弘治間」
六、王錫翰・王玉汝修『(江蘇常州)晉陵王氏宗譜』民國十九年、「明(九修)」

④隆慶年間以降の明代に始修された、その他の族譜の地名と刊行年度または時代。(　)内は始修年度と始修者、または記事内容。

歙縣澤富・隆慶六年、同・萬曆元年、同・明鈔本、河北保定清苑・萬曆十一年、祁門・萬曆三十六年、休寧宣仁・萬曆三十八年、安徽徽州厚川・萬曆鈔本、浙江溫州東嘉英橋・萬曆間、不明・天啓二年、不明・天啓五年、山東桓臺・崇禎三年、江蘇崑山・民國鉛印(崇禎四年)、永昌・崇禎十六年、安徽徽州新安太原・明鈔本、太原三槐・明、瑯琊・明、象山・明、不明・明鈔本、開閩忠懿・清道光六年刻・咸豐六年續刻本(明)、深溪・嘉慶十六年(明)、浙江紹興・光緒十六年(首修明萬曆間)、浙江湖州・民國二十五年(初修明天啓二年)、浙江蘭溪民國二十八年(初纂明萬曆二十二年)、婺源雙杉民國三十五年(始修萬曆間)

[一五]李姓

②一、李元選纂『(江西)南昌豐城李氏族譜』永樂三(一四〇五)年
②二、李鏡蓉纂『(山東金鄉李氏族譜)正德十六(一五二一)年
①三、李堂瑞纂修『(婺源)嚴田李氏會編世譜』嘉靖三十四(一五五五)年

①四、李暉祥・李楝祥等纂修『(安徽徽州)三田李氏統宗世譜』嘉靖四十三(一五六四)年
②五、『(安徽徽州)三田李氏宗譜』嘉靖四十四(一五六五)年
①六、『(婺源)嚴田李氏會編宗譜』嘉靖間刻本
②七、『(江西)南昌豐城李氏族譜』嘉靖間刻本
②八、李昞纂修『重修李氏族譜』嘉靖間刻本
①九、李暉・李春等纂修『(安徽徽州)三田李氏統宗譜』萬曆四十二(一六一四)年
①一〇、李暉纂修『(安徽徽州)三田李氏統宗譜』萬曆四十三(一六一五)年
①一一、李洪光・李瑞明等纂修『(安徽徽州)三田李氏統宗譜』明鈔本
①一二、李廷柳・李友棠等纂修『(安徽徽州)李氏統宗譜』乾隆十五(一七五〇)年鈔本
①一三、『(安徽徽州)三田李氏統宗世譜』乾隆年間
①一四、李增孝纂修『(江蘇)鎮江揚州李氏合譜』嘉慶二十四(一八一九)年
①一五、李東元等繼修『隴西郡李氏族譜總譜』光緒六(一八八〇)年
①一六、李東匯等纂修『李氏大全族譜』光緒三十(一九〇四)年
①一七、李夢庚等纂『永康李氏總祠主錄』民國十七(一九二八)年
①一八、『衡山李氏鼎祖派合修族譜』民國三十六(一九四七)年
①一九、『(武陵)李氏合修族譜』民國三十七(一九四八)年
①二〇、『李氏通譜』

③明代嘉靖年間以前に始修されたことを示す注記があるもの「始修年度・始修者名」
一、李春雨纂修『（浙江奉化）剡城李氏宗譜』同治六年、「明弘治三年」
二、李祥恩纂『（浙江臨海）臺臨笏橋李氏宗譜』光緒十一年、「嘉靖四年・李椿齡」
三、李傅明主編『（江蘇武進）王堰橋李氏宗譜』光緒二十七年、「明弘治初・李昂」
四、李邦慶纂輯『（廣東新會）重修［李氏］少尹世紀』宣統三年、「明弘治七年・李渭・原名＝古岡李氏族譜」
五、李遠炳等修『（浙江）慈溪李氏宗譜』民國十二年、「明成化十五年」
六、李遷鈞重修『（浙江常山）李氏六修宗譜』民國十四年、「明成化十年」

④隆慶年間以降の明代に始修された、その他の族譜の地名と刊行年度または時代。（　）内は始修年度と始修者、または記事内容。
婺源理田・萬曆三十三年、婺源理田・萬曆間、婺源理田・明刻本、不明・萬曆四十年、桐廬夏川・萬曆四十一年、暨陽西安・明末、廣東・佛山・崇禎三年、浙江金華龍山・崇禎三年、同・明刻本、不明（廣東佛山）・崇禎十五年、不明・明傳鈔本、豐城湖茫・明鈔本、福建泉州榮山・明、山東金鄉・明

［一六］張姓

②一、（宋）張遠猷纂輯・清張雲程增訂『張氏原始譜』清鈔本
②二、張璉纂修『新安張氏續修族譜』成化十二（一四七六）年
②三、『（福建同安）稻江張氏族譜』天順七（一四六三）年

②四、『(江蘇武進)天井里張氏族譜底稿』　＊記事は嘉靖九年まで
①五、張憲・張永暕纂修『(安徽徽州)張氏統宗世譜』嘉靖九（一五三〇）年
①六、『(休寧)張氏會通譜』嘉靖十一（一五三二）年
①七、『(新安休寧嶺南)張氏會通譜』嘉靖十二（一五三三）年　＊封面「新安休寧嶺南張氏會統譜」
①八、張憲・張陽輝纂修『(祁門、婺源、休寧、歙縣、績溪、黟縣、旌德等)張氏統宗世譜』嘉靖十四（一五三五）年
①九、張七鎬等修『(全國)張氏會修統宗世譜』嘉靖十四（一五三五）年
①一〇、張憲纂修『(旌德)張氏統宗世譜』嘉靖十四（一五三五）年
①一一、張陽輝修『(安徽祁門)張氏統宗世譜』嘉靖十四（一五三五）年
①一二、『張氏會修統宗世譜』嘉靖十四（一五三五）年
①一三、張陰輝等修『(全國)張氏統宗世譜』嘉靖十五（一五三六）年
②一四、張經纂『(江西南昌)洪洲張氏世系』嘉靖二十九（一五五〇）年
①一五、張士鎬等修『張氏統宗世譜』嘉靖刻本
①一六、張維・張鳴鳳纂修『張氏統宗世譜』嘉靖刻本
①一七、張濬等纂『張氏統宗世譜』嘉靖刻本
①一八、張敦仁等纂修『(祁門・婺源)張氏統宗世譜』萬暦四十三（一六一五）年
①一九、『(東陽・諸曁)張氏會修族譜』崇禎末刻本
①二〇、『(安徽徽州)張氏統宗世譜』明刻本
①二一、張作屏纂次『(江西萬載)張氏六支合譜』嘉慶十三（一八〇八）年

①二二、『(浮梁)張氏統宗輸錄』嘉慶十五(一八一〇)年
①二三、『(湖南)張氏合修族譜』咸豐間
①二四、張允恭纂修『(江蘇江陰)暨陽張氏會譜』同治十二(一八七三)年
①二五、『(江蘇常州)毗陵城南張氏宗統譜』光緒元(一八七五)年
①二六、張銑等纂修『(湖南)張氏通譜』光緒二(一八七六)年
①二七、張而昌編輯『(湖南)張氏通譜』光緒二(一八七六)年　*明成化十八年克彰公始修
①二八、『(湖南寧鄉)張氏通譜』同治十二(一八七三)年
①二九、張均纂『(無錫)張氏大統宗譜』光緒二十(一八九四)年
①三〇、『盧原張氏合譜』清　*記事は光緒間まで
①三一、『(婺源・祁門)張氏統宗世譜』・『(婺源)星源張氏世譜』清鈔本　*記事は弘治年間まで
①三二、『(休寧)張氏統宗世譜』清刻本
①三三、『(東陽・諸暨)張氏會修族譜』清
①三四、『張氏四修通譜』清
①三五、張國儀等六修『(無錫)錫山張氏統譜』民國十一(一九二二)年
①三六、張軼歐修『(無錫)錫山張氏統譜』民國十一(一九二二)年
①三七、張軼歐・張洪基等重修『(無錫)錫山張氏統譜』民國十二(一九二三)年
①三八、張桂芳等修『(江蘇江陰)暨陽張氏會譜』民國十八(一九二九)年
①三九、張昌灼・張相鰲編纂『(湖北)吳楚合修張氏七續宗譜』民國三十七(一九四八)年　*初修明洪武初張衡

③明代嘉靖年間以前に始修されたことを示す注記があるもの「始修年度・始修者名」
張古來纂『(浙江臨海)章安廈門張氏重修宗譜』嘉慶六年、「元泰定二年」
張大瓚重修『(浙江常山)張氏八修族譜正宗』嘉慶十八年、「宋建炎四年・膺國學」
周逢曙主修『(浙江諸暨)暨陽張氏宗譜』咸豐五年、「明洪武二十四年・張克聿」
張履端・張履亨等纂修『(四川廣漢)益蘭祠續修張氏續譜』同治八年、「明弘治年間」
張耀先重修『(浙江常山)張氏九修族譜』同治十三年、「宋建炎四年・膺國學」
張廷桂重修『(江蘇常熟)南張世譜』光緒六年至九年、「明嘉靖・張善徵」
『(浙江)東陽西坡張氏宗譜』光緒十一年、「宋祥符二年」
張觀吉續修『(上海松江)南塘張氏前族譜』光緒十九年、「宋紹定五年・張鏞」
張錫恩修『(浙江)餘姚張氏宗譜』光緒三十年、「明正德四年・張泰初譜」
張禮仁・張詩耀重修『(浙江)東陽西坡張氏宗譜』民國四年、「宋祥符二年」
張振鷺總纂『(浙江餘姚)姚江三牆門張氏六修宗譜』民國五年、「宋隆興間・張浚」
朱鳳梧重纂『(浙江蘭溪)西張清河張氏宗譜』民國八年、「宋紹定元年」
張同楣等序『(浙江)海寧半海張氏宗譜』民國八年、「明弘治十六年・張珣」
張煥堂纂修『(四川綿陽)綿西張氏五修族譜』民國十一年、「宋慶元元年・張永宣」
『(浙江)蘭溪張氏宗譜』民國十三年、「元代」
張美翔・張世紳修『(浙江鄞縣)甬上青石張氏家譜』民國十四年、「明永樂年間・張錫璁」

張逢吉・張謙尊等續修『（廣東曲江）張氏宗譜』民國十五年、「宋慶元元年・張杓」
張琴治纂修『（湖南永興）金陵羅塘張氏續譜』民國十八年、「明初・張恩」
盛有光纂『（浙江東陽）呉寧張氏托塘重修宗譜』民國二十年、「元至順三年・張湖」
張廷耀主修・張文煥主稿『（江蘇常州）張氏宗譜』民國三十六年、「張氏通譜始修於唐開元十八年、遷常支譜始修於宋咸淳八年」
張英蘭纂『（浙江東陽）呉寧龍潭張氏宗譜』民國三十七年、「元至正十四年・張樞」
張根法主修『（江蘇常州）毗陵前墳蕩張氏宗譜』民國三十七年、「明嘉靖三年」
張佳祥・張榮橋・張良科等編輯『（浙江新昌）中溪張氏』民國三十八年、「宋嘉熙四年」

④隆慶年間以降の明代に始修された、その他の族譜の地名と刊行年度または時代。（　）内は始修年度と始修者、または記事内容。

浙江遂昌・萬曆三十九年、新安王弼・萬曆四十年、山東淄博［淄川］・光緒九（萬曆四十一年・張슬）、安徽涇縣［涇川］・萬曆四十六年、新安・天啓刻本、浙江紹興山陰白魚潭・崇禎六年、河南浚縣・明、洪州・明、江蘇武進韋莊・宣統三年（明中期・張文清）、休寧蓀田山上・清鈔本（明修）、不明・明刻本（清鈔本）、廣西桂林・民國十年（明末・張茂梧）、浙江奉化土埭・民國三十七年（萬曆二十二年・王有孚）

［一七］陳姓

①一、　陳鑾纂『（安徽祁門）陳氏大成宗譜』嘉靖六（一五二七）年

①二、　陳鑒纂『(徽州)陳氏大成宗譜』嘉靖年間刻本
①三、　陳秉謨等纂修『(湯溪)平興陳氏統族譜』乾隆十三（一七四八）年（ほかに、それぞれ道光年間、同治年間、光緒年間までの記事を載せている『(湯溪)平興陳氏統族譜』三種がある）
①四、　『(浙江常山)陳氏大成宗譜』光緒十九（一八九三）年
①五、　陳尙倫纂修『(浙江餘姚)鸚山陳氏大成宗譜』光緒三十二（一九〇六）年
①六、　陳樹藩・陳家厚纂『(湖南長沙)詳湘陝陳氏七修通譜』民國九（一九二〇）年
①七、　陳紹軒纂修『(寧鄉)湘陝陳氏通譜』民國十（一九二一）年
①八、　陳受先・陳毓鑫等修『(湖北新州)陳氏大成宗譜』民國十六（一九二七）年
①九、　陳增榮等纂『(江西宜春)陳氏大成宗譜』民國二十五（一九三六）年
①十、　陳達科・陳雪濤編『(湖北宜昌)義門陳氏大同宗譜』民國二十九（一九四〇）年

④隆慶年間以降の明代に始修された、その他の族譜の地名と刊行年度または時代。（　）内は始修年度と始修者、または記事内容。
廣東蕉嶺・萬曆四十三年、徽州歙縣・萬曆刻本、湖南長沙檀山・萬曆間、浙江紹興[會稽樊川]・崇禎六年、徽州蜀川・明刻本、徽州・明鈔本、石塈・明鈔本、休寧陳村・明鈔本、祁門竹溪・明刻本、東陽錦溪・清鈔本（記事は萬曆まで）、東陽鉅溪・明鈔本

## 第二節　宗教に對する影響

本節は、明代嘉靖年間に推し進められた朝廷の禮制改革などの政策と、こうした政策と宗族の擴大組織化が人々に浸透することによって、宗教的存在とりわけ佛教や僧侶に對する人々の行爲や意識がどのように變化したか、佛教寺院と祖先祭祀との關係がどのように變化したかについて、徽州文書やその他の地域の文書および地方志の中の宗教に關わる記述を資料として考察するものである。本課題をとりあげるに際し、注意しておかなければならないのは中國における宗教の問題である。中國における宗教としては佛教と道教、そして限られてはいるが回教すなわちイスラム教が存在する。また、キリスト教も入っている。他方、儒教すなわち中國においては一般に儒學と稱される思想は宗教ではないとされる場合が多い。それは、儒學がもつ禮教的側面、すなわち倫理道德やそれにともなう儀式の側面が注目されるからにほかならない。しかしながら、宗教が人間の死生觀すなわち人は何故この世に生をうけ死ぬのか、生命とは何か、死後はどうなるのか、という問題に解答を與えるものであるとするならば、儒の思想もまた宗教の一つのあり方としてとらえることができる。それは、孔子が出るまでの儒が、むしろ葬送儀禮をはじめとする宗教的行爲とくに祖先の祭祀を行う祈禱師を意味し、極めて宗教的存在であったというだけではない。祖先を祀るという行爲は、「宗法」や「宗族」という觀念や存在と裏腹の關係にあり、この「宗法」や「宗族」に對する認識は、明代以降庶民の間に浸透し、明清時代において人々の死生觀を形成していたと考えられるからである。そして、これら「宗法」や「宗族」という觀念にもとづけば、家產は個人に屬するのではなく「宗族」に屬するのであって、それを勝手に個人が處分することは少なくとも觀念上は許されないことになる。明清時代の中國における宗教的存在に對する人々の信仰や意識の問題を考えるとき、このことを念頭にいれておく必要があろう。

## 一、宗教關係文書

本文作成にあたって、宗教に關する文書の探索を行った。その對象は、徽州文書、その他の地域の文書のほか、刊行されている數種の書籍に掲載されている明清時代に作成された文書類である。しかしながら、賣買文書や典當文書等の經濟關係文書、家產分割文書、徵稅や賦役に關わる官文書は膨大に存在するものの、宗族にかかわる文書以外の宗教に關するものは、「會」に關わる文書（多くは簿冊）など極めて少ない。そして注目すべきは、宗族に關するものであれ、この「會」に關するものであれ、徽州文書中、佛寺など宗教組織に寄進されるものは多く現金や米などの農業生產物であり、それらを賣って土地を購入することはあっても、自己の所有する土地を直接宗教的存在に寄進する例は、管見の限りでは極めて稀である。とりわけ、明代以降は皆無といってよい。それでは、何故中國の明清時代においで土地それ自體を宗教的存在に寄進すること、少なくともそうしたことを記した文書がほとんどないのであろうか。

ここでは、宗教組織に對する寄進に關する四種類の文書を提示し、その記述の內容から宗教的存在ないし行爲に對して人々がどのような形で財を提供しているか、それら宗教的存在が人々の中でどのように認識されていたかを宗族關係を視野に容れて考えてみたい。

以下、四種類の文書の內容を示す。なお、譯文には一部省略と意譯した部分がある。

［Ⅰ］は宋代に徽州府祁門縣吳氏の族長五二公が創建し土地を寄進した永禧寺を(55)、明代に五二公の子孫が修理し、さらに寺の僧侶が五二公が寄進した土地を出典したため、清代に五二公の子孫が金を出してその土地を贖回したこと

を記した文である。

明代天順八（一四六四）年に前南京刑部郎中汪回顯によって書かれた前半の文の內容は以下の如くである。

「今將永禧寺碑文抄錄呈電。

邑治東距伍拾里、有地、曰盤溪。世爲吳氏所主。宋開寶間、僧仲芳樂其山水明秀、請於主地延隆長者五二公立爲祈福道場。五二公慨然施予殫力成之因、署額永禧寺。又入以宜木之山與宜稻之田、爲供佛飯僧之資、而弘久之規立焉。國朝永樂癸卯三門災、時監寺晟師已老、所授徒智忠未祓髮、比智忠授牒爲僧、又追以住持叢林而去。恆念寺不可曠廢、乃遣其徒法興曁孫如珍如瑢復居之。且戒之曰、吾將有以指授之也。天順甲申智忠携法興遍請□族而告以先世興寺之繇與今日復修之計、蓋懇懇然也。故凡後於五二公者咸忻然語曰、祖宗作善如此、顧我爲子孫者可不纘承其緒乎。於是各捐私帑、庀工搆材、不數月而三門告成。又以兩廊方丈梁楹棟榱、皆朽蠹將頹、亦悉以貞材代腐木、以密甓易踈覆、以夷甓除壞堦。凡寺之昔所未修者、今皆無所不完矣。智忠以爲吳族世有大功於其寺也。來徵文將刻諸貞石。余雖釋氏之說固足以動人、然能爲浮圖建□刹、蓄腴田侈莊嚴、□皆世之王公有弘力專勢者爲之、否則藉一鄉之斂、不足則轉而藉於一邑、藉一邑之助不足、又轉而藉於一群、然後庶幾有成績焉。若吳氏以詩禮之家而於是寺之興剏繼修□、其一脉相傳之賢、無有乎弘力專勢、無援乎他姓異族。誠足以見其世務、夫善而表然特出矣。至於使爲智忠之徒、旦夕祝釐於國家而相與講、其所傳者於此而繼繼不已也。其善之所及又何如哉。

賜進士出身中憲天夫惠州知府致□前南京刑部郎中汪回顯撰。

天順八年甲申冬十月吉日立

〔祁門〕縣の縣城から東五十里に盤溪という地がある。代々吳氏が有していたが、宋代の開寶年間（九六八年～九七六年）に僧の仲芳という者が山水の風景が優れているこの地を愛し、土地の所有者である吳氏延隆派の長者五二公に福を祈る道場を建てたいと願い出た。五二公は快く應じて施し與え、盡力してこれを成し遂げ、永禧寺と名附けて額に書いた。また、良い木が植わっている山と良い稲が實る田を贈り、佛への供えと僧侶の糧の資とし、永きにわたって道場が維持できるようにはかった。本朝の永樂二十一（一四二三）年、寺の三門が火災に遭った。當時寺の監督者であった晟師はすでに老齢であり、弟子の智忠はまだ剃髪していなかった。そこで智忠に牒を授けて僧にして寺の住持とし、寺が荒廢しないように恆に念じ、弟子法興と孫弟子の如珍と如瑢とを寺に住まわせた。そして、彼等を戒めて、自分（晟師）が教えを授けると言った。天順八（一四六四）年、智忠が法興を伴って吳氏一族の者を回り、（吳氏の）祖先（である五二公）が興したという寺の由來をもって、修復したいとねんごろに説いた。五二公の後裔は、祖先がこのような善行を行ったのに、我々子孫たる者はそれを受け繼がないでいられようか、と皆快く言った。そこで、一族の者は私財を寄附して資材と職人を集め、數カ月で三門を完成した。また、廊や方丈の梁や垂木や階の蟲が食ったり腐って崩れそうな箇所を新しい良い資材を用い（て修理し）、寺のかつて修理していなかったところで今日すべて完全でないところはなくなった。智忠は吳氏一族が代々その寺に對して大いに功績があるとして、私のところに來て文を依頼し碑に刻ませようとした。私が思うに、釋迦が説いた教えは人を動かすのに十分である、僧侶のために寺院を建立し豊かな田を得ることができる類は、みな代々の王公で、その大きな權力や權勢を持つ者がこれを行い、そうでなければ一鄕の力を集め、一鄕で足りなければ一縣の力を集め、それでも足りなければ一群の力を集めて事を成就しようとしてきた。ところで、吳氏は代々讀書人の家であって、代々寺を創建し修復してきた。これは、吳氏一族が代々才德のある人々であったことを示すものである。大きな權力や權勢もなく、吳氏以外の者の援助もなくやってきたが、その善行は特別なことである。智忠の門徒は日夜國家のために祈り講じ、後繼者もそれを繼いでゆく。吳氏一族の善行の及ぶところは計り知れない。[56]」

清代康熙五（一六六六）年に吳樹聲によって書かれた後半の文は、冒頭で五二公が永禧寺を建立した經緯を述べ、五二公が寄附した土地が百畝であったことを記し、以下の内容が記されている。

「今將身姪吳樹聲贖田文抄錄呈電。

祁山之東有盤溪、其地僻而秀、其徑曲而幽。吾始遷祖五二公爲築梵刹。於其中殿宇崇閎寮舍精固、周以墻垣、繚以竹木工成、署曰永禧庵。以僧仲芳居之。猶慮、饔飧弗繼、不可以侍香燈集徒衆也。乃以饘粥之田併寺山前後地計百畝、捨給本僧以爲焚修日用之資、以爲永遠不易之業。後有十王院(57)、僧宗壽來庵住持。其徒振旻復回十王院、遂將此業割半以去。而吾祖宗不腆之田，兩刹諸髡剖分而食之。子孫莫有違其議者、成祖宗志也。且十王院中亦立吾祖五二公神像、田之在十王猶在永禧也。迨世遠人湮、陵遷谷變、永禧寺基漸就傾圮。而僧之賢愚不一、復不能保其半業、多以質典於人、而有粮無租田。且爲後來僧人累、此太非吾祖宗施田之遺意矣。族叔瞻辰慨然思興復之、乃捐己資、并糾族人之好事者各捐資爲佐、共得白金八十兩、以次取贖。而田租復盡歸於僧、其事告成、而予適還里、乃屬予爲之序。予素不信浮屠福果之說、且見有飯僧求福佞佛懺罪者、輙心焉非之。今觀此擧亦猶崇釋之意也。然而叔之擧雖以捐贖寺田、叔氏之心則爲修復祖業。夫浮屠之失在於不知有祖耳。若乃此田施於有宋景定年間、歷今已四百餘年矣。叔氏生於四百餘年之後、悼祖業之弗終、而力爲修復以成厥志、是豈尋常崇釋者之可同日而語乎。而況人有重祖之心則必敦一本之愛、推斯擧也。任恤風行睦婣成俗、將必興義田、以贍族中煢獨之無養者、立義學以教族中子弟之失業者、以己爲倡以人爲佐。吾知叔氏之所就必有不止於此、祖宗之福之亦有不止於此者。不然所溥者厚、而所厚者薄、仁者不爲也。謂供僧則有報、而賑族則無報、智者不爲也。叔氏勉之哉。至於寺田雖爲數無多、然吾祖宗施之、子孫又從而贖之、其意良厚。彼髡而緇者亦宜謹身節用永保斯業。如仍蹈前失、今日之所贖不數年而浪擲、□人律、以浮屠業報之說、入地獄如箭矣。是爲序。

康熙丙午歳仲秋月延陵五二公後裔樹聲撰。

［（略）後ろに十王院という寺院があり、宗壽という僧が菴に來て住持となっていた。その弟子の振旻が十王院に戻るに際し、この（五二公が永禧寺に寄進した百畝の）土地の半分を取ってしまった。我が祖先（が寄附した）の少しばかりの田を二つの寺の僧が分けて生活の資とすることになった。（五二公の）子孫がそれに異議をはさまなかったのは、それが祖先（である五二公）の遺志だからであり、かつ十王院には五二公の神像が置かれていたからであり、田が十王院にあるということは、永禧寺にあるのとかわりがなかったからである。やがて時が過ぎ（當時の）人も亡くなり、山や谷が姿を變え、永禧寺の土臺も崩れ、しかも僧の中には賢い者もいれば愚かな者もおり、（二寺が）それぞれ半分ずつ有していた土地も維持できず、多くは質典に出され、納税義務はありながら租の收入はないという狀態になった。しかも、後の僧の累となり、こうしたことは五二公が土地を施した本意に違うものである。（そこで）一族の叔父である吳瞻辰がもとの狀態に戻そうと思い、自らの資を寄附し、また一族の者で慈善の心ある者に寄附して助けるよう呼びかけて、銀八十兩を得て、質典していた土地を回贖した。そのため、田租は再びすべて僧が入手できるようになり、事は成った。私は家に歸ったが依囑されてこの序を書いている。私はもとより佛教徒の（良いことをすれば）福を得られるという説を信じているわけではない。また、僧に食糧を與えて幸福を求め、佛におもねって罪を悔いる者を見ると心ではこれを非とする。但し、今（私の）この行爲は釋迦を崇拜しているようにみられよう。しかし、叔父の行爲は寄金によって寺の田を回贖したといっても、叔父の心は祖先（五二公）の行爲や資產をもとに復そうとしたものである。佛教徒の失は祖（先）があることを知らないことにあるのである。この田は、宋代の景定年間（に寄附して）から四百年以上たっている。叔父は四百年餘り後に生をうけ、祖先の業績を終わらせたくなく、祖先の遺志を成し遂げたく思ったのであり、（この行いを）普通の佛教信者と同列に論じることはできない。いわんや人に祖先を重んじる

心があれば、愛に敦くしてこのことを行うであろう。（孤兒や寡婦など困っている者を）哀れみ扶助すること、姻戚と親しむことは廣く行われて習わしとなっており、義田を設けて養う者がいない同族の者を養い、義學を設けて同族の中の資産がない者を教育することは、自ら提唱し（族）人が助けることである。私は叔父が成しとげたことはけっしてこれに止まるものではなく、祖宗の福もこれに止まるものではないことを知っている。（略）思うに、僧に供すれば報いがあり、族（人）に賑すれば報いがないなどは、智者たるべく者のなさざることである。（だからこそ）叔父も努めたのである。寺院の田は多くはない、しかし、我が祖宗が施したものであり、その子孫として、この田を回贖することの意図するところは良厚である。僧侶たちは、よく身を謹しみ、田を保持すべきである。（田を質典にいれるということ）かつての跌を踏んではならない。また今回回贖した田を數年も經ずして失ったら、人律にそむくだけでなく、佛教の教えによる因果業（應）報で地獄に落ちるであろう。[58]」

［Ⅱ］は、清代雍正五（一七二七）年に書かれた『嘉慶祁門縣佛會帳簿』の「序言」と乾隆三十二（一七六七）年に書かれた會資と會規に關する記述である。

「佛會燃燈敍言

庚甲之秋、族衆謀所以修葺家廟、以妥先室者、未幾而告竣矣。復僉曰祠右古刹爲一村香火、如雄殿山門將岌々乎不可支。思所以新之者汲々弗可緩。爰是鳩工庀材、心力不敢倦勤、不越兩載亦獲功成。蓋以家廟古刹毗連左右、輝映互相關也。殿堂既已鼎新佛像、又重莊嚴。由此而羅漢而護法韋馱禎然爲之一新、殊覺金光閃々色相焰、又有不可磨滅。計者期不可磨滅、必須供一長明燈頂佛、及僧使香煙不絕於寶殿、鐘鼓喨于梵宇、誠其事也。愚館於寺□年不爲不久、故各舉咸得與焉。時維己巳初夏、率同志者登名建立。値彌勒誕期、恭祝□慶設斋頂禮拈首充備、已閱三屆。蓄積頗豐、陸續輸租入寺、以爲長明晝夜燃燈、佛誕韋馱兩期慶賀、俾佛堂卽爲光明地而梵宇、當成不夜天。綿々繩々期乎垂遠歷久不滅不磨、與會者曁子□孫冥々中倘亦邀福于不朽云。旨。雍正五年十二月初八日。佛弟子胡士松、盥手頓書。

一建會芳名　康熙二十八年起(59)

乾隆三十二年會友芳名謄后

一會資、每各輸租貳秤、遞年炤時價交銀、積販置田、做會點燈、兩人充備、一年閱三屆。蓄有田租不下十有餘畝、先扒租谷四十二秤、附寺備會燈油。四月八日一會。至五十二年加扒谷共六十二秤、增韋駄殿前燃燈。臘八一會、炤前備茶二棹、每殳只一人、遵舊例、期垂久也。

一會規、每年二人經收、輪管浮穀、除附寺備會點燈外、所有餘谷同貯寺倉、照時價出糶支給完糧、仍入匣登簿、不得私收移借。誠恐效尤退黜等弊。嗣後毋得蹈踵前轍、如違公罰。

〔康熙十九（一六八〇）年の秋、同族の者が家廟を修理して亡妻の靈を慰めようと計畫し、未だ幾許ならずして完成した。（今）また、皆が言うことに、祠（家廟）の右隣に古刹があり、村の人々が參詣しているが、その古刹の雄殿の山門は壊れそうで危険な状態である。そこで、これを復舊して新たにすることは汲々として延ばせないと思い、良い資材と優れた職人を集め、心力を倦まず勤め、二年を越えずして完成した。家廟と古刹とは左右に連なっており、こもごも輝いている。殿堂にはすでに新しい佛像が安置され、これもまた重ねて莊嚴（飾りつけ）を行った。これによって、羅漢、護法、韋駄はめでたく一新し、金色の光が燦々と輝き、炎に照らされており、これを再び磨滅させてはならない。磨滅させてはならないと思うならば、必ず常夜燈の燈明を供えて佛像に額づき、僧は寶殿に香を絶やさないようにし、鍾鼓が寺院に鳴りわたるようにしなくてはいけない。（略）（私は）康熙五十八（一七一九）年の初夏に同志を率いて名を記した碑を建立した。彌勒の生誕日には恭しく祝して潔齋して食膳を提供し、拜禮し燈明を點し、すでに三回行った。蓄積はすこぶる豊かであり、次々と租が寺に運ばれ、常夜燈は晝夜を分かたず燃えており、佛

（ブッダ）の生誕日と韋駄の二期には、光明は地と寺院を照し、夜がなきかの如くである。晝夜を分かたず綿々と續き、永遠に絶えることなく、會に參加した者とその子孫はあの世までも福を受けること不朽である。（略）一、會を設立した者の名；（略）。一、會の資金；各々租二秤を寄附し、年々時價に照らして銀に替え、その銀を積み立てて田を購入する。會を行い燈明を點すことについては、二人が擔當し、一年三回行う。蓄えた田租は十畝餘を下らない。（そのうち）まず租四十二秤を集めて寺にわたし、會のときの燈油の費用とする、四月八日に一會行う。五十二年に至ったならば、さらに集めて加えて合計六十二秤とし、韋駄殿の前の燈明を增やす。十二月八日に一會行い、前の如く茶二棹を備え、役ごとに一人とし、舊例に遵じて永久に續くことを期す。一、會の規約；毎年二人が收入を管理し、順次擔當する。餘った米穀は、寺にわたして會のときの燈明の費用に備える分を除いて寺の倉に貯藏し、時價に照らして賣却し、稅糧支拂いにあてる。以前のとおり箱に入れて帳簿に記入し、こっそり收めたり貸したりしてはいけない。(60)效がとりわけ減ることなどの弊害を恐れる。今後前轍を踏むことがないよう。もし違反したら公けに罰す。」

［Ⅲ］は乾隆五（一七四〇）年に張氏の寡婦邵氏が作成した文書である。

「立舍書張門邵氏、緣先夫張漢良存日、欲妝關帝聖像、以展敬禮、不意夙願未酬、卽先溘逝、予承人先人遺意、於康熙五十一年虔塑法身一座、供於桑園庵內、時致香資、以伸誠敬。但念計非遠圖、恐至（＝致）中斷。今特捐田壹畝伍分、收除庵內、永爲供神世產。嗣后庵內僧徒不得任意侵蝕、本家后裔毋許藉詞收回。庶朝夕瞻禮、長存香火之資。伏臘歲時不乏蘋之薦矣。立此舍書、永遠存照者。

計開田畝字號　姜字一千七十七　中田九分一厘三毫

姜字一千七十八　中田五分五釐八毫五絲

乾隆五年八月日立舍書張門邵氏、同男張峻業、代書兄邵宜皆

［舍書を作成する張氏の妻邵氏は、夫張漢良が生前關帝聖像を造り禮拜することを願っていたにもかかわらず、その願いが果たされないうちに急に亡くなったので、夫の遺志を繼ぎ、康熙五十一（一七一二）年に關帝聖像を造り、桑園の庵に設置し、香をたむける費用を提供し、これを誠心誠意敬うこととした。しかし、將來（香をたむけることが）中斷することを懸念し、田一畝五分の田を寄附し、後の祀の費用の財源とする。この後、僧徒が勝手に處分するようなことをしてはいけない。また、我が子孫は口實を設けて、この土地を取り戻すことをしてはいけない。朝夕禮拜し、香をたむける費用を長く保つことを願う。（略）[61]］

［Ⅳ］は乾隆十六（一七五一）年に作成された北京に近い宛平縣の戒壇寺に對する北京西直門の廣善米會の援助を示した文書である。

「伏以天道往還、因時育物。地理妙靈、遇運則興。大法無究、惟賴釋子而宏化、功德浩漠、獨藉檀越以資成。戒壇寺千古大刹。仗基園而能廣行教化。馬鞍山萬載奇峰、非源水豈得普被群生。山僧成喆居此山三十餘年、存懷莫釋、秪在求天、一念頗降甘淋（＝霖）。雖然執持叢林、宗風何以丕振。願佛聖以垂慈、賴龍天而默祐。幸感得京都西直門廣善米會衆發誠心、願買水園地、供奉常住、以作永遠功德。余聞此言、卽尋得山北二里許、名曰秋坡、有園地一段、水井一眼、果樹若干、地主名李文科同侄李訓。願割園地四畝、水井一眼、果樹在內、賣與戒壇寺、永遠爲業。卽立文約、將四至開列、北至官園、東至官園、西至官、南至井邊小道。共作價銀三十兩。又賣王家嶺王國臣民地一段、一十八畝。東至道、西至溝、南至王天玉、比（＝北）至王近仁。共作價銀四十五兩。又買石廠村趙成連民地一段、二十二畝。東至官道、南至本主、西至賈姓、北至王姓。共作價銀七十五兩。此三宗地共四十四畝、每年取租銀十六銀、內有果品賣艮（＝銀）四兩五錢。以上地畝俱系廣善米會所治、以作永遠香火。正是千古功德、一時成就矣。余恐衆善人施則無驗、后望何據。故立碣以標名云爾。

大清乾隆十六年九月初一日、谷旦

[(略)戒壇寺は昔からの古刹であり、土地と畑を有して廣く教化を行ってきた。(略)山僧成喆はこの山に三十年餘り住み、(略)雨が降ることを念じてきた。しかし、大寺院を持っているからといって、宗派が盛んになるだろうか。佛や聖人に慈悲を願い、天の龍の陰ながらの助けに頼る(だけである)。幸いにして、北京の西直門にある廣善米會の人々が發心し、園地と井戸を買って寺院に供え、永遠の功德を行うことを願った。私は彼らの言葉を聞き、すぐに山の北の二里ほどのところの秋坡という地に園地一段、井戸一つ、果樹若干があり、地主は李文化と甥の李訓であることを知り、そのうちの園地四畝と井戸ひとつと果樹とを戒壇寺に賣却し、戒壇寺の所有とすることを願った。ただちに契約文書を作成し、(略)銀三十兩の價格の土地、王家嶺の王國臣の民地一段十八畝(略)價格四十五兩の土地、さらに、石廠村の趙成連の民地二段二十二畝(略)價格七十五兩の土地、合計四十四畝、毎年租は銀十六兩を得、そのうち果物の賣却によって得られる銀は四兩五錢である。これらの土地はすべて廣善米會が管理し、戒壇寺の香火を絶やさないようにする。まさしく千古の功德であり、またたくまに成就するであろう。私は多くの善人が施しをしたのにもかかわらず效驗がないことを恐れ、後の證據とするために、碣を立て姓名を書き入れ示す。[62]]

以上のうち、[Ⅰ]と[Ⅱ]は徽州文書である。[Ⅰ]の前半では、祁門縣の盤溪の永禧寺が、北宋時代に吳氏の先祖五二公の土地と財の寄進によって建立され、その際、維持費を捻出するための山と田も寺に贈られたこと、明代に火災に遭ったが、住持の依賴によって、五二公の子孫が力を盡くして完全に修復したことが述べられ、その善行を南京刑部郎中に任じたこともある汪回顯という人物が賞贊して記している。

後半の文は、五二公の子孫である吳樹聲によって記された文であり、やはり官に對して提出されたものである。當時、永禧寺の建物が崩れつつあったが、それは、寺に住む僧が五二公が寄進した土地を出典したため、寺を維持すべき租が入らなくなり、それにもかかわらず税糧は納めなくてはならない狀況にあったからである。そこで吳樹聲の叔父瞻辰が自ら金を出し、また族人の寄附を募り、土地を回贖し、もとの狀態に戻した。ここで吳樹聲は、もともと佛寺や僧侶に對して善行を施せば良い報いがあるという佛教徒の教えを自分は信じていないと述べ、叔父もまた祖先の偉業を思い、その土地を修復しようというものであったとし、尋常の佛教徒とは同日に論じられるものではないと述べている。

前半と後半に共通するのは、永禧寺に對して行った行爲が、佛教に對する信仰によるというよりは、先祖の善行を受け繼ぎ維持することに子孫の義務があるという認識にもとづいている點である。前半では、先祖の善行を受け繼ぎ子孫としての務めを立派に果たしたという點が賞贊されている。また、これはともに官に對して提出された文である。明朝政府は統治政策として宗法や宗族關係を强化し、淸朝政府もそれを受け繼いだ。祖先を尊び祖先の善行を子孫が受け繼いでいくことは、政府が推奬する倫理なのである。この問題は、「貞女」「烈女」の問題と共通するといえる。明淸時代、地方志には必ず「貞女」「烈女」の項があり、夫の死後再婚しなかった女性の名前が列記されている。それは彼女の名を夫の一族の者が官に報じたからである。何故官に報じるかといえば、一族から「貞女」「烈女」を出すと一族の負擔する役の輕減措置がとられたからであるといわれている。そうであれば、本資料のように祖先の善行を子が受け繼ぎ行ったという行爲も「貞女」「烈女」と同樣、官に報告することによって、一族に何らかの利益が見込まれたことが推測できる(63)。すなわち、政府が推奬する倫理を守ることは、當事者たちにとっても不利なことではなく、だからこそ廣く行われていくことになったと考えられる。

前半と後半との違いは、佛教寺院ないし僧との關係である。前半では、佛教や僧への敬意が感じられ、寺僧と吳氏の子孫との關係は良好である。他方、後半では、吳氏の子孫は自分は佛教を信仰していないと述べており、寺僧への侮蔑すら感じられる。寺僧が寺の維持費のための土地を典出したことを墮落ととるか、當時の經濟的狀況によるやむを得ない行爲ととるかは判斷しにくい。しかしいずれにせよ、その記述の內容と表現の變化からは、敢えてこの事例を特殊な事例とは言い難く、明初から淸初の間に、佛教や僧侶に對する敬意が失われたことはいえるであろう。(64)

〔Ⅱ〕の資料も、「宗族」と佛教との關係を示している。家廟（宗祠・家祠）と寺院は隣接しており、日本のように、本來は祖先を祀ることが佛教の儀式として行われていたと考えられる。〔Ⅱ〕は〔Ⅰ〕に比べて佛教への信仰は十分に感じられる。但し、家廟を建立することが第一にあり、寺院を修理し佛教の儀式を行うことはそれに附屬する行爲である。從って、〔Ⅰ〕の資料にある、寺院の修理を行うのは、あくまで祖先を尊ぶ故であり、佛教への信仰の故ではない、という記述が官に提出する文書であるがための誇張であるとしても、明淸時代には、佛教への信仰は唐宋時代に比べて後退しているとみてよいであろう。また、注意すべきは、寺を維持するための資金については、會員である族人が租を寄附し、それを銀に換えて田を購入し、おそらくはその田を佃に出し、そこから得る租をあてるつもりでいることである。この點については、三で述べたい。

〔Ⅲ〕は山陰縣の文書である。山陰縣は山西省と浙江省にあるが、いずれか不明である。桑園とあり田とあるところから、絹絲生產が盛んであり米穀を生產する浙江省の山陰縣であると思われるが、北方の文書に所謂畑を田という例もあり、山西省では蠶を全く生產していなかったとはいえず、關帝信仰は山西省で道教の民間信仰と結び附いてより盛んであったから、山西省の可能性も皆無ではない。なお、資料中に關帝像を管理する存在を「僧徒」としており、ここでは民衆信仰が佛教の僧によって維持されている。

ところで、本資料の特徵は、寡婦が亡夫の遺志を繼ぎ關帝像を造っただけではなく、田を寄進していることである。なお資料中に、庵の「僧徒が（田を）勝手に處分するようなことをしてはいけない」とある。この記述は〔Ⅰ〕の資料の後半部分と共通して、當時僧侶が勝手に寺院の資産を賣却したり出典したりすることがしばしば行われ、僧侶に對する信頼が薄れていることを示しているといえる。

［Ⅳ］は、北京に近く盧溝橋がある宛平縣の文書である。注には、戒壇寺は唐代武德五（六二二）年に慧聚寺という名稱で建立され、以後名稱が變更され修理されて維持されてきたとある。ここでも［Ⅱ］と同様、寺を維持するために寄進する土地は會員や會自體が寄附したのではなく、會員は資金を提供し土地などを購入している。最後に姓名を書き入れ示すとあることから、このときの購入に際して新たに寄附を募ったのであろう。

徽州文書の中にも宗教に關わる會の資産や運營についての帳簿は少なくない。その場合、堂宇建設のための土地購入等の費用や維持運營のための土地購入の費用は、管見の限りでは、本資料と同様に、會員が資金を出して土地の購入を行っており、會員が直接土地自體を寄附する例は見られない。また、維持費は會員が定期的に支拂う會費か購入した土地の租が當てられている。

以上、四種の文書について、その内容を見てきた。例が少ないため、これらの文書だけで、書かれていることを一般化することはできない。しかし、次のことはいえるであろう。第一に、宗教組織に寄進する場合、族員や會員が資金を出して土地の購入を行っており、族員や會員が直接土地自體を寄附する例は見られないこと、第二に、明清時代における佛教や道教への信仰がそれ以前に比べて薄れており、寺院の修理も信仰によるものというよりは、祖先を尊び、その善行を受け繼ぐ行爲として行われているという傾向が見られることである。それでは、明清時代に佛教寺院や道教の道觀の創設は減少していたのであろうか。あるいは、明清時代に創設された寺觀は、それ以前と比べて違いがあるのであろうか。以下、検討したい。

## 二、壇・廟・祠・寺・観等の創設年代と經緯について

ここでは、前章を補う意味から、廟や佛教寺院や道觀がどの時代にどのような經緯で創設されているかを、中華民國期に編纂された安徽省徽州府歙縣と祁門縣の地方志、および比較の對象として、同じく中華民國年間に編纂された江蘇省蘇州府吳縣の地方志の記述によって示したい。

民國二十六（一九三七）年刊の許承堯等纂『歙縣志』卷二「營建志」秩祀、同治十二（一八七三）年刊の周溶修・汪韻珊纂『祁門縣志』卷九「輿地志」九壇廟、民國二十二年刊の曹允源等纂『吳縣志』卷三三～三五「輿地考」祠宇一～三には、各縣の「壇」「宮」「廟」「堂」「殿」「閣」「祠」が記されている。(65) これらは、寺觀によらない儒・佛・道が混交した宗教施設である。歙縣の場合は、表Aにあるように、壇五、宮一、廟三十、祠六十三が記載されている。祁門縣の場合は、官が設けたものと民間で設けられたものとの區別が明記されており、表Aのように、官によって創建ないし重建されたものは壇五、宮一、廟七、祠三であり、唐代大曆十（七七五）年に創建された忠烈廟を除けば、明清時代に創建ないし重建されたものである。他方、民間によるものは、壇一、廟五十、堂一、殿五、閣一、祠五十二であり、創建年代がわかっているものは、すべて明清時代である。『吳縣志』には現存のものとすでに廢絶されたものとが分けて記載されている。表Aにあるように、現存のものでは壇四、宮二、廟十七、堂一、祠三十二があり、廟のうち一つは後漢時代、三つは唐代、四つは宋代の創建とされている。祁門縣と吳縣とを比べると創建年代にかなりの違いがあるが、これは記録の有無にその原因があるのではないかと思われる。また、「祠」に共通することとして、宋代と明代の人物を祭り、明清時代に創建されているものが多いことである。これら地方志には宗祠や家祠は記載されていない。なお、先農壇は歙縣での創建は雍正四（一七二六）年、祁門縣は嘉慶年間に重建されており、吳縣の場合は雍正六年の創建であり、嘉慶年間に創建された文昌宮、明代の嘉靖、萬曆年間に創建ないし重建された城隍廟と

ともに政府によって建設されたと推測される。

前掲『歙縣志』巻二「營建志」寺觀、前掲『祁門縣志』巻一〇「輿地志」一〇、寺觀、前掲『吳縣志』巻三六上～三六下「輿地考」寺觀一～二、には、佛教施設と廟などの所謂民衆化された信仰施設ではない教團組織としての道教施設（觀、道觀、道院、宮、菴＝庵）が記載されている。歙縣は、佛教施設（寺院、菴、祠）二百四十九（内、現存百二十七、廢百一、建物のみ二十一）、道教施設（觀、宮、院、菴）十九（内、現存四、廢十五）、祁門縣は佛教施設（寺院、菴、禪林、祠、殿、亭、閣堂）百三十八（内、現存百十二、廢二十六）、道教施設（觀、道觀、道院、宮）七（内、現存四、廢三）、吳縣は、佛教施設（寺、講寺、教寺、禪、禪院、禪寺、林、精舍、菴）百三十八（内、現存八十四、廢五十四）、道教施設（觀、道院、宮）三十五（内、現存十四、廢二十一）である。歙縣、祁門縣、吳縣の各施設の數は壓倒的に佛教施設の方が道教施設よりも多い。とくに歙縣と祁門縣で著しい。これは、道教教團が宋元時代に衰退したことを示している。

歙縣、祁門縣、吳縣の佛教施設の創建年代は、表Bに示した如くである。吳縣の梁には、五代梁が含まれている可能性もある。しかし、いずれにせよ、唐、宋、明が多い。三縣合わせると、唐代は五十四件、宋代は五十六件、明代は七十六件である。道教施設の創建年代は、歙縣は、唐五、宋以前一、宋五、元二、清一、不明五、祁門縣は、唐一、宋一、明一、不明四、吳縣は、漢二、吳越一、梁二、唐三、宋十四、元二、明一、清六、不明四である。道觀は複數の道士が居住し修行する場であり、人々の教化を行う場でもある。佛教の場合は、必ずしも名稱と内容とが一致しているわけではないが、主に寺院がそれにあたる。それに對し、「菴＝庵」は俗世を捨てた個人が佛教を信仰して營むものが多く、明代に創建された佛教施設には菴が多い。

佛教寺院の創建が明代に一番多いことの理由として、當然のことながら、實物も資料も時代が遡れば遡るほど失われていることが考えられる。實際、寺院や菴の由來についての記述は明代以降のものが詳しい。例えば、歙縣の青蓮菴は、明の戸部郎中であった凌世詔が明朝が滅亡した後、家を捨て僧となり、その妾の鄭氏も髪を切り、建てた菴である。歙縣の長慶寺は、宋代宣和年間に創建され、元代天歴元年と明代成化年間に張氏一族が二度にわたって修理し、明代萬曆年間に張大晉が同族の者に呼びかけて修理したと記されている。このほか、具體的に由來を示したものが少なくない。また、歙縣定光寺の來歷として、「舊名は定光堂といい、白蓮院の舊址である。明の詩人の僧明顯、破窗と號する者が和尚となり剃髮し墨染めの衣を着してここに寺を設けた。但し、正德五（一五一〇）年にその地に紫陽書院が建てられることになり、開化寺の右に移った。尙書の宋晛の子孫が大雄殿を建てたが、大雄殿の後には尙書の祠像がおかれた。現存する。(66)」とあるように、かつて寺があった址に新たに寺を建てた例は少なくない。

以上、これらの資料から讀み取れることは、宗教組織への土地などの寄進は主に唐宋時代に行われ、明淸時代の寺院などの修復は、祖先が創建したり修復したものを子孫が修復することが多く、新たに設けられる場合は、教化を意味するよりは世俗から逃れることを目的として寺院や菴が營まれた例が多かったことである。そして、祖先が創建したり修復したものを子孫が修復するのは、前述したように、彼ら子孫が佛教を信仰するがゆえではなく、祖先が行った善行を子孫である者が受け繼ぐべきであるという認識にもとづくものであったといえる。すなわち、前出の資料［I］を含めて考え合わせれば、少なくとも明淸時代においては、政治權力は佛教や道教の教團によらない儒・佛・道が混交した民衆信仰の施設を建設し、民衆の信仰を統治の一環としようとしていたこと、それ以外の佛教や道教、とりわけ佛教の多くは、宗族の祖先祭祀に寄生した形で存續していたといえるであろう。

【表A】

| | 歙縣 | 祁門縣 | 吳縣（現存のみ） |
|---|---|---|---|
| 「壇」 | | | |
| 社稷壇 | 宋初以前 | 官・明嘉靖四十五年 | 宋 |
| 先農壇 | 清雍正四年 | 官・清嘉慶年間重建 | 清雍正六年 |
| 雲雷雨山川城隍壇 | 宋以前 | 官・明以前 | 宋 |
| 三官壇 | | 民・有 | |
| 厲壇 | 明 | 官・明天啓年間 | 有 |
| 獄神壇 | 有 | 官・有 | |
| 「宮」 | | | |
| 文昌宮 | 清嘉慶六年 | 官・清嘉慶六年 | 清嘉慶二十三年 |
| 天后宮 | | | 明萬曆四十一年 |
| 「廟」 | | | |
| 關帝廟 | | 官・清雍正年間以前 | 明洪武十二年 |
| 關帝廟 | | 民 | |
| 火神廟 | 清康熙六年 | 官・清雍正十三年 | 明萬曆年間 |
| 東嶽廟 | 唐武德年間 | 民・明正德年間以前 | |
| 城隍廟 | 明嘉靖以前 | 官・明萬曆重建 | 明萬曆二十三年 |

| | | | |
|---|---|---|---|
| 八蜡神廟 | 清雍正十三年 | | |
| 龍王廟 | 宋以前 | | |
| 旗纛廟 | 明 | 官・有 | 有 |
| 武廟 | 有 | | |
| 忠烈廟 | 唐貞観二十三年 | 官・唐大暦十年 | 廢 |
| 藺將軍廟 | 唐 | | |
| 劉猛將軍廟 | 清雍正二年 | 官・清雍正二年 | 宋景定年間 |
| 通眞廟 | 有 | | |
| 孚惠廟 | 有 | | |
| 張王廟 | 宋嘉定三年 | | |
| 禹王廟 | 有 | | |
| 忠助廟 | 有 | | |
| 忠護廟 | 清道光 | | |
| 茅司徒廟 | 有 | | |
| 總管廟 | 有 | | |
| 飛布廟 | 唐天寶六年 | | |
| 忠靖王廟 | 有 | | |
| 世忠廟 | 宋寶慶間 | | |

| | | | |
|---|---|---|---|
| 張許二侯廟 | 有 | | |
| 昭明廟 | 有 | | |
| 顯應廟 | 明嘉靖四十五年 | | |
| 貞應廟 | 有 | | |
| 周侯廟 | 有 | | |
| 龍車廟 | 宋政和三年 | | |
| 瀹嶺廟 | 有 | | |
| 英烈廟 | 有 | | |
| 大姑小姑廟 | 有 | | |
| 嶽忠武王廟 | | 官・明弘治年間以前 | |
| 三皇廟 | | 民・廢 | |
| 雙忠廟 | | 民・明萬曆年間以前 | |
| 呂祖廟 | | | 清嘉慶十一年 |
| 都城隍廟 | | | 明 |
| 糾察司廟 | | | 清嘉慶九年 |
| 至德廟 | | | 後漢永興二年 |
| 吳恭孝王廟 | | | 宋 |
| 延陵季子廟 | | | 唐大曆十四年 |

呉相伍大夫廟　宋以前
春中君廟　唐天寶年間以前
溫將軍廟　宋淳祐年間
水仙廟　唐末
韓蘄　明成化十年
その他民間廟四十祀
「堂」
財帛司堂　清康熙二十六年
觀音堂　民・有
「殿」
民間殿五祀
「閣」
文昌閣　民・清道光元年
「祠」おおむね宋明人物を祭り、明清時代に創建されている。
◎歙縣
朱文公祠　舒先生祠　楊先生祠　孫彭二公祠　昭忠祠　名宦祠　鄉賢祠
何留二公祠　虞公祠　魯公祠　循良祠　張文毅公祠　徐公祠　崇賢祠　顯忠祠
陳公祠　張公祠　先正合祀祠　報功祠　高公祠　陳公祠　梁公祠　陶公祠

汪忠愍祠　二李公祠　孝子祠　忠義祠　節孝祠　節烈祠　尙賢祠　兩賢祠
張公祠　史公祠　鄭公祠　惠政祠　胡公祠　劉公祠　周公祠　唐公祠　洪公祠
李公祠　陸公祠　姚公祠　戴公祠　倪公祠　呂公祠　傅公祠　葉公祠
陸忠節祠　朱韋齋先生祠　鄔公祠　張公祠　汪新都侯祠　任公祠　諫議祠
令君祠　鄭孝子祠　徐公祠　呂內史祠　汪介庵先生祠　六逸祠　程朱三夫子祠
孔貞子祠
◎祁門縣　官祀……吳長史祠　宋周侯祠　土地祠　民祀……五十二祀
◎吳縣　現存三十二祀

［表B］
《歙縣》
（一）佛教寺院（寺、院、菴、祠）……二百四十九祀
◎存廢
現存（〝廢〟等の記述のないものを含む）＝百二十七、廢＝百一、建物のみ＝二十一
◎創建時期
梁＝一、唐＝三十一、五代＝六、唐宋または宋以前＝一、宋＝三十六、宋元＝一、元＝三、明＝五十四、
清＝二十一、不明＝九十五
（二）道教道觀（觀、宮、院、菴）……十九祀

◎存廢

現存＝四、廢＝十五

◎創建時期

唐＝五、宋以前＝一、宋＝五、元＝二、清＝一、不明＝五

《祁門縣》

（一）佛教寺院（寺、院、菴、禪林、祠、殿、亭、閣、堂）……百三十八祀

◎存廢

現存＝百十二、廢＝二十六

◎創建時期

梁＝十一、唐＝十一、五代梁＝一、宋＝六、明以前＝四十四、明＝十一、清＝二、不明＝百二

（二）道教道觀（觀、道觀、道院、宮）……七祀

◎存廢

現存＝四、廢＝三

◎創建時期

唐＝一、宋＝一、明＝一、不明＝四

《吳縣》

（一）佛教寺院（寺、講寺、教寺、禪、禪院、禪寺、林、精舍、菴、）……百三十八祀

◎存廢

現存＝八十四、廢＝五十四

◎創建時期（現存のみ）

梁＝二十五、晉＝二、東晉＝一、唐以前＝一、唐＝十二、梁＝二十五、五代唐＝二、五代吳＝一、宋以前＝一、宋＝十四、元＝五、明以前＝一、明＝十、淸＝四、不明＝三

（二）道教道觀（觀、道院、宮）……三十五祀

◎存廢

現存＝十四、廢＝二十一

◎創建時期

漢＝二、吳越＝一、梁＝二、唐＝三、宋＝十四、元＝二、明＝一、淸＝六、不明＝四

## 三、土地の「所有」と「寄進」との關係

一、二において、明淸時代における佛教や道教への信仰がそれ以前に比して後退しており、寺院の修理も信仰によるものというよりは祖先を尊び、その善行を受け繼ぐ行爲として行われている傾向がみられることを指摘した。ここでは、それでは、こうした祖先を尊ぶこと、換言するならば、宗法と宗族觀念の浸透と强化が寺院などの宗教組織への寄進にどのような影響を與えたのかという問題を考えてみたい。

まず、祖先から受け繼がれてきた家產の所有權は誰に屬すると認識されていたかという問題について考えてみたい。

本書第八章で述べるように、徽州では家族の構成員が從兄弟だけになるか、それ以前に家産が分割されることが多い。中國の他の地域でもおおむね同様である。家産分割について本論と關係して重要なことは、分割される土地のほとんどが面積ではなく、租額によって示されていることである。すなわち、分割されるのは多く「收租權」であって土地そのものではないということである。

土地の所有權が誰にあるのかという問題を考えるうえで、さらに注目すべきことがある。それは納税名義が誰になっているかということである。土地を賣買した場合、官に報告し納税名義の變更を行い契税を納める。しかし、このことが必ず實行されていたわけではない。まして、父親が死亡した場合に一々息子の名義に書き換えることはしない。當然のことながら相續税に類するものはない。官も毎年の税金が徵收できればよいのであって、名義人が誰であろうとかまわないのである。從來言われてきたことでもあるが、場合によっては同一名義で百年、二百年と税金が納められる場合もある。

問題は實際に行われていたこれらの行爲がどのような觀念に裏附けられていたかということである。以下、一つの假説を述べてみたい。

前述したように、宗族とは始祖に始まり未だ存在していない子孫へと續く父系の血統（氣脈）を受け繼ぐ人間存在の總體を意味する。そうであれば、祖先が入手した土地は、その祖先の血統（氣脈）を受け繼ぐ後裔の總體に屬することになる。家産分割が行われたとしても、個々の存在が受け繼いだのは家産を管理する義務とそこからの收益を使用してよい權利であって、所謂近代的な意味での所有權ではない。すなわち任意に處分してよい權利は有さないことになる。こうした觀念は、日常的には顯在化していない。しかし、實際の場面で賣却する必要に迫られたときに顯在化することになる。すなわちその家産に對して潛在的な權利を有していた同族の人々（嚴密には家産を入手した祖先の後裔）にまず土地を購入してもらえるか問わねばならないことである。これが所謂「先買權」である。そして、同族の人々の中に購入してくれる者がおらず、彼らが族外の者に賣ってよいと認めた場合のみ族外の者に賣ることができる。賣契には表現は様々であるが、必ず同族の者が賣却を認めたこと、あるいは以後同族の者が異議を唱えても買い主には關係がないということを示す文が書かれているのはこのためであると考えられる。なお、ここでいう家產とはあくまで父親を含めた祖先が購入したものであって、自身が購入したものは必ずしも含まれない。ここで〝必ずしも〟といったのは、個人の營爲と努力によって購入したものであっても、一家族として生活しており、家產分割が行われる以前に取得したものであれば、家產として認識される例もあるからである。他方、故鄕を離れ外地で生活し、外地に土地を購入した場合は、實際的に周圍に同族の者はいないし、觀念的にも個人が取得したものであって處分は自由に行われる。ほとんどの賣契に「祖遺」「承父」など祖先や父から受け繼いだ家產であることを示す表現か「自置」など家產として受け繼いだものではなく自身が購入したものであることを示す表現が記されているのはこのためであると考えられる。このことは、寄進についても言えるであろう。すなわち、家產を個人の信仰のために勝手に寄進してはならないということである。そして、これらの家產に對する觀念とそれにもとづく様々な行爲は、宗法や宗族という觀念が庶民の間にも浸透するにつれて一般化、普遍化していったと思われる。

以上の假說をもとに、前に示した資料［Ⅱ］と［Ⅲ］を見てみよう。［Ⅲ］は亡夫の遺志を繼ぎ寡婦が土地を寄進している。假にこの土地が家產として夫が受け繼いだものであれば、以上の假說を否定することとなる。但し、この土地が夫自身が購入したものであれば問題はない。他方、［Ⅱ］の資料の會の資金に關する文の冒頭には「各々租二秤を寄附し」とある。ここで「租」と書かれているのは、家產分割を經て管理している土地から收得する「租」であると考えられる。勿論、土地を失い佃戶となった者もいたであろうし、また徽州では、本書第七章で述べるように、清代乾隆三十六年の例により世僕であった者が良民とされたことから、[67]同族の扱いになった者もおり、同族内にも他の族人の土地を耕作し租を納めていた者がいたであろうことはいうまでもない。

## おわりに

元末明初以降、宗族組織の再編が進められ、祠堂において各家族が高祖以下四代だけを祭る方式から、多くの支派の族人が集まって始遷祖の祭祀を行う「大宗」規模の祠堂の建設へと轉換してゆき、とくに徽州では嘉靖年間以降、各支派の祠堂を統合した宗祠の建設が進められた。こうした動きに對し、明政府は當初は「大宗」復活につながるとして反對し、官僚個人以外が宗祠によって祖先を祭ることを禁じたとされる。しかし、その一方で、明初政府は、基層社會の秩序を回復維持し、かつ人々を掌握するために、宗族の組織化と宗族の鄉約化を推し進めた。庶民も始祖を祭ることの認可を求めた嘉靖十五年の夏言の上奏が認められたのもその政策方針に合致していたからであるとも考えられる。

「通譜」や「統宗譜」などの擴大系統化型族譜についていえば、「通譜」は「統宗譜」よりやや早くに編纂が始まるが、ほぼときを同じくする。すなわち、これらの擴大型族譜の作成目的は、一族の結集を圖るという目的においては舊來と變わらないとはいえ、それは凝縮した團結を圖る結集ではなく、幅廣く人々を集めていくという結集を圖るための一つの手段であった。顧炎武が廣く同宗とすることを批判したことは、宗族の發展を圖るために族人を增やすことを目指し佃僕や女婿までも改姓させて廣く同宗に取りこんでいくことが當時廣く行われていたからであろう。そして、宗族としての宗祠を建設するにあたって、始祖ないし始遷祖を明確にすること、誰が誰を祭るのかということを明確にする必要があり、資金を廣く集めることから族人の詳細な調査が必要になったこともその要因として考えられる。

しかし、元末以降の變化にせよ、明政府による宗族の組織化政策にせよ、徽州という地域に限られたことではない。それにもかかわらず、少なくとも現存する明代嘉靖年間前後の「統宗譜」など擴大型族譜のほとんどは徽州の宗族のものである。徽州では庶民もまた族譜を有し、多くは今日に至っている。當然のことながら、現存するということと編纂という行爲がどの程度行われたかということとは、區別する必要がある。但し、もし明代嘉靖年間前後の擴大系統化型族譜の編纂が他の地域に比べて徽州において盛んであったと假定した場合、その要因としてどのようなことが考えられるであろうか。以下、考えられる要因を示したい。

第一に、前述したように、徽州は山がちであるとはいえ、人が越えられない山塊の中にあるわけではない。徽州の集落には同姓村落はほとんど皆無である。その原因は戰亂などによって、多くの人々が明代になる以前は徽州およびその周邊地域において移動したという歴史による。このことは同族が聚居する地域に比べて、次の狀況をもたらすと考えられる。すなわち、同族聚居の地では、同族か否かの判斷を下す作業は不要であるのに對し、徽州のような地域では、同族か否かを確認するためには、祖先の歴史を確認する必要が生じることになる。例えば、二地域の同姓家族が祖を同じくするか否かを確認するためには、いつ、どこから、現在の地に移って來たか。遷って來る前にはどこにいたかを明確にする必要がある。近い時點に一致點が見出せなければ、より昔の先祖へとさかのぼることになろう。勿論、同族關係にあることを確認する必要がなければ、以上のような作業は不要である。しかし、それを確認する必要が生じた。

その一は、元末明初に徽州地域へ多くの人々が流入し、人口が増大したということである。新來の人々が多いということは秩序の混亂をもたらし、秩序維持のための方策が必要となる。新來者の增大と人口增だけであればほかにも同樣な地域はあったであろう。しかし徽州は耕地が少ない。このことは、秩序維持のための宗族の組織化と宗族の鄉約化という政府の方針に呼應することは勿論、より率先して實行するための強い動機となったと考えられる。

その二は、人口の增大が、西遞胡氏の例にも見られるように、一方で一族の繁榮を促すと同時に、耕地が少ないことによって商業に從事し、客商として外地に赴くことを促したことである。外地に赴き商業に從事するためには資金と情報を提供し、外地に信賴できる存在が必要である。從って、外地へ赴き商業活動をするには、縣や府は勿論、省を超えて同宗の者の存在を確認することが圖られたと考えられる。また、科擧の受驗や官僚としての赴任の際においても同樣のことがいえる。

第二は、朱熹が徽州出身であることはいうまでもないが、「大宗」を唱えた程頤が徽州出身であるということへの自負があり、そのことが擴大系統化型族譜の編纂を早くに促したということである。

第三に、元代に編纂されたと思われる『新安大族志』と、明代に編纂された『新安名族志』が存在しているように、徽州では、すでに各姓の徽州における各集落の狀況の調査が進んでいたことが考えられる。

「統宗譜」など擴大系統化型族譜の編纂は、可能な限り多くの人々を族人として掌握し取り込もうとするものであった。それは基層社會の秩序を回復維持し、かつ人々を掌握するために、宗族の組織化と宗族の鄉約化を推し進めるという明政府の方針を實現するための基本的作業の一つであった。しかし、外地に赴き商業に從事する者が多い徽州の人々にとって、それは地域の安定を目指すだけにとどまらない、地域を越えた廣がりにおける發展性をもつ行爲であった。現存する明代嘉靖年間前後の擴大型族譜のほとんどが徽州の宗族のものであるのは、彼等が擴大系統化型族譜編纂に他地域の人々よりも積極的な意義と效力とを見出し編纂と保管に力を注いだためであるといえよう。

他方、宗族關係の强化が宗教に與えた影響については、次のことがいえるであろう。明政府は、秩序の維持と統治の圓滑化をはかるために、宗族關係を强化し、宗法にもとづく倫理觀念を庶民の間に浸透させる政策方針をとり、清朝政府もこれを受け繼いだ。また、明清政府は儒・佛・道混交の民衆信仰の對象である廟などの建設は行ったが、佛教や道教教團に對しては、しめつけを行いこそすれ、援助や保護は行わなかった。他方、地理的、社會的流動が著しい當時において、人々もまた「宗族」關係を强化することを必要とし、このことは、個人の信仰にもとづく佛教や道教への信仰の變質をもたらした。明代においてはまだ存在していた僧侶などに對する敬意と良好な關係は、清代になるとむしろ輕視や侮蔑に變わっていく。その原因は、經濟環境の變化などによる僧侶の行動上の問題によるところもあろうが、政治權力に對する庶民の意識の反映であるともいえる。すなわち第一に、祖先の善行を子が受け繼ぐということは政府推奬の倫理であり、有利な結果をもたらすものであった。第二に、王朝末期や初期のように政治權力が實質的にその力を有していないような歴史状況を除いて、政治權力の裏附けをなんらもたない社會的に特殊な存在は、閉鎖的集團内部は別として、些かの權威もないばかりか往々にして一般の人々の侮蔑の對象となるということである。さらに、宗族意識の强化によって、すでに分割された家産であろうとも潛在的に宗族の構成員全體に屬していると觀念されるようになり、個人が賣却するにせよ寄進するにせよ處分しようとする場合には、日常的には潛在化していた「所有」意識が顯在化し、同族の人々の同意を必要とすることが不文律となっていた。人々による寺院などの修復が、人々の佛教などそれ自體への信仰にもとづくものというよりは、祖先が行った善行を子孫は受け繼ぐべきであるという認識にもとづく行爲として行われており、またそれらの修復が往々にして同族の人々が參加する形で行われていることの背景には、そうした歴史的社會的状況と、それにもとづく人々の意識の變化があったといえよう。

注

（1）第三部緒言において示した著書・論文のほか、本章作成に當たって參考にした宗族および族譜關係著書・論文は以下のものである。

［宗族と族譜について］

一、森田憲司著「『成都氏族譜』小考」『東洋史研究』第三六巻三號、一九七七年。
二、森田憲司著「宋元時代における修譜」『東洋史研究』第三七巻四號、一九七八年。
三、常建華著「中國族譜收藏與研究概況簡說」中國譜牒學研究會編『譜牒學研究』第一輯所收、書目文獻出版社、一九八九年。
四、馮爾康著「宗族制度對中國歷史的影響─兼論宗族制與譜牒學之關係」同右所收。
五、張海瀛著「明代譜學概說」中國譜牒學研究會編『譜牒學研究』第三輯所收、書目文獻出版社、一九九二年。
六、常建華著「明清祠堂族長制宗族的强化」馮爾康等著『中國宗族社會』所收、浙江人民出版社、一九九四年。
七、陳支平著『福建族譜』福建人民出版社、一九九六年。
八、陳建華著「宋以來私修家譜的功能與纂修體例」上海圖書館編　王鶴鳴等主編『中國譜牒研究─全國譜牒開發與利用學術研討會論文集』所收、上海古籍出版社、一九九九年。
九、陳寧寧著「家譜〝譜籍〟的確定與著錄」同右所收。
十、翟屯建著「略論家譜内容與體例的演變」同右所收。
十一、徐建華著「家譜的收藏整理與編目」同右所收。
十二、胡德著「明代家譜的編修及其内容體例的發展」上海圖書館編　王鶴鳴等主編『中華譜牒研究─邁入新世紀中國族譜國際學術研討會論文集』所收、上海科學技術文獻出版社、二〇〇〇年。
十三、錢杭著「誰在看譜─與族譜性質有關的一個問題」同右所收。
十四、徐建華著『中國的家譜』百華文藝出版社、二〇〇〇年。

十五、上海圖書館編　王鶴鳴主編『解凍家譜文化』上海古籍出版社、二〇〇二年。
十六、王鐵著『中國東南的宗族與宗譜漢語大詞典出版社、二〇〇二年。
十七、袁義達・張誠著『中國姓氏―群體遺傳和人口分布』華東師範大學出版社、二〇〇二年。
［徽州の宗族と族譜について］
一、葉顯恩著『明清徽州農村社會與佃僕制』安徽人民出版社、一九九三年。
二、趙華富著「徽州族譜數量大和善本多的原因」上海圖書館編　王鶴鳴等主編『中國譜牒研究―全國譜牒開發與利用學術研討會論文集』所收、上海古籍出版社、一九九九年。
三、唐力行著「徽州方氏的遷覗徙與社會變遷」同右所收。
四、趙華富著「徽州譜牒在明代中期的發展變化」上海圖書館編　王鶴鳴等主編『中華譜牒研究―邁入新世紀中國族譜國際學術研討會論文集』所收、上海科學技術文獻出版社、二〇〇〇年。
五、王振忠著「徽州家族文書與徽州族譜―黟縣史氏家族文書鈔本研究」同右所收。
六、陳瑞著「明代徽州家譜的編修及其内容與體禮的發展」『安徽史學』二〇〇〇年第四期。
［宗法思想と禮制について］
一、閻愛民著「〝大禮儀〟之爭與明代的宗法思想」『南開史學』一九九一年第一期。
二、田澍著『嘉靖革新研究』中國社會科學出版社、二〇〇二年。
（2）前揭『中國宗譜の研究』。
（3）筆者が一九九二年四月から翌年の四月はじめまで中國に滞在した際、上海圖書館で族譜を中心とした資料の閲覧を行った。當時古籍部の王宏氏が時間をかけてカードや目錄にある族譜は勿論のこと、カードや目錄にない族譜も探し出してくれたが、そのときはまさしく書庫の中を探索するという状況であった。
（4）上海古籍出版社、二〇〇〇年。なお、ここにはマイクロフィルムは含まれていないと思われる。
（5）常建華氏は、「種」ではなく「部」を用いられている。これは同種の族譜で重複するものも數値に入れているためである。

（6）東洋文庫收藏の『新安名族志』には、書籍と北平圖書館所藏の『新安名族志』のマイクロフィルムとがある。書籍では高姓の記述がある箇所がマイクロフィルムでは梅姓の記述となっている。また、各氏の居住地に違いがみられる。とくに程姓と汪姓にそれが目立つ。マイクロフィルムは、嘉慶三十年に書かれた呉守教の跋で終わっているが、書籍は、その後に嘉慶二十九年に書かれた朱瑩の跋が加えられている。また、葉顯恩氏が『明淸徽州農村社會佃僕制』（安徽人民出版社、一九八三年、一三頁～一九頁）中で用いられている『新安名族志』にも高姓の記述がなく梅姓となっているほか臧姓と顧姓が加えられている。

（7）後述するように、東京大學東洋文化研究所藏の『休寧名族志』には、陳櫟の『新安大族志』の陳櫟による序文、程尙寬等による『新安名族志』の胡曉の序文等が記されており、編葺鄕紳として、元延祐三（一三一六）年陳櫟（休寧陳村）、明嘉靖二十八（一五四九）年鄭佐（歙縣巖鎭）、嘉靖三十（一五五一）年洪垣（婺源官源）、萬曆七（一五七九）年曹誥（休寧曹村）の名が記され、同校諸生には、嘉靖二十八年、嘉靖三十年増補程尙寬、天啓六年增補曹嗣軒（＝叔明）と記されている。

（8）前掲『中國宗譜の研究』。

（9）「『新安大族志』考辨―『實錄新安世家』」（『安徽史學』一九九三年第三期、一九九四年第三期）。

（10）黃山書社、二〇〇四年。

（11）前掲朱萬曙、胡益民主編『新安名族志』「整理前言」。

（12）同右。

（13）同右。

（14）『中國家譜總合目錄』四四八頁～四八三頁。

（15）華東師範大學出版社、二〇〇二年、四七頁～四九頁。本書は人類群體遺傳學の分枝である姓氏群體遺傳學の方法によって、中國の各姓の起源と歷史、分布狀況を分析したものであり、豐富かつ興味深い內容をもつ。

（16）王直を逮捕した胡宗憲、資本家胡雪巖、胡適、胡錦濤はみな績溪縣の出身かまたは績溪縣を祖地とする人々である。

（17）後述するように、江はもともとは蕭姓であったが、唐の時代に蕭禎という人物が出て、黃巢の亂を平定するのに功があり、柱國上將軍に封じられ、江南を鎭守し、歙縣黄墩に兵を駐屯させ回復を圖ったが、果たせず姓を江に改めた、と『新安名族志』にある。但し、姓を用いることを要求され、江を名乘った在地の人々が、歴史上どうしても祖先とすべき江という姓の人物が見つけられず、蕭將軍を強引に祖先とした可能性もある。巧妙に系譜を作成することができた一族もあれば、江氏のように、矛盾だらけの内容で辻褄を合わせた一族もあったということであろう。

（18）　舒氏の場合、例えば明鈔本『（黟縣）舒氏統宗譜圖』と同治九（一八七〇）年刊、舒安仁纂修『（績溪）華陽舒氏統宗世譜』では、重なり合う部分も多いが、はじめて徽州に移ってきた場所と理由と人物の記述内容にズレがある。おそらくは、徽州に原住していた一族が族譜を編纂する際に、中原から遷って來た舒氏の族譜の記述を借りて、あたかも中原から遷って來たが如く自己の族譜を作成したと考えられる。

（19）　陳氏については、陳［臨玉］纂修『（皖南、江西）陳氏大成宗譜』嘉靖間歙西仇氏刻本、陳秉謨等纂修『平輿陳氏統族譜』乾隆十三年があるが、「通譜」「統宗譜」の類は管見した限りでは見出せない。

（20）　以下、各姓の分布密度と分布頻率についての記述は、同書の圖表に基づく。

（21）　前掲『中國姓氏―群體遺傳和人口分布』三四頁～五二頁。

（22）　程敏政纂修『新安程氏統宗世譜』巻之一、譜圖一。

（23）　同右。

（24）　同右。

（25）　前掲『新安名族志』。

（26）　『新安名族志』、なお、前掲『徽州名族志』所載の『新安名族志』には、胡姓の居住地として東關は記載されていない。

（27）　胡叔咸等纂修『（黟縣）明經胡氏壬派宗譜』道光六（一八二六）年。

（28）　『姓譜』（陳明遠・汪宗虎編『中國姓氏辭典』北京出版社、一九九五年）。

（29）　『新安名族志』。なお、江澤民前主席の祖地は徽州に接する旌德縣であり、徽州の婺源縣に移り、次いで、鹽商人として親族が居住していた揚州に移ったといわれている。

(30) 現在、朱熹の舊居址と親族の家が残っている。
(31) 前掲葉顯恩著『明清徽州農村社會佃僕制』一二頁。なお、舒姓の徽州への移住時期については注（18）參照。
(32) 前掲『新安名族志』。
(33) 同右。
(34) 同右。
(35) 同右。
(36) 『新安名族志』と同じ記述は『廣韻』（前掲『中國姓氏辭典』四二九頁）にもある。『新安名族志』は『廣韻』を引用したものと思われる。
(37) 梁滿倉主編『中華姓氏譜・王』現代出版社・華藝出版社、二〇〇〇年、四八頁～七〇頁。
(38) 前掲『新安名族志』。
(39) 前掲『中國姓氏辭典』二四三頁～二四四頁。
(40) 李春融等纂修『三田李氏宗譜』。
(41) 前掲『新安名族志』。
(42) 同右。
(43) 同右。
(44) 山根直生「唐末五代の徽州における地域發達と政治的再編」『東方學』第百三輯、二〇〇二年、參照。
(45) 前掲王鈺欣・周紹泉主編『徽州千年契約文書』清民國編、四七頁～五〇頁。
(46) 前掲『江西省婺源縣地名志』と同じ形式の調査書が、徽州の他縣についても作成されており、各集落の姓の構成を掌握することができる。但し、『江西省婺源縣地名志』婺源縣が最も詳しい。
(47) 中華書局、一九九七年。
(48) 山西人民出版社、一九九二年。

(49) 出版刊行はされておらず、手書きの目録の寫し。
(50) Chinese Genealogies at the Genealogical Society of Utah An Annotated Bibliography 成文出版社、一九八三年（日本版『ユタ系圖協會　中國族譜目錄』近藤出版社、一九八八年）。
(51) なお、『新安程氏諸譜會通』が編纂された景泰年間は、正統年間に續く時代である。そうであれば、『新安程氏諸譜會通』は宗譜完成に至らなかった程文實の調査記錄であるとも考えられる。いずれにせよ『譜』といえるものではなかったのであろう。
(52) 以上については、すべての姓の譜を確認してはいないが、常建華氏が明代早期の「會通譜」「統宗譜」としてあげられている譜もほぼ同じである（馮爾康等編『中國宗族社會』浙江人民出版社、一九九四年、二四六頁～二四七頁）。なお、常氏が徽州以外の例としてあげられている『汪氏統宗正脈』の河南洛陽汪氏も徽州から移った支派である。
(53) 前揭『新安名族志』。
(54) 例えば筆者の工場勞働者である友人の夫人方氏の家も族譜を有している。また、その友人の家もかつて族譜を有していたが、商人で小地主であったため、文化大革命のときに廢棄したとのことである。さらに、休寧縣汊口劉雙根氏は先祖が棚民出身の農民であるが、かつて族譜を有しており、文化大革命のときに廢棄したが、現在再編中である。
(55) 同治十二年刊　周溶修・汪韻珊纂『祁門縣志』巻一〇「輿地志・十寺觀」には、永禧寺は宋代に建立され、明代の萬曆年間に火事に遭い、僧詮熔が修理した、とある。但し、資料［Ｉ］には、この萬曆年間の火災については記されていない。
(56) 前揭『徽州千年契約文書』清民國編　第一巻六二頁～六三頁、「康熙五年祁門吳樹聲贖寺田文」。
(57) 同治十二年刊　周溶修・汪韻珊纂『祁門縣志』巻一〇「輿地志」一〇寺觀には、十王院について、昔萬安寺という寺が縣城の西七里にあり、唐代の咸通二年に縣城の南二里に移築され、明代洪武十五年に僧會司が十二の院を設けたが、このうち、殘っているのは十王院のみであり、太平天國の戰亂で燒かれ、現在まだ再建されていない、とある。
(58) 前揭『徽州千年契約文書』清民國編　第一巻六二頁～六三頁、「康熙五年祁門吳樹聲贖寺田文」。
(59) 下に一族十三名の名前などが記されている。

(60)　前掲『徽州千年契約文書』清民國編　第十一巻三頁～七頁、「嘉慶祁門佛會帳簿」。
(61)　張傳寶主編『中國歴代契約會編考釋（下）』北京大學出版社、一九九五年、一六〇九頁。
(62)　前掲『中國歴代契約會編考釋（下）』一六一〇頁～一六一一頁。
(63)　「貞女」「烈女」を尊んだ慣習を、女性を抑壓する〝封建的〟思想の現われとする見方が從來は多い。しかし、「貞女」「烈女」を顯彰することは、亡夫の一族がそれによって利益を得られると同時に、寡婦の生活の保證を一族が行う結果をもたらす。何故なら、生活ができなければ寡婦は再婚せざるを得なくなるからである。實際、徽州文書のなかには、寡婦の再婚を示す文書が少なくないが、そのほとんどは僕など貧しい階層の者である。亡夫の家產は基本的に妻が受け繼いで管理する權利をもつ中國社會においては、子供がいて勞働力があり生活が保證されていれば、再嫁して新たな夫や家族の中に入ることを必ずしも望まなかったであろう。
(64)　僧尼になることが疎まれた理由として、中國では僧尼は結婚をすることが許されず、從って祖先を祭る子孫を殘せなかったことにもあったと思われる。子孫を殘さず祖先を祭れないということは最大の不孝であり、倫理に悖ると宗族關係が强化浸透していた當時において認識されていたと考えられる。
(65)　『歙縣志』によれば、太平天國の戰亂の際、戰場となったために、歙縣の壇、廟、祠、寺院や菴、道觀は太平天國の際にほとんど破壞された。後に修復したという記述はわずかである。それに對し、『祁門縣志』と『吳縣志』には、太平天國によって破壞された、という記述は少ない。
(66)　舊名定光堂、爲白蓮院舊址。明詩僧明顯、號破窗、和尙薙染於此。正德五年因以其地建紫陽書院、乃移置于開化寺右。尙書宋暁裔孫重建大雄殿、殿後尙書祠像在焉。存圮。
(67)　同治七年、任彭年重修『大淸律例統纂集成』卷八、戶律戶役。

# 第七章　徽州における承繼と身分關係

## はじめに

本部緒言で述べたように、中國において、「宗」とは一人の始祖から始まり未だ存在していない子孫へと續く父系の血統または氣脈を意味し、「宗族」とはこの「宗」を受け繼ぐ人間存在の總體を指す。そして、この「宗」ないし「宗族」は客觀的實體としてよりは、むしろ客觀的實體として認識されることによって機能する。從って、中國における相續とは、始祖から未來永劫の子孫へと血統ないし氣脈を繫げていく中繼者として、祖先の祭祀を行う義務を受け繼ぎ、家產を受け繼ぐことをその內容とする。このほか現實的には、父が勞役を負っている場合にはこれも受け繼ぎ、さらに父親が特別な身分にあり爵位等をもっている場合には、これも相續の對象となる。中國では商（殷）の時代には兄弟相續が行われていたが、『儀禮・服喪傳』に嫡子が死んだ場合、嫡孫は嫡子の同母弟に優先して繼承者となることが周代に制度として行われていたと記されているように、周代から父子相續へ移行し、戰國時代に父子相續が一般化したといわれる。

本章では、徽州における宗族の特性について、「承繼」（ここでは、一般的意味での繼承や相續などと區別して、後述するように、「宗」、祖先祭祀、家産を受け繼ぐ正統な繼承を示す場合を「承繼」と記す）、すなわち、「宗」の繼承がいかに行われたかという視點から検討する。とくに、男の實子がいない場合、いかなる方法、目的、過程によって繼承者が選ばれたかということに焦點をあてる。但し、この「承繼」が現實の行爲として行われた場合、それは單に一家族ないし同族の範圍にとどまらない意味をもつ。後述するように、それは「入贅」すなわち婿とりの問題、「賣身」の問題、さらには佃僕・世僕・莊僕というような「僕」になることを含めた「應主・應役」の問題など社會における身分地位の問題と密接に關係してくるのである。そこで本章では、その中心検討課題を「承繼」問題に置きつつ、「承繼」に關わる「入贅」、「賣身」、「應主・應役」に關わる文書も提示して考察を進めるものである。

## 第一節　「承繼」の概念と「承繼」者

まず、「承繼」の概念について整理をしておきたい。「承繼」とは、正統な有資格者によって、「宗」を受け繼ぐ「嗣」ないし「繼」と、その表現である祖先の「祭祀」を受け繼ぐ「承祀」と家産を受け繼ぐ「承業」という三つの繼承が併せて行われることをいう(1)。後述するように、これらのうち「宗」と祖先の祭祀とは原則的には正統な「承繼」有資格者以外の者が受け繼ぐことはできない。從って、祖先の祭祀を受け繼ぐということは、「宗」を受け繼ぐという觀念の具體的表現形式であるとみなすこともできる。

正統な「承繼」者すなわち「嗣子」たりうる者は、男の實子がいる場合はその男子、いない場合は、兄弟の男子または兄弟以外の同宗昭穆相當者（同宗であり「承繼」者をとる者の息子の世代に當たる男子）である。但し、一般に「承繼」の語彙は、男の實子が「承繼」する場合には用いられず、實子がいない場合に、兄弟の男子または兄弟以外の同宗昭穆相當者を後繼者にする場合に用いられる。そして、正統な「承繼」有資格者たりうるのは、兄弟の男子または兄弟以外の同宗昭穆相當者のみである。この有資格者がいない場合には、娘の婿または娘の男子またはその他の者が繼承者となることがある。なお、この場合、これらの繼承者は「宗」や祭祀を繼ぐことはできず、財產のみを受け繼ぐことができると認識される。

次に、法律上「承繼」者がどのように規定されていたかを見てみたい。『大明律集解附例』卷之四、戶律戶役の「立嫡子違法」には次の六節がある。

○凡立嫡子違法者杖八十。其嫡妻年五十以上無子者得立庶長子。不立長子者罪亦同。［嫡子（＝正妻が產んだ子）を（後嗣に）立てるという法に違反した者は杖八十。正妻の年齢がすでに五十歲以上であり子が無い場合には（妾が產んだ）庶子のうちの長男を（嗣子に）立てる。長男以外の者を立てた場合も杖八十。］○若養同宗之人爲子、所養父母無子而捨去者杖一百、發附所養父母收管。若有親生子及本生父母無子欲還者聽。［同宗の者を養子とし、養父母に子がないのに養父母の下から去った場合には杖一百であり、養父母の下に戻す。もし（養子になって後、養父母に）實子が生まれ、實の父母に子が無く、養子に出した子を返してほしいと願う場合はこれを許す。］○其乞養異姓義子以亂宗族者杖六十。若以子與異姓人爲嗣者罪同、其子歸宗。［異姓の義子を養子としたために宗族內にトラブルを生ぜしめた者は杖六十。（實）子を異姓の人の嗣子とした者も同罪であり、その子は實家に返す。］○其遺棄小兒年三歲以下、雖異姓仍收養卽從其姓。［（親に）遺棄された三歲以下の小兒は、異姓であってもこれを養子にし姓を養家の姓に改めさせてよい。］（但し、「纂註」に「若遺棄三歲以下小兒則幼少無知、情可哀憐、故雖異姓仍聽收養卽從其姓。但不得立以爲嗣。［遺棄された三歲以下の小兒は幼少で無知であるから情として哀れむべきであり、異姓であるとはいえ養子にし姓を養家の姓に改めることを許す。但し、その子を嗣子にしてはいけない。］」とある。）○若立嗣、雖係同宗而尊卑失序者罪亦如之、其子歸宗改立應繼之人。［嗣子を立てる場合、（その嗣子が）同宗であっても（昭穆相當の者ではない場合など）尊卑の序を亂した場合はこれを許さず、その子は實家に戻し、後繼者として正統な者を（新たに）立てる。］○若庶民之家存養奴婢者杖一百、即放從良。［庶民の家で奴婢を養う者は杖一百とし、その奴婢は良民に戻す。］

この「立嫡子違法」の内容は、嫡長子が「嗣子」となり主祭權をもつ「嫡長子主義」ともいうべきものであり、唐律に始まり宋刑統、明律へと受け繼がれ、清律においてもほとんど變更はない。すなわち、繼承順位は①嫡長子、②嫡長子の同母弟、③嫡子がいない場合は妾が產んだ庶子の長子の順となっており、嫡長子が繼承者となること、男の實子がいない場合は兄弟の男子または兄弟以外の同宗昭穆相當者一人を養子として繼承者とすることが規定されている。但し、晉代と南宋の時代には、祭祀を①嫡長子、②庶子を含む嫡長子の兄弟、③嫡出長孫、④嫡出長孫の兄弟、⑤嫡出長孫の同母弟、⑥衆長孫の順で繼承する「輩行主義」ともいうべき方法がとられていたとある[2]。このほか、『光緒大清會典』卷十二、「吏部」にも官たる者が「承繼」者をとる場合としては、同宗の者か、やむを得なければ同姓の者と規定している[3]。

また、『中國民商事習慣報告錄』下、第四編「親屬繼承習慣」には、「承繼」者ないし「嗣子」たり得る例として次のような事例があげられている。一、子（姦生子を含む。以下、子とあるのは男子。）、二、兄弟の子（實の親とその兄弟の雙方を承繼する兼祧もある。）、三、同族の子、四、娘、五、女壻、六、娘の子、七、夫の姉妹の子、八、妻の兄弟の子、九、異姓の子（義子の場合と義子でない場合がある）、一〇、（寡婦となった）嫁の後夫、一一、（寡婦となった）嫁と後夫との子、一二、養女の壻、一三、養女と壻の子、一四、孫または曾孫。以上のうち、一～三が正統であるとされるが、民間では四以下も同族の承認があれば改姓して「宗」を繼ぐ「嗣子」となることが可能であった。なお例えば、安徽全省の習慣として、「皖俗婦人夫死家貧子女幼小、有憑同戚族招夫養子之習慣。招配之後夫即在婦家照料一切。後夫對前夫遺産如何保管與其一切權利義務之内容、大都詳定於招贅字之内。［安徽省には、夫が死んで家が貧しく幼い子供がいる寡婦が實家によって後夫を迎え、（前夫との間の）子を養育させる習慣がある。後夫については妻の實家がすべて世話をする。後夫が前夫の遺産をどのように管理するか、そのすべての權利と義務の内容については、多くは招贅契約書に詳細に定めておく。］」(4)とあるように、亡夫の親ではなく寡婦自身が後夫を迎える場合もあった。

これらの法律上の規定は、近代民法成立以前においては變更されることはなかった。しかしながら、民間においては、以上の理念ないし法律上の規定が現實には嚴密に守られていたとは言い難い。例えば祖先の祭祀についていえば、明清時代の徽州においては、一般には祖先の祭祀の義務は兄弟全員、あるいは故鄉に殘っている弟が祖先祭祀の主祭者になったり、男子が輪番で主祭者になることも珍しくなかった。

他方、家産の繼承は、「宗」や祖先祭祀の繼承とは異なり、本來祭祀を行う義務に内在する附屬的存在である。しかし、近代民法成立まで法律上は嫡長子が繼承者となることが規定されていたにもかかわらず、早くも戰國時代から家産の男子均分が行われ、唐代には戸令において、正式の婚姻を經た妻と妾の男子は嫡子、庶子の別なくすべて平等に分けることが定められた。ここに「宗」を繼ぎ祖先の祭祀を行うことと家産を繼承することとは法律上分離することになる。

繼承がいつ行われるかといえば、「宗」と祖先祭祀の義務とは、男子のみが繼承者たり得るから父親が死んだ時點である。直系の男子がおらず、繼承者として生前に養子をとった場合も養父が死んだ時點で養子が嗣子として繼承する。他方家産については、生前に家産を分割して「分家」し、その管理權を次世代に委任する例は珍しくない。但し、家産分割後も親の生前に家産を處分する場合は親および親族の承認を必要とする。また、家産分割以前であれば、父親が死亡しても母親すなわち死亡者の妻がいれば、その妻がすべての家産に對して管理し處分する權利をもつ。成人した男子がいても家產分割する以前においては家產は多く母親の名義で賣買などが行われる。家產分割以降であっても母親と親族が承認したことを示す必要がある。夫の死後に寡婦が養子をとり嗣子とすることができることも含めて、これは夫妻は一體という觀念にもとづくものであり、夫の死によって妻に家產の權利が移るのではなく、婚姻によって妻となった者は夫とともに家產への權利を有することになるからであると考えられる。但し、正式の婚姻を經ていても妾は夫の死後嗣子を立てることはできず、妻と子女がいない場合を除き家產の相續分は一切認められていなかった。

次に、實子がおらず「養子」が行われる場合について考えてみたい。中國においては、おおむね次の三つの目的ないし理由で「養子」が行われた。第一は、男の實子がいないか、男の實子が男子がないままに死亡したため、「宗」を繼ぎ祖先祭祀を行うべき男子を養子として迎える場合である。こうして迎えられた養子は、嗣子、承繼子、繼子、過繼子などと稱される。ところで、かつての日本においては、「家」は原則的に兄弟のうち嫡長子もしくはそれに代りうる者一人によって繼承された。それに對し中國では、兄弟は個々に繼承者をとった。すなわち、兄弟に男の實子がいても自己に男の實子がいない場合には同宗昭穆相當者をもって自己の後繼者とした。その理由としては、第一に、「宗族」の屬員各人は始祖から未來永劫の子孫へと「宗」を繫げていく中繼者であり、始祖から始まる「宗」の流れを一本でも斷ち切らず受け繼ぎ擴大していくことこそ望ましいと考えられたためであり、第二に、「承繼者」がいない場合、自己を祭る者がいなくなることを恐れたためであると思われる。勿論、所謂子孫の祭祀による「招魂儀禮」それ自體がどれほど信じられていたかは疑問である。むしろ現實には、多くの場合、以上の倫理的宗教的觀念を支えとして、兄弟間で家產が均分相續されるという習慣があるが故に、兄弟間で均分された家產の自己保有分を繼承させるかわりに、自己の老後の生活を保證する勞働力を求めるなど實際的必要を滿たしたと考える方が妥當であろう。

このように、「宗」を繼ぎ祭祀を行うべく迎えられる養子は、唐代以降の法律では、父方の兄弟の男子、または同姓同宗の親族で養子を迎える者の子の世代に當たる男子とすることが規定されていた。また同じく唐代以降の法律では、一人の人間が同時に二家を繼承してはならないとされていた。しかし清朝は、戰闘で死んだ將士に男子がいない者には繼嗣たるべき男子が一人息子でも養子として繼嗣となることを許可した。その後次第にその適用範圍が廣がり、實父と養父とが兄弟の場合には、たとえすでに分家していても一人の男子が兩家を繼承することが許可されるようになった。この場合、二家を構えて正妻を二人娶り、それぞれに生まれた子にそれぞれの家を繼承させることも行われた。なお、繼嗣として養子が迎えられる場合には、養親の生前に迎えられる場合と死後に迎えられる場合とがある。前者は、夫妻が生前に、あるいは夫の死後に寡婦が繼嗣として養子をとる場合であり、後者は養子となる者より世代が上の近親者が繼嗣を立てる場合である。彼等繼嗣が相續する家産の割合は、宋代の判例では、前者では實子と同じであり、後者では未婚もしくは離婚して實家に戻ってきている女子がいない場合で三分の一となっている。また、養子となった後に實子が生まれた場合には、實子と均分する場合もあれば實子の二分の一のこともあり多樣である。

實子がいないために「養子」をとる目的や理由は、右のように正當な「繼嗣」を迎えるだけに限らない。第二は、男子がいないか死亡するなど、家庭内になんらかの理由で勞働力が不足するか、勞働力の不足が將來豫想され、自己の老後の生活を保證し勞役などの義務を代行させる男子を迎える必要が生じた場合にも「養子」を迎えることがある。この場合は必ずしも「宗」と祖先祭祀を繼承させる目的ではないため、同宗同姓である必要はなく、異姓養子も少なくなく、假子、螟蛉子、義子などと稱される。また、必ずしも養子の形をとるとは限らない。未婚の女子がいればそれに婿を迎え、女子が婿とともに家産を相續し婿が嶽父の勞役などを代行する例も少なくない。その際、一般に婿は姓を變えることなく、「宗」を繼ぎ祖先祭祀を行うことはできない。そのため、まれに婿を迎えた女子の產んだ男孫に繼承させることもあるが、一般には兄弟や同姓同宗の親族から祖先祭祀を行うべく繼嗣をとることになる。そうでない場合は「絶戸」とされた。「絶戸」とされた場合、亡親の葬祭費用以外はすべて未婚の女子か婿を迎えた女子のものとなる。しかし、周圍に繼嗣としての資格を有する男子をもつ親族がいる場合、多くは祖先の祭祀の繼續よりも家産の繼承を目的として、その男子を前述した死後に立てる繼嗣としようとする。その場合、女子と婿とに家産を繼承させるという父母による遺囑（遺言狀）がある場合に限り、女子および婿と養子とはそれぞれ家産の半分を受け取ることができた。但し、法の規定が遺囑に優先した。(5)なお極めてまれな例ながら、男の實子がいないため、女子の婿がその子どもども妻の宗に入り妻の姓を名乘る例もないことはない。このほか、男の實子が早世したため寡婦たる嫁に婿を迎える例もある。その多くは勞役を提供する契約を地主等と交わしている場合である。

第三は、幼くして親を失った子や、貧困ゆえに實親が養育することができない子を「養子」とする場合もあった。この種の「養子」は養親の純粹な善意であることもあるが、將來の勞働力を期待して「養子」にとる例も少なくなく、養親は子の實親ないし親族に代價を支拂うことが多い。清代に至るまで庶民は法律上、賣買によって奴、婢、僕などを有することができなかった。そのため、人々は「義子」という形で勞働力を得たとも考えられる。この場合も第二の場合の養子と同じく異姓養子が多く、假子、螟蛉子、義子などと稱された。(6)また、唐代以降、養育の目的で養子にできるのは法律上十五歲以下であり、前述したように、三歲以下であれば姓と宗を養父の姓と宗に換えることが許された。第二、第三の養子も養親の扶養義務を果たした者には家産の一部相續が認められていた。

以下、「徽州文書」中の「承繼」に關わる文書について紹介し、「徽州文書」に示された「承繼」に關わる具體的行爲についてみていきたい。數字は文末の目錄に示した文書の頭の數字である。目錄では、その內容から「承繼關係文書」、「入贅關係文書」、「賣身文書」、「その他の應主・應役文書」の四種に分類してある。所謂「承繼文書」のほかに「入贅文書」などを提示したのは、その文書名と內容とに交錯が見られるためである。すなわち、『中國民商事習慣報告錄』にあるように「入贅」が「承繼」を意味しているものがあるほか、「承繼」を内容としている文書の中に代價が支拂われている「賣身」によるもの、「入贅」を文書名とするものの中に「應主・應役」を内容とするものがあり、逆に「應主・應役」を文書名とするものの中に「入贅」を内容とする文書があるからである。すなわち、「承繼」「入贅」「賣身」「應主・應役」の各文書は、文書名やその意味内容を異にするとはいえ、實際の場面においては明確な境界線を引くことができないものが少なくないという認識にもとづく。以下、具體的に各文書の内容について検討したい。

## 第二節　「承繼」關係文書と「承繼」

「承繼」關係文書目錄のうち、一、四～一三と經濟研究所所藏の家產分割文書簿冊に含まれている「承繼」文書は、すべて兄弟の男子を繼承者とするものであり、一四～二二はそれ以外の者を繼承者としているものである。二と三は一に附隨する文書である。また、この目錄の中には、「宗」の「承繼」については言及しておらず家產の處理のみを扱った文書も含まれている。

一～一二についての内容を具體的に説明すると、以下の如くである。

一は、寡婦謝阿黃氏觀音娘が洪武二十三（一三九〇）年に作成した文書である。

（祁門）縣城に住む謝阿黃觀音娘には二人の息子がいる。長男は宇興といい次男は得興という。かつて洪武十年に長男の宇興を夫の弟である十都の謝翊先が繼子としようとしたが、長男は出繼することができないので實父の宗にもどり、戶籍を移すことなくこの件はおわった。後に謝翊先には實子淮安が生まれた。洪武十九年になり謝翊先の弟謝文先が病沒したが、文先には子がなかった。翊先は兄弟の情から同族の者と相談し、再び（黃氏觀音娘にその息子を文先の繼子とするように）賴み說得した。そこで今黃氏は次男得興すなわち戶籍名謝□を與え、文先の繼子とすることにした。このことはまったく昭穆にかなっている。（得興は）實家を出た後は、翊先夫婦の訓育に従うよう務め、翊先家の様々な家務などを管理し、實家の宗に戻ることを許さない。文先が保有していた田山陸地や家畜などはすべて繼子である得興が管理するものとし、得興の家の者以外が侵占することを許さない。翊先が以前宇興を繼子とすることを記した文書は、事にさきだって（宇興の）祖父の姉妹の夫汪仲達が受取り一時保管していたが、探したがみつからないため、添附しない。もし後日この文書を持參しても用いない。人心に確證がないことを懸念し、この文書を作成する。(7)

この文書で注目すべきことは次のことである。第一に、長男宇興が叔父の繼承者になることを肯じなかったことである。『中國民商事習慣報告錄』にも長男が出繼することを禁じた事例は多く見られる。問題は、そうした規定ないし習慣があったにもかかわらず、當初の段階で長男を夫の弟の繼承者にしようとしたことである。これは長男が出繼することが、一の文書が作成された明の始めには民間ではまだ確立した習慣となっていなかったと解釋するか、あるいは理念としては長男の出繼は行うべきではないものとされていたにもかかわらず現實には完全な禁忌ではなかったと解釋するか、解釋が分かれるところであろう。第二に、故謝文先を繼いだ次男が實際には謝翊先の下で生活することになったということである。謝翊先には實の男子はいるがまだ幼く、翊先家の勞働力は不足していたと思われる。從って、當初黃氏の長男を繼承者として迎えようとしたのも、ついで次男を文先の繼承者としたのも、その第一の目的は翊先家の勞働力確保にあった可能性が強い。なお、この文書に關連するものとして二、三「建文元（一三九九）年祁門謝翊先批契」という文書が二種ある。謝翊先には既婚の娘二人と未婚の娘二人がいるが、二は、妻胡氏と既婚の次女に家產の一部を讓與することを約したものであり、三は、家產の一部を妻胡氏の名義として未婚の娘二人の結婚費用をその收益から出し、二人が結婚したのちは息子淮安に與えることを約した文書である。謝翊先家の內部事情は複雜であったようである。

六は萬曆四十四（一六一六）年に作成された家產分割に關する遺囑書である。

遺囑文書を作成する父金世貞と妻汪氏は、男の實子がいないため先年佛成を宥子とし、妻を娶らせ、家族はともに暮らしてきた。（ところが）不幸にも私（金世貞）は病氣が重くなったので、今弟世盛の息子三人のうち次男佛壽を繼嗣に立て、親族の立ち會いの下、家屋と田園等の家產を分けることとした。上述した家產は當事者と證人の立ち會いの下で分割したものであり間違いはない。舊來の土庫一カ所は佛祐等二人の姪（おい）に二等分して與えることとする。また新造の土庫一カ所は銀貳百伍拾兩で佛祐等二人の姪に二等分して與えることとする。そのほかの家屋や田園、土地等の家產は逐一簿冊に書き記して明らかにし、妻汪氏と娘の進喜、春喜の生活費、および棺購入などの葬儀費用を除いた殘りはともに佛成と佛壽との二子に均等に分け與える。衆議によって佛成と佛壽とは每月母汪氏に各々銀一錢を納める。これは每月支拂わねばならず、額が少ないことがあってはならない。家の稅糧や差疫については、佛成と佛壽が每年均等に負擔し、負擔を逃れてはいけない。(8)

ここで金世貞は當初佛成を養子とし、この養子が成長し結婚した後、老齡となり病氣が重いことを理由に弟の次男佛壽を繼嗣としている。さらにその家產の一部を弟の長男である佛祐と三男にも分けている。文書の後半には誰がどの家產を受け繼ぐかが詳しく記されており確認できる。ここで問題なのは、すでに佛成という養子を迎え結婚させて一家無事に暮らしていたにもかかわらず、死を目前にして弟の次男を繼嗣に迎えたことである。文書の內容から佛成は弟世盛の子ではないことがわかる。すなわち、弟に三人も息子がいたにもかかわらず、世貞は別に養子をとり育てた。佛成が同族であるか否かについては觸れられていないが、あるいは賣身による異姓養子ないし義男であった可能性もある。そうであれば、佛成の名は同世代に共通する佛の字を用いて宥子としたときにつけたものであろう。世盛は兄が元氣なうちは默っていたものの、兄の死が近づくと他人である佛成に兄の家產がすべて讓られることに異議を唱えたのであろうか。想像をたくましくすれば、その本音は家產に對する欲であり、たてまえとしては弟に息子がいるにもかかわらずこれを繼嗣としないで他人を繼嗣とすることは不當であるというものであったであろう。文書後半の家產分割の項には佛成は「子」とのみ記され、佛壽が「繼子」とされているのも正統な繼子は佛壽であるということを明確にしようとしたからでもあろう。また、繼子とならなかった世盛の二人の息子にも一部家產が讓られているのも、世盛が他人の佛成に家產を讓るなら繼子ではないとはいえ姪（おい）である自分の二人の息子にも少しはよこせと要求したからとも考えられる。小さいときから育ててきた佛成に家產を讓りたい世貞と法的正統性を主張する弟世盛との妥協の產物が上記の結果であると解釋できる。このほか、男の實子がいない場合に複數の姪に家產を讓る例は四と八にもみられる。四は單に家產を三人の姪に讓るとしているだけで「承繼」については言及していない。八は三房の第三子と四房の次子の二人の姪を繼嗣としている。これも三房と四房が實子がいない程文裕の家產を狙って繼嗣になのりをあげ、調整できなかったことの結果と考えれば納得がいく。家產は祖先から受け繼いだものであり、男の實子がいない場合、兄弟に子がいればその子が繼嗣となって讓り受けるのが當然であるという觀念は、現實においては遺產相續に際してのトラブルをたくみに調整していたともいえなくはない。

このほか、四と五は、家產のみを姪に讓るという內容があるのみで「宗」の「承繼」については言及していない。七は、弟に子がないために三男をその「承繼」者にし、將來弟に子が生まれたら家產を均分するというものである。九は、長兄の次子を「承紹」すなわち繼承者としてこれに家產を讓り、老後の生活の世話と葬祭とを委ねたものである。一〇～一二は、すべて繼嗣をとり、これに家産を受け繼がせるというものである。

文書名と內容との關係についていえば次のことがいえる。姪に讓る家産について詳しく記述しているものは四、五、六、八、九の五件である。そのうち、八が「承繼書」とあるのを除けばすべて文書名は「分單」、「批契」、「遺書」、「囑書」となっている。また、八の家産內容に關する記述は後から加えられたものである。なお、一～一二のうち、息子を繼嗣として出す者が作成した文書は一と七の二件、繼嗣をとる者または家産を讓る者が立てた文書は四、五、六、八、九、一一、一二の七件、繼嗣となる本人が立てた文書は一〇の一件である。

次に、一四以下の兄弟の子である姪以外の者が繼嗣となったり家産を相續した文書、またはそれに關係する文書について検討したい。

これらの文書のうち、兄弟の子についで正統な「承繼」有資格者である同宗の昭穆たる者を繼嗣としたものは二二のみであり、繼嗣となる者の實父が文書を立てている。二〇は寡婦が再嫁するため、夫の弟に宗を繼がせ家産を讓るというものである。一八、一九は承繼者を決めず、家産の處理についてのみ記したものである。一六は、合同を立てた寡婦程氏が自分の今後の生活費と娘の結婚費用のほかの家産は宗祠に組み入れることを示した文書である。同じく寡婦凌氏によって康熙二十（一六八一）年に作成された一八では、一部を長女と次女に給し、他の家産は「雖云未立繼承嗣、而本支輪流祭掃百世……［いまだ繼承嗣を立てていないとはいえ、本支（の同族）がかわるがわる百世にわたって祭祀をおこなう……］」とあるところから同族の存衆部分すなわち共同保有部分に組み込むことにしたと思われる。一九では、「四房之內並無子侄相承」、すなわちすでに家産分割した兄弟ないし同族の四つの房には適當な繼承者がいないため、衆祠に入れるとある。女婿またはその子が繼承者となっているものは一五と一七の二件である。

嘉靖四十一（一五六二）年の一五は、これ自體は「承繼」文書ではなく、婿となり他家を繼いだ者の息子が父の原籍に入れられたことによって起きたトラブルの處理に關する合同である。

もともと拾西都の李興戶の戶下にあった李四保は、先年同都の汪周付に出繼して婿となり繼父母の老後の世話をすることになったが、その件についてはすでに「摘繼文書」を作成してある。李四保は云寄という子をもうけ、李興戶の戶丁李法を繼がせることとしたため、本年は賦役黃冊大造の年であるが、李興戶内の人は（誰がどうなっているのか）はっきりしなくなってしまい、云寄の名前が李興（戶）の申告書に書き込まれてしまった。そのため、四保の岳母細囝が縣に訴え出、里老に調査され處理されることとなった。李興と李四保は官をわずらわせることを願わず、知縣の指導書を奉じて證人を賴んで文書を作成した。云寄はもとどおり汪周付の戶籍に入れ、祭祀をおこない家產を受け繼ぎ差役にあたり、李法はもとどおり李興戶の役を受け繼ぐ。云寄の名前を書き入れた李興の申告書は李興自身が改正する。云寄はもとどおり汪戶にあって差役にあたる。合同を作成したのちは各人ともに後悔したり異議を唱えたりしない。（略）(9)

ここで注意すべきは、入贅した父李四保は「出繼同都汪周付爲婿、以爲養老、原立摘繼文書。」とあり、「繼」とあるにもかかわらず、改姓していないことである。異姓の者が繼嗣になった場合と同じく、後述するように入贅して出繼した場合には改姓するのが一般である。これも婿が承繼した場合に改姓することが、嘉靖年間には確立した習慣となっていなかったと解釋するか、あるいは異姓の者による承繼は正當な行爲とはみなされないために戶籍上での改姓は行われなかったのか、または單に行政上の手續きがまだとられていなかっただけなのか、解釋が分かれるところであろう。

康熙十三（一六七四）年作成の一七もこれ自體は「承繼」文書ではない。

この文書を作成する人程氏愛香は、夫の畢氏に息子がいなかったため、かつて本都の張宅の地僕吳社孫を次女春弟の婿に迎え、老後の生活の世話をさせることにした。ところが社孫は喧嘩によって不幸にも死んでしまった。呉社孫の母方氏が老齢になって生活がしていけないため春弟を方氏の家に迎え、これに婿をとって（方氏が）死ぬまで生活の世話をさせることを願った。張宅の役については（婿が）舊來の如く應じ、（差役については）四甲の呉弘茂が舊來のように丁に當たることとする。今後新しい婿との間に子供が生まれたら、男女を問わず、その一人を畢氏の跡繼ぎとし、（畢氏の）祭祀を缺かさないようにし、役に應じ（差役などの）丁に當たることはすべて舊來の如く行うこととする。（略）(10)

以上は康熙十三年九月に作成されたものであり、文書の本文と作成年月との間に「畢春弟於康熙三十四年十一月、呉用昭、呉有林等眼同、批與李天時爲妻。其呉社孫戶丁弘茂戶得銀參兩、以爲遞年差役之費。（略）［康熙三十四年十一月、呉用昭と呉有林の立ち會いの下、畢春弟は李天時に嫁しその妻となった。呉社孫の戶丁の弘茂に銀三兩を支拂い毎年の差役の費用とする。（略）］」という書き込みがある。

この文書には、畢家が差役などの公的負擔以外の勞役負擔を負っていたか否かについての記述はない。また、春弟が呉家で約束どおり婿を迎えたのか否かもはっきりしない。しかし、右の文書の内容と書き込みとから經過を考えれば次のように解釋できよう。すなわち、呉社孫は張宅の地僕としてその勞役に従事し、張宅が所有する家屋に居住し、差役は呉弘茂に金を支拂って代行してもらっていた。入贅後、畢家には勞役負擔の義務はなかったため、呉社孫は畢家に居住して從來のように張宅に對する勞役に從事し、母方氏は張宅の有する家屋に居住していた。しかし、社孫が死亡したため、春弟が方氏と同居し婿を迎えて張宅に對する勞役を負わせることにした。そして、康熙三十四（一六九五）年の時點では少なくとも春弟に夫はいないし方氏も死亡していたと思われる。婿が來なかった可能性も皆無ではないが、婿はすでに死亡したとも考えられるし、次の「入贅文書」の項で述べるように、徽州には期限を切った入贅という習慣があり、新しい婿は年期が開けて妻を殘して去ったことも考えられる。なお康熙三十四年に春弟が李天時に嫁したことから、結局春弟は畢家の繼子をもうけることができなかったと思われるが、しかしこれもあくまで推測にすぎない。いずれにせよ、現實に適う方向で臨機應變な處置がとられていたことがわかる。

このほか、二一は息子が捕虜となって歸ってこない妻の實家の兄嫁に次男を出繼させる文書である。この兄嫁は寡婦であると思われるが、文書の末尾には妻の實家である吳氏の族長や族人の名前と花押が記されている。これは、異姓の者を「承繼」者とすることを同族の者が承認したことを示すためであろう。また一四は、妻をなくし息子がおらず娘を三人もつ王仕昶が、婚約者がいる未婚の末娘に家產の三分の一を與えることを約した文書である。他の娘にも三分の一ずつ與えたか否かは不明である。中見として兄仕英の名前と花押があることから、おそらく三女が未婚のまま自分が死んだ場合、家產を兄や姪が繼承し、三女が生活費や結婚費用を失うことを懸念したためにこの處置をとったと思われる。六の金世貞の例のような兄弟の間の遺產相續をめぐってのトラブルは豫想させないとはいえ、二や三の批契もあるように、實子とはいえ娘が家產の一部なりとも受け取るためには文書を殘しておく必要があったのであろう。なお、異姓の者が承繼者となる文書は、二一のほか、四二、四三、四四である。但し、これらの場合すべて代價が支拂われていることから「賣身文書」に分類し、「賣身文書」の項で詳しく論じたい。

以上、「承繼」に關わる文書について檢討してきた。ここにあげた文書は限られたものであるから、これらの文書の傾向をもって明清時期の徽州全體の傾向としてとらえることはできない。但し、次のことはいえるであろう。第一に、「承繼」は「宗」を繼ぎ、祖先の祭祀や家產を受け繼ぐことを目的として行われる。しかし、現實には家產を繼承し、勞役負擔を受け繼ぎ、繼親の老後の生活を保證することがその主要な目的であり、基本であるということである。第二に、現實の目的と規範との間に齟齬が生じる可能性がある場合、現實の目的が果たされるように、具體的方針を示した遺書などの文書が作成される。また、遺志が規範にのっとったものであれ、規範といわれるものそれ自體も嚴密に保證されたものではない。從って、その遺志を確固たるものにするためにも文書を作成する。しかし、これらの文書が作成されたとしても、その後文書の内容が現實に合わない狀況が生じた場合、變更されることはあった。

## 第三節　その他の關係文書と「承繼」

### 一、入贅關係文書

ここでは「承繼」に關係するものとして、「入贅文書」すなわち婿入りに關する文書、および入贅を内容とする「應主・應役文書」について檢討したい。

まず文書の名稱について、目錄に示された名稱と文書自體に記された名稱との差異を確認しておきたい。目錄の「入贅文書」の項には、二三、二四、二五、二六の「入贅文書（文約・文契）」と稱されている文書と二九～三三の「應主文書」、二七の「賣身承役文約」と稱されている文書、さらにはこれらが合わさった二八の「招贅應主文書」という名稱の文書が含まれている。但し、これらの名稱は『徽州千年契約文書』の目錄に示されたものであり、本文中では二四は「入贅承戶養老文約」、二五は「投贅文書」、二七は「承頂戶役文約」と記されている。

それでは、何故入贅を内容としながら、「應主・應役」などが文書の名稱とされているのであろうか。それは、入贅にともなって「應主・應役」という責務が生じているからである。そして、二四に「一帳付房東、一帳付汪遲保戶、執照此者。［（契約文書の）一通は家主（主人）にわたし、一通は（入贅先である妻の亡夫の父の）汪遲保にわたし、これを證據とする。」」とあるように、「入贅文書」であっても入贅先がなんらかの勞役を負擔している場合には、その主人に妻家の勞役を負擔することを約した文書をわたしたものと思われる。なお、二四の「入贅文書」には主人の名は記されていないが、入贅を契機とした「應主・應役文書」と稱される文書の記述内容は「入贅文書」と稱されるものとほとんど變わらないとはいえ、すべて主人の名が記されている。なお、これらの文書は文書名は「招贅文書」である二八も含めてすべて入贅する者が立書している。また二七は、婿は改姓して入贅し、第一子は入贅さきの姓を名乗り、第二子は婿の實家で役につくことが約束されている。このほか、二九、三〇、三一、三二、三三は入贅によって姓ないし姓名を改めたこと、二八は同族に入贅しているため、名のみ改めたことが記されている。

入贅が行われる理由ないし目的としては、婿をとる側の、あるいは婿入りする側のいずれか一方ないし兩方の理由や目的が記載されている。婿をとる側については、①男の實子がいなかったり死亡していて「承繼」者がいないとき、娘ないし寡婦となった嫁に婿を迎え、婿またはその子を「承繼」者とする場合。②妻となる者の家が勞働力を必要とする場合。これらの場合には、男の實子や孫がいる場合といない場合とがある。男の實子または孫がいるときは、彼等がまだ幼く家計を維持するための勞働力を必要とする場合である。婿入りする側については、③二六、二七、二八のように、貧しく妻ないし繼妻を娶ることができないという場合である。なお、③の文書の原文書中の文書名は「入贅文契」、「承頂戶役文約」、「招贅應主文書」である。

當然のことながら、①、②、③はそれぞれ並存しうる。このうち、③のように家が貧しく妻を娶る力がないために入贅し、妻の家が負っていた勞役に服する例としては、このほか傅衣凌氏が『文物參攷資料』一九六〇年二期所載の「明代徽州莊僕文約輯存　明代徽州莊僕制度之側面的研究」において紹介された一連の莊僕關係文書がある。[11] この點について葉顯恩氏は「由于入贅、婚配佃僕的妻女而淪爲佃僕」とされ、入贅が佃僕の來源の一つであるとされている。[12]

ところで、傅衣凌氏が紹介された前記徽州文書には、一定の期間を經たのち、妻をつれて、もしくは妻を殘して妻の家を去ることが記されたものがあるほか、『中國民商事習慣報告錄』にも蕪湖の例として、七・八年、十年、十一年と期限を限って入贅し、期限が滿ちた後は妻をつれて歸家する例が擧げられている。(13) しかし、本文目錄中の文書には、永遠に實家の宗に戻らないことを記した二四、妻を連れて逃亡したり、實家の宗に歸った場合には家主（主人）が官に訴えこれを罰することを明記したものとして二五、二六、三一、三二、三三があるほか、二三に「二親存日決不擅自回家。百年之後　要回宗、聽從。［妻の父母が在世中はけっして勝手に自ら家には戻らない。百年の後にもし實家の宗に戻る必要が生じた場合は、これを認める。］」とあるのみで、入贅した本人が一定の年限の後歸家することを認めた文書はみられない。

次に、入贅によって妻となる者がどのような存在であったかについては以下のように分類できる。①入贅先の家が僕であるかまたは主人の勞役に服していることが明記されており、（イ）僕または服役者の娘に入贅する例は、三一、（ロ）僕または服役者である夫が死亡している寡婦に入贅する例は、二六、三〇、（ハ）僕または服役者である者の息子が死亡しており、この死亡している息子の嫁に入贅する例は、二四、二五、二七、二八、三二、三三である。なお、二四と二五には僕であるか否かの記述はないものの、妻家が家主に對して勞役を負擔していたことはあきらかである。（ニ）婿になることのみが記され、娘の婿か息子の嫁の婿か明確ではないものは、二九、②（ホ）入贅先の家が僕か否か明記されていない例で、娘に入贅する例は、一七、二三である。

さらに入贅後の負うべき業務については、①妻の家の兩親の養老、②公私の家務、③前夫の子の成育、④祭祀および祖先の墓の管理、⑤入贅先の父母の葬儀、⑥妻家が負っている差徭・戶役などの官に對する勞役、⑦妻家が負っている家主（主人）に對する勞役および佃僕の場合は租の納附である。入贅先が僕ではないと思われるものでは、その業務は、一七は①、二三は①、②である。入贅先が僕ないし主人をもつ家では、妻家が負っている主家に對して負う勞役を負擔することが記されている。但し、その負擔の度合いには濃淡がある。入贅に際しての婿の義務を示すものとして、二五を紹介したい。

祁門縣十三都の投贅文書を作成する方勇は、もとは十二都の胡家に入贅したが、不幸にして妻は亡くなり、以來再婚しないできた。今方勇は本縣十四都の汪阿李の息子汪六聖が先年亡くなり、その妻張氏六仙が寡婦となっていることを知り、自ら願い、李再に媒介を頼み、身一つで汪家に入贅し、永遠に入籍して差役の責務に當たることとした。結婚した後は（妻の前夫の母）李氏に實母の如くつかえ、（前夫の）息子の天賜と娘の天香も方勇が責任をもって世話し成育し、妻家の汪氏の差役も方勇自身がその責務に當たる。後日方勇自身に子供が生まれても、自身は永遠に房東（家主）謝求三所有の大房莊屋に住み、毎年規定に從って謝が要求する業務に從事し、異議は唱えない。もし（方勇が）この言葉に違えて實家に逃げ歸ったりした場合には、謝求三が官に訴え罰することを許す。なおこの言葉にのっとって、これを作成し證據とする。(14)

ここで方勇の主要な義務は養老や家務の遂行、妻家の負っていた差役などの遂行であって、家主の要求する業務に從事することは二義的目的に過ぎなかったと解される。

次に、入贅することによって妻家の勞役に從事することになった、崇禎十五（一六四二）年に作成された三〇の僕人胡應壽の應主文書を紹介しよう。

應主文書を作成する僕人胡應壽は、演口の地僕であり、原姓名は吳社壽という。前妻がすでに亡く、息子が演口の門戶を繼承したので、今仲介人により身一つで渠口汪文宅衆主公門下の故人である世僕胡九十の妻である員弟に入贅することを願った。今妻家の家主の差役を負い、ともに家法に從いその使役の呼びかけがあればこれに從い、胡家の一切の公私の事はみな引き繼いで行い、九十に分けられた田園や家産を管理して些かも浪費したりせず、犯したり違えたりして、原籍に逃げ戻るようなことは永遠にしない。もし、そういうことがあれば、家主が官に訴え罪に問われても何もいわない。この應主文書を作成し證據とする。(15)

この三〇から讀み取れることは、地僕であった貧しい吳社壽が、妻がすでに亡くなっており、息子に自己が負っていた勞役を繼承させたため、自身は世僕である夫を失った寡婦の婿になり、妻家の家主の差役を行うというものである。自身がそれまで負っていた地僕としての勞役に息子を從事させ自身は入贅したことから、吳社壽一家の勞働力は二人分あり、從來の主人には一人分の勞働力を提供すればよかったことがわかる。從って、妻が亡くなってから息子が門戶を繼承するまでの間、吳社壽一家には次のような選擇肢があったはずである。①息子を婿または他家の繼承者として出し、吳社壽が後妻を迎えて新たな後繼者を生む。②息子は父親が老齢化するか死亡するまで傭工などの勞働に從事するか行商などに出る。③息子が父親の勞役を受け繼ぎ、吳社壽が婿または繼承者として出る。この場合、①は一種の賭であるばかりでなく、後妻を迎える資産がない場合は論外である。そこで選擇すべきは②か③である。しかし、②は吳社壽の主家にとっては危險性を伴う。すなわち、出ていった吳社壽の息子は歸ってこないかもしれない。主家が僕の息子に對して何らかの束縛ができればまた別である。しかし、おそらくそれは不可能であったのであろう。そうであれば認可し難いであろう。そう考えてくると③の選擇が必然的であったと理解される。三〇に關連し、僕がどのような義務を負い、拘束を受けるかということを示した二八「崇禎十二年朱得祖立招贅應主文書」を紹介したい。

招贅應主文書を立てる僕人朱得祖、原名朱祖得は本村の人であり、年齢は四十一歲である。（朱得祖は）家が貧しく（妻亡きのち）後妻を娶ることができないため、父親と相談し、實家は實弟が繼いで從來の役に服することとし、（自分は）仲介者に依賴して身一つで本村の家主汪承恩堂の地僕である（朱）時新の息子の嫁である胡早弟に入贅して夫婦になり、家主および房長の役に服し、名前は朱得祖と改める。婿入りしてのちは、すべて家主（汪承恩堂）のおきてに従い、分に安んじて生活し、主人が要求する役に應じ、朱姓の門戶を支え、死ぬまで朱姓の宗派を繼承する。入贅する前に他人への借金があっても朱姓の家產で賠償することはせず、また朱姓の資產で實家の老父を密かに養うことはしない。もしそのようなことがあれば、同居している親族が家主に訴えることを許し、公正な處理に從う。今證據がないことを懸念し、この文書を作成し證據として殘す(16)。

以上の文書において注目すべきは、長子である朱得祖が家が貧しく後妻を娶れないがゆえに、實家を繼ぐのは弟にまかせて他家（同じ朱姓であるから同族とも考えられる）に婿入りしたこと、すなわち、ここでは長子は出繼しないという原則は守られていないことである。しかも、三〇と同じく一般に實子には用いられないはずの「承嗣」という語句が實子たる弟に用いられている。實子に敢えて「承嗣」という表現を用いたのは、おそらく得祖の入贅後僕であった父親が負っていた勞役を受け繼ぎ服するのは誰か、ということを明確にする必要があったためであると考えられる。ところで、入贅とその後の父親の勞役負擔をどうするかについて、得祖は父親とのみ相談しており、主人は全く關わっていない。このことは、僕とは契約上の勞役義務を果たす存在であって、その業務內容は限定されており、人間存在それ自體の拘束は意味していないということを示しているといえる。すなわちこのことは、僕となった者は僕としての業務を息子の一人に受け繼がせればよく、他の息子は全く自由であるということになる。第三章「徽州汪氏の移動と商業活動」の中で、佃僕であった者が行商人となって他地へ赴き、財を得て歸鄉して建てたという比較的大きな清代の家が婺源縣汪口に今日も殘っていることを記した。このことは、佃僕ないし僕たる者は、その勞役を代行する者さえいればなんら身柄を拘束されることはないということを示している例であると考えられる。すなわち、かりに佃僕に二人の息子がいたとして、息子のうちの一人が父親が負っていた勞役を繼げばよいのであって、どちらの息子が繼ごうが、他の一人が行商人となって家を出て行こうが、主人の關與するところではないということである。このことをもって中國全土は勿論、徽州全體に一般化することはできないが、少なくとも徽州についていえば、行商して他地へ赴く者が極めて多かったことの背景の一つとしてこうした現實があったと解釋することは可能である。

以上の「入贅文書」および入贅による「應主・應役文書」からわかることは、次のことである。第一は、明清時代の徽州において、入贅がおこなわれることは必ずしも珍しいことではなかった。徽州以外の例ではあるが、安徽省合肥の出身である李鴻章の父親の許文安は、妻の實家の李氏に繼承者がいなかったがゆえに、結婚後許李兩姓を稱し、科擧受驗に際して、息子たちとともに李姓を稱するようになったといわれる。李氏が勞働力を必要として許文安を婿として迎えたのではないことは自明のことであり、この場合はまさしく「宗」を繼がせ、祖先の祭祀を繼がせるためであったといえるであろう。しかしながら、本文書目錄中の入贅に關わる文書のほとんどは、僕の場合を含めて主人をもち役を負擔する者の家に婿に入るものである。すなわち、ここでの招贅の主要な目的は、「宗」を繼ぐ者を確保するという觀念的なことよりは、主家に對して負っている勞役を受け繼ぐためなど男手の勞働力の確保にあったといえるであろう。そして、ここに示した「入贅文書」が作成された目的は、婿が妻家が負っていた役を負擔することを妻の家のみならず妻の家の主家に對しても約することにあったと考えられる。第二に、葉顯恩氏は、主僕の名分は終身的關係であり子孫にも及ぶとされ、逃亡した場合には主人は自らまたは官府に願い出てこれを捕縛することができるとされている。[(17)] この主僕の關係とは、以上の文書から、明清時代の徽州においては契約にもとづく關係でもあったといえる。また、主僕の名分が子孫にまで及ぶということの實質的意味は、戶籍の問題を別にすれば、父親が負っていた勞役內容を子は負擔する義務があるということであって、子孫すべてがその身を拘束され勞役を負擔し、從って子孫が增えれば勞役の內容も總量も增大するという意味では必ずしもなかったと考えられる。すなわち、主人はその業務内容が保證される限り、その役の主體の交替についても、また役を負擔する義務がない僕の家人に對してもほとんど關與することはなかった可能性がある。それを僕の側からみれば、主人に對して負うべき義務を質量において果たせばよいのであって、このことは逆に、主人に對して負うべき義務たる役を果たす存在を確保し保證すれば、その他の家人がどのような業務につこうが基本的に自由であったと考えられる。そうであったからこそ、徽州から多くの人間が他所へ行商ないしその他の業務を求めて出ていったといえるであろう。

## 二、賣身文書

前述したように、『徽州千年契約文書』所收の文書に見る限り、他姓の者が「承繼」者となる場合、代價が支拂われ、賣身文書とほぼ同様な内容となっている。目錄にある賣身文書の賣身の當事者についていえば、三九の「賣婢婚書」がその婢である小女を姪（おそらくは吳士鎔）へ、四〇の「賣婢婚書」が吳士鎔が婢である小女を李へ、ともに順治六年に賣却している文書を除き、三四と四一は義男の子、三六は地僕の子、そのほかは義男の子、地僕の子または實子を賣却するものである。これらの契約文書に共通するのは、代價が書かれていること、賣られる者の年齢が比較的幼少であることである。また、僕とすることが記されているものは三六、義男とすることが記されているものは親人に賣った四一、義子とするのは四四、子とすると記されているものは四二、四三である。さらに、賣却先が家主（房東）であるのは、三五、三七、三八であり、三五、三七および四二は賣られた者の逃亡を禁じている。ところで、實子を賣るもののうち三五と三八の賣主にして代價を受け取る父親は僕である。しかも三八は目錄の文書名には「賣子爲僕契」とあるが、文書内には賣却した息子を僕とするという字句は見られない。すなわち、三四、三六、四一は主人がその義男や地僕の子を賣買できることを示している一方、三五と三八では僕の子であっても主人ではなく僕たる父親自身がその子を賣買できることを示しており、僕の主人たる者の權利が僕たる者の子にまで及ぶ場合と及ばない場合があったことを示しているといえる。

次に注目すべきことは、三九と四〇を含め、三四から四一までの文書には文書中に「婚書」ないし「婚」と記されていることである。「婚書」とは一般に婚姻に伴い作成される契約文書である。例えば、入贅の場合、婿の立場は弱く、妻家に侮られ欺かれやすいために「婚書」を作成する。それでは實質的に「賣身」を内容とする文書がなぜ「婚書」と稱されたのであろうか。「婚」をあくまで結婚と考えた場合、次のような推測が成り立つ。中國においては子は「宗」を受け繼ぐ存在であり、親個人の所有物とは觀念されていないから、親が子を賣る行爲は基本的には許容されるものではない。他方、結婚は「宗」を受け繼ぎ次代に引き渡すために重要な行爲である。しかし、結婚は同時に多額の費用を必要とする。從って、子に嫁を迎える經濟力をもたない親は、買主に子の結婚を保證させることで子を賣る行爲を正當化し、それが形式化したともいえるし、また將來子を結婚させるためにこの方法をとったとも考えられなくもない。但し、以上の解釋はあくまで想像の域を出ないものであり、今後の研究にまちたい。

目錄に揭げた文書のうち、四二、四三、四四は「出繼文書」、「繼書」などと稱されており、代價を得て賣却される者が異姓の買主の繼承者となっている點で特徵的である。換言すれば、異姓の者を繼承者とする場合の文書でもある。これらはすべて男子を出繼する親が立書している。このうち道光二十二（一八四二）年に作成された四二は賣契を立てた胡加祥自身が手本をもとに書いたものと思われ、誤字や讀解不能の文字が多く見られる。

出繼書を立てる人胡加祥には四人の子がいる。ところでおもいがけず飢饉にあい生活が困難となった。そこで妻李氏と相談し、ともに願って、仲介の者に頼んで契約書を書き、（息子の一人を）朱容貴の繼子とし、その宗を繼がせ、（朱の？）家教の法に從わせることとした。賣人、買人、仲介人の三者は話し合い、子の賣價酒水はすでに受領し、ただちに出繼させることを定めた。子供（の賣身）代價などはその兄弟が受け取った。繼子とした子は己丑（道光九）の年七月二十五日午のときに生まれ、名を改め連龍とする。風前の燈は常ならず、（將來何がおこっても）それは天命であるとこころえる。もし、黎明や夜中にひそかに逃亡した場合には、すべて朱家に累を及ぼさないようにする。口頭（だけ）では證據がないことを懸念し、この繼書を作成し、永遠に證據として殘す。(18)

光緒三十一（一九〇五）年に作成された四三も息子を出繼した父親査德聲自身が賣契を書いており、査德聲は次子を朱來順に出繼して改名させその宗を繼がさせ、洋拾元正を受け取ったとある。また、「教讀、婚娶、子孫發旦接代宗枝。[（朱はこの子を）教育し結婚させ、この子の子孫は（朱の）宗を繼ぐものとする。]」とある。

民國四（一九一五）年に作成された四四の表題は「賣子出宗約」となっているが、文書内の記述には「出宗據」とあり、以下の如くである。

子を出宗させる文書を作成する人韓來富は年は四十八歳で本府本縣人であり、祖が全富に居住した者であるが、家運が傾いたために十歳の長男と三歳の次男の二人の息子を手元においておくことができなくなった。また、來富は年老い病氣がちであり、頼れる親族もおらず生活の道もない。自身は野垂れ死にをしてもかまわないが幼兒を何に託したらよいのか。そこで幼兒を他族の宗に移し、その繁榮を願うものである。ここに媒人によって三歳の幼兒の韓許生を出宗して汪名壽を繼がせその養子とし、英洋二十四元を受け取る。……その姓名を改めて（汪の）あとを繼がせる。もし宗族や内外の人などがもめごとを起こすようなことがあれば來富が處理する。出宗ののちはこの子と永遠に往來しない。ただ（汪氏が）螟玲（異姓養子は螟蛉子とも稱される）のように許生を異姓とみなさず實子のごとく育てて欲しい。將來の教育や結婚は汪の思案に任せる。ただ（許生が）キリギリスのように（多くの子孫を殘し）永遠に宗を繼ぎ、桑に宿って生きるように父祖の遺産の恩惠が長く續くように願うだけであ

る。(略19)

これらの文書の内容は實質的には賣身であるが、また同時に買主の「宗」を繼承したものでもある。四四の繼子は三歳である。これを『大明律集解』の内容と照らし合わせれば、改姓し子とすることが許される上限の年齢である。なお前述したように『大明律集解』の「纂註」には、異姓であっても三歳以下であれば改姓し養育できるが「嗣」とすることはできないとあるが、ここでは明らかに繼子としている。ところで、庶民の間では「宗」を繼ぐと否とにかかわらず、また同宗と異姓とにかかわらず、養親は養子の生家に代價を支拂う習慣があったとされる[20]。從って、四二、四三、四四は賣身を目的としたものではなく、異姓の者を「承繼」者として迎える際の文書であるとみなすことも可能である。但し、これらの文書は他の「賣身文書」と書式や內容に共通性があること、これらの文書において子を繼子として出す親はいずれも生活に困窮していること、しかも四二には逃亡についての言及があることから、「承繼」に名を借りた、勞働力を目的とした事實上の僕を得るための便法であったとする方が妥當であろう。

## 三、その他の應主・應役文書

さきに、「承繼」に關わる文書として、「入贅文書」および「賣身文書」について紹介し檢討した。そして、入贅を內容としながらも、「應主・應役文書」という形式をとった文書が作成されていたことを示した。しかし、「應主・應役文書」という形式をとった文書がすべて入贅を契機として作成されていたわけではない。それでは、入贅以外の契機による應主・應役とはどのような場合に行われたのであろうか。文書中には、僕を含めて勞役に應じた者の主人との關係について考えるうえで興味深い記述が少なくないが、ここでは「承繼」に關わること以外は簡單な紹介に止めたい。

目錄の中で最も多い內容が、住居に住むかわりに家主（房東・房主・東主・東）が要求する使役に從うというもので容はこのほかにもあるが、これらはあくまで住居に住み始める段階で契約が交わされたものである。四七は住居に住む代償として、一年に五日と家主の冠婚葬祭などに際しての使役に應ずること、および年賀の挨拶が約束されている。このほか、住居に住む代償としては、家主に對して、四八は一年に三日の勞役と冠婚葬祭などに際しての使役、四九は「廟等墳塋耕種田地、接送往來應附、無異。」とあり、おそらくは廟や墓地に附屬する田地の耕作を、五五は墓地の清掃、墓地と山の樹木の監視、および家主の冠婚葬祭に際しての何らかの要求にこたえること、五〇と五八は單に使役に應じることのみが記されている。次に、契約文書を作成した者の氏名に「僕人」とある四七、四八、五六、五七、「地僕」とある五二を除いて、契約によって僕となるとあるのは五〇と五九である。萬曆十八（一五九〇）年に作成された五〇は以下の如くである。

自らを家主に投じる文書（を作成する）人楊社得は黟縣七都三圖の住人である。父母はなく、兄弟妻子もなく、身に依るべき衣食もなく、生活していくことが困難である。そのため今自ら願って仲介人に依賴して休寧縣十二都渠口の家主汪の名下に身を投じ、甘んじてその僕となる。身を投じた後はいつでもその使役に應じ、勤勉に生活し、逐一汪家の規矩と理法を遵守し、これに違反しない。また飲酒して騷いだり藝妓を交えての賭博など悪いことをして懶惰に陷いらず誤りを犯さないようにする。もし、これらのことがあれば、家主が官府に訴え官府が理法に照らして處理し、住居から退出させ仕事をさせなくなってもこれに從う。これは（自ら）甘んじて（身を）投じたのであるから身内の者が異論を唱えることはけっしてない。（身を）投じた後は永遠に（實家の）宗には戻らない。もし來歷不明のことがあればすべて仲介人が責任をもって處理し、家主は關係ない。今人心には證據がなく（＝人の心は變わりやすく）、風前の燈（のごとく）であり、天の命は不變ではない。（そこで）この文書を作成し、永遠に證據として殘す。[21]

なお、五〇を簡略化した記述内容の乾隆十八（一七五三）年に作成された五八には「所有應役規矩、悉照屋内舊例。［あらゆる負擔すべき役の規矩は、すべて屋内の舊例による。］」とある。從って、ここでいう「規矩」「理法」とは、一般的倫理道德ではなく、始業時間や休憩など仕事に關するきまりと考えた方が妥當であろう。また、「自投之後、永不歸宗。」とあるように、僕となった楊社得は主人の汪の籍に入り、おそらくは姓も改めたと思われる。從って、後日楊社得の子孫は汪氏の同族とみなされるようになった可能性がある。ところで、楊社得には住居も生活の手段もない。そのために汪の持ち家に住み、その僕となり勞役に應じることとなった。問題は主人の要求に應じなかった場合の處置である。五〇では住居から追い出されるとある。楊社得にとって住居から追い出されることは同時に失業をも意味する。逆にいえば、楊社得にとって「服役」は住居と仕事を得ることでもあったといえる。他方、四九、五四は逃亡を禁じている。これらから考えられることは、僕など勞役を負っている者が勝手に出て行くことは許さないが、彼等が義務を果たさない場合には家主はこれを追い出すことができるということである。このことは一見家主が一方的に權利をもっているようにみえる。しかし、僕らがその義務を果たしている場合にも家主は恣意的にこれを追い出すことはできたのであろうか。五〇には「經公理治、退出不用」と官に訴えて處理すること、五八には「自後永遠昇小心服事、不得大膽違背。如有等情、聽房主處治、無辭。［以後永遠に心して事に服し、大膽にもこれに背いてはいけない。もしそのようなことがあれば家主が處罰しても訴えたりはしない。］」とある。このことは逆に、家主の都合のみで追い出すことはできないことを示しているともいえる。勿論、力關係の上から家主がなんらかの理由をでっちあげて追い出すことは實際には行われたであろうことは想像するに難くない。

以上にあげたもの以外では、四五は吳廷康が妻の柩を葬る場所がなく、家主の宗祠がある山に葬り、代償として

「毎年各納宗祠工乙日以償園税。」とあるように毎年一日勞役に服するというものである。四六は程招保には耕作する田地がないため、程の二房に投じて義男となってその田地を耕作し租を納め、二房の子孫の使役に應じ、墓地の監視等に當たるというものである。また五一は、主家の家産分割に際し、勞役に従事していた佃僕を、舊來の主人が一族の者に賣却し、賣却された佃僕は新しい主人の下で勞役に服することを約した文書である。但し、これは家産分割に際して一人の人間を等分することができないから賣却という方法によって處理したのか、それとも佃僕が耕作していた田が賣却されたことに伴う處置であるのか判然としない。いずれにせよ、佃僕に對する收租權と僕の勞役を得る權利が家産の一部として認識されていたこと、田地などと同様に、それが必要によっては賣買されていたことがわかる。五二は、家主の世僕である汪新志の子となりその宗に入った汪正暘が、汪新志の兄弟であると思われる汪天志の次子福暘と家産を分割し、福暘とともに家主が要求する差役等の勞役に當たることを約したものである。五三は、胡積壽の婿となった胡應鳳は、胡積壽の娘である妻の死後新たな嫁をもらっていたが、胡積壽夫妻が年老いたために次のことをとり決めて約した文書である。すなわち、①胡積壽に代わって家主の田を耕作して租を納めること。②但し一部は保留して胡積壽自身が耕作し、老後の生活費に當てること。③住居も胡積壽夫婦と分けること。④將來胡積壽がさらに年老いて保留部分が耕作できなくなったときには胡應鳳夫婦が老夫婦の世話をすること。⑤胡積壽夫妻の死後は胡應鳳が保留部分も繼承すること。⑥胡應鳳は胡積壽から受け繼いだ土地を他人に小作に出してはいけないこと、である。なお、胡積壽の保留部分の租は誰が納めるかについての記述はない。この文書には應主文書とあり、家主に提出されたものであろうが、同時に胡積壽の老後の生活をどうするか、家産の繼承をどうするかということを取り決めた文書でもあるといえよう。

順治六（一六四九）年に作成された五四は、傭工であった者が僕である女性と結婚し、自らも僕となった例である。

「承繼」とは直接關係ないが興味深い内容なので記しておく。

績溪縣十三都壹圖の文書を作成する人胡文高は、凶作によって衣食のための資もないため、自ら願って親族の胡郎夏に依賴して身一つで汪氏の傭工となって生活することにし、毎月賃金を受け取り、この賃金はきちんと支拂われていた。ところで今汪家の僕である二十二歳の新喜という女性がいた。そこで私胡文高は再び親族の胡郎夏に依賴して仲介してもらい、汪家の僕となって、新喜と結婚し妻とした。結婚費用等は一切支拂っていない。このことは私自身が願ったことであり、賣買によったり强制されたりしたのではない。結婚後は、妻は主人が購入した僕婦であるから、私胡文高も主人に生活を委ねる身となり、その使役に應じ、反することはしない。また、主人の衣物を持ち出して藝妓を買ったり酒を飲んだりせず、怠けることはしない。もしそのようなことがあって主人が注意をしても文句は言わない。またもし（妻子を）拐帶して逃げるようなことがあったら、仲介人が處理する。何か豫想しないようなことが起きてもそれは天命のしからしむることであって、主人には關係ない。今證據がないことを懸念し、これを作成し證據として殘す[22]。

この文書から、まず傭工（雇工）と僕との相違がわかる。すなわち、乾隆三十二（一七六七）年以前においては、傭工は主人に隷屬するとはいえ[23]、その基本的待遇は給料をもらうだけである。それに對して、僕になった場合は結婚費用と生活費を主人が保證するかわりに、その要求に應えて使役に應じるというものである。傭工であることと僕であることといずれが得策かは一概には判斷できない。それは、この地域の習慣と主人の人柄にかかってくるといえなくもない。胡文高は一切の費用をかけずに雇主汪の僕婦を妻としている。これは、三つの場合が考えられる。第一は、文書にあるように、胡文高自身妻が欲しいゆえに敢えて「僕に身を落とした」場合である。第二は、傭工として働くうちに汪の信賴を得、汪の僕婦を妻に迎え、傭工より安定した「僕となることができた」場合である。第三は、主人の側の信頼によるか都合であるかは別として、主人の側が僕の女性を妻として押し附け、代償として胡を僕とした場合である。「このことは私自身が願ったことであり、賣買によったり強制によったりしたのではない。」という一文は、文字どおりにも解釋できるし、主人による强制を隠蔽するために加えられたとも解釋できる。

このほか五六は、僕人胡文鼎が家主に投じて冠婚葬祭の勞役に當たるほか、その田地を小作し銀を毎年毎丁一錢家主に納めるというものである。この文書では、この銀の納入は十六歳から六十歳までと時間が限られている。五七は、李と呉の二家の家主の僕であり、李社法兄弟と共同で租を納めていた汪普生が、租を納めず家主の使役に應じなかったところ、「抗役缺租」として、家主が知縣に訴え取り調べられた結果、今後はその義務を果たすことを約した文書である。五九は、程和子とその姪夏得等が家が貧しく親族もいないことから謝廷光の僕となり、田地や山を給され、これを耕作して租を納め、主人の冠婚葬祭や清明節の使役を負擔することを約したものである。

以上、入贅以外の契機による應主・應役の文書について檢討してきた。これらの文書から次のことがいえるであろう。まず、主人はすべて家主でもある。換言すれば、服役する者はすべて主人の所有する家屋に住んでいる。そして、勞役に從事する契機として、家主が所有する家屋に居住する代償として、家賃を支拂うかわりに家主が要求する何らかの勞役に從事する場合と、他の理由によって新たに家主に對して何らかの勞役に服する場合がある。いずれの場合も契約によって僕になるか否か、また契約以前に僕であったか否かは一定していない。しかし、前者の場合、僕になるという表現が用いられることもあるが、多くその勞役は極めて輕いものである。また、家主が要求する勞役を僕ないし店子が忌避した場合には、主人ないし家主は、官に訴えてこの僕ないし店子を住まわせていた家屋から追い出すことができる。しかし、家主にできることはおおむねそこまでである。後者の場合も、家主の所有する家屋に居住した時點では些かも勞役を負わなかったとするよりも、前者のように一定の勞役を負擔することを約しており、それに新たな勞役が加わったと考える方が妥當であろう。このように、家主のもつ家産に住むことになった場合、文書資料に見る限り、徽州においては、その代償は金錢ではなく勞役によって支拂われている。そして、この勞役の量は家主の恣意にもとづくというよりは、當時における習慣ないし相場というものがあったと思われる。ところで、この勞役を負う者は主人にとって一種の資産として機能し得ていた。但し、「賣身文書」に示されたような幼少時の賣身を除き、勞役あるいは勞役負擔者それ自體が賣買ないし讓渡されるのではなく、勞役負擔者が居住する家屋や耕作していた田地が賣買ないし讓渡されるときに、これらの物件に附隨して主人が變わるということであったと考えられる。

## おわりに

徽州文書中の「承繼」、「入贅」、「賣身」、「應主・應役」各文書を紹介し分析検討してきた。ここに紹介した文書から次のことがいえるであろう。

①男の實子がいない場合、各人は「承繼」者を迎える。その際、兄弟の子、同宗親族の息子にあたる世代の男子を「承繼」者とすることが原則であり、しかも法にかなっていた。しかし、實際には兄弟以外の同宗の者を繼子に迎えることは少なかったし、他方娘に婿を迎えたり姻戚の男子や異姓の者を「承繼」者として迎えることも少なくなかった。但し、娘に婿を迎えたり姻戚の男子や異姓の者を「承繼」者として迎える場合、法的には親族の同意を必要とした。また、本論文がとりあげた文書に關する限り、異姓の者を繼承者として迎える場合には、その親に代價が支拂われた。なお、本論がとりあげた例はすべて徽州内部に居住する者であるから、比較的周邊に居住する親族が多かったと思われるが、行商や移住などによって他地域に移住した者は周邊に居住する親族が不在か少なかったであろうから、同族の中から繼承者を得ることは勿論、同意を得る親族も多くはなかったと推測される。

②「承繼」者を迎えることは寡婦も可能であったが、男の實子がいない夫婦が「承繼」者を迎える目的は、主要には、第一に「宗」を繼承させ、義父母となる自分たちおよび祖先の祭祀をおこなわせること、第二に自分たちの老後の生活を保證させること、第三に家産を受け繼がせ管理させること、第四に勞役などの負擔を受け繼がせることにあった。しかし、現實には家産の繼承管理と勞役負擔の繼承を含めた繼親の老後の生活の保證最大の目的であったと思われる。また、家産は個人の所有物ではなく、祖先から受け繼がれ管理するものと觀念されていたから、兄弟や同族の中に資産をもちながら男の實子がいない者がいれば、當然のことながらその兄弟は他人が家産を受け繼ぐことを望まず、自分の息子が家産の後繼者になることを望んだであろう。逆に、資産が無く、しかも勞役負擔を負っていない者の多くは、實子がいない場合には敢えて「承繼」者を迎える實際的必要性はなかったと思われる。

③「入贅」ないし「招贅」は次のようにおこなわれている。一、男の實子がいない場合親が娘に婿をとる。二、息子が死んだ場合に親が息子の嫁に婿をとる。三、夫が亡くなった未亡人が婿をとる。いずれにせよ文書から見る限り、勞役の義務を負う僕などに多い。一般に住居を借りる場合、家主に對して家賃の代わりになんらかの勞役義務を負う。あるいは僕などは主人の使役を負い、主人が所有する住居に住む。從って、家屋に住む者は老齢になり勞役義務が果たせなくなった場合、住む家を失うことになる。家主にとっても無料で彼等の衣食住を確保してやることは利に合わず、かといって老齢者を追い出すことは情において忍び難いし恨みを買うことにもなる。そうであれば主人は、僕など家屋に居住する者に對して、息子がいない者には勞役を繼承する者を、なかでも娘や嫁がいる者には婿を迎えるよう積極的に働きかけたであろう。他方、妻を迎えるだけの資産がない者にとって、資産がない者の繼承者になっても妻を得ることができないが、「入贅」すれば少なくとも住居のほか妻をもつことができることになる。勞役を負う者が繼承者を迎える例が「入贅」に比べて少ないのはこのためであると考えられる。

④「賣身文書」は土地や家屋の賣買にともない、佃戸や家主に對して勞役負擔の義務がある者が賣却される例もあるとはいえ、多くの場合賣却されるのは貧困のために育てられない親の子か、勞働力を目的として買われた義男の子であり、比較的幼い者である。『大明律集解』には、三歳以下であれば異姓の者を改姓させて養子とすることができるが「嗣」にはできないとある。しかしながら、①でも述べたように、十九世紀以降は異姓の者に代價を支拂って宗の繼承者としている例がみられる。

⑤身を投じて僕になり、あるいは僕とならなくても勞役義務を負う場合は、多く主人の所有する家屋に居住する代償である場合に限られる。その場合、賣身などによって僕や義男になる場合を除いて、一般には主人と僕ないし勞役負擔者との關係は人格的な支配關係でないことは勿論のこと、僕の子に對して主人が賣身などの權を行使する場合も普遍的とは言い難く、僕の子はあくまで父親が負っていた勞役を負擔すればよいという限定された勞役義務を内容としてもつ契約關係であったと考えられる。從って僕である者が息子を複數持った場合、一人の息子が父親の負う勞役義務を果たせばよく、他の息子は多く原則的に自由であった場合が少なくないと推測される(24)。

最後に、「承繼」などの規定についていえば、明代以降民間の庶民に對しても成文法上嚴しい規定が成立していた。これらの規定は本來はあくまで官たる者に對する規制であったが、それが民間に適用されるに至ったと解釋してよいと思われる。但し、庶民の生活における現實はこのような規制の外にあったと思われる。このことは、明代以降民間の庶民に對しても規定を適用せんとしたものの實現されなかったと解釋するか、規定は當初實現したものの次第に守られなくなったと解釋するかは理解が分かれるところであろう。但し、徽州文書にみる限り、少なくとも明淸時代の徽州においては、人々は自己が置かれた現實こそ重要であり、理念や法を自己の現實の利益のためにそれぞれの立場によって柔軟に應用していたように思われる。

*本文および注における資料中の□は解讀不能の文字。

［資料目錄］

A、王鈺欣・周紹泉主編『徽州千年契約文書』（花山文藝出版社）所載

I、承繼關係文書

［宋元明］

一、卷一、洪武二十三年祁門謝得興過繼文書
二、卷一、建文元年謝翊先批契
三、卷一、建文元年謝翊先批契
四、卷一、正德十三年吳方氏立摽分田地分單
五、卷二、嘉靖二十一年祁門盛浩批契
六、卷三、萬曆四十四年金世貞立遺書

［清民國］

七、卷一、乾隆十七年黃廷魁立出繼文書
八、卷一、乾隆二十四年程文裕立承繼書
九、卷一、乾隆二十五年李枝鶴立囑書
一〇、卷二、道光二年黃可灌立承繼文約
一一、卷二、道光五年黃泰晨立承繼文書

一二、卷三、光緒二十八年□發桂立嗣繼書
一三、卷八、乾隆黟縣胡氏鬮書彙錄
〔宋元明〕
一四、卷一、成化二十一年祁門王仕昶批契
一五、卷二、嘉靖四十一年祁門李長互等確定李云寄等承繼合同
一六、卷四、天啓七年休寧戴阿程向宗祠捐產合同
〔清民國〕
一七、卷一、康熙十三年程愛香過繼次女畢春弟給方氏文書
一八、卷一、康熙二十年胡阿凌立遺囑文墨
一九、卷二、乾隆四十二年敦善堂秩下人等立合同
二〇、卷二、嘉慶十五年凌大倚等五房立過繼承祧合同
二一、卷三、同治九年謝喜善立繼書
二二、卷三、光緒十四年朱發立繼書

Ⅱ、入贅關係文書

〔宋元明〕
二三、卷一、洪武元年李仲德入贅文約
二四、卷二、嘉靖三十六年黃春保入贅文書
二五、卷二、嘉靖四十三年祁門方勇入贅文書

二六、卷三、萬曆十三年許天德入贅文契
二七、卷四、崇禎二年程旺壽賣身承役文約
二八、卷四、崇禎十二年朱得祖立招贅應主文書
二九、卷四、崇禎十四年休寧僕人朱汝壽應主文書
三〇、卷四、崇禎十五年胡應壽立應主文書
［清民國］
三一、卷一、乾隆十年王助龍應主文書
三二、卷一、乾隆二十年休寧王友龍立應主文書
三三、卷一、乾隆三十年程連芳立應主文書

Ⅲ、賣身文書
［宋元明］
三四、卷二、嘉靖三十九年祁門謝弘等出賣義男婚書
三五、卷二、隆慶四年王連順賣子婚書
三六、卷三、萬曆十六年潘應武立婚書
三七、卷三、萬曆四十三年王成祖立賣男婚書
三八、卷四、天啓元年陳盛全賣子爲僕契
［清民國］
三九、卷一、順治六年吳阿謝賣婢婚書

四〇、巻一、順治六年吳士鎔等賣婢婚書
四一、巻一、順治九年李阿吳賣義男之子婚書
四二、巻二、道光二十二年胡加祥立出繼文書
四三、巻三、光緒三十一年查德聲立繼書
四四、巻三、民國四年韓來富賣子出宗約

Ⅳ、その他の應主・應役文書

［宋元明］
四五、巻二、嘉靖三十五年吳廷康應役文約
四六、巻二、隆慶二年程招保投主應役文約
四七、巻二、隆慶六年汪什投主應役文約
四八、巻二、隆慶六年汪附保兄弟投主應役文約
四九、巻三、萬曆十年汪興廣投主文約
五〇、巻三、萬曆十八年黟縣楊社得投主文書
五一、巻三、萬曆十九年祁門洪相保等應役文書
五二、巻四、崇禎十四年汪正暘應主文書
五三、巻四、崇禎十七年胡應鳳立應主文書

［清民國］
五四、巻一、順治六年績溪胡文高投主文書

五五、巻一、順治七年葉秋壽立應主文約
五六、巻一、康熙三十年胡文鼎等應役文書
五七、巻一、康熙五十年汪普生等立服役文書
五八、巻一、乾隆十八年倪盛夫婦立投主文約
五九、巻三、同治元年程和子應役文約

B、中國社會科學院經濟研究所所藏《徽州家產分割文書》簿冊中の「承繼」關係文書

六〇、道光六年黟縣胡姓分鬮書
六一、道光九年張姓鬮書
六二、光緒五年黟縣（或祁門）吳姓承先啓后鬮書
六三、光緒二十四年周姓（壽字號）鬮書

注

（1）滋賀秀三氏は前掲『中國家族法の原理』において、「承繼」について、「繼」「嗣」とは人（人格）を受け繼ぐことであり、「承」とは、祖先の祭祀を受け繼ぐ「承祀」と、財産を受け繼ぐ「承業」であるとされている。また、正統な「承繼」有資格者が繼承する場合を「承繼」といい、それ以外の者が家産などを受け繼ぐことを「承受」というとされ、宣統三年『大清民律草案』では「承繼」と「承受」とが二つの概念に分けられていると指摘されている（一〇八頁～一四七頁）。滋賀氏が「人（人格）を受け繼ぐ」とされたのは、中國の「承繼」を普遍的な概念によって説明するために法律上の概念を用いられたものと思われる。筆者は「人（人格）を受け繼ぐ」という概念が、中國の「宗」や「宗族」が含意するところを十分正確に表現

し得るかという點で疑問なしとしない。從って、ここではあえて「『宗』を受け繼ぐ」という表現を用いた。但し、一般的意味としての繼承や相續などと區別した特殊歷史概念として「承繼」を用いるについては、滋賀氏に倣ったものである。なお、M・フリードマン（Maurice Freedman）氏以來、日本語の歷史論文でも中國の「宗族」を示すのに「リニージ（lineage）」という社會人類學の用語を用いているものが少なくない。しかし、「リニージ」は構造形態や機能などに視點をあて、共住や共有財產のあり方などを分析基準として概念規定したものである。從って、瀨川昌久氏が『中國人の村落と宗族』（弘文堂、一九九一年）において指摘された中國の「宗族」を「リニージ」とすることへの問題點のみならず、英文ならばともかく、中國の「宗族」を示す語句として日本語であえて「リニージ」を用いることは「宗族」という語句がもつ世界觀や死生觀という觀念の部分を捨象してしまう懸念がある。そのため、本稿では「宗族」ないし「宗」（社會人類學用語では「ディセント（descent）」）という語句を用いた。

（2）　戴炎輝『中國法制史』（臺灣）三民書局、民國六十年版、二六八頁～二六九頁。

（3）　さらに、異姓の者が繼承した場合の家譜への記載について、福建吳海撰『吳氏世譜』には「后世有無子不立宗人而以婿與外孫爲繼者不錄、直疏其下曰絕。〔實子がなく同宗の者を（後繼者に）立てるのではなく、婿と外孫を後繼者にする場合には（家譜には）掲載せず、ただ疏の下に『絕』と記す。〕」（前揭馮爾康等『中國宗族社會』二〇三頁）とある。また、福建省閩縣『潘氏世譜序』には「以異姓來繼者、著其所從、而其后不錄。〔異姓の者が繼ぐ場合には、そのことのみを記し、その子孫については記載しない。〕」（前揭馮爾康等『中國宗族社會』二〇三頁）とあり、若干內容を異にしている。しかし、いずれにせよ異姓の者が繼承した場合には、その家譜には掲載しないことが原則であったと思われる。他方、徽州の『新安吳氏家譜敍』には、母の兄弟である鄭氏を繼承してすでに五世に至った吳天麟について「而吳諸不絕書、既著其繼鄭之由、又紀其子孫之名、以系世次、至于今未嘗廢、故權也、得有以考而復之。〔吳（天麟）については書き入れないようなことはせず、それが鄭氏を繼いだことを書き、またその子孫の名は世代に從って記し、現在に至るも（吳天麟の系を）省くことはしておらず、從って考慮するに、考證してこれを復活し得る。〕」（前揭馮爾康等『中國宗族社會』二〇三頁）とあるように、異姓を繼承した場合、そのことと子孫の名を實家の家譜に記載していたことがわかる。

（4）『中國民商事習慣報告錄』下、一四七二頁。

（5）葉孝信主編『中國民法史』上海人民出版社、一九九三年、五七二頁～五八二頁。

（6）婢や僕（義男）を購入するとき、「婚書」を作成し、婚姻や養子縁組形式をとる場合が多い。その際、正式の婚姻や養子縁組と同様、紅色の紙が用いられることも少なくない。とくに臺灣ではほとんどの場合紅色の紙が用いられる。

（7）在城謝阿黃氏觀音娘有二男、長男宇興、次男得興。曾於洪武十年間、將長男宇興出繼十都謝翊先爲子。爲因長子不應、回宗了畢、未曾過戶。後叔翊先自生親男淮安。至拾九年次叔文先病故、無後。有翊先體兄弟之情、與族衆謪議、再來凂說。今黃氏願將次男得興戶名謝□出繼文先爲子。實乃昭穆相應。自過門之後、務要承順翊先夫婦訓育、管幹□門家務等事、不許私自還宗。其文先戶內應有田山陸地、孳畜□物、並所繼人得興管業、家外人不許侵占。所是翊先原摘長男宇興文書、比先係太姑夫汪仲達收執一時、檢尋未見、不及繳付。日後賫出不在行用。今恐人心無憑、立此文書爲用。

（8）立遺囑父金世貞、同妻汪氏、自因無子、先年撥有子佛成、娶親完聚。不幸身病危篤、有弟世盛所生三子、今立次子佛壽繼嗣、當憑親族、將身屋宇田園等業、眼同分扒明白。有舊老土庫壹所、與姪佛祐等兩半均業。又新造土庫壹所、用銀貳百伍拾兩、與姪佛祐等兩半均業。仍有餘屋田園併地等業、註簿逐一開明、待妻汪氏及女進喜、春喜食用、終□買辦衣棺殯□□、餘剩俱與成、壽二子均分。衆議成、壽二子每一月納母汪氏每各銀壹錢、逐月應附、不得短缺。其本家粮差等項俱係成、壽二子、遍年均納、無辭。

（9）拾西都李興戶原有戶丁李四保、於上年間出繼同都汪周付爲婿、以爲養老、原立摘繼文書。今因李四保生子云寄、又摘李興戶丁李法、本年大造、是李興戶內人朦朧、又將云寄名目塡註李興首狀內、四保岳母細囝訐告本縣、蒙批里老查處。李興、四保不愿繁官。遵奉孫爺教錄、憑中立文、云寄仍承汪周付戶籍、奉祀繼產當差。李法仍承李興戶役、各自管辦。所有李興將云寄名目收入首狀、李興自行改正。云寄仍在汪戶當差。自立合同三之後、二家各無悔異。（略）

（10）立文書人程氏愛香、因夫畢社得無子、曾將次女春弟招贅本都張宅地僕吳社孫爲婿養老。今因口角社孫不幸身故。伊母方氏老來衣食無靠、身自情愿將女春弟過婆方氏之門、另行擇婿以爲膳給終身。所有張宅炤舊應役、四甲吳弘茂戶下炤舊當丁。日後生育、毋論男女、將壹个繼畢氏之後、祭祀不致有缺、應役當丁悉炤舊規。（略）

(11) 前揭仁井田陞『中國法制史研究　奴隷農奴法・家族村落法』二六一頁～二七八頁。

(12) 前揭葉顯恩『明清徽州農村社會與佃僕制』二四五頁。

(13) 一四八三頁。

(14) 祁門縣十三都立投贅文書人方勇、願（＝原）贅十二都胡家、不幸喪妻、向未婚配。今有本縣十西都汪阿李男汪六聖、於先年身故、遺妻張氏六仙寡居。是勇得知、自情愿托媒李再、空身投贅汪家、永遠入籍當差。自成婚之後、侍奉李氏如同親母、併男天賜、女天香並是方勇承管、供給撫養、併汪家戶門差役俱是本身承當。日後本身生有男女、併本身永遠居住房東謝求三大房莊屋、逐年照例應主、毋詞。倘有違文擅自逃回、聽主告官理治。仍依此文爲準、立此爲照。

(15) 立應主文書僕人胡應壽、係演口地僕、原姓名吳社壽。因前妻已故、遺子承應演口門戶、今自情愿、央中空身招贅到渠口汪文宅衆主公門下故過世僕胡九十之妻、名員弟、爲媳。從招贅之後、隨更今名。家主差役、俱遵家法呼喚供應、胡家門戶一切公私事體、俱承頂撐持、九十分下田園、家產不敢蕩費分毫、永遠不得犯違生情、逃回原籍。如有此等情由、悉聽衆家主送官、以叛逆究罪、無辭。立此應主文書爲炤。

(16) 立招贅應主文書僕人朱得祖、原名朱祖得、本村人、年四十一歲。因家貧不能續娶、自與父計議、本生宗枝有親弟承嗣及服役原主、今情愿、憑媒空身贅到本村家主汪承恩堂名下地僕時新媳胡氏早弟、爲夫婦、當從家主暨房長、更名朱得祖。自招贅之後、百凡悉遵家主法度、安分生理、應主供役、支撐朱姓門戶、永承朱姓宗派。倘未招之先、欠負他人、不得魆將朱姓家資措償、并不得暗將朱姓錢谷私養本生老父。如有此等情、聽同居親族人投鳴家主從公理論。今恐無憑、立此文書存照。

(17) 前揭葉顯恩『明清徽州農村社會與佃僕制』二六八頁～二六九頁。

(18) 立出繼書人胡加祥、戶生四子。不料年歲飢荒、衣□難度、身顧向妻李氏謫議、二相情愿、自愿、托媒立書出繼與朱容貴名下爲子、桃（＝祧）浮接宗、戶聽家教之法。三面言定、子之身價酒水、在手足訖、其子當卽過門。命係生于巳丑七月廿五午時、生改名連龍。倘有風燭不常、各安天命。若有黎明黑夜私逃走外之情、一切身等不累朱門之事。恐口無憑、立此繼書、永遠存照。

(19) 立情愿將兒出宗據人韓來富、年四十八歲、本府本縣人、祖居全富。事因來富家運顚沛、不如遺下貳兒。長兒拾歲、次兒三歲。因年老多病、内無朞功之親、外無養瞻（＝贍）之路、自愿溝壑將填、幼兒何託。盖欲出宗他族、移枝向榮。茲憑媒人、將三歲幼兒名許生、出宗繼於汪永壽名下爲義子、當收英洋貳拾肆元正。此係兩相情愿、永無異言。任他改姓更名、從此移花接木。倘有宗族及内外人等尚滋事端、由來富理直。既出宗之後永不來往。惟汪宅愿作螟玲亦不得有異姓看待。將來成童攻書及冠婚娶氏均無權干、皆憑汪宅主張。惟願螽斯入室永傳繼芬、寄生於桑、長延世澤。（略）

（20）前掲戴炎輝『中國法制史』、二五五頁。

（21）立馨身投到房東文書人楊社得、係黟縣七都三圖住人。上無父母、下無兄弟妻子、身無依倚、衣食無措、難以度日。今自情愿、央媒馨身投到休寧縣十二都渠口房東汪　名下甘心爲僕。自投之後、早晚聽從呼喚使用、勤謹生理、一一遵守汪門規矩理法、無得故違、及飲酒撒潑花賭爲非懶惰等情、致悞（＝誤）整（＝正）事。如有此等、聽從房東經公理治、退出不用、係是甘心投到、並無親房人等生情異說。自投之後、永不歸宗。倘有來歷不明、盡是媒人一面承當、不干房主之事。今恐人心無憑。倘有風燭不常、天之命也。立此文書、永遠存照。

（22）績溪縣十三都壹圖立文書人胡文高、原因年歲荒缺衣食無資、自愿、凂親人郎夏、空身幇到汪　名下傭工生理、毎月辛力工錢一併支足、無分厘欠缺。今因汪宅有僕婦、年二十二歲、名新喜、身又凂親人郎夏説合、招到汪名下爲僕、婚配新喜爲妻。當日並未費厘毫聘禮及使用等項。此係自己情愿、無貨折逼抑等情。自招以後、妻係本主所討之人、身係本主所衣食之身、聽從使喚、毋得抵觸、及將家主衣物花酒并懶惰等情。如然、聽家主理論、無辭。倘若拐帶逃歸、盡是中人承管。如風水不虞、此係天命、與本主無干。今恐無憑、立此存照。

（23）雇工（傭工）については、道光十四年編　祝慶祺輯『刑案匯覽』巻一〇、戸律戸役、「人戸以籍爲定」に、雍正五年の諭旨によって世僕とは異なり良民とするとされた、とある。また、乾隆二十四年の條例で短工は自由とされ、主人が雇工を殺害した場合は一般の人を殺害した場合と同じに扱われるようになり、乾隆三十二年の條例では、農耕に従事する雇工は一般の農民と同様な扱いとなり、乾隆五十三年の條例では雇工は短工と長工とを問わず身分的に一定の解放を得た、ともある。（張晉藩等編著『中國法制史』第一巻、中國人民大學出版社、一九八一年、四四五頁～四四六頁。）

（24）明代中期以降、とりわけ明末清初以降、人々の移動が著しく、「主僕」の關係は混亂をきたしたものと思われる。雍正年間から乾隆年間にかけて、奴僕などの法的身分の變更が行われるが、それはこうした歴史背景に基づくものであったであろう。すなわち、同治七年、任彭年重修輯『大清律例統纂集成』、巻八、戶律戶役、「人戶以籍爲定」によれば、乾隆三十六年の例により、各省の「樂戶」、浙江の「惰戶」、「丐戶」、廣東の「蛋戶」などが賤民から良民とされたほか、安徽省徽州、寧國、池州三府の「世僕」も、祖先が田主の田を佃し田主の山に葬られている者は主人の戶籍から離れることは許されないとはいえ、賤民から良民とされ、三代以降の子孫は科擧受驗資格を得た。また、賣買契約が乾隆元年以後の白契による者で丁冊に記入されていない者は身を贖して（良）民となることを許すとされた。但し、長年主人の下で養育された者、婢女で結婚し子を產んだ者は永遠に服役するものとし、契約文書が失われていても主家で養われている者も從來どおりに服役させ、身を贖していても主家にあって生活している者は主人の戶籍から離れることを許さないとも記されている。なお、前掲張晉藩等編著『中國法制史』には、「樂戶」などが賤民から良民にされたのは雍正年間とある。雍正年間から乾隆年間にかけて行われたこれらの改革については、張晉藩氏等のように奴僕などの一定の解放であるとする解釋と、混亂していた身分關係を再編したものであり、むしろ身分關係の再強化であるとする解釋とがある。筆者は、人口增や移動などにより奴僕などの身分が混亂し、彼等が力量を強めていく狀況において、その狀況を一定程度追認する一方で新たな條例をつくり秩序の維持をはかろうとしたものであると現在のところは考えている。

# 第八章　徽州における家産分割

## はじめに

前述したように、中國における相續とは、始祖から未來永劫の子孫へと血統ないし氣脈を繋げていく中繼者として、祖先の祭祀を行う義務を受け繼ぎ、家産を受け繼ぐことをその内容とする。前章において、徽州文書中の「承繼」關係文書などを資料として、徽州における「承繼」すなわち、「宗」の繼承がいかに行われたかを検討した。本章では、徽州文書中の家産分割關係文書を資料として、徽州における家産分割の具體的過程を分析檢討する。

明清時代の中國における家産は男子均分を原則とするが、家産の相續がどのように行われるかは、祖先祭祀の費用またはそれを賄うための土地などの共同保有部分と、父母の老後の生活費を賄うための土地などの留保部分とを除いた部分を男子均分とする例もあれば、共同保有部分や留保部分は特に設けず、均分された家産の中から適宜これらの費用を負擔する例もある。また未婚の女子は、粧奩（嫁入りのときに持參する金や資産）分として最大で男子の二分の一を、離婚して實家に戻ってきている女子がいれば、未婚の女子より少ない割合で家産の一部を相續する。直系の男子がいないため嗣子として養子をとった場合、養子の相續分は、同宗か否か、未婚の女子がいるかいないか、あるいは女子とその婿がいるかいないか、父母による遺囑（遺言状）があるかないか、またいつ養子に迎えたかなどによって異なり、實子と同じから實子の二分の一まで多様である。勞働力を必要とするなどの理由で養子となった義子（多く異姓養子）も同様である。嫁入りし家を出ている女子は、實家に男女の實子、養子ともにいない場合にのみ一部の家產の相續が認められた。このほか、時代が降るにつれて、正式の婚姻を經ていない女性との間の子の相續を認めるようになり、また、女子および婿、未婚の女子、義子などの相續分が増える傾向がみられ、中華民國民法に至り女子も男子と平等な相續權を得るところとなった。(1)

このように全國的に見た場合、家產相續のあり方は多様である。それでは徽州の場合は具體的にどのような特性がみられるであろうか。中國社會科學院經濟研究所所藏の家產分割關係文書、中國社會科學院歷史研究所編纂による『徽州千年契約文書』(2)所收の家產分割關係文書、および北京大學圖書館善本部所藏の家產分割關係文書を通して、徽州の人々の營みを示したい。

## 第一節　中國社會科學院經濟研究所、同歷史研究所、北京大學圖書館善本部所藏の家產分割關係文書について

本稿が資料として用いた、社會科學院經濟研究所所藏の家產分割文書（以下、『經濟』と略記）、中國社會科學院歷史研究所の編纂による『徽州千年契約文書』所收の家產分割關係文書（以下、『歷史』と略記）、及び北京大學圖書館善本部所藏の家產分割文書（以下、『北大』と略記）の各目錄は別表の如くである。經濟研究所の資料には黟縣のものが比較的多く、歷史研究所は祁門縣のものが多い。これは前述したように、文書を購入した際の事情によると思われる。

第一に、中國社會科學院經濟研究所所藏家產分割文書目錄は、筆者が閲覽した一一六件に、章有義氏が「明清徽州

地主分家書選輯(3)」中で紹介された筆者未見の明代後期から康熙年間に至る時期の簿冊八件を加えた合計一二六件である。表題の後に（　）に入れて示した字句は、簿冊の表紙に書き込まれていた字句である。一二六件中、九「康熙五十九年、雍正三年、乾隆二十一年休寧陳姓鬮書」と一一「雍正三年（陳姓）分書」、四三「嘉慶二年鄭姓分關」と四五「嘉慶三年鄭姓分家書」、六八「道光十四年程姓鬮書」と六九「道光十四年程姓鬮書」、九三「咸豐五年兆才兄弟鬮書」と九四「咸豐五年兆才兄弟鬮書」、一二一「光緒三十二年葉正興（禮房）鬮書」と一二二「光緒三十二年葉正光（智房）鬮書」および一二三「光緒三十二年葉正文（義房）鬮書」は、ほぼ内容が同一の家產分割文書である。また、三九「乾隆六十年黟縣胡姓鬮書」、四〇「乾隆六十年黟縣胡姓地字鬮書」、四一「乾隆六十年尙烑地字鬮書」はともに乾隆六十年に行われた胡氏の家產分割の文書であり、三九は店屋、四〇は田租・豆租、四一は典業資本の分割を記した文書である。四九「嘉慶十一年胡尙熷天字鬮書」と五六「道光五年胡姓天字鬮書」も、同一の家產分割の文書であり、四九は豆租と大麥、五六は借字の分割を記した文書である。更に、一二六「光緒二十四年吳姓鬮書」は、一一〇「光緒五年黟縣（或祁門）吳姓承先啓后鬮書」の息子の代の家產分割文書である。

第二に、本章末の『徽州千年契約文書』所收家產分割關係文書目錄散件中、＊が附記されているものは一部の共同保有部分を除いて家產全體を分け、家計を別にする際の文書および遺囑文書であり、その他は①すでに家產分割した後、共有部分その他を再度分ける際の文書、②家產の一部を分割する際の文書、③すでに分割した家產のうち、以前の分け方に問題があって分け直した際の文書、④祖遺の家產ではなく、同族の者が資金を出し合って購入し共有していたものを分ける際の文書などである。①については、必ずしもすでに家產分割した後の分割に關するものか否かについて確認できないものもあったが、文書の內容から推測したものである。また、＊の一般の家產分割もそのほとんどはすべての家產を分けるわけではないが、②の場合はごく限られた一部の家產を分ける場合の文書であり、＊と分けた。

第三に、北京大學圖書館善本部所藏の家產分割關係文書の目錄のうち、一「萬曆四十七年程氏鬮書」、二「天啓元年金氏合同分書」、三「隆武元年（南明）朱氏鬮書」は、『分家書』と題されて一函に收められ、四「順治九年許姓鬮書」は、『鬮書』と題されて一函に收められ、五「康熙四十年溪東溪西某氏鬮書」、六「萬曆〜順治年間許氏鬮書」は、「康熙十九年吳氏資產簿」、「邵氏置產簿」とともに『鬮書地畝冊』と題されて一函に收められている。

なお、目錄には遺囑文書が加えてある。遺囑文書には、『經濟』一〇三「同治六年謝喜全遺囑鬮書」、『歷史』散件三九「萬曆四十四年金世貞遺書」、五〇「康熙二十年胡阿淩立遺囑文墨」、五八「康熙四十五年□文光立遺囑分單合文」、六四「乾隆二十五年李枝鷗立囑書」、六九「乾隆四十九年江黃氏遺囑分鬮」があるほか、『經濟』五八の「道光五年歙縣盛尙鐘摽分文簿」、一一二「光緒十三年張姓鬮書」、『歷史』簿冊一五「崇禎十五年胡期榮立鬮書」も文書內には各々「立遺囑摽分文簿」、「立遺囑鬮書」、「立遺囑書」とあり遺囑文書である。また、『歷史』簿冊二五「乾隆黟縣胡氏鬮書彙錄」の中にも遺囑文書が含まれている。これらの文書は、父または母の存命中に家產を分割することと、分割する家產の配分を定めたものである。父母の死後實行に移され、そのとき遺囑書に則って「分家書」が作成される場合と、生前すでに事實上家產は分割され、後日「分家書」の文書のみ作成される場合とがある。從って、遺囑文書は實質的には「分家書」と同じ性格のものと考えられ、「分家書」とともに分類してある。

このほか「家」に關わる文書として『歷史』散件中に承繼關係文書がある。承繼關係文書には、家產を受け繼ぐべき息子がいない場合、家產をいかに處理するかを示した文書と養子緣組契約の文書とがある。但し、前述したように、「承繼」の問題は前節で扱ったので本文の目錄には採取していない。また、『歷史』および『北大』の簿冊中には、抄契簿、謄契簿、置產簿など家產の內容もしくは家產購入の際の賣買文書の抄本からなる簿冊類がある。家產分割に際して、家産を調査し、その詳しい内容を記した簿冊を作成することが多く、従ってこれらの簿冊のなかには家産分割關係文書に分類すべきものもあると思われるが、家産分割とは關係なく作成されたものとの區別が明確ではないため目録からは削除した。

ところで、語句の正しい用法からいえば、前出『歴史』散件中の①～④もまた家産分割文書である。そこで本稿では、①～④の文書とは區別して、『歴史』散件中の＊の文書など家産全體の分割を行い住居と家計を分ける際に作成される文書を「分家書」、家産全體の分割を行い住居と家計を分ける行爲を「分家」と便宜上稱することとする。また、家産を共有し、家計を一にする生活共同體またはその成員を便宜上「家族」と稱することとする。なお、資料中に「房」という語句がしばしば用いられている。「房」とは「分家」が實行される以前の「家族」内において、結婚によって形成されている小家族を指す場合と、「門」、「派」、「支」などと同じく、「分家」後の支派を示す場合とがある。これは「分家」前の息子や姪（侄、兄弟の息子）。男孫（息子の子）が結婚によって房屋内に獨立した「房（部屋）」を與えられ、それが「分家」後一つの支派を形成し、習慣的に「〇房」と稱されたことによると思われる。本資料中では、「房」は多く前者の意味で用いられている。

## 第二節　家産分割文書の名稱と家産分割の意味

ここではまず作成時における家産分割文書の名稱について検討したい。

目録に示した各文書名は、中國社會科學院經濟研究所所藏の家産分割文書は簿冊の表紙に書かれたもの、『徽州千年契約文書』は同書冒頭目録に示されたもの、北京大學圖書館善本部所藏家産分割文書は簿冊内の記載に基づく。これら目録の文書名から、①合同、合文、文約、書、單、（文）簿、帳、字、據などの文書一般ないし文書形式を示す表現の類、②（產）業、議、清（白）、遺囑、連環、義などの一般的名詞ないし形容詞、動詞の類、③分、分授、分晰、分產、支など分けることを意味する表現の類を除くと、すべて「鬮」、「摽」、「鬮」の三字が用いられている。ここでは、「鬮」、「摽」、「鬮」の三字の意味および「分家」の語彙の用いられ方について示し、徽州における「分家」ないし「分家書」の意味について若干の考察を加えたい。

「鬮」……家産分割についての文書の中で最も多い名稱が「鬮書」である。「鬮」とは籤の意味である。家産分割文書に「鬮書」という名稱が多いのは、家産を分割する際、分割しない部分を除き、その他の家産を息子ないし兄弟の人數分に等分して單ないし簿冊に記錄し、それぞれに「天字號」「地字號」「人字號」などの符號をつけ、その後各人が「天」「地」「人」などと書かれた鬮を引いてその割當てを決めたことによる。このとき作成する單や簿冊には、全員の取得分を記した類と一房分の取得分を記した類とがある。また、前者の場合、すべての家産を分けずに記したものと、各房の取得分を分けてすべてを記したものとがある。從って、家産分割を行うに際して作成する單や簿冊と行うべき手續きとは次のようになると思われる。①全家産を調査し、それらを記した單や簿冊をまず作成する。その際、分割しない共同保有部分と分割される部分とに分けて記す場合と、分けずに記す場合とがある。②次に全家産を共同保有部分と分割される部分とに分け、更に後者については、それぞれの取得分ごとに分けて、すべてを記した單や簿冊を作成する。その際、例えば三つの房に分割されるのであれば各房の取得分の頭に「天字號」「地字號」「人字號」などの「鬮」名を記す。③②の簿冊の寫しを房の數だけ作成する。④各房ごとに共同保有部分とその房の取得分を記した簿冊を作成する。①が作成されずに始めから②が作成される場合もあり、また、④のみが作成されるという場合もあり得る。③と④は、いずれかが作成される。「鬮」を引くのは、②ないし③を作成した後である。「鬮」を引いた後に③が作成される場合には、「鬮」名ではなく各房の名前ないし個人名が冒頭や表紙に書き込まれることもある。③または④の單や簿冊は各房が保管し、①または②の單や簿冊は同族の長老などが保管する。このほか、いくつかのバリエーションが考えられるが、おおむね以上のようなものであると思われる。

ところで、「鬮」はあくまで籤の意であるから、「鬮書」とあっても必ずしも家産分割文書を意味するとは限らない。例えば、同族以外の人間が何かを分ける場合に鬮を用いれば、その分けた内容を示した文書はやはり「鬮書」、「鬮分」などと稱される。『徽州千年契約文書』の散件中にも家産分割とは關係ない文書で「鬮」の字が用いられているものがある。

「摽」……「摽」とは目印や符號、標識を意味する「標」の動詞形である。中國社會科學院歴史研究所の周紹泉氏の説明によれば、「摽」と「鬮」とはほぼ同様の意味であるといえるとのことである。なお、一般には「摽」の字が用いられることが多いが、『歴史』散件一「泰定二年祁門謝利仁等分家書」の文中に「立此標分的（底）帳」とあるように「標」の字句が用いられる場合もある。

「鬮」……「分鬮」はそれ自體家産分割の證書の意味である。

「分家」……目錄の題目の中にはいくつかの「分家書」ないし「分家」という字句が見出だせる。しかし、『徽州千年契約文書』の目錄に「分家書」とあるものは、ほぼすべて後になって表紙に印刷ないし書かれたものと思われるものか、または歴史研究所が分類するに際して文書の内容を示す名稱として記したものである。北京大學所藏の家産關係文書には、函に文書名として「分家書」という題紙が貼られているものがあるが、これらは整理の段階で貼られたものである。經濟研究所所藏の家産分割文書の場合も、唯一の例外である一〇一「同治二年休寧曹姓禮房分家書」を除いて、「分家」ないし「分家書」という表現はすべて後世に書き込まれたと思われるものであり、分家當時に作成された記載内容に「分家」、「分家書」という表現はみられない。また、一〇一にも文中に「立遵遺命分家清單鬮書」とあり、文書の名稱が「分家書」であるというよりは、「分家」を行うに際して作成された「鬮書」という意味であることがわかる。それでは、「分家」、「分家書」という字句が文書作成當時において實際上ほとんど用いられなかったのは何故であろうか。前出周紹泉氏によれば、「分家」の際に作成される文書は、多く「鬮書」、「分關（書）」と稱され、「分家書」はその俗稱であり、從って「分家書」と記されたものが少ないこと、また、「分家」とは「家庭を分ける行爲を指し、『分爨』とも『析爨』ともいう」とのことである。確かに「分家書」についてはそれで理解できる。しかし、「分家」についていえば、「分爨」や「析爨」は、「爨」を分けること、すなわち家計を分けることを意味し、當然それは住居や家産を分けることをも豫想はさせるものの、かなりあいまいな表現である。しかも、「分家」という字句それ自體も文書作成當時實際上ほとんど用いられていないのである。その點はどう解釋すればよいのか。以下、中國における「家」というものがいかなるものとして認識されていたかという問題をも含めて、若干の考察を加えてみたい。

滋賀秀三氏は『中國家族法の原理』の中で、「家」とは人の面から見た場合、「廣義においては、家系を同じくする人々を總稱し」、「狹義においては、家計をともにする生活共同體を稱し」、また「『家』なる文字には、人とあわせて財産を指稱する。」とされ、「同居同財ということは中國人の家族生活にとって本質的な要素であり、われわれはこれを示標として、同居同財生活を現に營んでいる一集團をすなわち狹義における一つの『家』として把握することができる。」(4)とされている。この滋賀氏の指摘は、少なくとも秦漢以降の中國において「家」というものがどのように認識されていたかを適切に示したものであるといえる。すなわち、日本の「家」というものが、そこに屬する人々や財産といった具體的存在を超えて、家業ないし家名という觀念を示すものでもあるのに對し、中國の「家」は廣義には、始祖から始まり未だ生をみない子孫へと續く、永遠たるべき時間の流れの中に位置する個々の人間存在の總體すなわち宗族を指す場合もあるが、狭義には、そして多くの場合、家計をともにしている生活共同體（家族）、およびその共同體が保有する家産を指すといえよう。從って、中國における「分家」とは、「分家」という表現が往々にして用いられる近代以降をも含めて、あくまで家計と家産とを分け住居を別にする現實的行爲にすぎないのであって、日本の「本家」、「分家」という意味での「分家」とは意味が異なることは勿論のこと、祖先や子孫を含めた人間存在の總體である宗族を「分ける」ことを意味せず、「家」の構成員たる人間存在の關係に理念的な變化が生じることを觀念しないといえる。

## 第三節　徽州文書「分家書」作成家族の「業」

前述したように、日本の少なくとも封建時代においては、「家」というものは家業ないし家名という觀念を示し、「家」と「業」とは不可分の關係にあり、「家」の各構成員は家業を繼ぐのが原則であった。これに對し、中國では舊來は「家」の各構成員が家業を繼ぐことは廣く行われていたものの、宋代以降においては技術や經驗が父から子へと受け繼がれることで、實際上「業」が繼承されることはあっても、「業」が「家」に屬するという考えは失われ、「家」の構成員が何を「業」とするかは原則的には各人の個々の選擇に任されていた。ここでは、「分家書」作成家族が何によって家計を維持し家産を殖やしているかをみてみたい。

徽州では「業賈者什七八」(5) といわれるように、「分家書」にも商業を業としていることを示しているものが多い。例えば、『經濟』は百二十六件のうち同一の「分家」時の別冊を除いた百十七件中六十件が、『歴史』簿冊は二十八件中十三件（この外、店舗の賃貸一件、若干の店地があるもの一件）、同散件は遺囑書を除いた二十八件中七件が、『北大』は六件中五件が、貸金業を含めた商業ないし鑛工業を業としているとほぼ確認できるものである。商業は外地へ赴き貿易に従事する「行商」と店舗を構えて商賣する「坐賈」とに大別できる。前者のように外地へ赴き貿易に従事する人々を「客商」ともいう。同一家族のものを除いて、「分家書」では、①行商を業としているもの、『經濟』十件、『歴史』簿冊四件、②本地或いは外地における、店舗による商業活動および鑛工業を業としているもの、『經濟』四十一件、『歴史』簿冊十一件、同散件三件、典當業『經濟』十四件、『歴史』簿冊四件、同散件一件、その中で典當業と他の商業や鑛工業とを兼ねているもの、『經濟』四件、更に行商と坐賈とを兼ねていると思われるものは『經濟』二件、商業と鑛工業を兼ねているものは同二件、③①②以外で、商業を營んでいるかは不明であるとはいえ、店舗を有しているもの『經濟』十二件、『歴史』簿冊四件、同散件三件である。文書に示された營業内容は多岐にわたるが、典當業がめだつほか、鹽業、染布を含めた布業に從事していることを示す記事も少なくない。

農業については、茶園、杉山や松山、竹林を所有しているものは、『經濟』十五件、『歴史』簿冊八件、同散件五件ある。但し、そうしたものもほとんどは田を所有しており、茶の生産を業としていると明らかにわかるものは、『經濟』九九「吉字和泰拈得、咸豐八年戊午仲秋吉日、福房鬮書」と一一九「光緒二十八年閻氏分家書」の二件のみである。「分家書」の家産項目には、住居は別として田に次いで山の記載が多い。これらの山には祖先の墳墓のある山のほかは、多く佃戸によって茶樹や松、杉などの樹木が植え育てられていた。ところで、農を業としていることを明確に記した「分家書」はごくわずかである。また、行商を業としている場合は家産には店舗が含まれないから、商業や店舗に關する記述がないからといってすべて農業と斷定することはできない。しかし、商業に關する記述がないもの、家産の中に店舗が含まれていないものの多くは農業を營んでいたかもしくは農地を保有し收租によって生計を維持していたと思われる。例えば『經濟』三「崇禎十年歙縣（或祁門）某姓分產簿」、七「康熙二十八年、康熙五十一年休寧謝姓鬮書」、一六「雍正十二年、乾隆三十七年祁門曹姓鬮書」、四四「嘉慶二年休寧余姓鬮分書」など商業を營んでいた記述もなく家產に店鋪が含まれないものは、各々三百二十畝、六百畝、三百三十六畝、六百四十畝の田や山地を保有しており、農業で生計をたてていた可能性を推測させる。但し、これら廣い田地を保有している者は、農業で生計を維持していたとはいえ、ほとんどのものは田地を小作に出し租を得ていたのであり、自身が農耕に從事していたわけではない。逆に、田地が三十畝にすぎない『經濟』八五「道光二十六年休寧吳姓分鬮書」には、「不料、年來農事失時、屢遭飢饉、經營未遂、不獲肥貲。」とあり、自身が農耕に從事していたことを推測させる。但し、これも地主としての言動ととれないこともない。章有義氏は前揭の「明清徽州地主分家書選輯」において、この休寧吳氏を地主であるとされている(6)。また、『歷史』簿冊一五「崇禎十五年胡期桀立鬮書」も保有田地が十畝六分四厘一毫と少ないが、租額も示されており、これらの田地が小作に出されていたことを示している。從って、面積が少ないことと合わせて、記述はないものの何等かの形で胡氏が商業に關わっていた可能性を否定することはできない。このほか、『經濟』四〇「乾隆六十年黟縣胡姓地字鬮書」のように典業を營んでおり、典買によって得た田地が六百六十八畝にものぼる場合もある。いずれにせよ保有土地の量と何を業としているかについては、ある程度の相關關係を見出だせるものの絕對的なものではない。また以上から少なくとも徽州の家產分割文書についていえることは、土地からの收益によって家計が維持されている場合でも、その多くは租であって、自ら農耕に從事している例は極めて少ないということである。すなわち、「業農」であっても、それは必ずしも農耕を意味するものではなく、租米の販賣を主要な家計手段としている例が少なくないということである。

儒を業としていることが記載されているものには、『經濟』九三と九四の「咸豐五年兆才兄弟鬮書」がある。九三、九四には「但尓父遺無多產、儒業自守成家、不易自分之□。」と記され、兄弟が皆儒を業としていたと思われるが、『經濟』五八「道光五年歙縣盛尙鐘摽分文簿」、一二四「光緒三十二年宗姓鬮書」では、商業を主要な家計維持手段としている家族の一員が儒を業とし、『經濟』九五「咸豐七年童正邦分鬮書」では兄が儒を業とし弟は農業に従事している。

## 第四節　「分家書」作成者と家産分割の理由

### 一、「分家書」作成者

家産分割文書の内容は、大別して家産を分けるに至った理由や經緯を記した部分と分割した家産および共有部分の内容を記した部分とに分けられる。理由や經緯を記した部分の最後には、①その文書を作成した者ないしは家産を分け文書を作成することを決め分割内容を定めた者（「主盟」、「主議」、「主分」などと稱される）の名前、②分割した家産を「承繼」する者の名前、③「憑」「見」という保證人に相當する族人や姻戚の名前、代書人の名前などが文書作成の年月日とともに記されている。

家産分割文書のうち「分家書」の作成者は以下の如くである。（簿冊の中には一冊の中に時期の異なる數件の家産分割文書が含まれているものがあり、また「分家書」と遺囑書以外の文書を除いた數値であるため、總計は目錄の文書合計とは異なる。なお、『歷史』簿冊については、このほか不明なものが數件ある。）

『經濟』…母親または祖母三十八件（内三件は「主盟」または「主議」として署名の後に名がある）、兄弟三十六件、父親二十七件（内一件は「遺囑文書」）、伯叔と姪（おい）十五件、兩親五件、その他三件（母舅すなわち母の兄弟二件、父の妹？一件）、不明三件。

『歴史』簿冊…父親十二件、伯叔と姪十件、母親九件、兄弟八件、従兄弟二件。

　散件…兄弟十二件、母親八件、父親六件、伯叔と姪五件、兩親二件。

『北大』…父親一件、母親一件、兄弟一件、伯叔と姪一件、従兄弟一件、不明一件。

　誰が文書を作成しているかということは、その家族の生活の過程で、いつ家産の分割が行われ、文書が作成されるかということをも意味する。まず父親が生存している場合は、病氣等の例外をのぞいて、父親が文書作成者となっている。父親が死亡しており母親が生存しているときは、ほとんどの場合母親が文書作成者となっているが、母親が生存しているにもかかわらず、息子たち兄弟が文書作成者になっているものもある。息子たちが文書作成者となっているもののうち、文書の内容から母親が存命であることが明確にわかるものとしては、『經濟』三六「乾隆五十二年汝器、鼎倫、濟甫等四房」、六七「道光十三年陳姓分鬮書」、八〇「道光二十五年胡海勝鬮書」、八四「道光二十六年懋墉兄弟鬮簿（信字號）」、一〇二「同治四年汪啓旺分鬮書」、『歴史』簿冊二六「乾隆十六年黄熾等立鬮分合同」、同散件六二「雍正十三年□士禮等立清白合文」、の、計七件がある。母親が病氣である場合が多いが、『經濟』三六には文中に母の命により家產分割を行うという記述がある。なお、『經濟』一〇七「光緒二年歙縣江姓鬮書、光緒十三年・三十年江順通分鬮書」には、「遵孀母命、依口代書人、江文瀾」とあり、その名は記されていないものの分割を命じたのが父の弟の妻であることを示している。また、祖母が文書作成者または「主議」となっている『經濟』二九「乾隆三十六年黟縣王姓鬮書」、七二「道光十六年黄姓鬮書」は、ともに承繼者である孫たち兄弟の父が祖父母の唯一の息子であり、祖父と父がともに死亡している場合である。

ところで、伯叔と姪の間で家産分割を行う場合は大別して二つに分けられる。第一は、伯叔すなわち兄弟の一人ないし數人が死亡しており、死亡した兄弟の子である姪が父親に代位して家産分割に加わっている場合である。第二は、伯叔の生存者が一人である場合である。ともに兄弟間の分割の延長線上にあるとはいえ、後者が前者よりかなり多い（『歴史』の散件では前者四對後者十二）。このことは、『歴史』簿冊九「萬暦二十八年休寧洪岩德等立鬮書」、一九「康熙十一年休寧呉國樹等立《天字鬮書》」、『北大』二「天啓元年金氏合同分書」のみを例外として、父方の従兄弟間における家産分割が見られないことと關連すると思われる。すなわち、家産分割は例外を除き、多く家産の共同保有者が従兄弟のみになる前に行われていたということである。それでは、どのような場合に従兄弟間における分割が行われたのであろうか。この問題については、「文書作成者と家産分割の理由との關係」の項で詳しく検討したい。

なお、家産を再度分ける際の文書等は、すべて兄弟もしくは伯叔と姪の名で立てられている。

## 二、家産分割の理由

すでに家産分割した後、共有部分その他を再度分ける際の文書、または家産の一部を分割する際の文書などには、家産を分けるに至った理由の記述がないものが少なくない。しかし「分家書」の場合は、極めて限られた散件を除いて必ず家産を分けるに至った理由が記されている。家産分割の理由としては、以下のように大別できる。

a、父親または母親または夫の死。
b、老齢または病氣。
c、家務の主宰または管理が困難であること。
d、息子の結婚と自立。

e、家族内の人口が增えたこと。
f、家族内にトラブルが豫想されること。
g、家族内にトラブルが生じていること。
h、家産を分割することが理または利であるから。
i、父の遺言。
j、家産の管理が不便な情況にあること。
k、その他。

以上の理由の中ではa～fが一般的である。また、當然のことながら、以上に擧げた理由はそれぞれ別個なものではないし、理由のすべてを記述しているとも限らない。更に、文書に書かれた理由の記述が實際の理由というよりは形式的な場合もある。

理由が輻湊しているものとしては、①父親が死に、母親は老齢であり管理が困難であること（『經濟』一四）、②父または母が老齢化し、或いは家族内の人口が增え、繁雜な家政の管理が困難であること（『經濟』一二、一九、三一、三三、四五、四八、五四、五八、六一、六五、六七、七二、七五、七六、八二、八五、八六、八九、九六、一一二、一二〇、『歷史』簿冊一五、一六、二五、二六、二七、散件四三、六八、七五）、③家族内の人口が增え、住居が狹くなるなど不都合が生じていること（『經濟』二四、三六、四四、『歷史』簿冊一二、一七、一九、二五、二八、散件六一）、④家族内の人口が增え家族内に不均衡が生じることなどによって、將來トラブルの發生が豫想されること（『經濟』四六、五八、六三、六四、一〇八、一〇九、『歷史』簿冊一二、二四、二五、二七、散件二九、五三、六二）、⑤或いは實際にトラブルが發生していること（『歷史』散件五四）などがある。

しかし、前述したように、これら文書中に理由のすべてが記述されているとは限らず、或いは理由の記述が形式化されたものもある。例えば『經濟』二七「乾隆三十五年黟縣程姓鬮書」、五〇「嘉慶十四年黟縣某姓鬮書」、八三「道光二十六年葉姓鬮書」には人口增以上の具體的理由は書かれていない。更に『歷史』散件七八「民國七年李久禎等立分鬮單」には、「聞之一氣而分三四象、一體而分二四肢、樹大枝分、人多晰著、事雖殊而理則一也。」とあり、樹が大きくなれば枝分かれし、人が多くなれば家産を分割するということは、特殊なことであるとはいえ理であるとされている。『歷史』散件八〇「民國十九年李萬義等分關書」も七八とほぼおなじ內容であり、民國七年と十九年の同じ李氏の文書であることから後者が前者を模倣したものであるとも思われる。

hの樹が大きくなれば枝が別れるように、人が多くなれば家産を分割することは「理」或いは自然であるから家産分割を行うとしたものとしては、前述した『歷史』散件七八、八〇のほか、『經濟』四四「嘉慶二年休寧余姓鬮分書」、一二六「光緒三十四年吳姓鬮書」、『歷史』散件八一「民國三十七年張承鈞立分關合同」がある。また、『歷史』簿冊七「隆慶六年祁門方佐等立鬮書」には「無分者天下之大害也。有分者天下之大利也。」とあり、家産分割が「利」にかなったことであるとしている。

この家産分割を「理」とする主張は、逆に家産分割ないし「分家」は好ましいものではないという傳統的價値観がその當時において存在していたことを示しているともいえる。『經濟』六六「道光十二年休寧吳氏鬮書」には、「分晰之一事、雖情之所不忍、亦勢之所必至……」とあり、分割は情においては忍び難いが、現實においては必然であると認識されていたことを現わしている。實際、年老いて家務の管理ができなくなったという理由にせよ、人口が增えて將來齟齬が生じることを懸念するという理由にせよ、家産分割の理由、換言すれば「言い譯」がほぼ必ず記されていること自體、本來は分割すべきでないという傳統的價値観が未だ生きているからこそであるともいえる。しかしまた、

「分家」しないことが理想であるという傳統的觀念は根底には殘っていたものの、現實には「分家」が當然の營爲として行われ、現實的必要性こそ「理」であるという認識ないし主張が行われるに至ったとも考えられるであろう。

iの父の遺言を理由とするものには、『經濟』四六「嘉慶五年謝姓鬮書」、五一「嘉慶十六年蘇德滋堂鬮書」、七一「道光十六年童守璉鬮書」などがある。但し、四六の場合は「茲因人口衆多、日給艱辛、又恐人心不一、難以合爨、是以兄弟三人、遵承父離終囑附之言、……」とあり、「人口が多くなり日々の費用を給することが困難になったことによって、又人心が離反し家計を共にすることが困難となることを懸念し、我々兄弟三人は父の臨終の際の遺言に從い……」とある。すなわち、父が遺言していたものの、父の死後すぐに分割を行ったわけではなく、家族内の人口が增え、將來トラブルの發生が豫想されることを直接の理由として、ある程度時間を經た後に「分家書」が作成され「分家」が行われている。五一、七一はともに父が生前分割內容を定めていることが示されており、死後それにもとづき家產分割を行い、文書を作成している。

jの管理が不便であるということを理由としているものには、『歷史』簿冊一四「崇禎七年余廷樞等立分單鬮書」がある。ここには「立議分單鬮書人余廷樞、廷格、因父雲禎公於甲子年九月初四日戌時故在池店、身年拾伍、遺弟伍歲、孤幼不能扶店。憑母將店變易、眼同抵償父帳。身思父柩在池、兄弟借用搬柩回祖齋經路費、安葬已訖。今身在城住寓、兩各管業不便。兄弟商議、自願請憑親族、……貳分均搭。……」とある。すなわち、余廷樞と廷格は十五歲と五歲のときに店を營んでいた父に死なれ、店を手放し葬儀をすませ、十年後、兄は縣城に住んで管理が不便ということで家產分割を行うとある。このほか、管理などが不便であることを分割理由とする記事は、『歷史』散件二七「萬曆十二年康儀等分單合同」、二八「萬曆十四年李欽明等分家合同」、四〇「萬曆四十六張泮等立合同」、四四「崇禎十一年□可達等對換合同文約」、『北大』四「順治九年許姓鬮書」にもみられる。

kのその他の理由の中には次のものがある。①太平天國の戰亂を契機としたものとして、『經濟』九七「咸豐七年汪金陞分家書」「……況復家計中落、羣情變更、遭亂離者已五載、甘貧賤者將十年、身多稱貸之償、室鮮贏餘之蓄、……［況んやまた家運が衰え、家族の人々の氣持ちも變化し、太平天國の亂に遭遇して家族が離散してすでに五年を經、貧賤に甘んじるようになってもう十年になろうとしている。私は多くの借金の返濟に追われ、家には蓄えも少なくなった。］」、『經濟』一一四「光緒二十年祁門某姓鬮書」「……念自兵燹大劫、予等下掌家務、上慰親心、辛勤勞苦、所有儲蓄仍然灰燼、所餘不過田地屋宇。現雖各爨有年、非及予與三弟眼中爲之分析、恐諸侄輩不信、日后難以經理。……［思うに太平天國の戰亂が起きてから、私たちは家の仕事を支え、兩親の氣持ちを慰め、精を出して苦勞して働いてきたが、あらゆる貯蓄は灰燼に歸し、殘っているものといえば田地と建物だけになってしまった。これまで多年にわたって各々家計を別にしてきたが、私と弟とは家產を分割することは考えてこなかった。しかし、姪たちの代では互いに不信感をもち、今後家產を管理することが困難になることが懸念される。］」、『經濟』一〇二「同治四年汪啓旺分鬮書」「……近因兵荒之後、家務百物難全、以致不無競論防生反目之憂、……［近年（太平天國の）戰亂の後、家の仕事やあらゆる物を保持することが困難になり、そのため論を爭い反目を生むことを防ぐことができなくなる懸念がある。］」、②明末北京が失陷し、資本を持って徽州に逃げ歸る途中强盜に襲われ、やっとの思いで故鄕に歸ったが、日用の費用に當てる資金の蓄えがなくなった（＝日給之資無得措備）（『北大』三「隆武元年朱氏鬮書」）、③家族が次々に死に人口が少なくなったため（『經濟』六七「道光十三年陳姓分鬮書」）、というものである。但し、これら家族の衰退を原因としている文書は數も少なく家產分割の理由としては例外といってよいであろう。ところで注意すべきは、多くの徽州の族譜には太平天國の戰亂に際して、一家離散したり家產のほとんどを失ったことを示す記事が少なくないのに對し、①の文書に見る限り、依然として土地など一定の家產を保有していることである。②の明末の戰亂の場合も同様に一定の家産を有している。換言すれば、少なくともこれらの文書に見る限り、分割するに足る家産があってこそ家産分割が行われたといえるであろう。

### 三、文書作成者と家産分割の理由の關係

ここでは、家産分割文書作成者と家産分割の理由との關係について考えてみたい。一般に父親もしくは母親が文書を作成している場合はa～dの理由が多く、兄弟もしくは伯叔と姪が文書を作成している場合はe、fがほとんどである。また、兄弟間の分割について言えば父母の死が契機となる場合も少なくないが、伯叔と姪間の分割も含めて、e～gとりわけeの家族内の人口が増えたことが契機となっているものが多い（『經濟』二七、三六、四四、四六、五〇、六三、六四、一〇八、『歴史』簿冊一九、二五、二七、散件二九、五三、六二）。例えば、『歴史』散件二九「萬暦十六年祁門謝國用等分家合同」は三人兄弟間の分割の文書であるが、「今兄弟年老、子孫蕃衍（?）、思念手足聖情、兄弟商議、自情願、托憑親族……［兄弟が年老いて子孫の數も多くなり、兄弟間の情（がうまくいかなくなること）を思って、自ら願って親族に依賴して……（家産を分割する）］」とある。

次に、第一項で提示した從兄弟間で家産分割が行われている『歴史』簿冊九と一九および『北大』二について、その家産分割に至った理由と經緯とについて檢討してみたい。

『歴史』簿冊九「萬暦二十八年休寧洪岩德等立鬮書」の冒頭には次のような家産分割に至った經緯が記されている。

十七都四圖江村立鬮書分單合同人洪岩德、同弟齊德、玄德等。緣吾祖諱玄鼎、祖母李氏生父叔三人、父諱仁榮、生子岩德、叔諱仁傅、生子齊德、次子道德、早逝季叔諱仁僖、生子玄德、茂德、祖後庶又生叔四人、俱各婚娶。祖遺産業等物、先年照子七房均分、備本營生、無異、鬮書並存。後吾父叔三人、因思同胞手足、篤念孔懷、復相

同心合本勤儉持家、不憚風霜、苦志江湖、創積數十年、外無異志、内無間言。幸而家業頗豐、創造廳廊・房屋・産業、未經分析、不幸先後繼故。吾同堂弟輩數人、深念前人創立之難、各勉繼述（以下、破損）…三房恪守、同心共創拾有餘年。近因改向（以下、破損）、但恐後之子孫蕃衆、人心不一、未免鬩墻之釁。爲請憑親族（略）倶作三房均分。

（以下略）

［十七都四圖江村に居住する鬮書分單合同を立てる人岩德、同弟齊德、玄德等。祖父諱玄鼎と祖母李氏の間には父と叔父二人の三人の息子が生まれた。父は諱仁榮、その子が岩德であり、叔父は諱仁傅、その子が齊德と道德であり、早逝した末の叔父は諱仁僖、その子が玄德と茂德である。また、後に祖父と妾との間に叔父四人が生まれたが、それぞれ結婚した。先年祖父の遺產をその息子七人に分割し、生業を立てるための資金とすることになった。以上のことは間違いなく、鬮書もある。ところで、その後我々の父と叔父二人とは、自分たちが同胞の兄弟であることを重々思い、再び心を合わせ資金を出し合って、よく働き節約に努めて家業を切り盛りした。辛苦を厭わず、辛抱強く志をもって（客商として）廣く四方各地に赴き、數十年にわたって（資產を）創り蓄積した。外に二心なく、内に仲違いなく、幸いにして家業は頗る豊かとなり、廳廊・房屋を建て土地を購入したが、これらのものは未だ分割していない。ところが、不幸にして父と叔父たちが前後して亡くなった。私岩德は同堂の從兄弟數人とともに深く先人の創業の困難に思いを致し、先人の事業を受け繼ぎ……三つの房の從兄弟たちは謹しんで守り、心を合わせてともに十數年にわたって（資產）を創った。……但し、後に子孫が増え人心が離れれば、相争うような間隙が生じることも免れ難い。そのため、親族に賴んで……すべて三房に均分し……（以下略）］

『歷史』簿冊一九「康熙十一年休寧吳國樹等立《天字鬮書》」が示す家產分割に至った經過は以下の如くである。

（略）吾祖聯橋公諱鈞、娶于祁（門）之上溪許氏末仙安人、生長子曰愛橋公諱漳、娶本里葛源程氏、生長子曰桂、次曰材、斯長房之流派也。（祖）繼娶胡氏住秀安人、生次子曰秉中公諱潾、娶婺（源）之石潭宋氏首娥孺人、生長子曰楠、次曰槐、生季子曰貴池公諱泮、亦娶于葛源之程氏、生三子、長曰機、次曰樹、季曰松。□世之嗣而此六房則子孫繩々若螽斯之繁衍、皆吾祖若父之積蔭使然。盖吾祖質直好義、鄉閭以盛德稱。逮伯父叔輩努力幹蠱克紹前烈、鄉閭以質能稱。遂致家道漸昌、得以遺傳至今而無失墜之虞。但子孫集則心志難于合一、房分多則租穀不便于瓜分、且各客雲間内顧實難。是以偕兄弟（略）作三鬮拈鬮爲定、隨鬮管業（以下略）。

［（略）我が祖父聯橋公諱鈞は祁（門）縣上溪の許氏末仙安人を娶り、長子愛橋公諱漳が生まれた。漳は休寧縣葛源の程氏を娶り、長子桂、次子材が生まれた。これが長房の流派である。（祖父は夫人許氏の死後）繼妻として胡氏住秀安人を迎え、次子秉中公諱潾と末子貴池公諱泮が生まれた。潾は婺源縣石潭の宋氏首娥孺人を娶り、長子楠と次子槐が生まれた。泮は葛源の程氏を娶り、長子機、次子樹、末子松の三子が生まれた。……我々六房は子孫が繩々と繫がり（子孫が増えること、まるで）きりぎりすのようである。このように人々の數が増えていくということは、みな祖父や父の積蔭のしからしむるところである。我が祖父は正直で義を好み、鄉里において德の盛んな人物と稱された。伯父・父・叔父らは努力を厭わぬ親以上に立派な息子たちであり、先代の功を受け繼ぎ、鄉里において有能な人物と稱され、家の暮らしむきも次第に盛んになり、今に受け繼がれて失墜の虞れはない。但し、子孫が集まり（増えれ）ば、その心や志を一つにすることは難しく、房が分かれて多くなれば租穀を分けることは不便になる。また、各人が廣く四方各地に客商として赴けば、家のことを顧みることは實に困難である。このため兄弟はともに……三本の鬮を作ってこれを引き、引いた鬮にしたがって（分割した）家産を管理するものとする。（以下略）］

『北大』二「天啓元年金氏合同分書」が示す家産分割に至った經過は以下の如くである。

立合同分書人金柯、金楡等。原承曾祖世華兩淮支鹽生意、先於萬曆貳拾參肆等年、父叔已行均分、立有合同分書以憑各管。但承祖及父叔續置田地基産併金銀器皿什物等件、向未分撥。今且巳歷三年、幸群從雍穆、綽有舊風、析之正此其。於是遵照父叔原議、當憑親族……倶作兩半均分。……

［合同分書を立てる人金柯、金楡等。もともと曾祖父世華から受け繼いだ兩淮の鹽業の經營については、萬曆二十三、四年に父と叔父との間で均分し、合同分書も作成し（均分した）證據として各人がそれぞれ保管している。しかし、祖父から受け繼いだ分と父と叔父が購入した分の田地、基地ならびに金銀、什器等の物件は未だ分割していない。今日すでに三世を經たが、幸い（家族の）人々（の關係）は平和で穩やかであり、ゆったりとして舊き良き氣風があり、家産を分けるのはまさにこの時である。そこで、父と叔父のかつての意見に從って、親族に依賴し……二つに均分する。］

以上の記述に若干の推測を加えれば以下のことがわかる。まず、『歷史』簿冊九については、祖父の死後、父の代すなわち兄弟の間で家産分割がすでに行われ鬮書も作成されていたこと。その後、同母の兄弟三人は、事業（客商）を行うために分割した家産を合わせ、協力して商業を營み家産を增やしたこと。彼等の死後もその息子たちは同樣に協力し、商業を營んでいたこと。しかし年を經、家族の人數が增えたことを思い、そろそろ家産の分割をきちんと行っておこうという段階に達したことである。彼等が商業を通じて得た富はおおむね土地の購入に向けられたと思われ、分割された家産は田地だけでも百畝以上（田租七百二十七砠以上）にのぼる。この兄弟が家産分割を行わなかった理由は、彼等が客商という事業のお互い缺くべからざる協力者であり、共同經營者であったからであろう。すなわち、行動をともにしていない下の四人の弟とはすでに家産を分けており、上の兄弟三人が家産を分割しなかったのは、同母という要素があったとはいえ、あくまで實際的利益から出た行爲であったということである。しかし、兄弟の死後十數年になると、その子たち五人の子供も成長しているはずであり、一同全員がお互い缺くべからざる共同經營者であるという關係は薄れつつあったと考えられる。従って、この段階で家産分割を行ったものと思われる。

『歴史』簿冊一九は、「吾祖質直好義、鄕閭以盛德稱。」とあり、「伯父叔輩努力幹蠱克紹前烈、鄕閭以質能稱。」と述べているように、祖父はほとんど富を蓄積することなく、父の代で多少の富を蓄積したと窺い知れる。但し、この文書が作成されたときの家産も田地二十畝餘りにすぎず、多いものではない。推測が許されるならば、父の代においては分割するほどの家産がなかったから、家産分割をしなかったともいえる。管見した徽州の家産分割文書は、すべて田地、家屋など分割されるべき一定の家産があるものであった。一九の文書からもいえることであるが、前述したように、少なくとも徽州においての家産分割は、分割可能な家産がある場合に行われるといえるように思われる。

『北大』二については、①曾祖父から受け繼いだ兩淮の鹽業の經營は、父と叔父の代に分割された。②祖父から受け繼いだ田地、基地（住屋、店舗用の土地）などは父の代には分割されず、三代目の従兄弟の代に至り分割された。また、父と叔父が購入した分、すなわち父と叔父から受け繼いだ家產もこのとき分割された。この場合、兩淮の鹽業の經營を分割した際に、なぜ祖父から受け繼いだ田地、基地などが分割されなかったのかということが問題になる。祖父から受け繼いだ田地、基地などが極めて限られたものであり、分割の對象になり得なかったということも考えられる。但し、合同分書に示された山地の地名から、これらの土地が徽州の土地であると考えられることから次のようにも推測できよう。すなわち、曾祖父の代から兩淮での鹽業の經營が家業の中心であり、祖父、父、叔父およびその息子たちの實質的活動の中心は兩淮にあった。鹽業で得た利益によって土地を購入したが、それらは徽州の土地であった。祖父の死後、鹽業の經營については分割したが、徽州の土地を分割するには徽州に歸り資産を詳細に調査する必要があった。しかし、父と叔父とその息子たちの間には何の問題もなく、また兩淮での經營で忙しくしていたため、敢えて歸鄕して詳しく調査し分割する必然性を感じなかった。そのため、徽州の土地はそのままにされた。今日、父と叔父の息子、すなわち從兄弟たちの息子も成長し人數も增えた。そこで、それぞれの關係が穩やかなうちに徽州の土地の方も分けておこうというものである。假にこの推測が當を得たものであったとしたら、父と叔父との間で鹽業の經營を分割する文書がすでに作成されていたとはいえ、金銀や什器が分割されていなかったことからも、父と叔父の協力關係は維持され、實際には家產は勿論家計も分けてはいなかったと考えられる。すなわち、家產を分割することを決め文書を作成することは、實際的分割をただちにもたらすものではなく、將來家族の中に齟齬が生じ、家產に關してトラブルが生じる前に、從兄弟の各房が受け繼ぐべき內容を明確にしておこうという行爲である、ということになる。例外を除き、家產分割が從兄弟の代になる前に行われるのは、從兄弟の代になるとトラブルが生じやすいという經驗にもとづき、それ以前に決めることだけは決めておこうというものであったとすれば納得がいく。換言すれば、少なくとも徽州における家產分割文書の作成は必ずしも實際的かつ完全に家計を分けることを意味してはいない、ということになろう。

以上から徽州の家產分割の條件、理由ないし時期としては次のことがいえるであろう。第一に、極めてわずかな例外を除いて、家產分割を行うのは一定以上の家產がある場合であること。第二に、多く世代交替に際して、或いは家族の人口が增えた場合に家產分割は行われていること。また、家業の經營等の面で不都合が生じるというような實際上の要因を除いて、一般に家族が從兄弟のみになる以前に行われたこと。第三に、家產分割ないし家產分割文書作成の目的は、將來家族の中に齟齬が生じ、家產に關してトラブルが生じる前に、各房が受け繼ぐべき內容を明確にしておこうというものであり、必ずしも實際的かつ完全に家計を別にすることを意味してはいないこと。また逆に、家計を別にしていても、田地等の家產は分割しない場合もあること。第四に、「分家」を行わないことが理想であるという傳統的觀念は根底には殘っていたものの、現實には「分家」が當然の營爲として行われていたことである。

## 第五節　家産の內容と分割の方法

### 一、家產の內容

#### （1）、分割される家産

ここでは、分割の對象となる家產について検討する。分割の對象としては、田、基地（住屋、店舗用の土地）、山場、地、塘池、園地、樹木竹筝、房屋、店屋、倉庫・豚小屋等の建物、佃戸の住屋、家畜、家具什器、書畫骨董、寶石・貴金屬、現銀、經營資本および運營資金、貸金およびその利子、借入金およびその利子、會股、税糧、徭役などがある。このうち、ほぼ必ず分割されるものが田である。

「分家書」および家產內容を記載しているその他の簿冊において、これら田は字號、土名のほか、面積が記載される。但し、面積を示すものとして、租額が示されている場合、税面積が示されている場合、またはそれらのうちの兩者が示されている場合がある。租額が示される場合は多く佃戶名も附記されている。更に、それらの土地を入手した際の賣買契の抄本が附記されているものもある。以下、田の記載様式の實例を擧げてみよう。

◎租額が示されているもの

一段早田參分　計租陸拾斤　土名蘇家塢　佃人汪的兒　福字鬮全管

（『歷史』簿冊三「嘉靖二十二年歙縣余程氏立鬮書」）

◎税面積が示されているもの

羔字玖拾壹號　土名大婆塢田壹坵　税叄分壹厘柒毫柒系

（『歴史』簿冊一九「康熙十一年休寧呉國樹等立《天字鬮書》」）

◎租額と税面積が示されているもの

惟字八百六十二號　下辛塘　租六砠　税八分六厘　徳輝戸

（『歴史』簿冊二三「雍正五年休寧黄楷等立鬮書」）

◎面積と租額が示されているもの

師字　一佰八十七號　田壹分九厘貳柒伍　土名査干　秈租壹砠拾觔　佃人章順

（『歴史』簿冊八「隆慶六年休寧張烜等立鬮書」）

吊字伍拾捌號　徐山下　中田叄佰捌拾叄步捌分玖厘　上租壹拾肆秤　佃人羅柯

（『歴史』簿冊一三「崇禎二年休寧程虛宇立分書」）

また、「典」によって得た土地と「買」によって得た土地を區別しているものもある。記載されている「典」によって得た土地の數量が多いものは、多く典業を經營している家族の家産であると思われるが、「買」と分けて書かれているものの、家産としての扱いは「買」の土地と同じである。その記載は次のようになっている。

一典　呉韓氏　土名塢裏　田壹坵　計租五砠正

價英洋拾貳元正

一買　韓啓梧　土名郭九山坐　豆租壹片

壹字　號　計豆租壹砠正

地税貳分　佃人元寶

このほか、基地、山、地、塘池の場合は字號、土名のほか土地面積が記載されていたり、税額が示されていることもあるが、多くは土名のみを示したものが多い。（『經濟』一二六「光緒三十四年吳姓鬮書」）

次に、分割内容に田が含まれない例について檢討してみたい。田が含まれていない例は極めて少なく、『歷史』簿冊、散件中の山地の分割文書を除けば、『經濟』一二七「乾隆三十五年黟縣程姓鬮書」、三四「乾隆五十二年方姓鬮書」、三六「乾隆五十三年汝器、鼎倫、濟甫等四房」、一〇三「同治六年謝喜全遺囑鬮書」、『歷史』簿冊一八「康熙十一年休寧朱明煥《竹字鬮書》」のみである。『經濟』一二七は樓屋、基地、園地が分割の對象となっており、「存衆」すなわち後述する半永久的共同保有部分は店屋、厨屋等の建物とその基地である。三六は店撥銀（店舖經營出資金）と房屋が、一〇三は茶柯、菜園、樹木、竹林が分割の對象となっており、それぞれ店業ないし茶業が家業であると推測される。三四は分割するものは樓屋、會股、貼銀であるが、分割されない家產には學堂、市屋、山塘、基地、厝所（埋葬の日まで棺を安置しておく場所）のほか、祀田が含まれており、『歷史』簿冊一八も分割對象は樓屋、園地であるが、分割されない家產には祀田が含まれている。

田のほか、房屋、山、園地、店屋なども分割の對象となる場合が多いが、次項で述べるように必ずしも分割されないこともある。

ここで、田がほとんどの場合分割されることについて考えてみたい。前述したように「分家書」作成家族の田は概ね小作に出し租を得ている土地である。その場合、租の收入が家計の中心である場合と、商業などを營み、そこで得た利益の安定した投資對象として田を購入している場合とがある。後者において田が投資對象となるのは、第二章でも述べたように、第一に、田ないし土地であれば、不作により租が入ってこなくてももとの土地まで失うことはないからであろう。元金を減らすことなく、金利が變動する金融商品に投資するのに近い。第二に、田が投資對象となるより積極的な意味として、米穀の商品價値というものに注目する必要があると思われる。例えば、第三章で述べたように、乾隆年間のこととして、父の代まで營んでいた鹽業がうまくいかなくなり、乾隆年間半ば以降に米穀販賣業に轉じた例(7)もある。この例は米穀が不況期に強い商品であることを示しているともいえる。從って、商業を營むかたわら土地を保有するということは、いずれにせよ保険の意味をもっていたといえよう。そして、家計の中心であるにせよ、商業利益の投資對象であるにせよ、租米を得るための田であれば、均分しても生産と收入とに直接何等影響は生じないといえる。すなわち、田土の均分は多く小作地であるからこそ行い得たともいえよう。

（2）、分割されない家産

イ、共同保有とされる家産

「分家書」の記載には、分割される部分について、そのすべてを分けずに記載されている場合と、各房の取得分ごとに分けて記載されている場合とがある。しかし、いずれの場合も分割されない部分は、分割對象となる家産とは項を分けて記載されていることが一般である。これらの分割されない部分は大別して二つに分けられる。一つは「存衆」(「衆存」または「公存」)と稱される半永久的共同保有部分である。もう一つは、親の生活費用など一時的留保部分である。ここでは、「存衆」部分にはいかなるものがあるかを検討する。

第一は、祖先の墳墓および家祠である。例外的に祖先の墳墓周邊の土地を分けることはあっても、墳墓それ自體を分けている例はない。また學堂もほとんど分割の對象とはなっていない。

第二は、祖先の祭祀費用を確保するための祀田および學堂の運營費用や受驗費用など教育費用を確保するための田や銀である。また、特定の目的はない「存衆」の田もある。『經濟』一一七「光緒二十四年歙縣（或黟縣）沈姓鬮書」では祭祀の費用のための田も分割しているが、ほとんどの場合は一定の田が祭祀の費用のための祀田ないし「存衆」として分割されず確保されている。また、『經濟』一一三「乾隆十三年祁門汪姓鬮書」には、「…其除分籍之外、仍存有衆租、以作子孫有能詩書、奮志星雲者、每科應試卷資程儀取用。計開、縣試發程銀五錢、府試發程銀壹兩、院試發程銀壹兩伍錢、科試發程銀肆兩。如有奮志入泮者、遞年架下取谷貳拾砠、以爲燈油之資。…［分割するもののほか、なお共同保有の（田の）租を殘し、これを子孫のうち學問に優れた者で發奮して星雲の志を立てる者の科學受驗に際しての書物費用や餞別の財源に當てる。縣試受驗には銀五錢、府試受驗には銀壹兩、院試受驗には銀壹兩伍錢、科試受驗には銀肆兩をわたす。發奮して府縣の學校に入學した者には每年米穀貳拾砠を與えて勉學のための燈油費用とする。…］」とある。

分割の對象となる田と「存衆」の對象となる田との割合は一定しておらず、『歷史』簿冊九「萬曆二十八年休寧洪岩德等立鬮書」では、從兄弟三房各々取得の田は稅面積二十三畝七分四厘～二十七畝五分二厘、租額は共に百三十七砠半、「存衆」部分は三十數畝、租額三百十五砠强である。同簿冊一五「崇禎十五年胡期榮立鬮書」では、兄弟三房各々取得の田は稅面積で二畝七分前後、租額にして各々二十七砠弱であり、分割されない部分は二畝三分、租額二十三砠となっている。同簿冊二三「雍正五年休寧黃楷等立鬮書」では、兄弟四人各々取得の田租額は四百三十一砠强、母親の生活費百七十八砠半、祭祀の費用として分割されない田百四砠强である。また、同簿冊二六「乾隆十六年黃熾等立鬮分合同」では、兄弟三房各々取得の田租額は百六十五～百六十六砠、「存衆」祀田が百三十二砠以上となっている。記載單位の異同や記載數値がないものもあり正確な數値を算出できないものが多く、一般化するには例が少なすぎるといえるが、以上の例からいえば、次のことが言えるであろう。まず、田などが分割される場合、その基準となるのは面積ではなく、租額すなわち實收入であること、次に、田が多い場合は百砠以上、田が少ない場合は各房の取得相當分程度が「存衆」部分として確保されていたことである。

第三は、住居である房屋およびそれに附隨する建物である。住居である房屋は分割對象となっている場合が多いが、分割されないこともある。例えば『經濟』の十五件（三、四、一四、一八、二〇、三二、五二、六〇、六八＝六九、七四、七五、八四、一〇二、一〇三、一〇八）、『歷史』簿冊の二件（二、四）、散件の一件（七五）の分割項目には房屋は記載されていない。房屋の分割文書が別に作成されていた可能性もあるが、祀田などの「存衆」部分を除き、田地は概ね必ず分割されるのに對し、房屋は必ずしも分割されない場合もあることを示しているといえよう。なお、分割對象に房屋の項目がない文書の多くは父または母が文書を立てているか少なくとも生存している場合であるが、『經濟』五二「嘉慶十九年禮字鬮書」、六〇「道光六年歙縣某姓分關書」、七四「道光十九年篤字鬮墳記鬮得店」は父母はすでに亡くなっていると思われるものである。このうち七四は各地に店屋を持って典業または衣莊を經營しており、分割された店屋に各々居住したことも考えられる。また、『歷史』簿冊二〇「康熙三十年鮑廷佐等立《地字號鬮書》」のように出入の通路は「存衆」部分とされる場合が少なくなく、『經濟』四七「嘉慶九年通州潘姓鬮書」、『歷史』簿冊一四「崇禎七年余廷樞等立分單鬮書」、二二「雍正四年陳氏《惇裕堂五大房鬮書》」では廳堂、『經濟』二七「乾隆三十五年黟縣程姓鬮書」では厨屋、同一〇一「同治二年休寧曹姓禮房分家書」では厠所も「存衆」部分とされている。

第四は、賦稅、傜役である。賦稅の場合は『經濟』六六「道光十二年休寧吳氏鬮書」、一〇八「光緒四年黟縣吳姓地字鬮書」のように分割される場合もあるが、『經濟』一九「乾隆三十六年黟縣王姓鬮書」、『歷史』簿冊五「嘉靖四十年孫時立鬮書」では賦稅は「公存」ないし「存衆」とされている。

第五は、店屋（鑛工業の坊＝作業場を含む）および資本（營業資金を含む）である。すでに述べたように、本稿が扱う家産分割文書は、その約半數が金融業を含めた商業ないし鑛工業を營む家族のものである。これらの家族が家産分割に際して、店屋や資本をどのように扱っているかについて整理してみたい。但し、貿易（行商）を業としているものは店屋をもたないから、當然資本のみの扱いということになる。

①店屋や資本、借入金を分割しない例は、『經濟』二一（貸金）、四、二〇、二一、二三（貸金）、二四（除貸金）、二七、三〇、三四、三八、六一、六六（五年後分斷）、六八、七八、八七、九〇、一〇一、一〇四、一〇五、一一二（一部の銀は分ける）、一二四、『歴史』簿冊五、一二、二二、二五、散件四二、の二十六件、②一部は分割し、一部は分割しない例は、『經濟』八、五〇、七三、七九、一一四、『歴史』簿冊一三、散件四六、六三、『北大』三、の九件、③ほとんどすべての店屋と資本とを分割する例は、『經濟』六、九、一一、一七、二五、二八、三一、三六、三九、四一、四六、四七、五九、六三、六四、七〇、七四、七七、九二、九九、一〇八、一一〇、一一五、一二〇、『歴史』簿冊一四、一六、二三、二四、二六、二七、散件六〇、『北大』一、四、の三十三件、④その他不明確なものは、『經濟』五（貿易）、一〇、三五、五八（貿易）、六七、八二、一〇六（貿易）、一〇七（貿易）、一一八（經商）、一二六（經商）、『歴史』簿冊九、二〇、二二、『北大』二、六、の十四件である。

以上から、少なくとも數量的には、商工業關係の店屋や資本が家産分割の對象となるか否かは、ほぼ半々であるといえる。それでは、どのような場合に分割され、どのような場合に分割されないのか。店屋の場合、大別して三種に分けられる。a、店屋ないし作坊を構え商業や鑛工業を經營している場合、b、保有している店屋を賃貸している場合、c、典當業を經營し、金錢を貸した代償（擔保）として店屋を入手保有している場合、の三種である。このうち、bとcとは區別が困難なことも多く、またaとbもある時期には經營していたのが、何等かの理由で經營困難となり貸店舖に轉じた場合もある。さらに、a、b、cが重複している場合もある。從って、明確に分類することは困難であるが、文書の内容から店屋保有のあり方がbのみ或いはcのみとほぼ明確にできるものをとりあげてみると以下のようになる。bの店屋の賃貸のみは、『經濟』三一「乾隆四十二年振坤兄弟季字號分家書」、三四「乾隆五十二年方姓鬮書」、五九「道光六年黟縣程世襲分家書」であり、cの典業經營により所得した店屋のみは、三九「乾隆六十年黟縣胡姓鬮書」、五〇「嘉慶十四年黟縣某姓鬮書」、七三「道光十八年黟縣胡姓勤字鬮書」、七五「道光二十年程姓天字鬮書」である。このうち、分割されていない例は三四のみである。また、①の中で、例えば『經濟』の場合、不明確ないし後日分割とされている二四「乾隆二十一年吳姓鬮書」、三四、六八「道光十四年程姓鬮書」と後日分割とされている六六「道光十二年休寧吳氏鬮書」とを除き、すべて商業を經營している。②の中で、『經濟』五〇は當業を經營しており、擔保として入手した店屋のみ分割し當業自體は分割されておらず、同七三もほぼ同樣と思われる。③の場合は、『經濟』の二十四件（内、九「康熙五十九年、雍正三年、乾隆二十一年休寧陳姓鬮書」と一一「雍正三年（陳姓）分書」、三九「乾隆六十年黟縣胡姓鬮書」と四一「乾隆六十年尙姚地字鬮書」は、それぞれ同一家族）のうち、典當業以外の商業や鑛工業を經營していることがあきらかなものは十二件である。なお、どのような場合に分割され、どのような場合に「存衆」すなわち共同保有とされるかについては、個々の事象を具體的に檢討する必要がある。しかし、以上から、店屋や商業資本が、田や房屋などに比べて分割されず「存衆」とされる場合が少なくなかったこと、とくに店舗を構えて商業を營んでいる場合は「存衆」とされることが少なくなかったということはいえるであろう。すなわち、第五章で述べたように、商業を經營している場合には店屋や資本はわけず、利益を分割することが多かったと考えられる。

第六は、田や住居としての房屋、山、地、園地、塘池、賃貸對象としての房屋、佃戸の住屋など。そして、家畜、家具什器、書畫骨董、寶石・貴金屬、營業資金以外の現銀、借入金およびその利子、會股などである。これらは分割の對象となることが多いが、面積や數量が少ない場合は分割されない場合も少なくない。

ロ、その他の留保部分

以上の「存衆」、「衆存」、「公存」と稱される分割されない部分は、「分家」時に家族を構成していた人々およびその子孫の半永久的共同保有部分とされた部分である。これら共同保有部分以外に、「分家」に際して分割されない留保部分がある。すなわち、生存している親および未婚の姉妹がいればその生活費、また繼承者に身體障害者がいればその生活費、未婚の兄弟姉妹がいる場合にはその結婚費用、祖父母や兩親が健在の場合にはその葬儀費用、或いはそれらの費用を捻出するための田地や資金がそれである。身體障害者がいる例として、前出『經濟』五八「道光五年歙縣盛尙鐘摽分文簿」がある。この歙縣盛氏は四人兄弟であり、皆結婚し子を設けている。このうち次男と四男は貿易によって生計をたてており、三男は府學に入學し科擧に向けて勉强中、長男は「幼遭殘疾」すなわち子供のときからの身體障害者である。盛氏の保有する田地は多くなく、田租三十畝、田皮十六畝のほか、地坦と山場が若干あるのみである。文書には、「將祖遺并自置屋宇產業等項、除存留另立祭祀、納糧、暨予口食、併津貼長子外、余作四股均搭、……」とあり、祭祀費用、納税費用などのための「存衆」部分、兩親の食費と身體障害者の長男に特別に遺留する部分を除いて、四人兄弟に均等に分配する、と書かれている。また、三男の「歲科兩考」と「鄕試」の費用は必要時に「存衆」部分から支出するとある。なお障害者の長男の特別遺留分は穀五十秤であり、その死後は「存衆」部分に組み入れるとある。すなわち、これら留保部分は、『歷史』簿冊一五「崇禎十五年胡期榮立鬮書」に「二親口食、日後三股均分。」ともあるように、親の死など留保理由がなくなれば再分割するか「存衆」部分に組み込まれることが一般であったようである。

ところで、滋賀秀三氏は前掲書の中で、家産分割後の父母の生活費はどのようにして確保されるかについて、A、養老地を殘さない場合、①輪流管飯＝かわるがわる食事を受け持つ、②義老糧＝息子たちが平等に毎年一定量の穀物を父母の衣食の費として提供する。B、養老地を殘す場合、①自作、②他人小作、③息子の均分小作、④息子の一人と同居、という方法があったと例を擧げて示されている。(8)但し、徽州における「分家書」に見る限りでは前述したように、ほぼ半數は商業に從事しており、農業を主要な生計手段とするものも多くは田地を小作に出しているため、Aの養老地を殘さない場合は少なく、Bの養老地を殘す場合は、②の他人小作が一般である。

## 二、分割の方法と共同保有部分の管理

ここでは、家產が分割される場合に、どのように分割されるか、また共同保有部分の管理、とりわけ祖先の祭祀はどのように行われているかについてみてみたい。

まず、家產を分割する場合、すべての家產を詳しく調べ、共同保有部分および留保部分を除いて、ほぼ平等に兄弟の人數分に分けられる。二人の兄弟がいれば二等分である。この場合、兄弟の生死にかかわらず、兄の子が一人で、弟の子が十人いようと二等分が原則であり、嫡子、庶子の別なくほとんどの場合この原則は守られている。但し、兄弟の中に出繼している者、すなわち外に養子として出た者がいる場合、その者は養子先の家產を受け繼ぐのであって、實家の家產分割の對象者とはならないのが通常であるが、若干のものが分けられる場合がある。なお、兄弟が二人以上おり店舗が一店のような場合には、この店舗は分割されないことが多いが、分割對象となる場合には、他の家產と調整される。しかし、家產が必ずしも等分されない場合もある。すなわち、①家產の中に兄弟の各人の個人的努力によって得られた店舗や土地がある場合、および妻の資產は當事者のものとなる。②兄弟の一人がこれまで店舗などの經營にとくに努力してきた場合には彼等の取得分は他の兄弟より多くなっている。③商業を營む兄弟の中に儒を業と

する者がいる場合には、その取得分は他の兄弟より多くなっている。④兄弟（またはその息子）の一人が賭博などによって親から借金をしている場合には、兄弟の人数分に均分した後に調整される。

①の例としては、『歴史』簿冊二四「乾隆五年休寧汪爾承立分家書」がある。汪爾承には四人の息子がいるが、「…其餘所存產業分撥四大房、實爲允當。惟是前街店屋次子開張、後街店屋長子開張、此其自本營生、無得異議。其店屋二所並店内傢伙、毎年租息四拾兩、又現銀貳百兩、長二兩房領去。」とあるように、長男と次男がそれぞれ開いた店屋およびそれらの店屋に附隨するものと店屋の賃貸料とは長男と次男の保有に歸している。また、同二一「弘治十三年祁門汪希仙立《摽書文簿》」には、「（長男）以洪（次男）以明各自妻財、己置田地・山場土名處所、並聽己業。」とあり、各々の妻の資產と自身が購入した土地は各自の保有としている。②の例としては、『經濟』二五「乾隆二十五年金姓鬮書」と『歴史』簿冊二五「乾隆黟縣胡氏鬮書彙錄」がある。『經濟』二五の鬮書を作成した金正荷には六人の息子がいる。田租、房屋、店の資本を六人に均分するとした後、「其長子應榮經營辛勤、其力居多、意欲外扒百金與之應榮、辭讓不要。」とあり、長男の應榮にはよく勤めたとして百金を多く與えている。また、『歴史』簿冊二五の鬮書を立てた胡可傑には前妻との間に息子が一人、後妻との間に息子が二人と娘が一人いる。このうち、次男は胡可傑の兄の承繼者となり、長男は家を出ている。雍正十年に作成された鬮書には「……因長子各懷二心私己浪費、另自□煮、以至店業化爲烏有也。……（可傑）仍有身借程占年妹夫本銀三十兩、立有劵約爲憑。身今有病、不能還償。三男愛生幇葉姓店業、已積辛俸、願償程姓銀一半本利十九兩、又零用銀十一兩、共用過銀三十兩。身將自置田租、土名社屋背計正租二十一砠、又取土名秧田正租十砠、二共田租三十一砠。身批與愛生抵還程姓併零用銀兩。仍有吾身續置田地・屋宇・山塘等業、候長男回家、托憑親族、眼同品搭、寫立鬮書、武先、愛生兩半均分、各管各業、毋得爭差。其有抵還程姓賬目之田租、日後兄弟不得爭論、……［長男（武先）は二心をいだいて浪費し、……店業については何も

かもなくしてしまった。……私（胡可傑）には妹の夫程占年からの借金三十兩があり、證據として券約を立ててある。今私は病氣になりこの借金の返濟が不可能になった。三男の愛生は葉姓の店に勤めているが、すでに給料を蓄積したので、程占年からの借金のうちの一部である元金と利息合わせて十九兩を返濟したいと願い出た。（程占年からの借金はこのほか）雜費十一兩、合わせて三十兩である。そこで、私自身が購入した社屋背の田地正租二十一砠と秧田正租十砠、合計田租三十一砠を（他の家産から）分けて愛生に與え、程占年からの借金を返濟させることにする。また、私が購入した田地・房屋・山塘などは長男が家に歸る日をまって、親族に託してともに調査し鬮書を作成し、武先と愛生の二名に均分することとする。（これについては）争ってはいけない。また、程占年への借金返濟用の田租については以後兄弟で争ってはいけない、……」とある。二人の息子のうち長男は不肖の子であり、三男は孝行息子である。三男が自分が働いた給料で父親の借金を返濟したいと申し出たのに對し、父親は家産の一部を三男に分けて返濟用として與えている。そして、殘りの部分を均分している。この借金返濟用の田地は、返濟後も三男の保有部分とされると思われる。三男が家の借金の返濟に自分の給料を當てようとしていることから、その償いの意味もあったのであろう。なお、文中にもあるように借金の相手は妹の夫である。「零用銀兩」の十一兩は無利子で借りたものであろうが、十九兩については利子がつき、「零用銀兩」も含めて借用證書を作成している。徽州の商人倫理として、たとえ相手が妹の夫であれ、金の貸借についてはいいかげんな甘えが許されなかったことが示されているといえる。

ところで、『歴史』簿冊二四と『經濟』二五で注目すべきことは、ともに幼少の弟や姪（おい）がいることである。『歴史』簿冊二四の場合は、四人兄弟のうち三人は死亡した正妻との間の息子であり、一人は正妻亡き後に娶った妾との間の幼少の息子である。また、正妻の子のうち三男は死亡しており、その息子である孫はまだ幼い。従って、家産は四分するものの、「若予終年之後、將店屋租貼補四子肇祺同妾支給。拾年之後、每年撥租銀拾貳兩與妾日給。仍租銀貳拾捌兩四股均分。所可憾者三子肇祚中年病故。幼孫未立。所存本銀貳百陸拾兩在長二兩房均分、生息以爲日給。倘猶未足、撥予店屋租銀陸兩補湊。此亦情之不容已者乎。厥後幼孫成立、其附本之銀貳百陸拾兩、聽其自運、毋容阻。…［父親の死後は、店租すなわち店舗の賃貸料を四男とその母親に與え、十年後からは母親にのみ租銀十二兩を毎年與えて、租銀二十八兩は四房に均分する。…病故した三男の息子はいまだ幼少であり、本銀二百六十兩を長男と次男に分け、その利息を生活費としてわたす。不足する場合は店屋の租銀六兩で補う。…三男の息子が成人した後は二百六十兩を與えて自分で運用させる。］」というものである。すなわち、幼少の姪が成人するまでは、長男と次男が實質的に彼の生活を支えることになる。他方、『經濟』二一五は六人の息子のうち二人が幼少である。ここには二一四のような具體的な方法は記されていないとはいえ、やはり兄たちがその生活を支えることになると推測される。換言すれば、この二例において一部の者の取得分が他の兄弟より多いのは、家產の中に兄弟の各人の個人的努力によって得られた店舗があること、または兄弟の一人がこれまで店舗などの經營にとくに努力してきたことが理由とされてはいるものの、幼少の弟や姪がいる場合、それを養育するという條件への了解があるということが推測される。

③の例としては、『經濟』二二四「光緒三十二年宗姓鬮書」がある。二二四の宗氏は五人兄弟であり、田坦と房屋を五等分するほか、「惟遺留景德鎭志成布店之正副本利、共計應收紋（銀）肆仟五佰捌拾貳兩五錢七分五（厘）。此項亦遵先君遺囑所載、除另撥存先君葬費應收紋（銀）參佰兩整、及撥與宗㮊栽培業儒應收紋（銀）五佰兩整貳款外、淨余應收紋（銀）參仟七佰捌拾貳兩五錢七分五（厘）整、再作五股攤分、毎股得應收紋（銀）七佰五拾六兩五錢一分五（厘）。」とあり、景德鎭の布店の正副本利銀については、父親の葬祭費を除いて、教育を受け儒を業とする四男宗㮊に五百兩與え、殘りを五等分している。すなわち、おそらく商業に從事していると思われるほかの四人に比べ、儒を業としている宗㮊は五百兩多く受けとっている。但し、兄弟の一人が儒を業としている場合でも、もう一人が農業を

營んでいる前出『經濟』九五では、儒を業としている者に特別の分與はない。また、前述したように、兄弟の一人が學校に通い勉强中の場合は、學費や受驗費用は「公存」から支出し、勉學中の者に特別に多く分與するということはない。

④の例としては、『經濟』一一二「光緒十三年張姓鬮書」に「因內氏長子已故、孫高錄所爲不肖、於光緒十年膽敢蛾地賭博、輸去洋錢等款。前氏夫所立鬮書內註明白共代完去洋錢陸佰數拾圓、以至氏夫惱恨于心故耳。……今氏遵從老書、再更分給氏所生四子、……今將屋宇・田地・除撥存衆入會其餘品搭、四股鬮分、……緣（高）錄因甲申年賭博輸去洋錢陸佰數拾員、今作洋錢陸佰圓理應擔出、併剩存現洋錢陸佰圓、合共計洋錢壹仟貳佰圓、四鬮拘分、每鬮應分洋錢參佰圓。（高）錄所輸洋錢近來應附不出。除本鬮分得洋錢參佰圓、仍（高）錄應找出洋錢參佰圓、與二三四鬮名下拘分。今將原（高）錄新屋鬮分、房倉作抵二三四鬮名下洋數。日後（高）錄擔出洋錢參佰圓、原將此房倉付（高）錄執管、無得異說。」［（張）氏の長男はすでに亡くなっているが、その長子の高錄は不肖の孫であり、光緒十年に身の程知らずにも賭博に夢中になって洋錢を持ち出した。氏の夫は生前に作成した鬮書に、その金が洋錢六百數十圓であると書き記した。このことは夫の心を悩ませた。……今（張）氏は（夫の殘した）鬮書に従い、その四人の子に（家產を）分けることとなり、……存衆等を除いた房屋、田地を四分した。……かつて光緒十年に高錄は賭博によって洋錢六百數十圓を持ち出したが、今洋錢六百圓を支拂うべきである。（そこで）現在殘っている洋錢六百圓に（高錄が賭け事に使った六百圓を）合わせて千二百圓とし、四分し、各人の取り分を三百圓とする。高錄は使った金を支拂うべきだが、未だ支拂っていない。（従って）高錄は分與されるべき三百圓を、次男・三男・四男の各房に支拂う。（しかし、それではまだ三百圓不足しており、その分をまだ支拂っていないから）そこで、高錄は分與されるべき房倉を次男・三男・四男の房に分け與えて洋錢の不足分にあてる。今後、高錄が不足分の三百圓を支拂える日がきたら、それを（次男・三男・四男の房に）支拂い、そ

のときに（不足分にあてた）房倉を高錄（に返還し、そ）の所有に戻す。この處置に異議を唱えてはいけない。」とある。

ところで、前述したように、兄弟の中に出繼すなわち外に養子として出た者は、養子先の家產を受け繼ぎ、生家の家產は受け繼がないのが原則であり、また一般でもある。但し、例外もある。『經濟』六一「道光六年黟縣胡姓分鬮書」の胡氏は兄弟三人である。父親の代に家產分割を行っており、兄弟のうち長男が父親の長兄の承繼者となっている。從って、長男は父親の長兄の家產を受け繼ぐことになり、父親からは受け繼がないことになる。しかし、この文書では、父親のもとに殘った兄弟と同額ではないものの、長男の子に田租十二砠が分け與えられている。また、『歷史』簿冊二五「乾隆黟縣胡氏鬮書彙錄」でも、三人兄弟のうち、父親の長兄の承繼者として家產を受け繼ぐことになっている次男に、家產分割の際、父親が建造した房屋三間が分け與えられている。ところで、弟の息子が長兄の承繼者となる場合、長男が繼ぐのが一般である。例えば、第七章が述べたように、『徽州千年契約文書』［宋元明］卷一「洪武二十三年祁門謝得興過繼文書」では、はじめ長男に父親の次弟の承繼者になる話があったとき、これに長男は應ぜず、後に次男が父親の三弟の承繼者になる話があったとき、これは成立し、「實乃昭穆相應」すなわち順序にかなっていると記されている。他方、簿冊二五の黟縣胡氏の場合は、父親の長兄が早くに亡くなり「（次男）喜生自幼過房長兄嫂氏撫育」とあるように、長兄の未亡人が（夫の弟の）次男を可愛がり幼いときから育てていたために、その次男が長兄の承繼者となった、ということが記されている。このことは、その理由が書かれていることから、やはり次男が父の兄を繼ぐことは特例として認識されていたこと、また、その反面、承繼者を親族の子から選ぶ場合、自然の感情も尊重されていたことも示しているといえよう。

次に、祖先の祭祀はどのように行われているかについて検討したい。前章で述べたように、法律の規定と、徽州以外の地域においては祭祀費用としての家產を他の兄弟より嫡長子孫に多く分ける習慣があることなどを根據として、家産は基本的に均等に分割されるものの、祖先の祭祀は嫡長子孫が行うことが原則かつ一般であるとした研究は少なくない。この問題について、滋賀秀三氏は、「儒教の經書のうちには、嫡長子孫による宗廟主祭權の單獨相續の觀念が顯著に現れ、主祭權者は同族を統括する權威を有すべきこと（いわゆる宗法）が同族組織の基本とされているが、それは、上代において、當時の社會的現實に對應して發達した原理が、儒教の經書のなかに定着したものに外ならず、戰國の激動期を經て基本的に變化した秦漢以後の社會體制においては、嫡長一系を特に尊重すべき實質的な條件がもはや存在していない。」とされ、長子・長孫に對して他の兄弟・孫より多く家産が分割される例があるのは、「古典に記された原理は一種觀念的な影響力をもちつづけ、その一端が、長子・長孫に對して、實額としては取るに足らないものであるにしても、ともかくも財産上若干の特別分を與えるという慣習となって現れていると見ることもできる。」(9)とされている。

徽州における祖先祭祀の慣習は、この滋賀氏の指摘を裏附けるものである。それどころか、徽州においては、「古典に記された原理」が「一種觀念的な影響力をもちつづけ」てすらもいない。徽州の「分家書」に見る限り、祖先の祭祀のための費用は、「分家」に際して、嫡長子孫のみの保有分とされないことは勿論、唯一均分されている例である『經濟』一一七「光緒二十四年歙縣（或黟縣）沈姓鬮書」を除き、記述のあるものはすべて分割されずに「存衆」とされている。そして、この祖先の祭祀のための費用を含めて「存衆」とされた共同保有部分の管理方法には二つの方法がある。第一は、『經濟』三二「乾隆四十二年振坤兄弟季字號分家書」などのようにあくまで繼承者全員の共同管理の下に置く方法であり、第二の方法は、『經濟』一〇四「同治十二年房疆（庸房）兄弟鬮書」、『歴史』簿冊一「弘治元年祁門吳仕昌立《竹字鬮書》」、五「嘉靖四十年孫時立鬮書」、一二「萬曆四十六年程本和等立鬮書」、一九「康熙十一年休寧吳國樹等立《天字鬮書》」、二三「雍正五年休寧黃楷等立鬮書」、二八「乾隆休寧吳氏分業合同彙抄」、散件五九「康熙五十八年金國勝立分單」などのように兄弟の輪番とする方法である。第一の方法については、特に具體的方法の記述がなく、實際的には第二の方法で管理される場合もあったと思われる。但し、いずれの場合にも、一族のうちの一定の者が實質的に管理していたことも少なくなかったであろう。また、『吳趨汪氏支譜』には、他所へ移った一族が祖先の墓地を故鄉に殘った一族の者に任せていた例も見られる。(10) いずれにせよ、徽州においては、祖先の祭祀はすべての子孫の責任下にあり、少なくとも理念的には、その費用は全員によって供出ないし分擔されるものであり、從って、その財源は共有ないし分割され、嫡長子孫に保有されることはなかったということがいえる。

以上から、家產の內容と分割方法とについて次のことがいえるであろう。第一に、田、房屋、地、山などは、一般には原則的に「存衆」という共同保有部分と一時的留保部分とを除いて均等に分割される。第二に、店屋や資本は田や房屋にくらべて分割されずに「存衆」とされることが少なくない。とくに店舗を構えて商業を營んでいる場合には「存衆」とされる場合が多い。第三に、祖先の墳墓、家祠、學堂、そして家產のうちの少なからざる部分が、それらの運營費用や祭祀費用の財源として、「存衆」すなわち分割されずに共同保有とされている。第四に、一時的留保部分は、家產分割後の兩親、未婚の姉妹および身體障害者の兄弟などの生活費、未婚の兄弟姉妹の結婚費用、祖父母や父母の葬儀費用、或いはそれらの費用の財源となる田などである。そしてこれらの留保部分は、費用が不要となった場合には、再分割されるか「存衆」部分に組み込まれている。第五に、一般に家產は兄弟、または伯叔と父に代位するおいとの間で均等に分割される。但し、兄弟の各人が獨力で入手した店舗などは、入手した者のものとなっている。また、兄弟の中で經營にとくに努力してきた者がいる場合は、その者の取得分に均分部分のほかに一定のものが附加されることがある。更に、兄弟の中で儒を業としている者がいる場合にも、その者の取得分に均分部分のほかに一定のものが附加されることがある。第六に、兄弟の中で出繼した者は、家產に對する取得權を失うのが原則であるが、

「分家」に際して彼等にも若干のものを分けられることがある。第七に、祖先の祭祀はすべての子孫の責任下にあり、少なくとも理念的には、その費用は全員によって供出ないし分擔されるものであり、従って、その財源は共有ないし分割され、嫡長子孫に保有されることはなかった。

## おわりに

以上の検討を通して明らかになった徽州における「分家」と家産分割の特性について整理を行いたい。

第一に、中國の「家」とは廣義には、始祖から始まり未だ生をみない子孫に續く永遠たるべき時間の流れの中に位置する個々の人間存在の總體を指し、狹義には家計をともにしている生活共同體およびその共同體が保有する家産を指す。

第二に、中國においては、兄弟は家産に對して平等な繼承の權利を有する。また、祖先の祭祀の權利と義務とは、少なくとも明清時代の徽州においては、繼承者全員に平等にあると考えられていた。

第三に、中國においては、「分家」ないし家産分割の執行の決定を含めて、家産の管理權は家族内の最も輩行が高い者にあった。但し、家産が分割される場合、家産管理者が全く自由にその分割比率などを決定できたわけではなく、その意味ではその息子や男孫も家産に對して潛在的權利を有していたといえる。

第四に、中國において、寡婦は原則的には家産や家務の管理に對して夫が有していた權利と同等の權利を有し、「分家」や家産分割を行い、男子がない場合は、承繼者を迎えることができた。このことは、夫の生前においても、夫と一體化した存在として潛在的には夫と同じ權利を有していることを意味していたとも考えられる。すなわち、生家の繼承者たり得ず、從って、家産分割の對象者たり得なかったのは、他家に出繼した男子と同樣、女性が結婚によって夫家の一員として夫家の家産に對して權利を得るからであるともいえよう。

最後に、かつて仁井田陞氏は「中國の家産分割は原則として均分的な意味での細胞分裂であり、その殆ど果てしない分裂は、農民の場合でもそれが農民を窮乏においこむ一つの要因となっていた。原因はまた結果となり、結果はまた更に原因となり、兩者はからみ合って循環する―いわゆる原因結果の對應性が存する―こととなる。均分主義は家産分割乃至財産相續の形式としては、生存條件の均等的保障の上から一應ナチュラルであると思うが、生産力の低さを含む農民蓄積の困難さ、その均分主義をして農家經營の限界を割ってまで徹底化する一因をなし、農民を愈々貧困に追い込んでゆく。[11]」と述べられ、中國における均分相續の不合理性を強調された。中國における家産分割が仁井田氏がイメージされるような「細胞分裂」であったかどうか、「均分主義をして農家經營の限界を割ってまで徹底化する」とされた根據たる農村調査が適切なものであったかはともかくとして、氏は華北の農村家族の情況をもとに中國の農村家族一般に普遍化して述べられたものであるから、徽州の例を引いてこれを批判することは適當とはいえないかもしれない。確かに、徽州では零細な農民も曾孫の代になると鬮書を作成し、家産分割を行うことは通常のことである。[12]しかし、少なくとも徽州においては、その家産分割文書に見る限り、「分家」ないし家産分割は、分割すべき家産があってはじめて實行に移されているといえる。また、家業の經營上分割が不利益をもたらす場合には、假に「分家書」が作成されても實際には實行されないことがあった。更に、「分家」に際して、「存衆」すなわち共同保有部分として殘される部分は少なくなく、とくに分割されることによって家族の生計の維持が困難になるものは、あくまで「存衆」とされた。田についていえば、祀田など「存衆」部分を除いてそのほとんどは分割されるが、同時にそれらの多くは租米を得るための田でもあり、均分しても生産と收入とに直接何等影響は生じないものであった。そして「分家」が行われても、家族の協力が必要な場合には協力關係は維持されていた。換言すれば、少なくとも徽州における「分家」ないし家産分割は、理念が先行するものではなく、現實に即したものであったといえよう。

〔目錄〕

Ⅰ、中國社會科學院經濟研究所所藏徽州家產分割文書目錄

一、隆慶元年歙縣汪姓鬮書
二、崇禎元年祁門汪姓支書
三、崇禎十年歙縣（或祁門）某姓分產簿
四、順治十一年祁門（或休寧）洪姓鬮書
五、康熙四年休寧胡姓鬮書
六、康熙四十年某姓鬮書
七、康熙二十八年、康熙五十一年休寧謝姓鬮書
八、康熙五十四年歙縣金姓鬮書
九、康熙五十九年、雍正三年、乾隆二十一年休寧陳姓鬮書
一〇、雍正三年黟縣洪姓鬮書（和字鬮書、國瓚房收執）
一一、雍正三年（陳姓）分書
一二、雍正六年歙縣胡姓鬮書
一三、雍正九年洪姓鬮書
一四、雍正十年歙縣（或祁門）倪姓鬮書（和字號分鬮）
一五、雍正十二年歙縣陳姓鬮書
一六、雍正十二年、乾隆三十七年祁門曹姓鬮書
一七、乾隆元年金姓鬮書
一八、乾隆四年黃氏分家書
一九、乾隆五年、嘉慶十八年程姓鬮書（地字號鬮書）
二〇、乾隆六年許姓鬮書（行信鬮得）
二一、乾隆六年休寧臨溪吳尊德堂鬮書
二二、乾隆九年王姓鬮書
二三、乾隆十三年祁門汪姓鬮書（李字號鬮書、如楷收執）
二四、乾隆二十一年吳姓鬮書（樂字鬮書、之魯收執）
二五、乾隆二十五年金姓鬮書

二六、乾隆二十九年方姓鬮書
二七、乾隆三十五年黟縣程姓鬮書（義學鬮書）
二八、乾隆三十五年歙縣（或休寧）洪姓鬮書
二九、乾隆三十六年黟縣（?）王姓鬮書
三〇、乾隆四十一年張姓（人字）分鬮書（張仁述拈得人字號產業）
三一、乾隆四十二年振坤兄弟季字號分家書
三二、乾隆四十四年大智大任兄弟分家書
三三、乾隆五十一年汪姓鬮書
三四、乾隆五十二年方姓鬮書
三五、乾隆五十二年休寧（?）葉姓仁字鬮書
三六、乾隆五十三年汝器、鼎倫、濟甫等四房
三七、乾隆五十七年濟陽江姓鬮書（濟陽郡諱興益字亮遠府君鬮書、壹樣四、長房收一本外存衆一本）
三八、乾隆五十九年黟縣（?）黄姓二房鬮書
三九、乾隆六十年黟縣胡姓鬮書（尚姚地字鬮書）
四〇、乾隆六十年黟縣胡姓地字鬮書
四一、乾隆六十年尚姚地字鬮書
四二、嘉慶元年汪氏分家書
四三、嘉慶二年鄭姓分鬮
四四、嘉慶二年休寧（?）余姓鬮分書
四五、嘉慶三年鄭姓分家書
四六、嘉慶五年謝姓鬮書
四七、嘉慶九年通州潘姓鬮書
四八、嘉慶十年士光兄弟分家書
四九、嘉慶十一年胡尚熷天字鬮書（豆租）
五〇、嘉慶十四年黟縣某姓鬮書
五一、嘉慶十六年蘇德滋堂鬮書
五二、嘉慶十九年禮字鬮書（希雷收執）
五三、嘉慶二十一年胡姓鬮書（三房鬮書）
五四、嘉慶二十三年歙縣沈含章元字分鬮書
五五、嘉慶二十三年程學潢（日字號）鬮書
五六、道光五年胡姓天字鬮書
五七、道光五年分租簿
五八、道光五年歙縣盛尚鐘摽分文簿（義安收執）
五九、道光六年黟縣程世襲分家書

六〇、道光六年歙縣某姓分關書（鎖關）
六一、道光六年黟縣胡姓分關書（煓或惴分鬮書）
六二、道光七年湯姓分家書
六三、道光九年張姓鬮書（殘）①嘉慶十三年張姓鬮書
②道光九年張姓鬮書
六四、道光九年黟縣胡姓貴字號鬮書
六五、道光十一年鎖關第四卷、金釆鎬執
六六、道光十二年休寧吳氏鬮書（義字號、廣實鬮得）
六七、道光十三年陳姓分關書（分關簿）
六八、道光十四年程姓鬮書
六九、道光十四年程姓鬮書
七〇、道光十五年黟縣（或休寧）潘姓鬮書
七一、道光十六年童守璉鬮書
七二、道光十六年黃姓鬮書（次子鬮書）
七三、道光十八年黟縣胡姓勤字鬮書
七四、道光十九年篤字鬮墳記鬮得店
七五、道光二十年程姓天字鬮書（天字）
七六、道光二十一年程氏分家書（六妹）地字號鬮書
七七、道光二十二年黟縣黃姓鬮書
七八、道光二十三年金魁兄弟分關簿（坤字號）
七九、道光二十五年休寧胡姓鬮書（二房拈得）
八〇、道光二十五年胡勝海鬮書（祥房）
八一、道光二十五年馮姓鬮書
八二、道光二十六年模秀兄弟鬮書
八三、道光二十六年葉姓鬮書
八四、道光二十六年懋墉兄弟鬮簿（信字號）
八五、道光二十六年休寧（？）吳姓分關書（分授光銘執管）
八六、道光二十七年傅遶
八七、道光二十九年美桂兄弟鬮書
八八、立鬮書
八七、咸豐二年胡學開（君字）鬮書
九〇、咸豐二年倘勤公秩下鬮書
九一、咸豐四年胡元毫鬮書
九二、咸豐五年休寧縣（或祁門）章姓鬮書
九三、咸豐五年兆才兄弟鬮書

九四、咸豐五年兆才兄弟鬮書
九五、咸豐七年童正邦分關書（孝字鬮、孝字鬮童正邦管、分關）
九六、咸豐七年程姓詩字鬮書（詩字關書、程高松收執）
九七、咸豐七年汪金陞分家書（天字號、長房）
九八、咸豐八年展光弟兄義字鬮書
九九、吉字和泰拈得、咸豐八年戊午仲秋月吉日、福房鬮書
一〇〇、同治二年余集芳天字鬮分關
一〇一、同治二年休寧曹姓禮房分家書（分家清單鬮書）
一〇二、同治四年汪啓旺分鬮書
一〇三、同治六年謝喜全遺囑鬮書（觀堂、炳堂）
一〇四、同治十二年房疆（庸房）兄弟鬮書
一〇五、同治十三年休寧胡姓靜字鬮書
一〇六、光緒元年歙縣（?）程姓鬮書
一〇七、光緒二年歙縣江姓鬮書、光緒十三年・三十年江順通分鬮書
一〇八、光緒四年黟縣吳（?）姓地字鬮書
一〇九、光緒四年徐氏分家書（天字）
一一〇、光緒五年黟縣（或祁門）吳姓承先啓后鬮書（壽字）
一一一、光緒六年汪氏分家書（鬮書地字號、浦桂號）
一一二、光緒十三年張姓鬮書
一一三、光緒十六年黟縣某姓鬮書（尙古堂媚字鬮書）
一一四、光緒二十年祁門某姓鬮書
一一五、光緒二十二年
一一六、光緒二十二年管姓公衆分單（公衆分單）
一一七、光緒二十四年歙縣（或黟縣）沈姓鬮書（富字號、長房沈宏銓管業）
一一八、光緒二十四年周姓（壽字號）鬮書（分單鬮書）
一一九、光緒二十八年閻氏分家書（鬮普安訂、長房收執）
一二〇、光緒三十年祁門金姓和字鬮書（和字號）
一二一、光緒三十二年葉正興（禮房）鬮書
一二二、光緒三十二年葉正光（智房）鬮書
一二三、光緒三十二年葉正文（義房）鬮書
一二四、光緒三十二年宗姓鬮書（泰字號宗炳鬮書）

一二五、光緒三十三年周氏分家書（長房收執）

一二六、光緒三十四年吳姓鬮書

Ⅱ、中國社會科學院歷史研究所編『徽州千年契約文書』所收家產分割關係文書目錄

A、簿冊

［宋元明］

一、卷五、弘治元年祁門吳仕昌立《竹字鬮書》

二、卷五、弘治十三年祁門汪希仙立《摽書文簿》

三、卷五、嘉靖二十二年歙縣余程氏立鬮書

四、卷五、嘉靖二十九年休寧程元之立《地字鬮書》

五、卷五、嘉靖四十年孫時立鬮書

六、卷五、嘉靖四十一年休寧呂積瑚等立分單

七、卷五、隆慶六年祁門方佐等立鬮書

八、卷五、隆慶六年休寧張烜等立鬮書

九、卷七、萬曆二十八年休寧洪岩德等立鬮書

一〇、卷七、萬曆鄭氏《合同分單帳簿》

一一、卷八、萬曆三十二年祁門鄭公佑等立《分山鬮單》

一二、卷八、萬曆四十六年程本和等立鬮書

一三、卷八、崇禎二年休寧程虛宇立分書

一四、卷九、崇禎七年余廷樞等立分單鬮書

一五、卷十、崇禎十五年胡期棨立鬮書

一六、卷十、崇禎十七年胡氏立鬮書

［清民國］

一七、卷四、順治十二年朱嘉祚等立《人字號叅房鬮書》

一八、卷四、康熙十一年休寧朱明煥《竹字鬮書》

一九、卷四、康熙十一年休寧吳國樹等立《天字鬮書》

二〇、卷四、康熙三十年鮑廷佐等立《地字號鬮書》

二一、卷四、康熙三十二年休寧鮑元甫立《乾字號鬮書》

二二、卷六、雍正四年陳氏《惇裕堂五大房鬮書》

二三、卷六、雍正五年休寧黃楷等立鬮書

二四、卷七、乾隆五年休寧汪爾承立分家書

二五、卷八、乾隆黟縣胡氏鬮書彙錄
二六、卷八、乾隆十六年黃熾等立鬮分合同
二七、卷九、乾隆休寧黃氏鬮書底冊
二八、卷九、乾隆休寧吳氏分業合同彙抄

B、散件

［宋元明］

*一、卷一、泰定二年祁門謝利仁兄弟分家合同
二、卷一、建文元年祁門謝翊先批契
三、卷一、建文元年祁門謝翊先批契
四、卷一、景泰元年汪思誠等對換山地契
五、卷一、景泰六年汪士熙等分山合同
六、卷一、成化二年祁門葉材等互爭財產帖分
七、卷一、成化二十一年祁門王仕昶批契
八、卷一、正德七年鄭良瑞等對換田地契約
九、卷一、正德十二年吳瑺等分家合同
*十、卷一、正德十三年吳方氏立摽分田地分單
一一、卷二、嘉靖五年葉茂等分業合同
一二、卷二、嘉靖十九年汪氏兄弟產業清單
一三、卷二、嘉靖二十二年汪包等人清白合同
一四、卷二、嘉靖二十四年吳嘉祥等摽單
一五、卷二、嘉靖二十五年康果等人清白合同
一六、卷二、嘉靖二十七年汪晨等分界合同
一七、卷二、嘉靖二十八年方廷法等五股分地合同
一八、卷二、嘉靖三十四年葉氏叔侄等共分山地合同
一九、卷二、嘉靖三十六年祁門吳氏分山合同
二〇、卷二、嘉靖四十一年祁門李長互等確定李云寄等承繼合同
*二一、卷二、嘉靖四十五年汪于祚戶分業合同
二二、卷二、隆慶元年王績勛等共業合同
二三、卷二、隆慶元年葉天臺等分業合同
二四、卷二、隆慶六年汪必晟兄弟分田產合同
二五、卷三、萬曆十年祁門鄭調陽等分業合同
二六、卷三、萬曆十一年祁門櫪山主人摽單
二七、卷三、萬曆十二年康儀等分單合同

*二八、巻三、萬曆十四年李欽明等分家合同
*二九、巻三、萬曆十六年祁門謝國用等分單合同
三〇、巻三、萬曆十七年汪璜等合同清單
三一、巻三、萬曆十八年祁門鄭聖榮立勘界文約
*三二、巻三、萬曆二十二年休寧黄以恩等分單合同
三三、巻三、萬曆二十五年汪于祜立合同文約
*三四、巻三、萬曆二十六年康世祥等分單合同
*三五、巻三、萬曆二十八年方文玉等立分單
三六、巻三、萬曆三十八年康學政等立清白合同
三七、巻三、萬曆四十年汪必琇等立合同文約
三八、巻三、萬曆四十三年汪必晟等合同文約
*三九、巻三、萬曆四十四年金世貞立遺書
四〇、巻三、萬曆四十六年張泮等立合同
四一、巻四、天啓六年金良知等分山合同
*四二、巻四、崇禎三年朱國正等分基地合同
*四三、巻四、崇禎六年張阿汪七子分家單
四四、巻四、崇禎十一年□可達等對換合同文約
四五、巻四、崇禎十二年汪澹石等立合同清白文約

［清民國］

*四六、巻一、順治五年程阿畢立分家書
四七、巻一、順治八年柯應芳等立議墨合同
四八、巻一、順治十一年祁門李來泰等立合文
四九、巻二、順治十二年胡秉珪等立合同
*五〇、巻一、康熙二十年胡阿凌立遺囑文墨
五一、巻一、康熙二十年劉新晟等立分單
五二、巻一、康熙二十五年□應蛟等立分單合同
*五三、巻一、康熙三十一年張明德等立分家書
五四、巻一、康熙三十六年張國正等立議約合文
五五、巻一、康熙三十九年朱應元等立清白合同
五六、巻一、康熙四十年黄可宣等立議約合同
*五七、巻一、康熙四十五年胡士翔立分鬮清單
*五八、巻一、康熙四十五年□文光立遺囑分單合文
*五九、巻一、康熙五十八年金國勝立分單
*六〇、巻一、康熙五十八年□可哭立分單
*六一、巻一、雍正八年徐阿于立清白鬮分合同

＊六二、卷一、雍正十三年□士禮等立清白合文
＊六三、卷一、乾隆八年華分英等分鬮文約
＊六四、卷一、乾隆二十五年李枝鷂立囑書
＊六五、卷一、乾隆二十八年帳方逑等立分單
六六、卷一、乾隆三十八年黃永華等立議墨合同
＊六七、卷一、乾隆四十年謝進福等立清白分單
＊六八、卷一、乾隆四十一年汪泰等分單
＊六九、卷二、乾隆四十九年江黃氏遺囑分鬮
七〇、卷二、嘉慶三年康興仁堂秩下立清業合同
七一、卷二、嘉慶六年康魁祀秩下立合同
七二、卷二、嘉慶十三年徐世盛等立清業合同
＊七三、卷三、同治二年榮字號分家書
＊七四、卷三、同治五年李天江立分家單
＊七五、卷三、光緒二年楊星立鬮書
七六、卷三、光緒十四年朱發立繼書
七七、卷三、光緒二十年趙倫等立分單
＊七八、卷三、民國七年李久禎等立分鬮單
＊七九、卷三、民國十三年□久昞等立鬮書
＊八〇、卷三、民國十九年李萬義等分鬮書
＊八一、卷三、民國三十七年張承鈞等立分鬮合同

Ⅲ、北京大學圖書館善本部所藏家產分割文書目錄

一　萬曆四十七年程氏鬮書
二　天啓元年金氏合同分書
三　隆武元年（南明）朱氏鬮書
四　順治九年許姓鬮書
五　康熙四十年溪東溪西某氏鬮書
六　萬曆～順治年間許氏鬮書

注

（1）　前掲葉孝信主編『中國民法史』六一一頁。

（2）王鈺欣・周紹泉主編、花山文藝出版社。
（3）『中國社會科學院經濟研究所集刊』第九集、中國社會科學出版社、一九八七年十一月。
（4）前掲滋賀秀三『中國家族法の原理』、五二頁～五六頁。
（5）汪道昆『太函集』巻十六、「阜成篇」。
（6）章有義前掲「明清徽州地主分家書選輯」、一二三頁。
（7）汪秋潭等修、同治六年編『海寧汪氏支譜』巻一、行述「汪雲海府君行述」。
（8）前掲滋賀秀三『中國家族法の原理』、二七四頁～二七九頁。
（9）前掲滋賀秀三『中國家族法の原理』、二五二頁。
（10）汪體椿・汪惟韶重修、光緒二十三年編『呉趨汪氏支譜』「耕蔭義莊祖墓圖」信行山墓重立縣案禁碑。
（11）前掲仁井田陞『中國法制史』岩波全書一六五、岩波書店、一九五二年、二〇八頁～二〇九頁、また『中國の農村家族』東京大學出版會、一九五二年、二六頁～二七頁、にも同様の文がある。
（12）明末清初に休寧縣汊口に移ってきた貧しい棚民出身の劉家も、資産を有するようになって後、同治十二年に家産分割を行っている。

# あとがき

本書は、筆者がこれまで發表してきた徽州に關する研究論文を改編し加筆訂正したものと、新たにまとめた論文および文章からなる。なお、本書中第四章以降では徽州文書を資料として用いている。但し、筆者が入手した徽州文書について、および徽州文書それ自體の研究は時間と紙幅の關係から本書には含まれていない。それについては、次著で發表することを豫定している。

本書の各章あるいは各節の構成は以下の如くである。

序章第一節は、徽州の歷史を概觀したものであり、新たにまとめたものである。序章第二節は、「徽州文書と徽州研究」（森正夫等編『明清時代史の基本問題』汲古書院、一九九七年、所收）の一部を削除し、加筆訂正したものである。とくに、徽州文書收集の經緯は、中國社會科學院歷史研究所の故周紹泉先生の聞き取り調査報告をもとに新たに加えている。

第一部第一章は、「中國における商業と商人」（石原享一等編『途上國の經濟發展と社會變動』綠蔭書房、一九九七年、所收）を加筆訂正したものである。

第二章は、「徽州商人とそのネットワーク」（『中國―社會と文化―』六、一九九一年）、「前近代東アジアにおける商業と商人」（篠田隆編『アジアの經營變容』未來社、一九九七年、所收）、「江南における徽州商人とその商業活動」（佐藤次高等編『市場の地域史』山川出版社、一九九九年、所收）などの論文を改編し加筆訂正したものである。

第三章は、「徽州汪氏の移動と商業活動」（『中國―社會と文化―』八、一九九三年）を加筆訂正したものである。

補論は、前掲「前近代東アジアにおける商業と商人」の一部をもとにまとめた『家庭・社區・大衆心態變遷―國際學術研討會』（黄山書社、一九九九年）掲載の論文「試論中國徽州商人與日本近江商人商業倫理之異同」から、日本人であれば常識に屬する部分を除き、日本語に譯したものである。

第二部第四章、第五章は新たにまとめたものである。

第三部第六章第一節は、二〇〇三年のシンポジウム「中國宋明時代の宗族」での發表をもとに新たにまとめたものである。第六章第二節は、「文書からみた中國明清時代における『寄進』」（『歴史學研究七、二〇〇〇年』）の一部を削除し加筆訂正したものである。

第七章は、「徽州文書からみた『承繼』について」（『東洋史研究』第五五巻第三號、一九九六年）を改編し加筆訂正したものであり、第八章は、「徽州における家産分割」（『近代中國』二十五、一九九五年）を訂正したものである。

私が徽州研究を始めたのは、一九八九年からである。當然のことながら、ある日突然に思いついて徽州研究を始めたわけではない。それまで行っていた江蘇省の税制度や賦税改革、さらには李鴻章や蘇州紳士の研究を進めていくさきに徽州という大きな龍が大口を開けて待ち構えており、それに呑み込まれてしまったというのが適切な表現であろう。

徽州研究を始める契機となったのは、同治年間の江蘇の賦税改革や太平天國平定時における李鴻章の活動を研究していく過程で、そのブレインたるある人物の存在が氣になったことに始まる。その人物すなわち、蘇州紳士潘曾瑋は、本書第一部第二章でも示したように、林則徐、馮桂芬、曾國藩、郭崇燾、李鴻章など清末に活躍した多くの人々が科擧の會試に合格した際、その主考官（主任試驗官）であった軍機大臣潘世恩の末子であり、社會の實踐的な改革を説く思想家として、蘇州を中心とした江南地域の人々の尊敬を集めた潘曾沂を長兄とし、科擧に合格して進士となり中央の官職に就いた潘曾綬を三兄とする人物である。潘曾瑋に對する私の印象は、思考するよりは勞を厭わず〝よく動く人物〟というものである。なぜかくもよく動けるのか。勿論性格もあろうが、彼の經歷を見るとその理由がわかってくる。その傳記には、潘曾瑋は聰明な人物であったと書かれている。しかし、少なくともその聰明さの質は勉學や學問には向かないものであったらしく、科擧の試驗には落第し續け、江蘇は競争率が高いということで、北京へ行き受驗したが、これにも失敗した。しかし、父親の威光で刑部奉天司員外郎などの任に就いた。この北京にいた間に、アヘン問題論議の際、重要な位置を占めた江南出身者や江南地域の地方官僚經驗者によって北京で組織された宣南詩社に關係していたともいわれ、中央における江南黨派ともいうべき強い人脈をもつに至った。しかも、潘曾瑋は、父や兄曾沂の關係から馮桂芬などの蘇州紳士とも親しく、蘇州や上海および周邊の市鎭の商人たちともネットワークがあり、上海の外國商人とも交流があった。太平天國は、南京に都を置いて江南デルタの各地に進攻する間、統治のための人材不足から在地の人間を太平天國の官として雇い入れた。これらの新たに太平天國の官となった者の多くは農民ではなく、上海へ逃げるだけの力のない小商人や地方知識人、そして日頃定職もない者や運送勞働に從事していた「ゴロツキ」の類であった。當時の江南デルタ地域における太平天國の狀況についての資料によれば、潘曾瑋は太平天國占領地にいるこうした人々に働きかけ自由に連絡し情報を收集している。この情報收集の主要なルートは、潘氏一族と數代に渡って婚姻を重ねている汪氏一族である。そして、潘氏も汪氏もその祖先は安徽省徽州から明末清初に蘇州に移ってきた商人の後裔であった。また、馮桂芬も徽州出身でこそないものの祖先は商業に從事していた。すなわち、潘曾瑋は、汪氏一族を始めとする商人のネットワークを通して、市鎮や鄉村に居住する土豪、地主、商人、運送勞働者に人脈と影響力をもっていたのみならず、運送勞働者等が結成していた祕密結社とも人脈をもつことになったのである。これら太平天國時の潘曾瑋の行動を分析することを通して論じたものが、一九八九年に「太平天國期における蘇州紳士と地方政治」(『中國－社會と文化－』四)である。

そして、この研究を進めていく過程で、新たに疑問をもった問題がある。それが、かくも人脈を有する徽州商人とは一體何なのかということである。勿論、それまでにも藤井宏先生や傅衣凌先生、葉顯恩先生の著書を讀み、傅衣凌先生やケンブリッジ大學のジョセフ＝マクデモット先生からは徽州文書について直接お話しを聞く機會があった。しかし、自分の研究に直接結びつけてみることはしてこなかった。それがこのとき始めて結びついたのである。『徽州千年契約文書』が出版される以前は、徽州文書を直接大量に讀むことは不可能であったため、徽州に關する最も重要な資料は族譜であった。北京、上海、合肥、屯溪、杭州、蘇州で族譜を閲覧した。龔自珍の家は杭州で商業を營んでおり、息子の嫁は徽州商人の家の出であることを知ったのもこのときである。

また、私は長年にわたって、東京大學東洋文化研究所プロジェクト「十七世紀以降東アジア公私文書の總合的研究」に參加し、中國の明清期の契約文書、裁判關係文書等の第一次資料の解讀作業に參加してきた。それは岸本美緒さんに誘われて參加し始めたもので、文書を讀むことによって、直接に明清時代の中國の人々の生活に觸れる樂しさを知ることとなった。少なくとも、徽州研究を始めるまで、プロジェクトに參加し契約文書を讀むことは、私にとっては、直接自分の研究テーマには關わらないだけに一つの遊びであり樂しみであった。そのことが徽州研究を始めるに當たって役立ったことはいうまでもない。

次に本書作成にあたってお世話になった方々に謝辞を認めなくてはならない。まず、何はともあれ、研究者として育てて下さった先生方、先輩、友人に感謝したい。

田中正俊先生には指導教官として、表現できないほどの多くのことを教えていただき御指導をいただいた。かつて、私が田中先生の御指導にならって學生の論文に朱を入れることを批判されたことがある。教師としてそこまでやるのは時間の浪費であるばかりでなく、學生の論文指導としては別にあるべきだというものである。しかし、未だに田中先生のように學生の修士論文や學士論文を朱に染めている。本書を田中先生の御生前に獻呈できなかったことは大変殘念である。但し、「徽州商人」を研究した著作を受け取られた田中先生が、些か複雑な心境になられたであろうとも思わないわけではない。また、陳慈玉さんなど田中ゼミの先輩、同輩、後輩、とくに新村容子さん、岸本美緒さん。新村さんがいなければ、東京外國語大學から東京大學大學院への円滑な進學は困難であった。岸本美緒さんは私より年齢は若いが、研究面では姉であり同行者であった。このような優れた同行者がいなければ、私はここまで來られなかったことは確かである。

私の卒業論文は、中國の家族についてである。論文作成に際し、滋賀秀三先生の御研究と仁井田陞先生の御研究を參考にすべく拝讀した。そのとき、私にとっては滋賀先生の御研究の方がはるかに興味深く納得できたこともあり、大學院修士課程入學の一年目に本当にワクワクする気持ちで滋賀先生のゼミに出させていただいた。ゼミの出席者は私だけであったが、その頃の私は無知かつ配慮が足りなかったため、私はそのことを喜びこそすれ、先生の貴重なお時間を奪っているという自覚が全くなかった。しかし、何もわからない私のような學生を相手に先生は終始誠實にして親切で、提出したレポートを朱で染めて下さった。

また、有田和夫先生をはじめとする東京外國語大學で教えて下さった先生方、西嶋定生先生、佐伯有一先生、坂野正高先生とそのゼミの方々、古島和雄先生とそのゼミの方々、小島晉治先生とその研究會仲間の方々、野澤豐先生をはじめとする辛亥革命研究會の先生方と皆様、山根幸夫先生、小野和子先生、森正夫先生をはじめとする明清史研究者の皆様にも感謝したい。

私は女性であり、そのために研究の繼續や就職に當たり多くの障害に出會った。單に女性であるということで、當たり前のように研究や就職を拒否される時代であった。そして、そのような私の情況を察して下さった小島麗逸先生は、私を大東文化大學國際關係學部に就任させて下さった。初任校大東文化大學國際關係學部學部長故大野盛雄先生は、若い人はなにはともあれ研究しなさいと、若い研究者を雜務からはずし研究に專念させて下さったばかりでなく、一九九一年四月から翌年三月までの中國での研修を認めて下さった。このときの中國での研究と生活は、人生を振り返って研究面のみならず人生で最高の時期であったと思う。そのときの蓄積は、今でも生きている。

次に、徽州研究を行ううえでお世話になった方々に感謝したい。前記のマクデモット先生のほかは、中國の先生方である。傅衣凌先生を除けば、故周紹泉先生は最初に出會った徽州文書研究の專門家である。周先生について最も懷かしく思い出されるのは、先生が京都の日本文化研究センターに研究員としていらしたとき、私が徽州と山西で收集した文書を京都に抱えていき、色々と教えていただきながらともに讀んだことである。周先生とは、會えばお互い憎まれ口をきくことを旨としていたが、京都では文書を前にして、夫人の張亞光先生とともにとても樂しいときを過ごした。周先生は、些か複雜な徽州研究世界で、すべての研究者の人々の信賴を受けた方としてこのうえなく大事な方であった。

徽州研究をはじめたとき、多くの徽州に關する研究を讀んだ。その中で、この方におめにかかってみたいと思ったのは唐力行先生である。當時日本で讀める中國の徽州論文の中で、私の判斷では最も優れた論文であった。（當時、周紹泉先生は『徽州千年契約文書』の編纂におわれ、論文を書かれる暇がなかったことはあとでうかがった。）そのため、當時唐力行先生が在任されていた安徽師範大学がある蕪湖へ訪ねて行きお會いした。翌年には、私が上海に一年間滞在することになり、初めての中國滞在で不安におののいていたとき、お電話をいただいた。私のことを心配してとのことであったが、兄の聲を聞く思いがした。また、わざわざ、合肥までついて行って下さって、研究のための手配をして下さった。私にとって、周紹泉先生は、たくさんの知識を有し、文書でともに遊び、ユーモアのある親しい兄であり、唐力行先生は、頭が良く、すべてにおいて頼りになる兄である。そして、葉顯恩先生は、あれこれ冗談を言い合う人間性豊かな樂しい兄である。また、當時、さまざまに複雜な狀況にあったにもかかわらず、蕪湖は勿論、徽州におけるさまざまな手配をして下さった安徽師範大學の張海鵬先生には感謝に耐えない。それから、最初に徽州を案内して下さった張海鵬先生の學生である周麗萍さんと連れ合いの汪一兵さん、さらに婺源縣まで連れて行って案内して下さった方滿棠先生、そして、本書で取り上げた中國社會科學院歴史研究所の欒成顯先生、阿風先生、經濟研究所の江太新先生、安徽大學の趙華富先生、卞利先生、劉伯山先生、安徽師範大學の王廷元先生、南京大學の范金民先生、復旦大學の樊樹志先生、王振忠先生など、また黃山市の翟屯建先生、資料收集でお世話になった王鶴鳴先生、朱蔭貴先生、華東師範大學の易惠莉先生、上海圖書館の王宏先生、そして、研究者仲間である早稻田大學の熊遠報先生、感謝すべき方々を數えあげればきりがない。

このほか、研究において、あるいは研究を續けていくということにおいて、多くの方々の教えを受け、親切にしていただいた。その内容をすべて書いていけば、それだけで一冊の本になることは確實である。

最後に、本書作成に當って、一年間の內地留學という時間を與えて下さった東京外國語大學の同僚の先生方と受け入れて下さった斯波義信先生をはじめとする東洋文庫の皆様、そして汲古書院の坂本健彦氏に、色々とご迷惑をおかけしたことをお詫びするとともに感謝したい。坂本氏は、私もいつまでも元氣ではいられない、早く著書をまとめるようにとたっぷりと脅して下さり、なんとかここまでくることができた。しかも西暦年號の誤りなど細部にわたって周到に原稿を見て訂正して下さり、本當に有難い存在であり感謝に堪えない。なお、本書刊行に當っては、日本學術振興會の「平成十六年度科學研究費補助金（研究成果公開促進費）を得ることができた。ここに御禮を申し上げたい。

# 汲古叢書

| | | | |
|---|---|---|---|
| 1 | 秦漢財政収入の研究 | 山田　勝芳著 | 本体 16505円 |
| 2 | 宋代税政史研究 | 島居　一康著 | 12621円 |
| 3 | 中国近代製糸業史の研究 | 曾田　三郎著 | 12621円 |
| 4 | 明清華北定期市の研究 | 山根　幸夫著 | 7282円 |
| 5 | 明清史論集 | 中山　八郎著 | 12621円 |
| 6 | 明朝専制支配の史的構造 | 檀上　寛著 | 13592円 |
| 7 | 唐代両税法研究 | 船越　泰次著 | 12621円 |
| 8 | 中国小説史研究－水滸伝を中心として－ | 中鉢　雅量著 | 8252円 |
| 9 | 唐宋変革期農業社会史研究 | 大澤　正昭著 | 8500円 |
| 10 | 中国古代の家と集落 | 堀　敏一著 | 14000円 |
| 11 | 元代江南政治社会史研究 | 植松　正著 | 13000円 |
| 12 | 明代建文朝史の研究 | 川越　泰博著 | 13000円 |
| 13 | 司馬遷の研究 | 佐藤　武敏著 | 12000円 |
| 14 | 唐の北方問題と国際秩序 | 石見　清裕著 | 14000円 |
| 15 | 宋代兵制史の研究 | 小岩井弘光著 | 10000円 |
| 16 | 魏晋南北朝時代の民族問題 | 川本　芳昭著 | 14000円 |
| 17 | 秦漢税役体系の研究 | 重近　啓樹著 | 8000円 |
| 18 | 清代農業商業化の研究 | 田尻　利著 | 9000円 |
| 19 | 明代異国情報の研究 | 川越　泰博著 | 5000円 |
| 20 | 明清江南市鎮社会史研究 | 川勝　守著 | 15000円 |
| 21 | 漢魏晋史の研究 | 多田　狷介著 | 9000円 |
| 22 | 春秋戦国秦漢時代出土文字資料の研究 | 江村　治樹著 | 22000円 |
| 23 | 明王朝中央統治機構の研究 | 阪倉　篤秀著 | 7000円 |
| 24 | 漢帝国の成立と劉邦集団 | 李　開元著 | 9000円 |
| 25 | 宋元仏教文化史研究 | 竺沙　雅章著 | 15000円 |
| 26 | アヘン貿易論争－イギリスと中国－ | 新村　容子著 | 8500円 |
| 27 | 明末の流賊反乱と地域社会 | 吉尾　寛著 | 10000円 |
| 28 | 宋代の皇帝権力と士大夫政治 | 王　瑞来著 | 12000円 |
| 29 | 明代北辺防衛体制の研究 | 松本　隆晴著 | 6500円 |
| 30 | 中国工業合作運動史の研究 | 菊池　一隆著 | 15000円 |

| | | | |
|---|---|---|---|
| 31 | 漢代都市機構の研究 | 佐原　康夫著 | 本体 13000円 |
| 32 | 中国近代江南の地主制研究 | 夏井　春喜著 | 20000円 |
| 33 | 中国古代の聚落と地方行政 | 池田　雄一著 | 15000円 |
| 34 | 周代国制の研究 | 松井　嘉徳著 | 9000円 |
| 35 | 清代財政史研究 | 山本　進著 | 7000円 |
| 36 | 明代郷村の紛争と秩序 | 中島　楽章著 | 10000円 |
| 37 | 明清時代華南地域史研究 | 松田　吉郎著 | 15000円 |
| 38 | 明清官僚制の研究 | 和田　正広著 | 22000円 |
| 39 | 唐末五代変革期の政治と経済 | 堀　敏一著 | 12000円 |
| 40 | 唐史論攷－氏族制と均田制－ | 池田　温著 | 近　刊 |
| 41 | 清末日中関係史の研究 | 菅野　正著 | 8000円 |
| 42 | 宋代中国の法制と社会 | 高橋　芳郎著 | 8000円 |
| 43 | 中華民国期農村土地行政史の研究 | 笹川　裕史著 | 8000円 |
| 44 | 五四運動在日本 | 小野　信爾著 | 8000円 |
| 45 | 清代徽州地域社会史研究 | 熊　遠報著 | 8500円 |
| 46 | 明治前期日中学術交流の研究 | 陳　捷著 | 16000円 |
| 47 | 明代軍政史研究 | 奥山　憲夫著 | 8000円 |
| 48 | 隋唐王言の研究 | 中村　裕一著 | 10000円 |
| 49 | 建国大学の研究 | 山根　幸夫著 | 8000円 |
| 50 | 魏晋南北朝官僚制研究 | 窪添　慶文著 | 14000円 |
| 51 | 「対支文化事業」の研究 | 阿部　洋著 | 22000円 |
| 52 | 華中農村経済と近代化 | 弁納　才一著 | 9000円 |
| 53 | 元代知識人と地域社会 | 森田　憲司著 | 9000円 |
| 54 | 王権の確立と授受 | 大原　良通著 | 8500円 |
| 55 | 北京遷都の研究 | 新宮　学著 | 12000円 |
| 56 | 唐令逸文の研究 | 中村　裕一著 | 17000円 |
| 57 | 近代中国の地方自治と明治日本 | 黄　東蘭著 | 11000円 |
| 58 | 徽州商人の研究 | 臼井佐知子著 | 10000円 |
| 59 | 清代中日学術交流の研究 | 王　宝平著 | 11000円 |
| 60 | 漢代儒教の史的研究 | 福井　重雅著 | 12000円 |

（表示価格は2005年２月現在の本体価格）

臼　井　佐知子（うすい　さちこ）
1949年　東京生まれ。
1974年　東京外國語大學外國語學部中國語學科卒業。
1977年　東京大學大學院人文科學研究科東洋史學專攻修士課程修了。
1980年　東京大學大學院人文科學研究科東洋史學專攻博士課程單位取得退學。
1986年　大東文化大學國際關係學部專任講師、助教授、教授を經て、1996年 東京外國語大學外國語學部へ轉任、現在東京外國語大學外國語學部教授。

主要論文　　＊本書所收の論文を除く

「清代賦稅關係數値の一檢討－乾隆末年より同治六年に至る、江南における、銀錢比價、錢糧折價、米價、綿花價、漕米折價の變動と、納稅戶の賦稅負擔の推移－」『中國近代史研究』 1、1982年

「太平天國前、蘇州府・松江府における賦稅問題」『社會經濟史學』47-2、1982年

「太平天國末期における李鴻章の軍事費對策」『東洋學報』65-3・4、1984年

「同治四（一八六五）年、江蘇省における賦稅改革」『東洋史研究』45-2、1986年

「太平天國期における蘇州紳士と地方政治」『中國－社會と文化－』4、1989年

「中國明清時代における文書の管理と保存」『歷史學研究』703、1997年

汲古叢書58

徽州商人の研究

二〇〇五年二月二八日　發行

著　者　臼　井　佐　知　子
發行者　石　坂　叡　志
整版印刷　富　士　リ　プ　ロ

發行所　汲　古　書　院
〒102-0072 東京都千代田區飯田橋二-五-四
電　話　〇三（三二六五）九七六四
FAX　〇三（三二二二）一八四五



ISBN4 - 7629 - 2557 - 8 C3322

# The study of Huizhou 徽州 Merchants

Sachiko Usui

[Page]

# 徽州商人研究〈中文提要〉

臼井佐知子

徽州位于安徽省南部。在明清时代，徽州府有现属安徽省黄山市的歙县、休宁、祁门、和现属宣城市的绩溪，以及现属江西省的婺源县等六县。

中华人民共和国成立之后，因土地改革而在此地域发现和收集了大量的文书资料。这就是继甲骨文、汉简、敦煌文书、故宫明清档案之后，被称为近代中国的历史文化上所谓“五大发现”之一的徽州文书。因对这些徽州文书的收集整理，在中国形成了以徽州的历史和文化为研究对象的专门学问，即“徽学”。这一学问自二十世纪八十年代开始成为研究的一个重点领域。不过，“徽学”亦即徽州研究并不意味着只是研究徽州一地的历史和文化。这是因为在明清时代，徽州出身的商人，或者他们的子孙活跃于全国，特别是长江流域一带，形成了所谓“无徽不成镇”的局面，他们以扬州、杭州、苏州、南京、芜湖、安庆、武昌、汉阳等江南三角洲地带为中心，进入长江沿岸，进而走向全国各地，对当地的经济和社会，进而对中国全体的社会经济结构产生了很大影响。本书将对徽州商人在明清时代的社会中所发挥的作用及其意义进行探讨。

关于徽州研究，进一步来说，尚有如下意义。战后日本的明清社会经济史研究，主要以江南三角洲地域为对象而展开。这是由于明清时代这一地域，特别是在经济方面最为发达，同时日本所藏有关这一地域的资料与其他地域相比，占压倒性多数。包括以其他地域为对象的研究，这些某个特定地域的研究，或者是着眼于对特定地域的社会、乃至经济结构的特性进行探讨，或者是留意于地域自身的内在性发展以及变化，通过与其他地域进行比较这一视点，将中国的前近代社会视为一个整体以寻求其普遍性特征。可以说日本的明清时代的社会经济史研究长期以来正是在这个方向上展开的。另一方面，近年来，包括货币问题等有关商业、流通的研究也取得了丰硕的成果。这些研究因作为其对象的货币、商品、商人不仅仅限于特定地域，故而研究本身就会象描绘鸟瞰图一样，涉及广泛的领域。有关徽州、特别是有关徽州商人的研究的特点，在于其是地域研究的同时，也具有广域研究的要素，也就是说，即使不采用“比较”这一研究者对研究对象保持

距离的方法，研究对象本身的移动、变化，也会向我们展示出丰富多样的中国社会的具体状态。徽州商人以江南三角洲地域为中心，奔赴中国各地，居住于各地的同时，从内部改变了他们居住的这些地域的社会和经济结构，而且带来了包含他们自身以及输送了这些商人的故乡在内的总体性的变化。但是，这一特征未必只限于徽州一地。徽州研究的最大特点可以说在其资料的丰富上。包含徽州文书在内的庞大的资料群的存在，将迄今为止的个别性的研究课题、比如说土地所有关系、工商业、宗族和家族、地域社会、国家权力和地域行政系统、社会身份以及阶级，还有思想、文化等进行相互关联，使得综合性研究成为可能，并且，特别在单独课题的研究中容易出现的误解也因此有了得到纠正的可能。而且因为这些资料一直延续到民国时期，这对于考察连接前近代社会和近代社会的中国社会的特点及变化提供了重要的线索。

本书由序章、探讨对商人认识的变化以及徽州商人及其活动的第一部、探讨徽州的典当以及典当经营的第二部、探讨徽州的宗族关系的第三部组成。

在序章的第一节里，概括了徽州地域的历史。在第二节里，介绍了中国，日本以及其他各国迄今为止的徽州研究，涉及到了徽州研究的现状与课题，并对徽州文书、族谱、日用类书等徽州研究中的重要历史资料作了介绍。

第一部第一章在考察徽州商人以及他们的商业活动之前，阐述了中国对商人、商业的认识和政策，及其是如何发生变化的。在第一节里，首先，指出了显现为“重农轻商”、“农本商末”的对商人、商业的认识以及这种认识与“抑商”政策之间的关联。其次，将焦点集中在近代以前工商业最为发达的明清时期，探讨这一时期人们对经商的认识是如何变化的。此外，还探讨了商人如何对应科举考试，以及商人同国家权力之间的关系。

第二章第一节，展示了明清时代的工商业发展的面貌，并将徽州商人扩展至全国的背景和经过，置于该时代之中进行了考察。第二节介绍了徽州商人的商业活动的具体内容。第三节论述徽州商人具有什么特点，以及他们在其商业活动过程中编织的网络的具体形态。第四节在盐业以及其他事业的变化、商业活动的变化、土地所有的变化、编织网络的变化的四个方面探讨了乾隆末年以后徽州商人身上发生的变化，还进一步考察了带来这种转变的中国社会是如何变化的。并考察了因这种变化而被重组的中国社会，如何决定了中国“近代”的发展方向。

第三章以徽州最大的姓氏汪氏的族谱资料为素材，探讨了汪氏从六世纪以后至民国时期的商业活动的轨迹以及与之伴随的移动和移居，并进一步考察了移居新地方的汪氏的活动。在这里比较重视徽州人在什么时期，以什么理由移动，或者移居？移动，或者移居的形态又是什么样的？他们从事的商业活动具体内容是什么？等问题，在此基础上，描绘出徽州人的具体面貌。

在第一部的补论中，通过家训和家规等资料，探讨了中国商人的商业伦理的特性，并同日本的近江商人的商业伦理以及西欧的商业伦理进行了比较。

第二部第四章主要以徽州文书以及其他地域的典当关系文书为素材，考察了徽州地域的“典”与“当”行为是如何进行的？在这里，主要明确了以下几点：第一、“典”与“当”的区别、以及因时代的变化而产生的两者的变迁。第二、贷款的货币因时代不同而变化。第三、担保中的田皮要素增加现象是什么时候开始的、这一现象具有什么意义。第四、有关利息的支付方法。在不动产使用权不发生变化的时候，借钱者要向出借者支付利息。但是，与租佃关系并行缔结借贷契约，以租的形式支付借款利息的场合不少。究竟以货币的形式支付、还是以田租的形式支付，其中的差别究竟起自何因等等。

第五章以“清康熙三十六年徽州程氏应盘存收支总账（康熙三十四年至四十五年）”为素材，探讨了程氏典当业的经营与利益分配、贷款处理方法等。这一账簿记载了经营典当业的程氏五兄弟在其父死去后，进行家产分割时，分配事业关系资产和事业利息等具体状况。其中详细记载了康熙三十五年至四十五年的事业收入、支出，以及贷款的回收状况和还款拖延对策等。通过对这一账簿的研究，可以了解典当业经营的一个侧面。

第三部第六章探讨了明代开始的宗族重新组织化的具体动态及其带来的影响。首先，在第一节就徽州的族谱的编纂的经纬和意义，对现存族谱，特别是“通谱”、“会通谱”、“总谱”、“统宗谱”等等扩大型族谱中的程、汪等十七姓进行了分析考察。其次在第二节中，以徽州文书以及其他地域的文书中与佛教寺院相关的内容为史料，对明代嘉靖年间推广的朝廷礼制改革等的政策和宗族组织的扩大化给当时的人们带来了何种影响、是如何使佛教寺院与祖先祭祀之间的关系发生了变化的等问题进行了探讨。

在中国，所谓的继承，就是作为连接从始祖至未来万世的子孙的血统乃至气

脉的中继者承继祭祀祖先的义务、继承家产。第七章就有关宗族和家族的特性，探讨了“承继”亦即“宗”的继承是如何进行的？特别关注在无男性后代的情况下，以什么方法、目的、过程选择继承人。但是，“承继”作为一种现实行为实施的情况下，它并不单纯地具有停留在一家乃至一族的范围内的意义。它包含“入赘”亦即招女婿的问题、“卖身”的问题、进一步还包含佃仆、世仆、庄仆在内的“应主、应役”的问题，这些内容都同社会身份问题发生密切关系。在本章中，将“承继”作为中心问题，运用与“承继”相关的“入赘”、“卖身”、“应主、应役”文书资料进行了具体考察。

在第八章中，利用中国社会科学院经济研究所和北京大学收藏的徽州地区家产分割文书以及王钰欣、周绍泉主编的“徽州千年契约文书”所载家产分割文书，分析探讨了徽州地域家产分割的具体过程。仁井田升曾经指出：“中国的家产分割原则上是一种均分意义上的细胞分裂，几乎没完没了的这种分裂如果是发生在农民身上，则是陷农民于困境的一个重要原因。这一原因又成为结果，而结果又进一步成为原因。两者纠缠不清地循环（存在所谓的原因结果的对应性）。均分主义，作为家产分割乃至财产继承的形式，在生存条件的均等性保障的基础上，算是较为自然的。但是，包括生产力的低下所造成的农民积蓄的困难，实行均分主义引起的彻底化成为导致农家经营的最低限度被打破的一个原因，会将农民逼到愈来愈贫穷的困境”，他强调了中国均分遗产的不合理性。中国的实际上的家产分割是否真是仁井田升所描绘的那种“细胞分裂”形式，他认为的“均分主义的彻底实施导致农家经营的最低限度被打破”的依据、即农村调查是否得当，这些都姑且不论，仁井田升是以华北地区的农村状况为原型，将华北的经验普遍化到中国的一般农村家族的，因此在这里引用徽州的例子批判仁井田升的观点也许不能说适当。的确，在徽州地区，即使是小农民，到了曾孙一代的时候，通常都要作阄书，分割家产。但是，至少在徽州，仅看其家产分割文书，可以说“分家”乃至“家产分割”是因有能够分割的家产，才会到实施家产分割的阶段。另外，家业的分割导致经营不利的场合，即便是暂时作了“分家书”，有时实际上也不实行真正的分家。此外，在“分家”之际，作为“存众”亦即共同保有部分而留下来的家产并不少。特别是因分割而带来家族生计维持困难的最终会“存众”。就田而言，除了祀田等“存众”部分，其他的几乎都要被分割。但同时那些田的很大部分也是

为取得租米的田，即便均分，并不直接对生产和收入产生什么影响。而且即便是分家了，家族在必要的场合，相互合作的关系还是要维持的。换句话，至少可以说徽州地域的分家乃至家产分割，并非由理念先行，而是针对现实情况进行的。

# 索　　引



## 凡　　例

1，［Ⅰ］では、表および引用資料とその譯文中の語彙を除いた、本文および注の中の人名、歴史文獻資料名、事項、述語などの項目を併せて五十音順に配列してある。人名については、族譜などに事績とともに記載されているだけの人物は省いた。歴史文獻資料名については、個々の文書資料は除いてある。事項や述語については、必ずしも網羅的ではなく、各章ごとに相對的に重要である語彙を選擇した。従って、ある章で選擇された語彙が別の章では選擇されていないこともある。また、「徽州商人」、「族譜」など全體にわたって頻出する語彙は省いてある。

2，［Ⅱ］は、本書中に引かれた日本人、中國人、歐米人の研究者名を五十音順に配列したものである。

## 事項・人名・資料名

### あ行

## か行

## さ行

## た行

## な行



## は行

## ま行

## や行



## ら行



## わ行

# 研究者名

## あ行



## か行



## さ行



## た行

## な行



## は行



## ま行



## や行



## ら行